WCF – Windows Communication Foundation

PROGRAMMER'S CHOICE

Die Wahl für professionelle Programmierer und Softwareentwickler. Anerkannte Experten wie z.B. Bjarne Stroustrup, der Erfinder von C++, liefern umfassendes Fachwissen zu allen wichtigen Programmiersprachen und den neuesten Technologien, aber auch Tipps aus der Praxis.
Die Reihe von Profis für Profis!

Hier eine Auswahl:

Windows Presentation Foundation

Dirk Frischalowski
608 Seiten
€ 49,95 [D] € 51,40 [A]
ISBN 978-3-8273-2522-8

Das Buch liefert einen gut strukturierten Überblick über sämtliche Bereiche der WPF-Entwicklung. Schwerpunktmäßig werden die Neuerungen mithilfe von XAML vorgestellt, aber auch die Codierung mit C# kommt nicht zu kurz. Zahlreiche Beispiele beschreiben die vielfältigen Möglichkeiten der WPF. Besonders hervorzuheben sind separate Kapitel zu Expression Blend, der UI Automation, den Dokumentservices, zur 3D-Grafik und der Erstellung von Bildeffekten.

Visual C# 2008

Frank Eller
1296 Seiten
€ 49,95 [D], € 51,40 [A]
ISBN 978-3-8273-2641-6

Einsteiger mit Vorkenntnissen, Umsteiger und fortgeschrittene Programmierer erhalten hier umfassendes Know-how zur Windows-Programmierung mit C# 3.0 und dem .NET Framework 3.5. Frank Eller, C#-Spezialist der ersten Stunde, geht auf sämtliche Neuerungen von Visual Studio 2008 wie z.B. WPF, LINQ to SQL und XAML ausführlich ein. Von den Grundlagen über das Anwendungs-Design und Datenbankprogrammierung bis hin zu fortgeschrittenen Themen wie DLLs, Lokalisierung und Setup-Projekten deckt er das gesamte Spektrum der C#-Programmierung ab.

Jürgen Kotz, Stephanie Hölzl

WCF – Windows Communication Foundation

Verteilte Anwendungsentwicklung mit der Microsoft-Kommunikationsplattform

ADDISON-WESLEY

An imprint of Pearson Education

München • Boston • San Francisco • Harlow, England
Don Mills, Ontario • Sydney • Mexico City
Madrid • Amsterdam

Bibliografische Information Der Deutschen Nationalbibliothek

Die Deutsche Nationalbibliothek verzeichnet diese Publikation in der Deutschen Nationalbibliografie; detaillierte bibliografische Daten sind im Internet über http://dnb.d-nb.de abrufbar.

10 9 8 7 6 5 4 3 2 1

11 10 09

ISBN 978-3-8273-2594-5

Lektorat: Sylvia Hasselbach, shasselbach@pearson.de
Fachlektorat: Volker Schönharting, schoenharting@mac.com
Herstellung: Martha Kürzl-Harrison, mkuerzl@pearson.de
Korrektorat: René Wiegand, info@wiegand-dokumentation.de
Coverkonzeption und -gestaltung: Marco Lindenbeck, webwo GmbH, mlindenbeck@webwo.de
Satz: Reemers Publishing Services GmbH, Krefeld, www.reemers.de
Druck und Verarbeitung: Kösel, Krugzell (www.KoeselBuch.de)
Printed in Germany

Inhalt

1 Überblick 11

1.1 Serviceorientierte Architekturen 12
1.1.1 Was genau ist ein Service? 13
1.1.2 Interoperabilität 17
1.1.3 Orchestrierung mit WS-BPEL 20
1.2 Die Windows Communication Foundation 21
1.2.1 Service-Informationen 23
1.2.2 Laufzeitverhalten 24
1.2.3 Messaging 25
1.2.4 Hosting 27
1.3 Das ABC der Endpunkte 28
1.3.1 C für Contract 28
1.3.2 B für Binding 34
1.3.3 A für Address 40
1.4 Einen Service konfigurieren 41
1.4.1 Der WCF Service Configuration Editor 42
1.4.2 Selfhosting in einer Konsolenanwendung 53
1.4.3 Endpunkte per Code definieren 56
1.4.4 Basisadresse festlegen 57
1.5 Metadaten veröffentlichen 60
1.5.1 Metadaten-Endpunkte per Konfiguration 61
1.5.2 Abrufen von Service-Informationen im Browser 66
1.5.3 Das ServiceModel Metadata Utility Tool 67
1.5.4 Metadaten-Endpunkte per Code 73
1.6 WCF-Client-Anwendungen erstellen 76
1.6.1 Dienstverweis hinzufügen 77
1.6.2 Proxy-Klassen generieren mit »svcutil« 80
1.6.3 Verwenden einer ChannelFactory 85

2 Contracts 89

2.1 ServiceContract 89
2.2 OperationContract 92
2.3 Konfiguration des Service 96
2.4 Bekanntgabe des Contracts am Client 100
2.4.1 Veröffentlichen der Metadaten 100
2.4.2 Das Tool »svcutil« 102
2.5 Implementieren des Clients 107
2.6 DataContract 108
2.6.1 DataMember 109
2.6.2 DataContract für generische Typen 117
2.6.3 Äquivalente Datenverträge 118

2.6.4 Vorwärtskompatible Datenverträge ... 120
2.6.5 CollectionDataContract ... 126
2.6.6 KnownTypes ... 127
2.6.7 Best Practice ... 134
2.7 Weitere Contracts ... 143
2.7.1 Message Contracts ... 143
2.7.2 CallbackContract ... 144
2.7.3 FaultContract ... 144

3 Datenserialisierung ... 145

3.1 DataContractSerializer ... 146
3.1.1 Unterstützte Typen ... 146
3.1.2 Definition des Styles der Nachricht ... 147
3.1.3 Versionsunabhängige Serialisierung ... 148
3.2 XMLSerializer ... 151
3.2.1 Verwendung des XmlSerializers ... 151
3.2.2 Definition des Styles der Nachricht ... 154
3.3 NetDataContractSerializer ... 155
3.4 MessageContracts ... 156
3.4.1 MessageContract-Attribute ... 157
3.4.2 Beispiel ... 160
3.4.3 ProtectionLevel von MessageContracts ... 170
3.4.4 Versionierung von MessageContracts ... 170
3.5 Alternative Austauschmöglichkeiten von Daten ... 171
3.5.1 Nachrichten durch Streams beschreiben ... 171
3.5.2 Nachrichten durch die Klasse »Message« beschreiben ... 173
3.6 Besonderheiten bei der Datenserialisierung ... 179
3.6.1 Einschränkungen in einer nicht voll vertrauenswürdigen Umgebung ... 179
3.6.2 Enumerationen ... 179
3.6.3 Collections ... 181
3.7 XML-Schemata und DataContract-Klassen ... 182
3.7.1 Exportieren einer Klasse ... 182
3.7.2 Importieren eines XML-Schemas ... 184
3.8 Sicherheitsüberlegungen ... 190

4 Fehlerbehandlung ... 193

4.1 FaultException ... 193
4.2 FaultContract ... 195

5 Hosting ... 199

5.1 Die ServiceHost-Klasse ... 200
5.2 Selfhosting ... 202
5.3 Windows-Dienst ... 203
5.3.1 Windows-Dienst-Host für Services erstellen ... 204
5.3.2 Installieren des Windows-Dienstes ... 210

5.3.3 Installation mit einem Setup-Projekt 214
5.3.4 Den Windows-Dienst testen 217
5.3.5 Verwalten eines Windows-Dienstes 218
5.4 Hosting mit IIS und WAS 219
5.4.1 Registrierung von Windows Communication Foundation 219
5.4.2 Erstellen einer WCF-Service-Website 220
5.4.3 Die @ServiceHost-Direktive 224
5.4.4 Nachrichtenbasierte Aktivierung 225
5.4.5 IIS 7.0 und Windows Process Activation Service 227
5.4.6 ASP.NET-Kompatibilitätsmodus 231

6 Sessions 235

6.1 Überblick 235
6.2 Erste Session-Anwendung 239
6.3 Duplex-Kommunikation 242
6.3.1 CallbackContract 243
6.3.2 Callback durchführen 245
6.3.3 Broadcasts – Callbacks an mehrere Clients senden 246
6.4 Reliable Session 252

7 Transaktionen 255

7.1 ACID-Prinzip 255
7.2 Überblick 256
7.2.1 ServiceBehavior 256
7.2.2 OperationBehavior 258
7.2.3 TransactionFlow 258
7.2.4 Migration von COM+-Transaktionen 260
7.2.5 Bindings 260

8 Queues in WCF 261

8.1 Queuing-Konzepte 261
8.2 Binding-Einstellungen für Queue-Anwendungen in WCF 264
8.2.1 NetMsmqBinding 264
8.2.2 MsmqIntegrationBinding 266
8.2.3 Adressierung der Target Queue 268
8.3 MSMQ-Beispielanwendung 269
8.3.1 Serveranwendung 269
8.3.2 Clientanwendung 275
8.3.3 Zugriff auf die Dead-Letter Queue 277

9 Security 281

9.1 Übertragungssicherheit 283
9.1.1 Sicherheit auf Transportebene 283
9.1.2 Sicherheit auf Nachrichtenebene 285
9.1.3 Vorteile und Nachteile im Überblick 286
9.1.4 Implementieren von Übertragungssicherheit 287

9.2 Signaturen, Schlüssel und Zertifikate ... 295
9.2.1 Digitale Signaturen ... 295
9.2.2 Verschlüsselung ... 296
9.2.3 Hybride Verfahren ... 299
9.2.4 Algorithmus-Suiten ... 299
9.2.5 Kerberos ... 301
9.2.6 Public Key Infrastructure und Zertifikate ... 303
9.2.7 SSL einrichten ... 316
9.3 Authentifizierung und Autorisierung ... 326
9.3.1 ClientCredentialType ... 326
9.3.2 Credentials ... 329
9.3.3 Anonyme Aufrufe ... 330
9.3.4 Authentifizierung mit Zertifikaten ... 331
9.3.5 Authentifizierung mit Benutzernamen und Passwort ... 338
9.3.6 Identitäten und Principals ... 343
9.3.7 Autorisierung ... 344
9.3.8 Windows-Authentifizierung ... 348
9.3.9 Impersonation – Identitätswechsel ... 350
9.4 Auditing – Sicherheitsereignisse überwachen ... 354
9.4.1 Eigenschaften ... 356
9.5 Beispiele ... 358
9.5.1 Transportsicherheit mit Windows-Authentifizierung ... 359
9.5.2 Nachrichtensicherheit mit Zertifikaten ... 360
9.5.3 Transportsicherheit mit SSL und Zertifikaten ... 363
9.5.4 Nachrichtensicherheit mit Benutzername und Passwort ... 366

10 Behaviors ... 369

10.1 ServiceBehaviors ... 370
10.1.1 Das ServiceBehavior-Attribut ... 370
10.1.2 Das AspNetCompatibilityRequirements-Attribut ... 375
10.1.3 ServiceMetadata ... 375
10.1.4 ServiceAuthorization ... 377
10.1.5 ServiceCredentials ... 378
10.1.6 ServiceDebug ... 382
10.1.7 ServiceSecurityAudit ... 382
10.1.8 ServiceThrottling ... 384
10.1.9 ServiceTimeouts ... 384
10.1.10 Workflow Runtime ... 385
10.2 Operation Behavior ... 385
10.2.1 Das OperationBehavior-Attribut ... 385
10.2.2 Das TransactionFlow-Attribut ... 387
10.2.3 Das DurableOperation-Attribut ... 388
10.2.4 Das DataContractSerializerOperation-Behavior ... 388
10.2.5 Das XmlSerializerOperationBehavior ... 388
10.3 Endpoint Behavior ... 389
10.3.1 Das CallbackBehavior-Attribut ... 389
10.3.2 CallbackDebug ... 389
10.3.3 CallbackTimeouts ... 390

10.3.4 TransactedBatching 390
10.3.5 ClientCredentials 390
10.3.6 ClientVia 393
10.3.7 WebScriptEnabling 393
10.4 ContractBehavior 393

Index 395

1 Überblick

Als Beta-Version noch unter dem Codenamen Indigo bekannt, wurde im November 2006 die Windows Communication Foundation als Teil des .NET Frameworks 3.0 veröffentlicht. Wie der Name schon andeutet, handelt es sich um ein Framework zur Kommunikation verteilter Anwendungen. Mit dem .NET-Framework 3.5 wurden zusätzliche Erweiterungen in der Windows Communication Foundation eingeführt. Das Service Pack 1 beinhaltet Optimierungen und endlich auch eine lokalisierte Version des Konfigurationstools. Gesellt sich also zu den schon vorhandenen Technologien wie .NET Remoting oder Webservices eine weitere Technik hinzu? – Das ist nicht der Fall. Vielmehr stellt die Windows Communication Foundation eine serviceorientierte Plattform bereit, die viele der bereits vorhandenen Technologien vereinheitlicht.

Während die Funktionalität eines Service – oft auch als Dienst bezeichnet – wie gewohnt mithilfe von Klassen definiert wird, ist die Windows Communication Foundation für die Kommunikation des Service mit anderen Anwendungen zuständig. Es findet somit eine strikte Trennung zwischen der Funktionalität (Geschäftslogik) und der Verteilung des Service statt. Dabei kann ein Service von beliebigen Anwendungen genutzt werden, egal ob sich diese im Intranet, Internet oder lokal auf demselben Rechner befinden. Durch das konsequente Verwenden von Standards wie den Webservices und SOAP ist außerdem eine interoperable Kommunikation mit anderen Plattformen möglich. So kann zum Beispiel ein in .NET definierter Service von einer Java-Anwendung konsumiert werden und umgekehrt ebenso.

Die Kommunikation mit einem Service findet über den Austausch von Nachrichten statt. Die Kommunikationsebene ist stark abstrahiert und kann mittels Konfigurationsdateien aber auch per Programmcode festgelegt werden. Außerdem können für einen Service mehrere Kommunikationswege definiert werden.

Das ist mit wenigen Worten zusammengefasst die Windows Communication Foundation. Bevor wir uns näher mit Details beschäftigen, werden wir zunächst genauer erklären, was man unter einer serviceorientierten Anwendungsarchitektur versteht.

1.1 Serviceorientierte Architekturen

Der Begriff »serviceorientierte Architektur« oder kurz SOA hat sich in den letzten Jahren zu einem weitverbreiteten Schlagwort entwickelt. Was aber steckt dahinter?

Zuerst einmal: SOA ist keine bestimmte Technologie, sondern vielmehr ein Konzept, eine Idee, ein breit angelegtes Rahmenwerk, das auf vielfältigen Standards basiert.

Häufig findet man in einer komplexen Unternehmensstruktur redundante Funktionalitäten vor. So greifen zum Beispiel verschiedene Programme auf Kundendaten zurück und verwalten diese. Selbst wenn alle Programme auf dieselbe Datenbasis zugreifen, so verfügt doch jedes Programm über eine individuelle Implementierung. Findet nun eine Änderung in der Kundendatenbank statt, müssen die Implementierungen sämtlicher Programme angepasst werden. Hier setzt das Konzept der serviceorientierten Architektur an.

In einer serviceorientierten Architektur wird eine einzelne Funktionalität nur einmal als Service implementiert und kann dann von beliebigen Programmen in einem Unternehmen genutzt werden. Das wird unter anderem durch die konsequente Verwendung von Standards erreicht, sodass Programme verschiedener Technologien und Plattformen einen Service nutzen können (Interoperabilität).

Die Vorteile liegen klar auf der Hand. Durch die Vermeidung redundanter Funktionalität lassen sich Kosten senken. Außerdem steigt die Qualität, da nur eine einzige Implementierung der Funktion existiert. Änderungen müssen also nur noch an einer Stelle umgesetzt werden.

Zur Umsetzung einer serviceorientierten Architektur gehören sehr unterschiedliche Werkzeuge:

- Werkzeuge, um einen Service zu erstellen und anzubieten (für einen WCF-Service wird dabei das Visual Studio verwendet)
- Eine Registry, in der Dienste wiedergefunden werden können
- Eine Messaging-Infrastruktur, über die Services und Anwendungen miteinander kommunizieren können

- Werkzeuge, die eine Zusammenstellung mehrerer Services zu komplexen Geschäftsprozessen erlauben (Orchestrierung von Services)
- Funktionen für das Service-Management

1.1.1 Was genau ist ein Service?

Zunächst einmal ist ein Service nichts anderes als eine Sammlung von Operationen, die eine funktionale Einheit bilden und von beliebigen Anwendungen konsumiert werden können. Ein Service bildet dabei einen in sich abgeschlossenen Prozess innerhalb eines komplexeren Geschäftsprozesses ab – und weniger einen technisch definierten Teil einer Anwendung.

Die Prozesse sind nach den Wünschen der Fachabteilungen geformt, entsprechen Industriestandards und lassen sich zu neuen, komplexeren Geschäftsprozessen und Anwendungen zusammensetzen. Das große Ziel ist eine an den Geschäftsprozessen ausgerichtete IT-Infrastruktur, die schnell auf veränderte Anforderungen reagiert. Für viele Entwickler etwas ungewohnt ist das Denken in Geschäftprozessen beziehungsweise deren Teilprozessen.

Die Funktionalität wird wie gewohnt als Geschäftslogik in einer Klasse implementiert. Die Implementierungsdetails werden normalerweise gekapselt, und die Funktionalität wird mit einer passenden Schnittstelle als Contract veröffentlicht. Die eigentliche Implementierung bleibt dem Nutzer (Client) des Service dabei verborgen (siehe Abbildung 1.1).

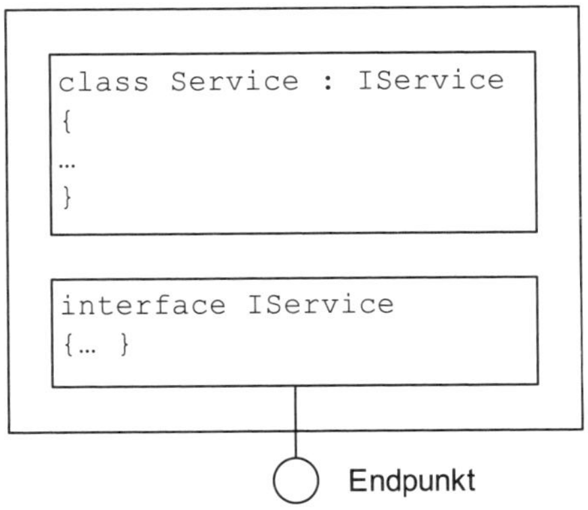

Abbildung 1.1: Kapseln der Funktionalität und Veröffentlichen

Schnittstellen sind per Definition invariant und dürfen nach ihrer Veröffentlichung nicht mehr verändert werden. Gibt es also Änderungen innerhalb des Prozesses, so kann die Implementierung geändert werden, ohne dass die Clients davon Kenntnis haben müssen. Dies geschieht solange, wie sich die Schnittstelle nicht ändert.

Die Schnittstelle sowie weitere Informationen wie eine Beschreibung der Funktionalität, die erwarteten Parameter und zusätzliche Merkmale wie Sicherheitsanforderungen werden mithilfe standardisierter Metadaten als Endpunkte bekannt gegeben.

Nachrichten und Endpunkte

Die Funktionalität eines Service wird mithilfe eines oder mehrerer austauschbarer interoperabler Endpunkte verfügbar gemacht. Ein Endpunkt enthält durch Standards definierte Informationen für den Nachrichtenaustausch und besteht aus drei elementaren Bereichen:

- Der Angabe, wohin eine Nachricht gesendet werden soll, also eine Adresse des Empfängers der Nachricht
- Der Angabge, wie eine Nachricht gesendet werden soll, also eine Spezifikation des Kommunikationsmechanismus (Bindung)
- Der Angabe, wie die Nachrichten aussehen sollen

Der Client erstellt ebenfalls einen Endpunkt, der mit einem Endpunkt des Service kompatibel ist.

Die Kommunikation zwischen Client und Service erfolgt dann mithilfe von Nachrichten zwischen zwei Endpunkten, so wie in Abbildung 1.2 dargestellt. Es werden dabei die Daten eines Objekts in einem serialisierten Format, wie beispielsweise XML, versendet. Eine Nachricht kann außerdem aus weiteren Teilen wie zum Beispiel einem Header bestehen.

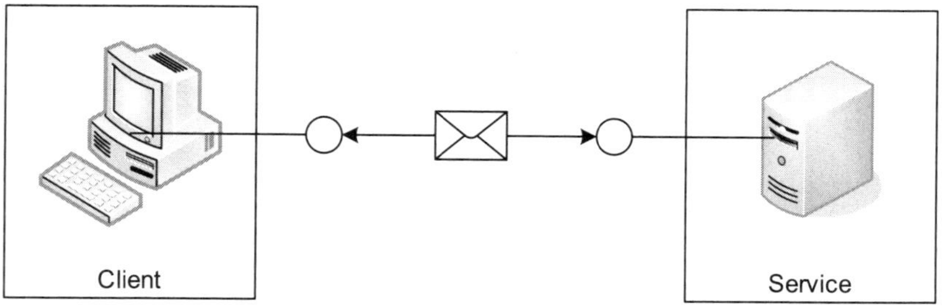

Abbildung 1.2: Client und Service tauschen Nachrichten über Endpunkte aus.

Client und Proxy

Clients verwenden einen Service, indem sie auf einen Endpunkt zugreifen. Dabei kann ein Endpunkt von beliebigen Clients konsumiert werden; und ein Client kann auf beliebig viele Endpunkte verschiedener Services zugreifen. Eine einzelne Anwendung kann sowohl als Client als auch als Service fungieren. Dabei kann fast alles ein Client sein: In der Windows-Welt sind dies zum Beispiel Windows Forms- und ASP.NET-Anwendungen oder ein anderer Service.

Da nur standardisierte Daten ausgetauscht werden, sind Services meist interoperabel und nicht mit einer spezifischen Technologie verknüpft. Man spricht daher auch von einer losen Koppelung zwischen Client und Service.

Damit ein Client einen Service nutzen kann, wird eine Proxy-Klasse erstellt. Die Proxy-Klasse enthält die gleichen in der Schnittstelle definierten Funktionen wie die Klasse des Service, welche die eigentliche Funktionalität implementiert. Außerdem sind weitere Methoden zum Verwalten des Proxys und für den Aufruf des Service notwendig. Die gesamte Kommunikation wird gekapselt und spielt beim Aufruf einer Methode keine Rolle mehr.

Um einen Service in einer Anwendung zu nutzen, muss lediglich noch eine Instanz der Proxy-Klasse erzeugt werden. Der Aufruf der Funktionalität eines Service unterscheidet sich dann nicht mehr von dem Aufruf einer lokalen Klasse mit dieser Funktionalität, wie in Abbildung 1.3 zu sehen ist.

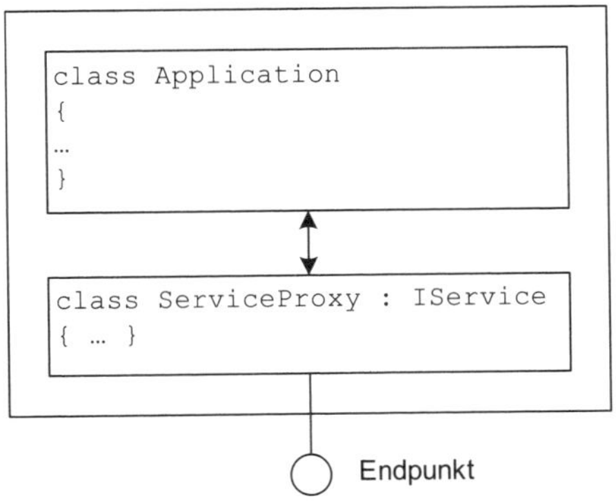

Abbildung 1.3: Die Funktionalität des Service wird als Proxy bereitgestellt.

Ein Endpunkt liefert alle relevanten Informationen über einen Service in Form von Metadaten. Clients können diese Informationen verarbeiten, um sowohl einen passenden Endpunkt als auch die entsprechenden Proxy-Klassen zu generieren.

Mehrschichtige serviceorientierte Architektur

Das gleiche Prinzip wird auch bei einer mehrschichtigen serviceorientierten Architektur angewendet. Ein Service veröffentlicht seine Funktionen mithilfe einer Schnittstelle und Endpunkten. Die eigentliche Implementierung des Service bleibt dem Client verborgen. Die Klasse des Service bildet die Geschäftsebene und setzt auf der Datenschicht auf. Services können auf beliebige Daten der Datenschicht zugreifen.

Auf Seite des Clients wird für jeden Service, der verfügbar gemacht werden soll, eine Proxy-Klasse mit passendem Endpunkt erzeugt. Der Client kann mehrere Services zu einem Geschäftsprozess zusammenfassen, und ebenso können mehrere Geschäftsprozesse auf die Proxy-Klasse eines Service zugreifen und somit die gleiche Funktionalität nutzen (siehe Abbildung 1.4).

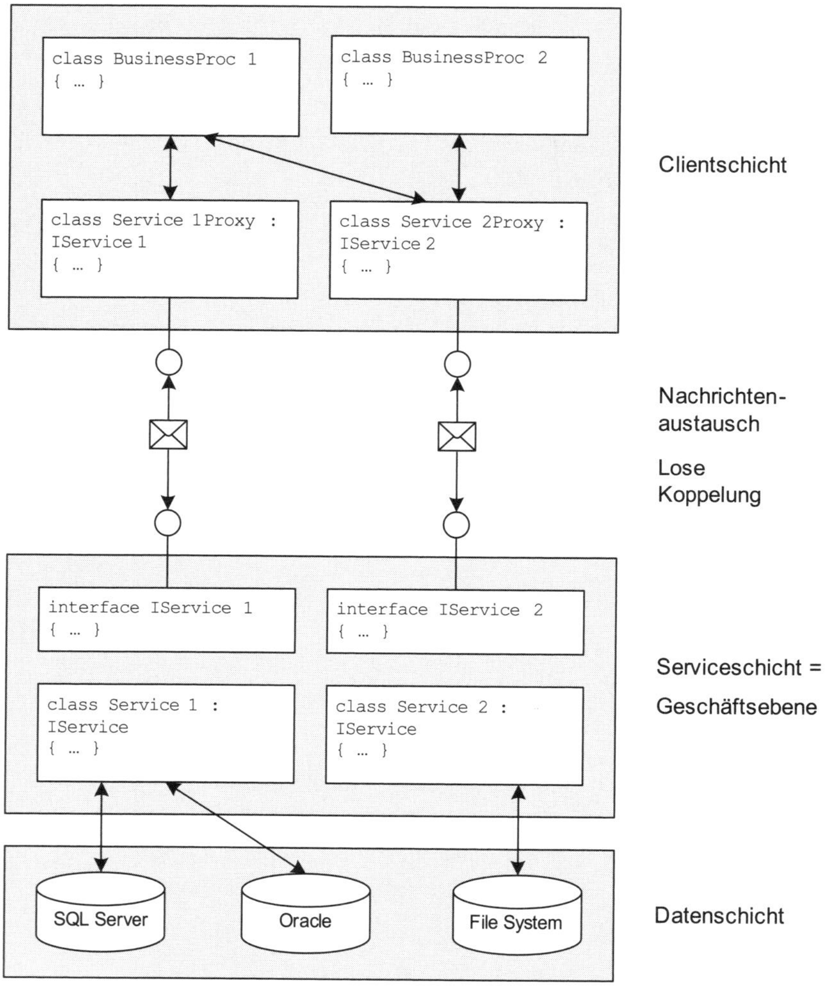

Abbildung 1.4: Mehrschichtige serviceorientierte Anwendungsarchitektur

Nebenläufiger Zugriff

Ein wichtiges Entwurfsziel einer serviceorientierten Architektur ist die Zustandslosigkeit eines Service. Services sind autonom und haben weder eine Erwartungshaltung an den Client noch an andere Services. Dadurch kann die Implementierung eines Service unabhängig von anderen Services verändert werden. Um Zustandslosigkeit zu erreichen, müssen die folgenden Punkte umgesetzt werden:

- Ein Service und der Client dürfen keine Informationen zwischen zwei Nachrichten aufheben.
- Jeder Service agiert unabhängig von anderen Services.
- Es dürfen keine externen Abhängigkeiten bestehen.
- Zwei parallel zugreifende Clients müssen völlig unabhängig voneinander arbeiten.
- Der Service muss fehlertolerant sein und alle verwendeten Ressourcen nach einem Aufruf wieder in einen konsistenten Zustand versetzen, unabhängig davon, ob der Aufruf erfolgreich war oder nicht.

Auch wenn diese Punkte einen perfekten Service beschreiben, so ist dieses Ziel zwar wünschenswert, aber nur selten vollständig zu erreichen. In der Praxis wird also lediglich versucht, so viele Punkte wie möglich umzusetzen.

1.1.2 Interoperabilität

Das wichtigste und am häufigsten gewünschte Ziel einer serviceorientierten Architektur ist die Interoperabilität mit anderen Umgebungen. Damit ein Service von beliebigen Clients konsumiert werden kann, müssen die von den Endpunkten veröffentlichten Informationen in einer plattform- und technologieunabhängigen Form vorliegen.

Außerdem müssen bei dem Austausch von Daten zwischen einem Client und einem Service die nativen technologiespezifischen Datentypen in eine standardisierte interoperable Form umgewandelt werden. Das alles lässt sich nur durch die konsequente Verwendung allgemein bekannter und weitverbreiteter Standards erreichen.

Dann ist es möglich, so wie in Abbildung 1.5 dargestellt, von einem .NET-Client einen Java-Webservice oder einen WCF-Service von einem Java-Client zu nutzen.

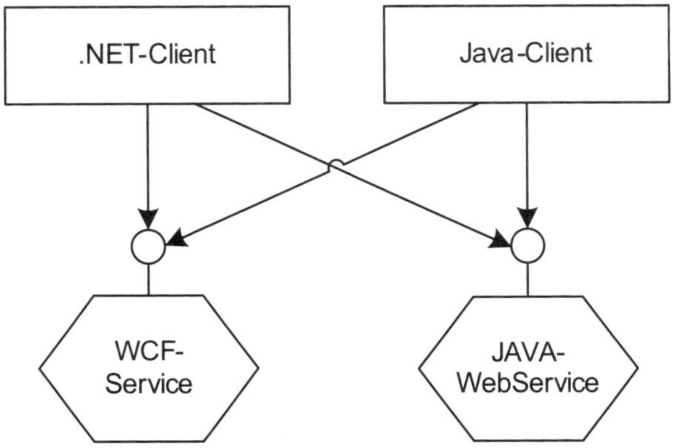

Abbildung 1.5: Interoperabler Zugriff zwischen .NET und Java

Verwendung von Webservice Standards

Die zurzeit wichtigsten und am häufigsten verwendeten Standards sind die Webservice Standards. Die drei mit Abstand wichtigsten Spezifikationen sind die folgenden:

- Das *Simple Object Access Protocol* (*SOAP*) ist das bevorzugte Netzwerkprotokoll zur Kommunikation mit Services und definiert einen Standardumschlag, der Header und Textabschnitte enthält.
- Die *Web Services Description Language* (*WSDL*) ist eine plattform-, programmiersprachen- und protokollunabhängige XML-Spezifikation zur Beschreibung der Funktionalität eines Service.
- *Universal Description, Discovery and Integration* (*UDDI*) bezeichnet einen standardisierten Verzeichnisdienst, der alle verfügbaren Services auflistet.

Sämtliche Standards werden von den Großen der Branche wie HP, IBM, Microsoft, Oracle, SAP, SUN und so weiter unterstützt. SOAP und WSDL sind dabei vom World Wide Web Consortium (W3C, *www.w3.org*) standardisiert worden, während der UDDI-Standard vom OASIS-Konsortium (*www.oasis-open.org*) veröffentlicht wird.

Basic Profile

Da es von allen Standards unterschiedliche Versionen gibt, die nicht immer problemlos miteinander zusammenarbeiten, wurde von der Web Services Interoperability Organization (*www.ws-i.org*) das *Basic Profile* geschaffen.

Damit Services und Clients unterschiedlicher Technologien miteinander zusammenarbeiten können, einigen sich beide auf ein bestimmtes Basic Profile. Bisher liegen die folgenden Versionen vor:

Basic Profile	Stand	Umgesetzte Standards
Version 1.0	Final	SOAP 1.1
		XML 1.0
		HTTP
		WSDL 1.1
		XML Schema
		UDDI 2.0
		SSL
Version 1.1	Final	Basic Profile in Version 1.0 + Errata

Tabelle 1.1: Übersicht der verschiedenen Versionen des Basic Profiles

Basic Profile	Stand	Umgesetzte Standards
Version 1.2	Board Approval Draft	Basic Profile in Version 1.1 + WS-Addressing 1.0
		SOAP Message Transmission Optimization Mechanism (MTOM)
Version 2.0	Working Group Draft	Basic Profile in Version 1.2
		Jedoch wird statt der SOAP-Version 1.1 jetzt der Standard SOAP-Version 1.2 verwendet.

Tabelle 1.1: Übersicht der verschiedenen Versionen des Basic Profiles (Fortsetzung)

Web Service Enhancements

Im Basic Profile sind nur die absolut notwendigen Spezifikationen enthalten. Ein ausgeklügelter Service benötigt aber oft auch zusätzliche Mehrwertdienste wie

- Sicherheit,
- Koordination verteilter Transaktionen und
- zuverlässige Kommunikation,

die nicht vom Basic Profile abgedeckt werden. Deshalb sind zahlreiche Spezifikationen zur Definition von Endpunkten und zur Steuerung der Mehrwertdienste in den sogenannten Web Service Enhancements festgelegt. Die wichtigsten Ergänzungen sind:

- Implementierung verschiedener Security-Standards
- Aufhebung der Beschränkung auf den HTTP-Transport
- Der Service Host ist frei wählbar und nicht zwangsläufig ein Webserver.

Die Web Service Enhancements sind teilweise vom OASIS-Konsortium und teilweise vom W3C standardisiert worden. In der folgenden Tabelle finden Sie die wichtigsten der zusätzlich definierten Standards:

Standard	Funktion
WS-Security WS-Trust	Implementieren von Sicherheitsrichtlinien
WS-Reliable Messaging	Auf der Grundlage von SOAP wird sichergestellt, dass Nachrichten in einer festgelegten Reihenfolge zuverlässig ankommen.
WS-Atomic Transaction	Fasst mehrere Webservices zu einer Transaktion zusammen.
WS-Addressing	Legt fest, wie Services mithilfe von Endpunkten angesprochen werden können.

Tabelle 1.2: Übersicht der wichtigsten Web Service Enhancements

Standard	Funktion
WS-Policy	Legt Policies für einen Endpunkt und für den Nachrichtenaustausch benötigte Details fest.
WS-BPEL	Sprache zur Orchestrierung und Verwaltung von Geschäftsprozessen
MTOM	Codierungs-Format für den Austausch großer Nachrichten und binärer Informationen

Tabelle 1.2: Übersicht der wichtigsten Web Service Enhancements (Fortsetzung)

1.1.3 Orchestrierung mit WS-BPEL

In einer serviceorientierten Architektur werden einzelne Prozesse als Service veröffentlicht, damit diese von beliebigen Geschäftsprozessen genutzt werden können. In einer absolut strikt serviceorientierten Architektur gibt es keine Programmlogik außerhalb von Services. Einzige Aufgabe ist es dann, mehrere einzelne Prozesse zu einem gesamten Geschäftsprozess zusammenzufügen.

Das Zusammenfügen von Teilprozessen zu einem komplexen Geschäftsservice wird auch als *Orchestrierung* von Prozessen bezeichnet. Die Orchestrierung steuert dabei den Ablauf und das Zusammenspiel aller beteiligten Prozesse. Tritt eine Änderung im Geschäftsprozess auf, so muss im Idealfall nur noch die Prozessbeschreibung geändert werden.

Business Process Execution Language

Mit der im Jahr 2002 von IBM, BEA und Microsoft eingeführten *Business Process Execution Language* (*BPEL*) existiert eine XML-basierte Sprache zur Beschreibung von Geschäftsprozessen, deren einzelne Teilprozesse durch Services implementiert sind. Die Beschreibung selbst wird ebenfalls in Form eines Service bereitgestellt und kann als ein solcher verwendet werden.

Die WS-BPEL baut auf dem Dienstmodell von WSDL auf und benutzt außerdem die Standards XML Schema, XPath und WS-Addressing.

BPEL Engines

Mithilfe von WS-BPEL definierte Geschäftsprozesse müssen irgendwo ausgeführt werden. BPEL Engines stellen eine Laufzeitumgebung für diese Geschäftsprozesse bereit und führen BPEL-Prozessinstanzen aus. Zwei wichtige BPEL Engines aus der .NET-Welt sind dabei:

- Der Microsoft BizTalk Server kann Prozessmodelle ausführen, die mit Modellierungswerkzeugen wie Microsoft Visio erstellt worden sind.
- Die Microsoft Windows Workflow Foundation umfasst eine vollständige Abbildung von BPEL. Geschäftsprozesse können in einem Designer von Visual Studio orchestriert werden.

Weiter soll in diesem Buch nicht mehr auf das Thema Orchestrierung eingegangen werden. Stattdessen widmen wir uns jetzt dem eigentlichen Thema des Buches: der Windows Communication Foundation.

1.2 Die Windows Communication Foundation

Die *Windows Communication Foundation* (*WCF*) ist das Framework zum Erstellen von Services mit .NET, um diese in einer serviceorientierten Architektur nutzen zu können. Es werden alle bekannten Microsoft-Technologien zum Erstellen von verteilten Anwendungen zusammenfasst und unter einem einheitlichen Programmiermodell zur Verfügung gestellt. Dazu zählen die folgenden Frameworks:

- .NET Remoting: speziell für eine .NET-zu-.NET-Kommunikation
- .NET Enterprise Services: Bietet Zugriff auf COM+-Dienste.
- ASP.NET Webservices (ASMX): anbieterübergreifende Interoperabilität mit dem Webservice-Standard
- Web Service Enhancements (WSE): Erweiterte Webservices, um die WS*-Spezifikationen mit zusätzlichen Merkmalen wie Sicherheit oder Transaktionen zu versehen
- Microsoft Message Queuing (MSMQ): asynchroner Austausch von Nachrichten und Verwalten der Nachrichten mithilfe von Warteschlangen

Im Wesentlichen ist WCF ein Servicemodell mit einem Framework, das in der Assembly *System.ServiceModel.dll* definiert ist und die Funktionalität im Namespace *System.ServiceModel* zur Verfügung stellt. WCF kann derzeit mit folgenden Betriebssystemen verwendet werden:

- Windows XP Service Pack 2
- Windows Server 2003 Service Pack 1
- Windows Vista
- Windows 2008 Server

Einige der Hauptentwurfsziele der Windows Communication Foundation sind Flexibilität und Zukunftsorientierung bei der Kommunikation zwischen Client und Service. Ohne Veränderung der Implementierung eines Service kann die Art der Kommunikation konfiguriert werden. Es findet somit eine strikte Trennung zwischen der Implementierung und der Kommunikation statt. Somit muss auch bei zukünftigen Neuerungen bei der Kommunikation, beispielsweise bei der Einführung neuer Protokolle, keine Änderung an der Implementierung vorgenommen, sondern lediglich die Konfiguration angepasst werden.

Die Hauptaufgabe von WCF ist, Methoden von CLR-Typen (mit .NET erstellte Klassen) als Services bereitzustellen und Services von anderen Architekturen zu konsumieren, indem die Methoden des Service auf der Seite des Clients als CLR-Typen verfügbar gemacht werden (Proxy-Klasse).

Durch die konsequente Verwendung von Standards wie Webservices und die WS*-Spezifikationen ist es mit WCF sehr leicht möglich, anbieterübergreifende Interoperabilität, einschließlich Merkmalen wie Sicherheit, Zuverlässigkeit und Transaktionen, zu gewährleisten. So kann zum Beispiel ein Java-Webservice in .NET konsumiert oder ein WCF-Service für Java-Anwendungen verfügbar gemacht werden. Außerdem ist WCF zu den bereits genannten Microsoft-Technologien wie Webservices kompatibel.

Die Architektur von WCF lässt sich in verschiedene Schichten aufteilen, wie in Abbildung 1.6 gezeigt wird. Die oberste Schicht ist die Anwendung, welche die Funktionalität des Service definiert. Die darunter liegende Schicht legt die Funktionalität des Service für Clients offen, legt Metadaten fest und ist für die Definition einer Bindung zuständig. In der Schicht für das Laufzeitverhalten werden weitere Regeln für die Kommunikation zwischen dem Client und dem Service konfiguriert. Die Messaging-Schicht enthält alle Elemente zum Ausführen eines Service, der auf unterster Ebene in verschiedenen Umgebungen gehostet werden kann.

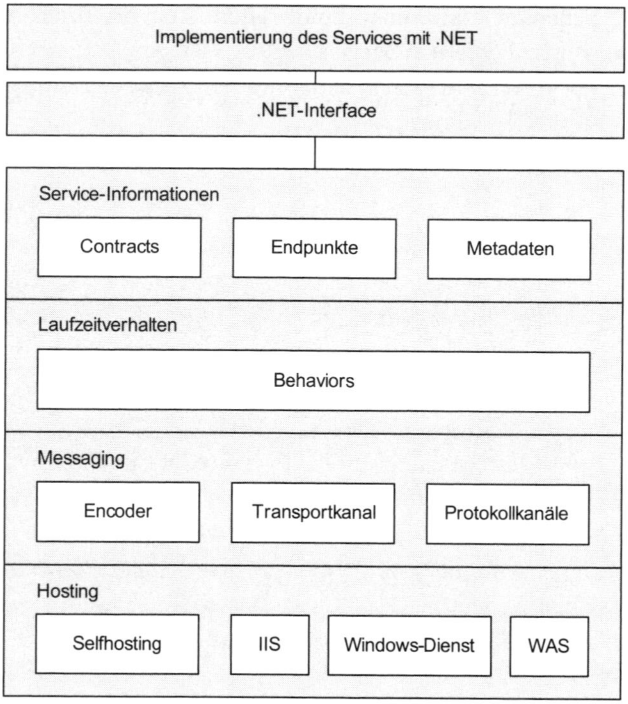

Abbildung 1.6: Die Architektur der Windows Communication Foundation

Da die einzelnen Elemente der Schichten austauschbar sind, lässt sich die Kommunikation mit einem Service äußerst flexibel konfigurieren. So ist zwar SOAP das Standardprotokoll für das Versenden der Nachrichten, es können aber auch einfache XML-Daten (ohne SOAP-Umschlag) wie RSS oder Nicht-XML-Formate wie JavaScript Object Notation (JSON) zur Kommunikation verwendet werden.

1.2.1 Service-Informationen

Zuerst betrachten wir die Schicht mit Service-Informationen etwas genauer. Hier werden alle Informationen festgelegt, die ein Client benötigt, um mit dem Service zu kommunizieren. Außerdem wird die Funktionalität des Service bestimmt.

Contracts

Durch verschiedene Arten von Contracts können verschiedene Informationen zu einem Service bereitgestellt werden. So sind der *ServiceContract* und der *OperationContract* dafür verantwortlich, die Funktionalität des Service zu beschreiben. Dazu wird das Interface des Service mit einem *ServiceContractAttribute* gekennzeichnet, und alle für den Client verfügbaren Methoden erhalten ein *OperationContractAttribute*.

Der *DataContract* beschreibt alle Parameter einer Nachricht, die ein Service erstellen oder verarbeiten kann mit XML Schema-Definitionen. Eine weitere Art von Contract ist der *FaultContract*. Er legt fest, welche Fehler ein Service auslösen kann, wie der Service diese Fehler behandelt und wie der Client eine Nachricht über den Fehler erhält. Mehr zu Contracts finden Sie in Kapitel 2, »Contracts«.

Endpunkte

Services werden über Endpunkte verfügbar gemacht. Ein Endpunkt ist dafür zuständig, Nachrichten zu senden und zu empfangen. Dazu legt ein Endpunkt alle Informationen fest, um Nachrichten austauschen zu können. Jeder Endpunkt besteht aus drei Elementen:

- Einer Adresse (URI), die angibt, *wo* der Service zu finden ist und wohin die Nachricht gesendet wird.
- Einer Bindung, die die Informationen zur Kommunikation des Clients mit dem Service enthält, also *wie* der Client den Service nutzen kann.
- Einem Contract, der die Funktionalität definiert, die der Service seinen Clients zur Verfügung stellt, also *was* der Service leistet.

Für jeden Service können mehrere Endpunkte definiert werden. Somit kann zum Beispiel ein Endpunkt erstellt werden, der ausschließlich über Webservice-Standards definiert wird und somit Interoperabilität gewährleistet. Ein anderer Endpunkt könnte für die Kommunikation mit einer anderen .NET-Anwendung definiert werden, um eine effiziente .NET-zu-.NET-Kommunikation zu erreichen. Ohne die Implementierung des Service verändern zu müssen, können so verschiedene Kommunikationswege definiert werden.

Endpunkte können sowohl im Programmcode als auch in einer Konfigurationsdatei definiert werden. Eine Konfigurationsdatei ist aber in den meisten Fällen die bessere Wahl, da so die Möglichkeit besteht, den Endpunkt und damit die Art der Kommunikation zu ändern, ohne den Service erneut kompilieren zu müssen.

Metadaten

Mithilfe von Metadaten werden die Merkmale eines Service und die Art, wie mit den Endpunkten eines Service zusammengearbeitet werden kann, beschrieben. Die Windows Communication Foundation veröffentlicht die Metadaten eines Service durch spezielle Metadaten-Endpunkte. Diese werden entweder über das HTTP-GET-Protokoll oder das WS-Metadata Exchange Protocol (MEX) zur Verfügung gestellt. Metadaten müssen explizit über das Metadaten-Verhalten aktiviert werden und werden dann von der Windows Communication Foundation automatisch erstellt, indem die Contracts des Service und seine Endpunkte analysiert werden.

Ein Service kann dabei die folgenden Metadaten veröffentlichen:

- Methoden des Service und die Beschreibungen, wie diese zu verwenden sind, werden mithilfe der Web Services Description Language (WSDL) angegeben.
- XML Schema-Dokumente legen einen Datenvertrag mit allen Parametern des Service offen.
- Mit WS-Policy werden Richtlinien zum Verhalten eines Service wie beispielsweise Sicherheitsoptionen festgelegt.

Ein Client kann mithilfe der Metadaten-Endpunkte Informationen über einen Service anfordern. Das *ServiceModel Metadata Utility* (*Svcutil.exe*) ist dann in der Lage, eine Proxy-Klasse und Endpunkte für den Client zu generieren.

1.2.2 Laufzeitverhalten

Mit den sogenannten Behaviors kann das Verhalten der Nachrichtenübermittlung zwischen Client und Service zur Laufzeit näher bestimmt und beeinflusst werden. Behaviors werden im Gegensatz zu den Metadaten lokal für einen Client oder einen Service festgelegt und werden nicht zwischen Client und Service ausgetauscht.

Die Behaviors lassen sich in folgende Gruppen unterteilen:

- **EndpointBehaviors** legen Verhaltensweisen fest, die sich auf einen Endpunkt auswirken. Dazu gehören Einstellungen für die Sicherheit, Debugging, Serialisierung, Timeouts und Routing.
- Mit **ServiceBehaviors** lassen sich verschiedene Aspekte eines Service wie Metadaten-Verhalten und Drosselung konfigurieren. ServiceBehaviors steuern das interne Ausführungsverhalten einer Service-Implementierung, das sich auf alle Endpunkte auswirkt.
- **OperationBehaviors** werden verwendet, um das Laufzeitverhalten einer einzelnen Operation zu beeinflussen.
- Mithilfe von **CustomBehaviors** lassen sich benutzerdefinierte Verhaltenweisen für Services, Endpunkte oder Operationen definieren.

Behaviors werden entweder durch Konfiguration oder durch das Angeben von Behavior-Attributen im Code festgelegt.

1.2.3 Messaging

In der Messaging-Ebene befinden sich Kanäle und Encoder – die für das eigentliche Versenden der Nachrichten zuständigen Elemente.

Encoder

Damit Entwickler beliebiger Plattformen mit einem WCF-Service arbeiten können, muss der Service die CLR-Typen in eine für den Empfänger der Nachricht verständliche Form umwandeln. Dazu wird die Nachricht vom Sender der Nachricht serialisiert, bevor sie zum Empfänger geschickt wird. Der Empfänger deserialisiert die Nachricht dann in ein für ihn verständliches Format (siehe Abbildung 1.7).

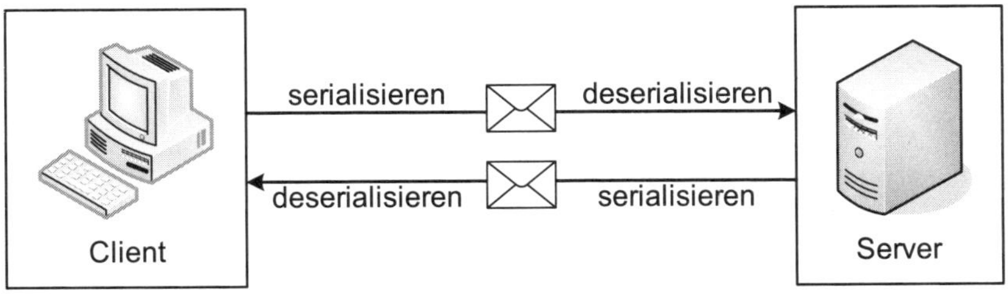

Abbildung 1.7: Serialisierung und Deserialisierung von Nachrichten

Im Folgenden finden Sie die von WCF standardmäßig unterstützten Codierungsformate:

- Text (meist in Form von XML) – interoperabel
- binär – besonders effizient
- Message Transmission Optimization Mechanism (MTOM) ist eine interoperable Möglichkeit, unstrukturierte Binärdaten effizient als Nachricht auf Basis von SOAP zu versenden.

Alle im .NET Framework vordefinierten primitiven Typen unterstützen Serialisierung. Sollten Sie aber mit selbstdefinierten Typen arbeiten, so müssen diese zunächst mit den passenden Attributen serialisierbar gemacht werden.

Kanäle und Kanalstapel

Mit .NET Remoting wurde erstmals eine Kanalarchitektur eingeführt, welche die Kommunikationsvorgänge und -protokolle zwischen Client und Service als sogenannte Kanäle abstrahiert. Der Kanalstapel (Sink Chain) besteht aus einem oder mehreren übereinander gelagerten Kanälen, die Nachrichten verarbeiten. Jede Schicht des Stapels bietet eine gewisse Abstraktion der Funktionalität der darunter liegenden Schicht und stellt diese Abstraktion nur der direkt darüber liegenden Schicht zur Verfügung. Außerdem verwendet jede Schicht nur die Abstraktion der direkt darunter liegenden Schicht.

Bei einem Kommunikationsvorgang kommuniziert eine Schicht immer mit der entsprechenden Schicht des anderen Stapels. Zwischen den Protokollkanälen besteht somit eine virtuelle Verbindung. Dies ist vom Prinzip dem ISO-OSI-Schichtenmodell sehr ähnlich.

Der unterste Kanal im Kanalstapel ist der Transportkanal und ist für das Senden und Empfangen, also den eigentlichen Transport der Nachrichten, zuständig. Über dem Transportkanal befindet sich der Encodierkanal, der für das Serialisieren und Deserialisieren der Nachrichten verantwortlich ist. Über dem Encodierkanal befinden sich beliebig viele weitere Protokollkanäle, von denen jeder für die Bereitstellung eines Mehrwertdienstes verantwortlich ist.

Wird eine Nachricht verschickt, so wird diese durch den Kanalstapel geschleust. Die oberste Protokollschicht nimmt die Nachricht als erste entgegen. Jede Schicht ergänzt die Nachricht um Sicherheitsinformationen, Empfangsbestätigungen, Transaktionsinformationen und so weiter. Dann wird die Nachricht an eine Schicht weiter unten weitergeleitet. Bei der Encodierschicht angekommen, wird die Nachricht serialisiert und mithilfe der Transportschicht über Transportprotokolle wie HTTP oder TCP schließlich verschickt.

Auf der Gegenseite wird die Nachricht zuerst deserialisiert und dann weitergeleitet. Dabei werden alle darüber liegenden Protokollkanäle durchlaufen, ehe die ursprüngliche Nachricht beim Empfänger ankommt.

Abbildung 1.8 zeigt diesen Vorgang im Zusammenhang.

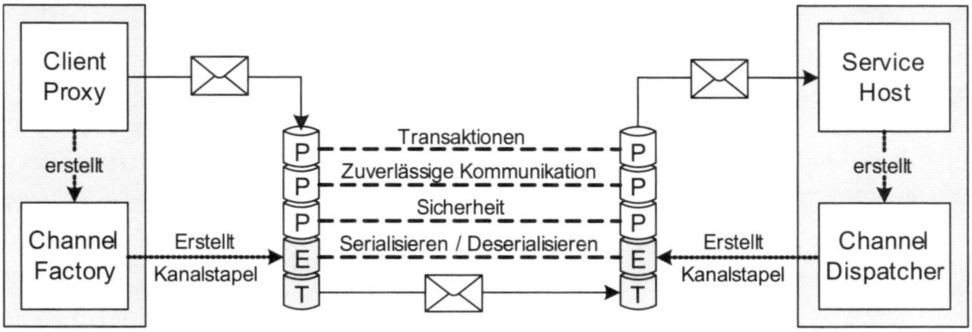

Abbildung 1.8: Eine Nachricht wird vom Client zum Service gesendet.

Und wo kommt der Kanalstapel her? Nun, zu jeder Proxy-Klasse auf der Seite des Clients gibt es eine Channel Factory. Soll eine Nachricht gesendet werden, so erstellt die Channel Factory einen Kanalstapel. Alle dazu benötigten Informationen sind in dem Binding des Endpunktes definiert.

Auf der Seite des Service wird von der Laufzeitumgebung (Service Host) für jeden Endpunkt des Service ein Channel Dispatcher erstellt. Dieser wartet auf die Nachricht eines Clients und erzeugt bei jeder Anfrage ebenfalls einen Kanalstapel, der mit dem Kanalstapel der Gegenseite kommuniziert.

Kanäle sind dabei austauschbar, ohne dass die Implementierung oder andere Kanäle geändert werden müssen. Dazu genügt meist schon das Ändern der Konfiguration des Bindings.

1.2.4 Hosting

Letztendlich ist ein Service nichts anderes als ein Programm, das irgendwo ausgeführt werden muss. Als Hosting wird das Bereitstellen eines WCF-Service für Clients bezeichnet. Der Service wird in der Laufzeitumgebung des Service Hosts ausgeführt. Die Funktionen des Service werden den Clients damit zur Verfügung gestellt.

Für einen WCF-Service gibt es die folgenden Möglichkeiten des Hostings:

- Selfhosting in einer ausführbaren .NET-Anwendung
- Hosting mit den Internet Information Services (IIS)

- Hosting als Windows-Dienst
- Hosting mit dem Windows Activation Service (WAS)

Ab dem nächsten Abschnitt wird uns bis zum Ende des Kapitels ein Einführungsbeispiel begleiten. Es werden dabei alle Arbeitsschritte durchlaufen, um einen einfachen WCF-Service zu erzeugen und zu konsumieren.

1.3 Das ABC der Endpunkte

Endpunkte sind dafür verantwortlich, einen Service für andere Nutzer verfügbar zu machen. Sie enthalten alle dazu notwendigen Informationen.

- Eine **Adresse** (URI) als eindeutiger Identifier für einen WCF-Service teilt der Client-Anwendung mit, wo der Service zu finden ist und wohin die Nachricht gesendet werden soll.
- Eine **Bindung** gibt unter anderem Informationen wie das zu verwendende Transportprotokoll, die Art der Codierung und weitere Mehrwertdienste an, die der Client zur Kommunikation mit dem Endpunkt des Service benötigt.
- Ein **ServiceContract** (Vertrag) definiert die Funktionalität, die der Service seinen Clients zur Verfügung stellt. Falls notwendig, muss außerdem ein **DataContract** erstellt werden, um benutzerdefinierte Datentypen für die Parameter und den Rückgabewert der Servicemethoden verwenden zu können, oder alternativ dazu ein **MessageContract**.

Wie ein Endpunkt und seine Bestandteile genau erzeugt werden, zeigt dieser Abschnitt. Dabei wird ein WCF-Service `Geometry` als Beispiel erstellt, der die Fläche eines Kreises und eines Rechtecks berechnet.

1.3.1 C für Contract

Der erste Schritt zu einem funktionsfähigen WCF-Service besteht im Erstellen eines ServiceContracts und dessen Implementierung. Das Erstellen des Contracts sollte der erste Arbeitsschritt beim Erstellen eines WCF-Service sein, man spricht auch von Contract First.

Für jeden Service gibt es ein Interface, das die Funktionalität festlegt. Das Interface wird mit einem `ServiceContract`-Attribut versehen. Zusätzlich muss jede Methode, die als Teil des Service veröffentlicht werden soll, mit einem `OperationContract`-Attribut ausgezeichnet werden. Ansonsten können die Methoden nur von Objekten innerhalb ihres Zugriffsbereichs aufgerufen und verwendet werden, sind aber nicht als Teil der Schnittstelle für den Client verfügbar.

Die beiden Attribute `ServiceContract` und `OperationContract` befinden sich im Namespace `System.ServiceModel`. Somit muss ein Verweis auf diese Bibliothek im Projekt hinzugefügt werden. Erst dann wird eine Klasse erstellt, welche das Interface und somit dessen Funktionalität implementiert.

Jeder WCF-Service muss mindestens einen ServiceContract definieren. Als Teil des Service wird lediglich das Interface veröffentlicht. Ein Client kennt somit die Funktionalität des Service, nicht jedoch dessen Implementierung.

Erstellen einer WCF-Service-Klassenbibliothek

Erstellen Sie ein neues Projekt als Klassenbibliothek mit dem Namen `FirstService`.

Als Erstes wird das Interface für den Service benötigt. Klicken Sie dazu mit der rechten Maus auf das Projekt im Projektmappen-Explorer und auf *Hinzufügen... Neues Element*. Es öffnet sich ein Dialogfeld, in dem Sie *Schnittstelle* auswählen und dieser den Namen *IGeometry.cs* (oder *IGeometry.vb*, falls Sie mit Visual Basic arbeiten) geben.

Die für einen ServiceContract notwendigen Attribute liegen in der Bibliothek *System.ServiceModel.dll*. Somit ist es notwendig, einen Verweis auf diese Bibliothek dem Projekt hinzuzufügen.

Wie in Listing 1.1 und Listing 1.2 gezeigt, legt das Interface im Beispiel zwei Methoden `CircleArea` und `RectangleArea` fest. Die Definition der Schnittstelle erhält ein `ServiceContract`-Attribut, während die beiden Methoden mit einem `OperationContract`-Attribut versehen werden.

```
using System;
using System.ServiceModel;

namespace FirstService
{
    [ServiceContract]
    public interface IGeometry
    {
        [OperationContract]
        double CircleArea(double radius);

        [OperationContract]
        double RectangleArea(double sideX, double sideY);
    }
}
```

Listing 1.1: Definieren des ServiceContracts in C#

```
Imports System
Imports System.ServiceModel
<ServiceContract> _
```

```
Public Interface IGeometry

    <OperationContract>
    Function CircleArea(radius As Double) As Double

    <OperationContract>
    Function RectangleArea(sideX As Double, sideY As Double) As Double
End Interface
```

Listing 1.2: Definieren des ServiceContracts in Visual Basic

Dies ist ein sehr einfacher Service. Sowohl für das `ServiceContract`-Attribut als auch für das `OperationContract`-Attribut gibt es zahlreiche Optionen, die im nächsten Kapitel ausführlich besprochen werden.

Solange nur vordefinierte primitive Datentypen für die Parameter und die Rückgabewerte verwendet werden, ist dies ausreichend. Werden aber selbstdefinierte Typen verwendet, so muss zusätzlich noch ein DataContract erstellt werden.

Servicevertrag implementieren

Nach der Definition des Service erfolgt seine Implementierung. Dazu wird normalerweise für jedes Interface eine Klasse erstellt, die das Interface implementiert. Es können aber auch mehrere Interfaces in einer Klassendefinition implementiert werden.

Um das Beispiel fortzuführen, benennen Sie als Nächstes die bereits vorhandene Klasse *Class1.cs* um in *Geometry.cs* (oder analog *Geometry.vb*) und leiten diese von der Schnittstelle *IGeometry* ab. Dann erfolgt die eigentliche Implementierung der Funktionalität des Service, wie in Listing 1.3 und Listing 1.4 gezeigt.

```
using System;

namespace FirstService
{
    public class Geometry : IGeometry
    {
        public double CircleArea(double radius)
        {
            return radius * radius * Math.PI;
        }

        public double RectangleArea(double sideX, double sideY)
        {
            return sideX * sideY;
        }
    }
}
```

Listing 1.3: Implementieren des Service in C#

```
Imports System

Public Class Geometry
  Implements IGeometry

  Public Function CircleArea(double radius) As Double
      return radius * radius * Math.PI
  End Function

  Public Function RectangleArea(sideX As Double, sideY As Double) As Double
       return sideX * sideY
  End Function
End Class
```

Listing 1.4: Implementieren des Service in Visual Basic

Es ist jedoch auch möglich, wie in Listing 1.5 und Listing 1.6 den ServiceContract in der Klasse selbst zu definieren. Ein Interface ist dann nicht erforderlich.

```
using System;
using System.ServiceModel;

namespace FirstService
{
    [ServiceContract]
    public class Geometry
    {
        [OperationContract]
        public double CircleArea(double radius)
        {
            return radius * radius * Math.PI;
        }

        [OperationContract]
        public double RectangleArea(double sideX, double sideY)
        {
            return sideX * sideY;
        }
    }
}
```

Listing 1.5: Klassendefinition als ServiceContract in C#

```
Imports System
Imports System.ServiceModel

<ServiceContract> _
Public Class Geometry
```

```
    <OperationContract> _
    Public Function CircleArea(radius As Double) As Double
        return radius * radius * Math.PI
    End Function

    <OperationContract> _
    Public Function RectangleArea(sideX As Double, sideY As Double) As Double
        return sideX * sideY
    End Function
End Class
```

Listing 1.6: Klassendefinition als ServiceContract in Visual Basic

Es ist zwar einfacher, den ServiceContract direkt in der Klasse zu definieren, allerdings ist es stets besser, die Definition und Implementierung eines Service voneinander zu trennen.

Message Exchange Patterns

Mit den Message Exchange Patterns wird festgelegt, wie der Service auf eine Nachricht reagieren soll. Drei verschiedene Message Exchange Patterns stehen zur Auswahl:

Request-Reply

Der Message Exchange Pattern *Request-Reply* ist das Standardverhalten eines Service. Der Client schickt eine Nachricht an den Service und wartet so lange mit der weiteren Verarbeitung, bis er eine Antwort vom Service erhält. So lange bleibt der Kommunikationskanal bestehen. Das entspricht dem Verhalten eines Webservice, wie in Abbildung 1.9 dargestellt. Die Verarbeitung erfolgt synchron.

Erhält der Client bis zu einem festgelegten Timeout (Standard ist eine Minute) keine Antwort, wird eine `TimeoutException` ausgelöst. Gibt es einen Fehler bei der Verarbeitung der Nachricht auf der Seite des Service, wird dies dem Client in einer entsprechenden Fehlernachricht mitgeteilt.

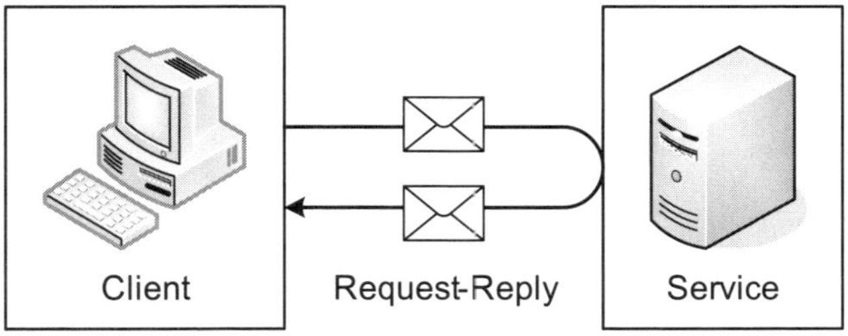

Abbildung 1.9: Request-Reply-Nachrichtenaustausch

One-Way

In machen Fällen benötigt der Client gar keine Informationen vom Service, sondern will nur eine Nachricht abschicken. In diesem Fall kann das Message Exchange Pattern *One-Way* verwendet werden.

Der Client sendet eine Nachricht an den Server, erwartet aber keine Antwort und fährt sofort mit der weiteren Verarbeitung fort, wie Abbildung 1.10 verdeutlicht. Der Kommunikationskanal wird sofort nach dem Abschicken der Nachricht geschlossen. Dem Client ist es dabei egal, ob die Verarbeitung des Service funktioniert oder nicht, denn bei einem Fehler erhält der Client keine Nachricht.

One-Way-Kommunikation lässt sich zum Beispiel für das Logging verwenden oder für lang andauernde Operationen, bei denen der Client das Ergebnis der Operation durch eine weitere Anfrage zu einem späteren Zeitpunkt selbst überprüft.

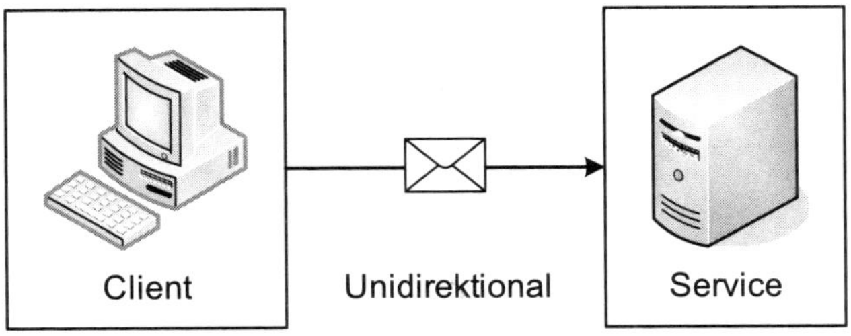

Abbildung 1.10: Unidirektionaler Nachrichtenaustausch

Das Erstellen einer One-Way-Operation ist einfach. Das `OperationContract`-Attribut wird einfach mit einem Argument `IsOneWay=true` versehen – siehe Listing 1.7 und Listing 1.8.

```
[ServiceContract]
public class Test
{
    [OperationContract(IsOneWay=true)]
    public void LogMessage(string message)
    {
        ...
    }
}
```

Listing 1.7: Definition eines One-Way Message Exchange Patterns in C#

```
<ServiceContract> _
Public Class Test

    <OperationContract(IsOneWay:=true)> _
```

```
    Public Sub LogMessage(message As String)
        ...
    End Sub
End Class
```

Listing 1.8: Definition eines One-Way Message Exchange Patterns in Visual Basic

Duplex

Mit dem Message Exchange Pattern *Duplex* ist ein Nachrichtenaustausch in beide Richtungen möglich. Um Duplex zu aktivieren, muss ein eigener CallbackContract erstellt werden und im ServiceContract des Clients bekannt gegeben werden. Abbildung 1.11 illustriert dieses Verhalten. Der Service wird dann logisch zum Client, und der Client übernimmt die Rolle des Service.

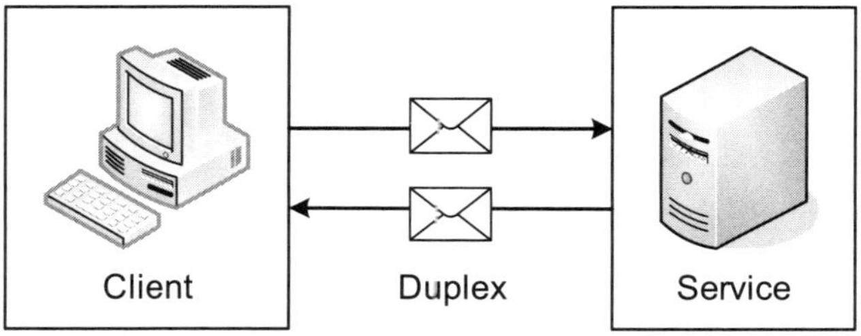

Abbildung 1.11: Duplex-Nachrichtenaustausch

1.3.2 B für Binding

Ein Binding legt fest, wie ein Endpunkt mit der Umgebung kommuniziert. Ein Binding ist dabei immer einem Vertrag zugeordnet, wobei für einen Vertrag mehrere Endpunkte mit unterschiedlicher Bindung festgelegt werden können. Auf diese Weise ist gewährleistet, dass dieselbe Funktionalität über verschiedene Protokolle ansprechbar ist.

Ein Binding legt auf jeden Fall das zu verwendende Transportprotokoll und die Art der Codierung fest. Zusätzlich können weitere Kommunikationsprotokolle angegeben werden, die Mehrwertdienste wie Sicherheit, Transaktionen oder eine zuverlässige Übertragung aktivieren.

Das Binding besteht aus einer geordneten Reihe von sogenannten Bindungselementen, die aufeinander gestapelt werden und jeweils einen Teil der für die Verbindung zu einem Dienstendpunkt erforderlichen Kommunikationsinformationen angeben.

Auf unterster Ebene des Stapels befindet sich das Transportbindungselement und unmittelbar darüber das Element, das die Spezifikationen für die Nachrichtencodierung enthält. Die optionalen Bindungselemente für die Mehrwertdienste befinden sich am oberen Ende des Stapels.

Die Elemente des Bindungsstapels entsprechen dem Stapel von Kanälen im Kanalmodell und werden als Vorlage zum Erstellen eines Kanalstapels verwendet. Die Reihenfolge der Bindungselemente entspricht genau der Reihenfolge der Kanalschichten, wie in Abbildung 1.12 dargestellt.

Kommunikationsmethode, Codierung und Mehrwertdienste können beinahe beliebig miteinander kombiniert werden. Eine Änderung der Reihenfolge bei den Bindungselementen hat somit auch eine Änderung des Kanalstapels zur Folge.

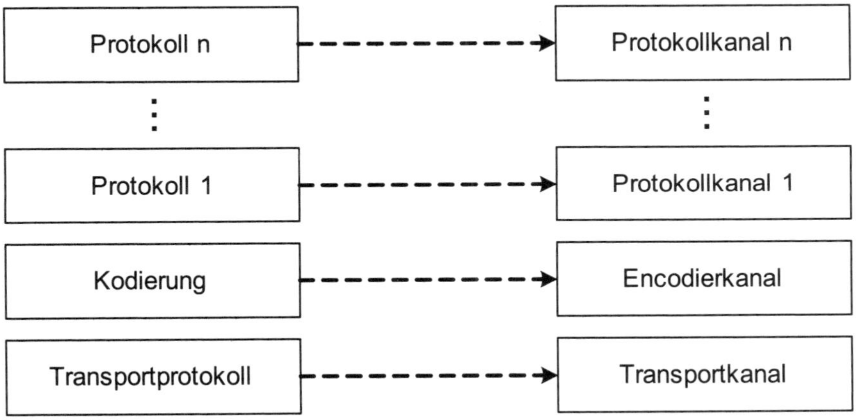

Abbildung 1.12: Stapel von Bindungselementen

Transportprotokoll

Auf der untersten Ebene wird das zu verwendende Transportprotokoll bestimmt. Ist Interoperabilität zu anderen Plattformen erforderlich, werden das HTTP- oder das HTTPS-Protokoll verwendet. HTTP ist ein einfaches, zustandloses Protokoll, das von allen Webservices unterstützt wird und in der Regel in der Firewall freigeschaltet ist. Falls eine sichere Kommunikation auf Transportebene erforderlich ist, wird das HTTPS-Protokoll verwendet, das auf der Basis von SSL (Secure Socket Layer) die Nachrichten zwischen Sender und Empfänger verschlüsselt überträgt.

HTTP und HTTPS haben als entscheidenden Nachteil eine schlechte Performance, da die Daten immer im ausführlichen XML-Format codiert werden. Außerdem ist der Nachrichtenaustausch mit HTTPS nur in eine Richtung möglich. Für eine Duplex-Kommunikation müssen aber zwei Kanäle erstellt werden.

Wesentlich performanter, dafür aber nicht interoperabel, ist die proprietäre, binäre Kommunikation über TCP oder Named Pipes. Durch die binäre Verschlüsselung ist die Größe der Nachricht wesentlich geringer. Während sich TCP am besten für Services im Intranet eignet, ist mit Named Pipes ausschließlich eine Kommunikation zweier Prozesse auf demselben Rechner möglich. Zu guter Letzt können Nachrichten auch über MSMQ versendet werden. Weitere Informationen zu MSMQ finden Sie in Kapitel 8, »Queues in WCF«.

Codierung

Die Codierung bestimmt die Art der Serialisierung einer Nachricht. Ist Interoperabilität gefordert, wird die Nachricht normalerweise im Klartext in Form eines XML-Dokuments gesendet. XML-Dokumente sind zwar ziemlich groß und benötigen Zeit zum Parsen auf der Seite des Empfängers, dafür wird XML von allen Webservices aller Plattformen verstanden.

Sollen binäre Daten wie etwa Grafiken übertragen werden, so existiert der Message Transmission Optimization Mechanism (MTOM), der von vielen unterschiedlichen Herstellern unterstützt wird. Die Binärdaten werden bei dieser Form der Übertragung nicht verändert. Somit ist auch keine Umrechnung erforderlich. Deshalb ist MTOM gut für eine effiziente interoperable Übertragung von Binärdaten geeignet.

Ist keine Interoperabilität erforderlich, wird die Nachricht in einem proprietären, Microsoft-spezifischen Binärformat übertragen. Dadurch lässt sich eine größtmögliche Performance erreichen.

Vordefinierte Bindings

Das Definieren einer Bindung ist ein ziemlich komplexes Vorhaben, da eine Vielzahl verschiedener Einstellungen möglich ist. Aus diesem Grund sind in der Windows Communication Foundation eine Reihe vordefinierter Bindungen enthalten, die einen Großteil der Anwendungsfälle abdecken. Jedes vordefinierte Binding ist für einen bestimmten Anwendungsfall optimiert und kann sehr einfach verwendet werden. Erfüllt ein vordefiniertes Binding nicht genau einen konkreten Anwendungsfall, kann ein vordefiniertes Binding verwendet und an die Bedürfnisse angepasst werden.

In .NET 3.0 sind neun verschiedene vordefinierte Bindings enthalten:

BasicHttpBinding

Mit dem *BasicHttpBinding* kann eine einfache Verbindung über das HTTP-Protokoll hergestellt werden, die alle Spezifikationen des Basic Profile erfüllt und Nachrichten als Text bzw. XML codiert. Somit ist *BasicHttpBinding* interoperabel zu allen Plattformen, die ebenfalls das Basic Profile unterstützen.

BasicHttpBinding eigenet sich für die Kommunikation mit älteren Webservices und ist kompatibel zu ASP.NET Webservices (ASMX). Es kann aber auch sehr gut für das Testen von Services mithilfe von Selfhosting verwendet werden, so wie bei dem Beispiel *Geometry* etwas später in diesem Kapitel.

Spezielle Sicherheitsprotokolle werden zwar nicht unterstützt, aber Sicherheit lässt sich mit SSL oder über die Codierung der Nachricht erreichen.

WSHttpBinding

In wesentlichen Punkten entspricht das *WSHttpBinding* dem *BasicHttpBinding* und erweitert dieses um die WS*-Protokolle. Die Web Service Enhancements erweitern das Basic Profile um Funktionen wie Sicherheit, Transaktionen und zuverlässige Kommunikation und sind somit interoperabel zu der neuesten Generation von Webservices, die ebenfalls die WS*-Protokolle unterstützen.

WSDualHttpBinding

Wie das *WSHttpBinding* unterstützt das *WSDualHttpBinding* eine sichere Verbindung zu Webservices. Das HTTPS-Protokoll und somit Sicherheit auf Basis des Transportprotokolls werden zwar im Gegensatz zum *WSHttpBinding* nicht unterstützt, jedoch können eine Reihe von WS*-Protokollen wie WS-Security zur Sicherung des Service verwendet werden.

Das *WSDualHttpBinding* wird verwendet, falls eine interoperable Duplex-Kommunikation erforderlich ist. Dazu werden zwei Kanäle auf Basis von *WSHttpBinding* erzeugt.

WSFederationHttpBinding

Wie *WSHttpBinding* unterstützt auch *WSFederationHttpBinding* eine sichere und interoperable Verbindung zu Webservices. Jedoch wird zusätzlich das WS-Federation-Protokoll unterstützt, um den Zugang zu unterschiedlichen Sicherheitsdomänen zu gewährleisten, ohne dass sich der Service bei jeder Sicherheitsdomäne erneut anmelden muss. Dazu wird bei jeder Nachrichtenübermittlung die Identität mit übertragen, um den Benutzer effizient zu authentifizieren und zu autorisieren.

NetTpcBinding

Mit dem *NetTpcBinding* wird eine sichere, performante und computerübergreifende Kommunikation zwischen zwei WCF-Anwendungen auf Basis des TCP-Protokolls ermöglicht. Die Codierung erfolgt binär und ist dadurch nicht interoperabel mit anderen Umgebungen. Sicherheit wird sowohl auf Ebene des Transportprotokolls als auch auf der Basis von WS-Security unterstützt.

Das *NetTpcBinding* ist die performanteste Verbindung zwischen zwei WCF-Anwendungen im Netz und wird hauptsächlich zur Kommunikation im Intranet verwendet.

NetNamedPipeBinding

Ähnlich wie *NetTpcBinding* wird *NetNamedPipeBinding* dazu verwendet, eine sehr performante Verbindung zwischen zwei WCF-Anwendungen über Named Pipes zu ermöglichen. Im Gegensatz zu *NetTpcBinding* kann ein *NetNamedPipeBinding* jedoch ausschließlich für die Kommunikation zwischen zwei WCF-Anwendungen erfolgen, die sich auf demselben Rechner befinden. Eine Kommunikation mit anderen Rechnern ist nicht möglich.

NetPeerTcpBinding

Mit dem *NetPeerTcpBinding* ist eine schnelle und sichere Kommunikation zwischen zwei WCF-Anwendungen über eine Peer-to-Peer-Verbindung möglich. Die Daten werden binär codiert. Somit ist die Verbindung nicht interoperabel, sondern auf WCF beschränkt.

NetMsmqBinding

Das *NetMsmqBinding* wird zum Herstellen von Verbindungen für Nachrichten in einer Warteschlange mit anderen WCF-Endpunkten verwendet. Somit ist eine warteschlangenbasierte Kommunikation zwischen zwei WCF-Anwendungen möglich.

MsmqIntegrationBinding

Um eine computerübergreifende Kommunikation zwischen einer WCF-Anwendung und vorhandenen Message Queuing-Anwendungen zu erreichen, gibt es das *MsmqIntegrationBinding*. Hiermit ist die Integration bestehender MSMQ-Anwendungen möglich.

Auswahl des passenden Bindings

Die Auswahl des passenden vordefinierten Bindings ist nicht allzu schwierig. Die erste Frage, die man sich stellen muss, ist, ob der Service interoperabel sein soll oder nicht. Abbildung 1.13 zeigt den Weg zur Auswahl des richtigen Bindings.

Vordefinierte Bindings in .NET 3.5

Mit .NET 3.5 sind drei weitere vordefinierte Bindings hinzugekommen.

webHttpBinding

Mit dem *webHttpBinding* wird REST/POX-Messaging anstelle von SOAP-basiertem Messaging verwendet. Serialisierung ist sowohl mit XML als auch mit JavaScript Object Notation (JSON) möglich.

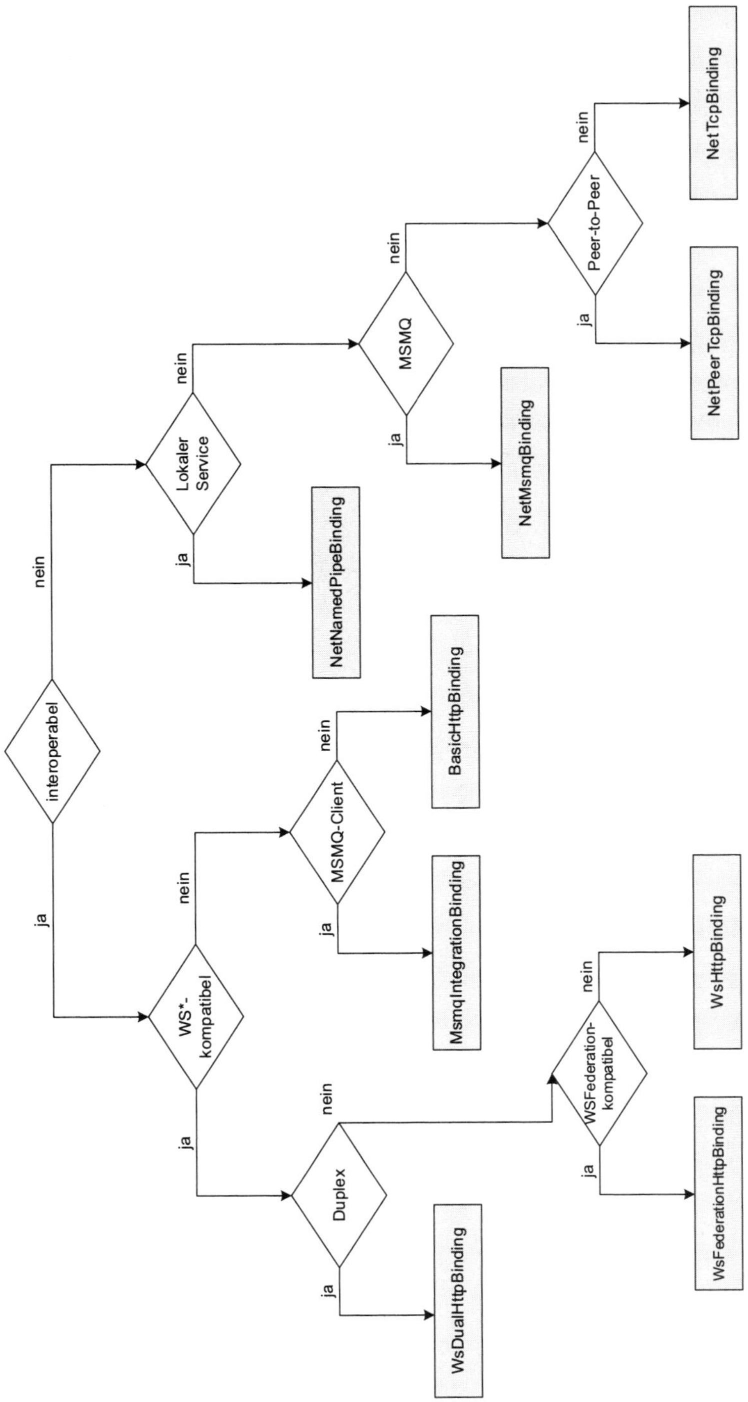

Abbildung 1.13: Die Auswahl eines passenden vordefinierten Bindings

ws2007HttpBinding

Das *ws2007HttpBinding* ist von *wsHttpBinding* abgeleitet und unterstützt die neuesten WS*-Spezifikationen aus dem Jahr 2007.

ws2007FederationHttpBinding

Das *ws2007FederationHttpBinding* ist von *wsFederationHttpBinding* abgeleitet und unterstützt die neuesten WS*-Spezifikationen aus dem Jahr 2007.

1.3.3 A für Address

Jedem Endpunkt ist eine eindeutige Adresse zugeordnet, um den Endpunkt suchen und identifizieren zu können. Eine Adresse gibt dabei den Ort des Service im Netzwerk an, an dem Nachrichten empfangen werden, sowie das zu verwendende Transportprotokoll.

Die Adresse wird in Form eines Uniform Resource Identifiers (URI) und weiterer optionaler Eigenschaften wie Identitätsinformationen angegeben. Alle Adressen werden nach dem interoperablen WS-Addressing-Standard veröffentlicht und stellen eine sogenannte *Endpoint Reference* dar.

Die Angabe der Adresse kann zwar im Code erfolgen, es ist jedoch empfehlenswert, die Adresse in der Konfiguration festzulegen. Gerade eine Adresse oder Port-Nummer werden gelegentlich geändert, sodass bei der Konfiguration der Adresse der Service nicht noch einmal kompiliert werden muss.

Eine Adresse ist immer nach demselben Schema aufgebaut:

```
Transportprotokoll://Domainname[:Port-Nummer][/Verzeichnis]
```

Das Transportprotokoll legt die Art des Transportmechanismus fest. Der Domainname ist entweder der Name eines Rechners, die IP-Adresse im Netz oder die Webdomain, unter welcher der Service gehostet wird.

Bei dem Transport über HTTP und TCP wird üblicherweise eine Port-Nummer mit angegeben. Die Port-Nummern von 0 bis 1023 sind bereits vom System belegt. Deswegen sollte die Port-Nummer größer als 1023 sein und von keiner anderen Anwendung verwendet werden.

Zuletzt kann noch der Pfad zu einem Verzeichnis angegeben werden. Folgende Beispiele stellen gültige Adressen dar:

net.pipe://localhost

http://localhost:1234

http://www.mydomain.de:1234/MyService

Für den Transport können folgende Protokolle angegeben werden:

Protokoll	Bezeichnung im URI	Beschreibung
HTTP	http	Kommunikation über das interoperable HTTP-Protokoll Die Standard-Port-Nummer ist 80.
HTTPS	https	Wie HTTP jedoch mit verschlüsselter Datenübertragung
TCP	net.tcp	Kommunikation über das interoperable TCP-Protokoll Die Standard-Port-Nummer ist 808.
Named Pipes	net.pipe	Mit Named Pipes können nur Aufrufe von dem eigenen Rechner verarbeitet werden. Pro Rechner kann nur eine Named Pipe geöffnet sein. Es wird keine Port-Nummer angegeben.
MSMQ	net.msmq	Für Services, die über Message Queues kommunizieren Es wird keine Port-Nummer angegeben.

Tabelle 1.3: Übersicht der Transportprotokolle

Statt einer absoluten Adresse können auch relative Adressen angegeben werden. Als Basisadresse wird dann die Adresse des Service Hosts verwendet, um daraus eine absolute Adresse zusammenzusetzen. Alternativ kann die Angabe der Basisadresse in der Konfiguration erfolgen. Das folgende Beispiel zeigt eine zur Host-Adresse relative Adressangabe: `/Service`

1.4 Einen Service konfigurieren

Eine Anwendung kann entweder über Anweisungen im Code, durch Konfiguration oder durch eine Kombination aus beiden Varianten Endpunkte, Bindungen und weitere Einstellungen festlegen.

Die Konfiguration bietet den Vorteil, dass sämtliche Einstellungen in einer lesbaren XML-Datei hinterlegt sind und jederzeit geändert werden können, ohne den Service erneut kompilieren zu müssen. Somit kann nicht nur der Entwickler die Einstellungen treffen, sondern auch Systemadministratoren oder Benutzer des Service können Änderungen vornehmen. Dadurch wird ein hohes Maß an Flexibilität erreicht, und es kann einfach auf unvorhersehbare Änderungen der Umgebung reagiert werden.

Um einen Service in WCF konfigurieren zu können, muss eine Konfigurationsdatei dem Projekt hinzugefügt werden. Bei einem im IIS gehosteten Service wird eine *web.config*-Datei verwendet, während bei allen anderen Hosts eine *app.config*-Datei verwendet wird.

WCF erweitert die Konfigurationsdatei um das Element `<system.serviceModel>`. Mithilfe einer Reihe von vordefinierten Elementen können mehrere Services mit beliebig vielen Endpunkten und diversen Einstellungen angegeben werden.

Die Codierung ermöglicht es dem Entwickler, die vollständige Kontrolle über alle Einstellungen zu behalten, da Anweisungen im Code die Einstellungen in der Konfigurationsdatei überschreiben. Somit kann der Entwickler sämtliche Einstellungen oder nur einen Teil der Einstellungen vorgeben. Ebenso sind auch dynamische Einstellungen zur Laufzeit möglich.

1.4.1 Der WCF Service Configuration Editor

Natürlich kann man die Einstellungen in der Konfigurationsdatei direkt vornehmen und sich selbst darum kümmern. Wesentlich einfacher ist jedoch die Verwendung des *WCF Service Configuration Editor* (*svcconfigeditor.exe*) aus dem SDK. Sämtliche Einstellungen können hier bequem in einem grafischen Editor vorgenommen und dann in der Konfigurationsdatei abgespeichert werden. Bei vielen Aufgaben werden Sie zusätzlich von einem Wizard Schritt für Schritt geführt.

Um den Service `Geometry` des Beispiels zu konfigurieren, benötigen Sie als Erstes eine Anwendungskonfigurationsdatei *app.config*. Diese erhalten Sie über den Projektmappen-Explorer, indem Sie im Kontextmenü auf *Hinzufügen...* gehen und dann eine Anwendungskonfigurationsdatei auswählen. Der Projektmappen-Explorer muss die in Abbildung 1.14 gezeigten Elemente enthalten.

Bevor Sie mit der Konfiguration beginnen, müssen Sie das Projekt zuvor noch kompilieren.

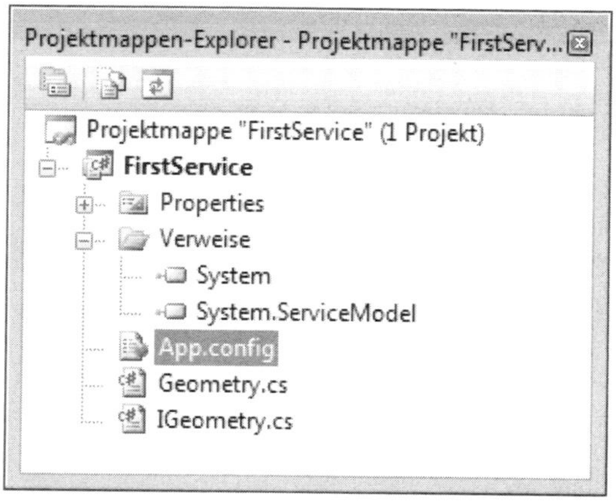

Abbildung 1.14: Ansicht des Service im Projektmappen-Explorer

Öffnen Sie jetzt den *WCF Service Configuration Editor* im Menü *Extras* und öffnen Sie die *app.config*-Datei über die Menüpunkte *Datei • Öffnen • Konfigurationsdatei...* . Daraufhin erscheint das in Abbildung 1.15 gezeigte Dialogfeld.

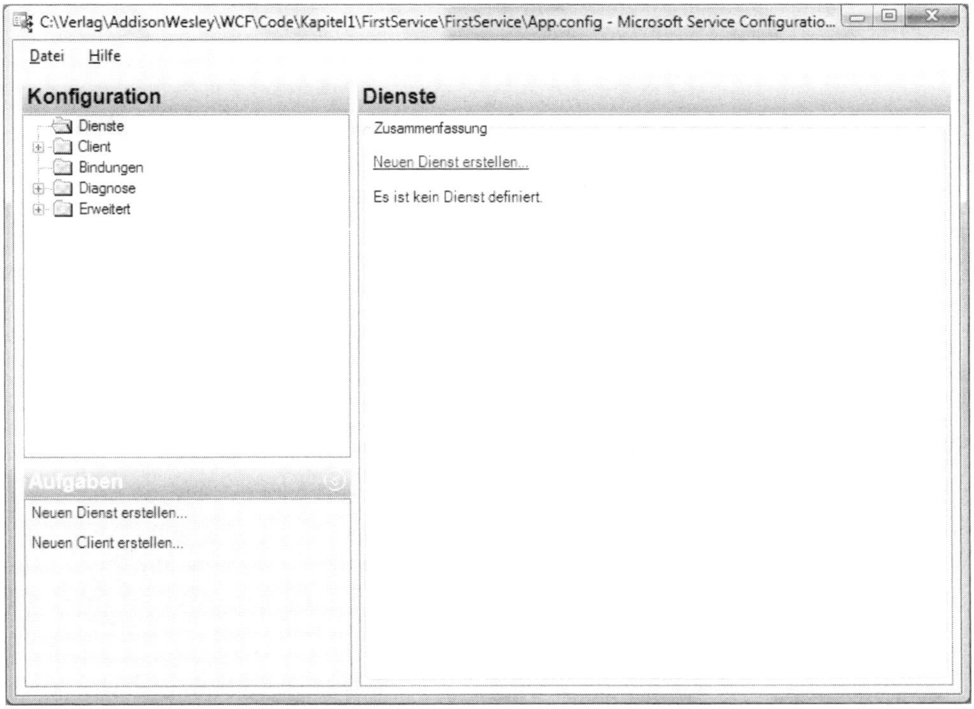

Abbildung 1.15: Anlegen eines Service in der Datei »app.config«

Der nächste Schritt ist das Erstellen eines neuen Service. Damit ist aber nicht das Definieren eines Interface im Code gemeint, sondern das Bekanntmachen und Konfigurieren eines bereits definierten Service in der Datei *app.config*.

Klicken Sie auf *Neuen Dienst erstellen...* , es erscheint das Dialogfeld des *Assistent für neue Dienstelemente* von Abbildung 1.16. Klicken Sie auf die Schaltfläche *Durchsuchen...* . Im folgenden Datei-Öffnen-Dialogfeld suchen Sie nach *FirstService.dll*, der Assembly des Service, und öffnen diese ebenfalls. Das Dialogfeld zeigt jetzt alle in der Klassenbibliothek definierten Services an. Wir entscheiden uns für *FirstService.Geometry* und klicken auf *Weiter*.

Im nächsten Dialog benötigt der Assistent für neue Dienstelemente das Interface des Service. Weil die Service-Implementierung bereits angegeben ist, kann in der Klassendefinition der Name des Interface herausgefunden werden, da die Klasse die Schnittstelle ja implementiert. In unserem Beispiel wird also automatisch das *FirstService.IGeometry*-Interface ermittelt, wie in Abbildung 1.17 gezeigt.

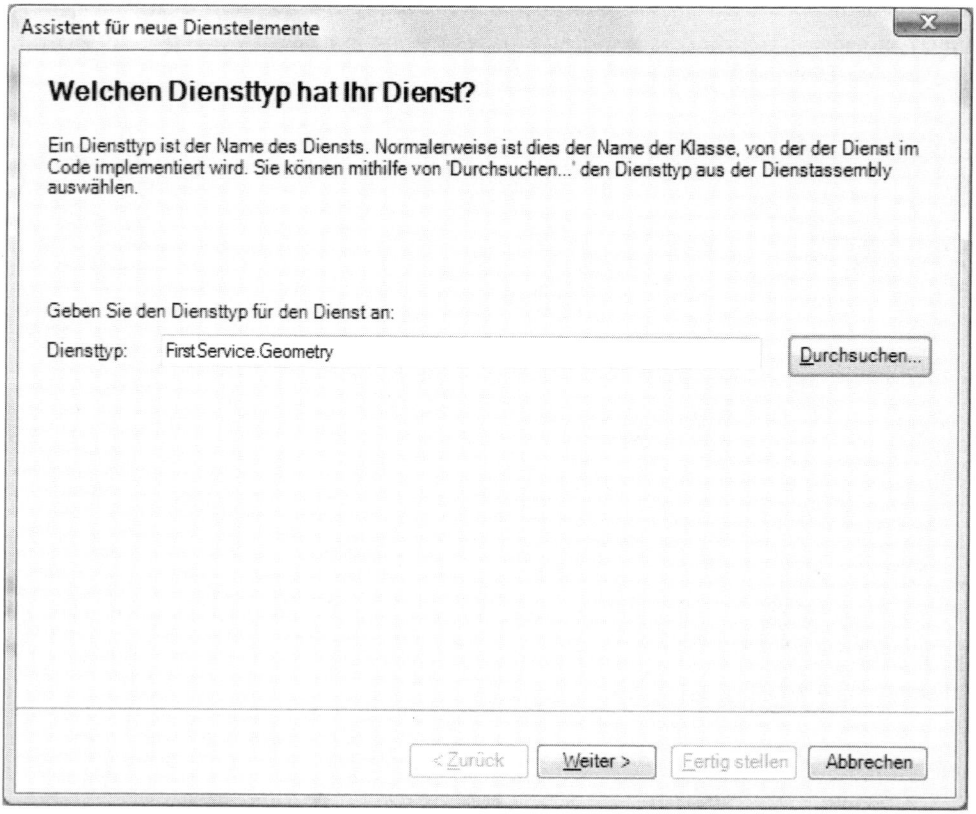

Abbildung 1.16: Angeben der Typdefinition des Service

Der folgende Dialog will jetzt die zu verwendende Kommunikationsmethode wissen. Wir übernehmen das voreingestellte HTTP-Protokoll (siehe Abbildung 1.18).

Bei der Auswahl des HTTP-Protokolls erscheint ein weiterer Dialog, in dem der Grad der Interoperabilität abgefragt wird. Wählen Sie die Einstellung *Erweiterte Webdienste-Interoperabilität* und *Simplexkommunikation,* wie in Abbildung 1.19 gezeigt.

Lassen Sie sich von der Einstellung *Simplex* nicht verwirren. Entgegen der Aussage in dem Dialogfeld handelt es sich nicht automatisch um den Message Exchange Pattern *One-Way.* Dazu müssten Sie die Methoden des Service ausdrücklich kennzeichnen. Stattdessen wird der Standard Message Exchange Pattern *Request-Reply* verwendet.

Aus allen bisher gemachten Angaben wird nun das passende vordefinierte Binding vom Assistent für neue Dienstelemente ausgewählt. In unserem Beispiel ist dies das *Ws2007HttpBinding.*

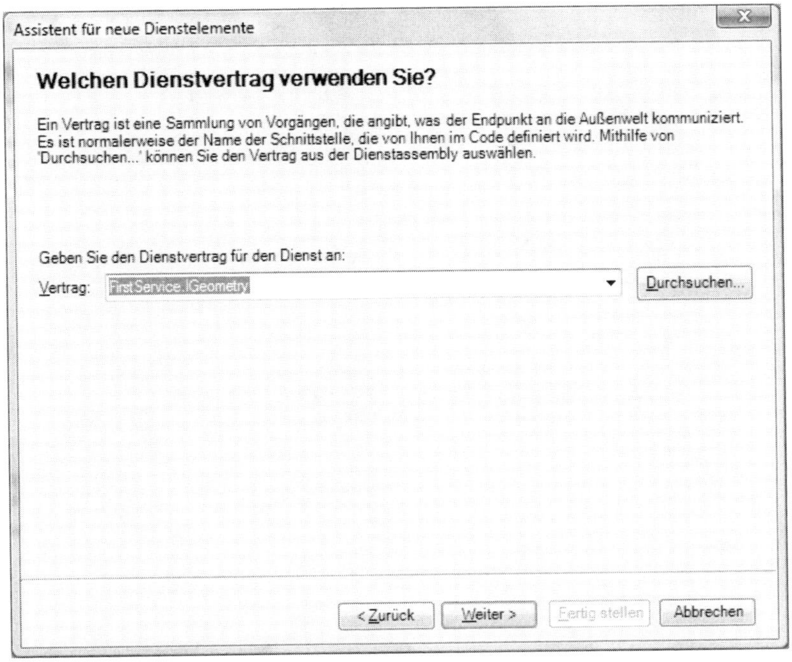

Abbildung 1.17: Angeben des ServiceContracts

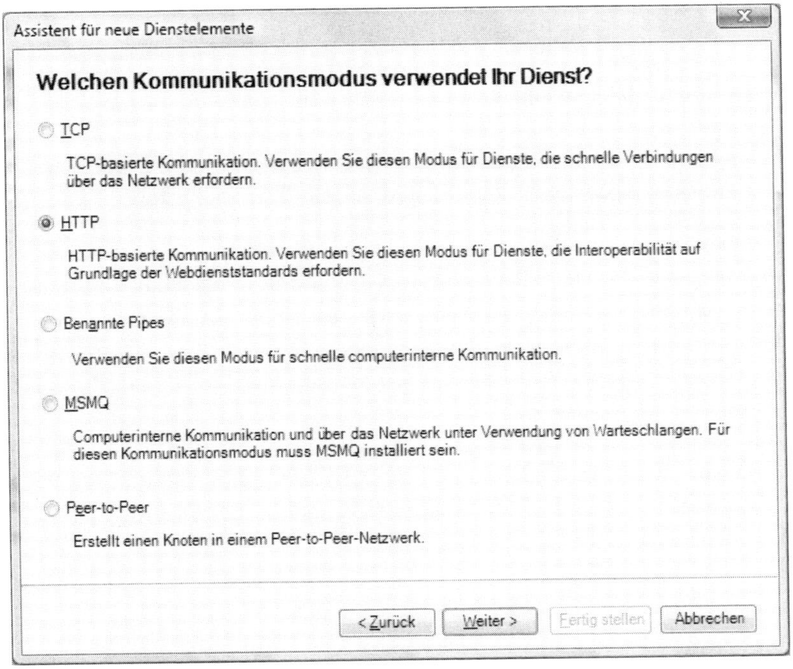

Abbildung 1.18: Auswählen eines Transportprotokolls

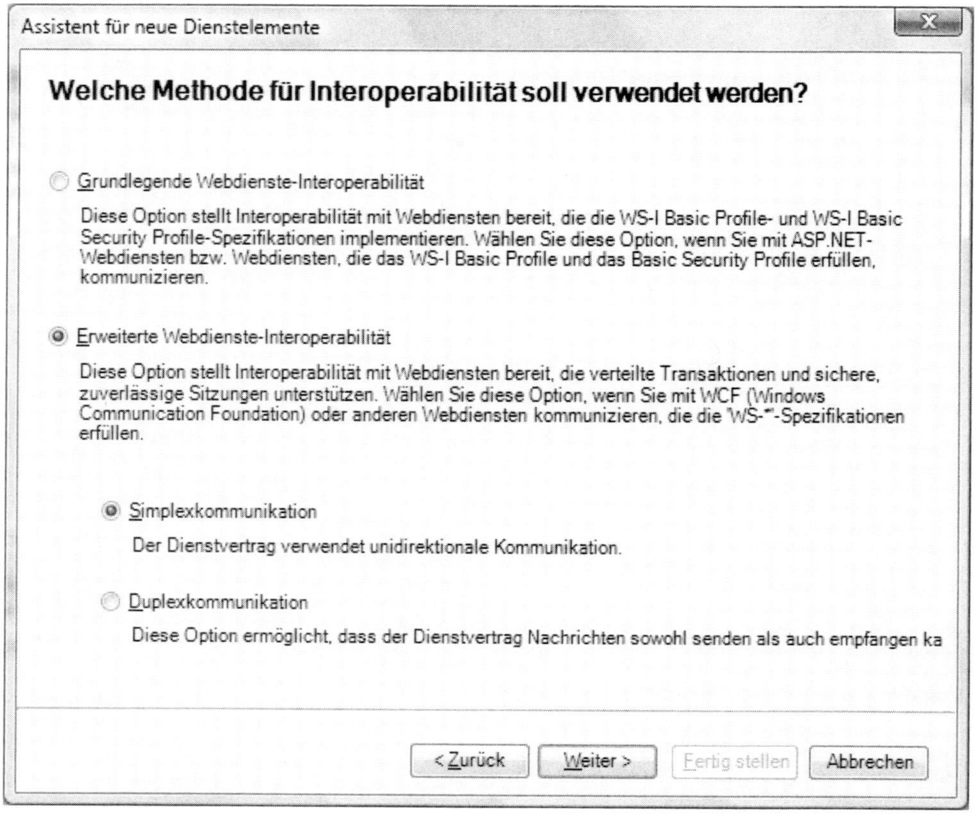

Abbildung 1.19: Grad der Interoperabilität angeben

Als letzter Schritt des Assistenten für neue Dienstelemente fehlt jetzt noch die Angabe einer Adresse. Diese muss entsprechend dem ausgewählten Transportprotokoll aufgebaut sein.

Im Beispiel *Geometry* wird das HTTP-Protokoll verwendet. Deshalb beginnt die Adresse mit *http://*. Als Nächstes erfolgt die Angabe des Rechners. In unserem Beispiel ist das *localhost*, da sich der Client später auf demselben Rechner befinden wird. Nach der Angabe einer frei gewählten Port-Nummer erfolgt eine eindeutige Pfadangabe (siehe Abbildung 1.20).

Nach dem Bestätigen der Adresse zeigt der Assistent für neue Dienstelemente noch eine Zusammenfassung der gemachten Einstellungen an (siehe Abbildung 1.21) und hat damit seine Arbeit getan.

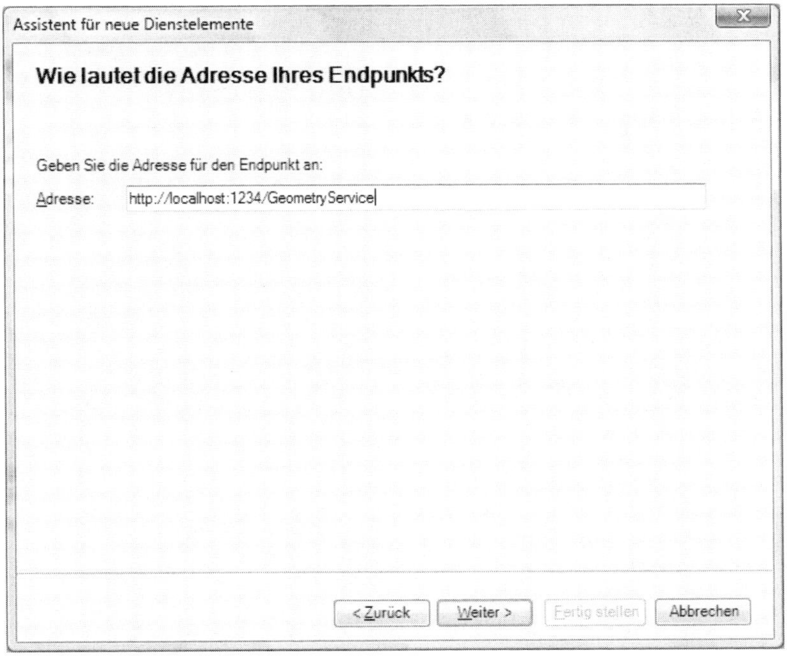

Abbildung 1.20: Adresse des Endpunktes festlegen

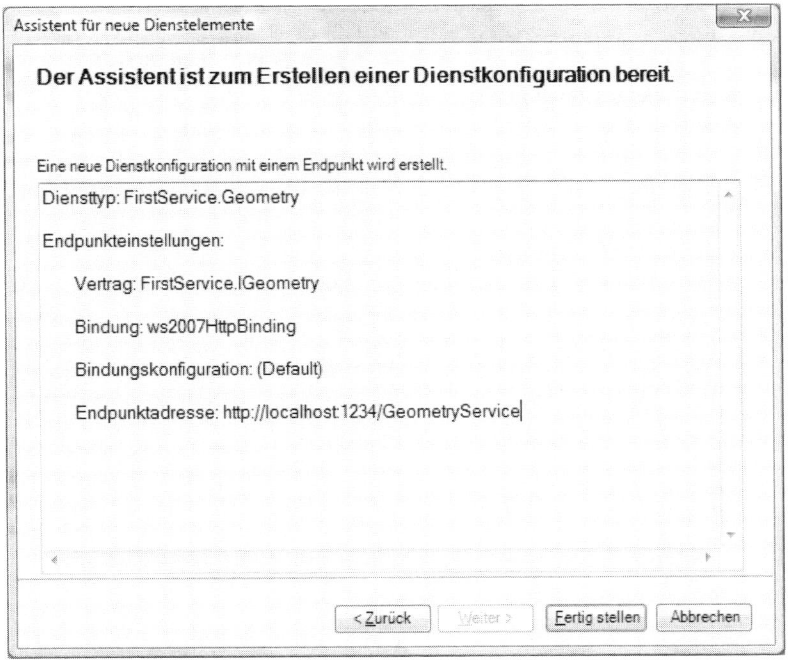

Abbildung 1.21: Zusammenfassung der Service-Konfiguration

Nach dem Ende des Assistenten befinden Sie sich wieder im Hauptfenster des Service Configuration Editor. Jetzt können dort noch beliebige Einstellungen vorgenommen werden, um zum Beispiel das Binding speziellen Bedürfnissen anzupassen oder (wie in Abbildung 1.22 zu sehen) dem Binding einen eindeutigen Namen zu geben.

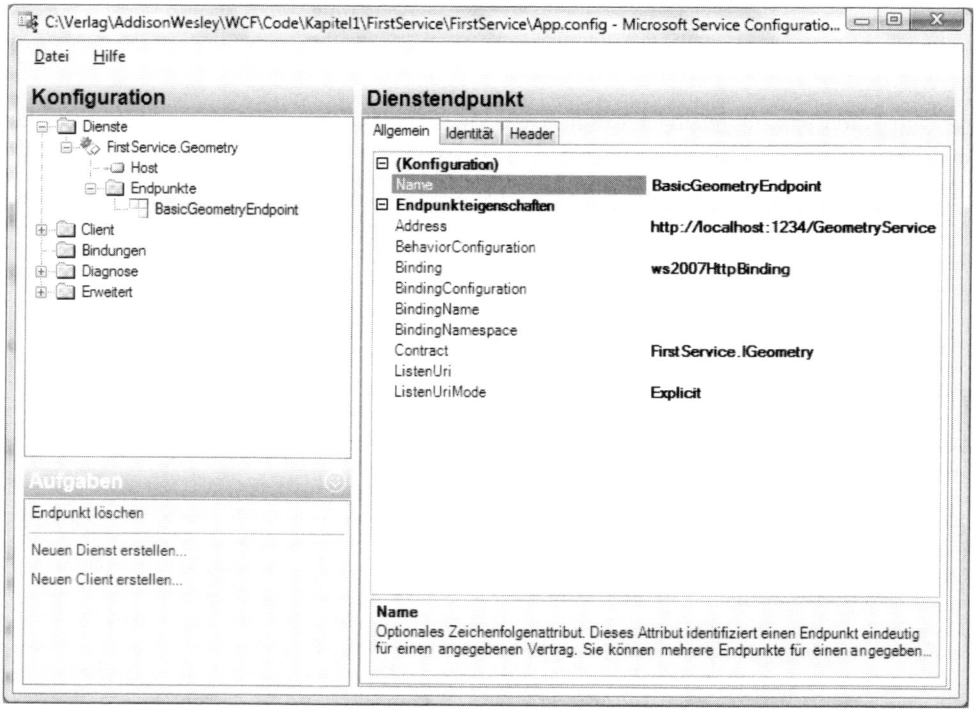

Abbildung 1.22: Darstellung einer Endpunktdefinition

Sind alle Einstellungen an der Konfiguration vorgenommen, müssen diese in der Datei *app.config* noch explizit gespeichert werden. Rufen Sie dazu im Menü *Datei* den Menüpunkt *Speichern* auf.

Nach dem Speichern können Sie Konfigurationsdatei im Klartext in Visual Studio betrachten. Sie finden das Dokument von Listing 1.1 vor. Hier können Sie die drei Teile des Endpunktes (Adresse, Binding und Contract) sehen.

```
<?xml version="1.0" encoding="utf-8" ?>
<configuration>
    <system.serviceModel>
        <services>
            <service name="FirstService.Geometry">
                <endpoint
                    address="http://localhost:1234/Geometry"
```

```
                binding="ws2007HttpBinding"
                bindingConfiguration=""
                contract="FirstService.IGeometry" />
        </service>
    </services>
  </system.serviceModel>
</configuration>
```

Listing 1.9: Definition eines Endpunktes in der Datei »app.config«

Ist die Datei *app.config* erst einmal mit dem Service Configuration Editor bearbeitet worden, können Sie sie beim nächsten Bearbeiten über das Kontextmenü im Projektmappen-Explorer direkt öffnen (siehe Abbildung 1.23). Das erspart das etwas mühsame Suchen im Datei-Öffnen-Dialogfeld.

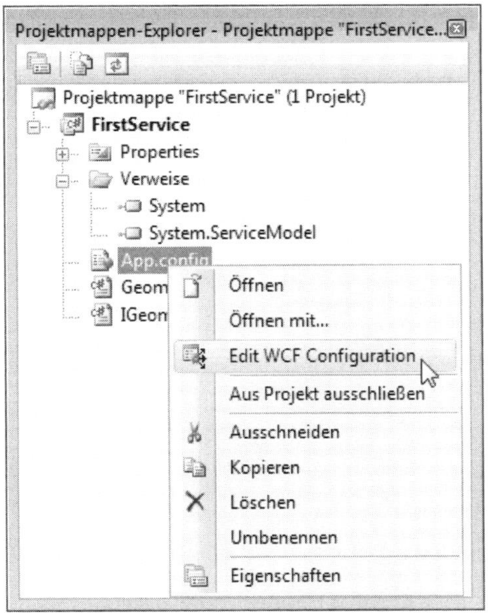

Abbildung 1.23: Direktes Bearbeiten der Datei »app.config« im Editor

Vordefinierte Bindungen anpassen

Ein vordefiniertes Binding nimmt einen Satz von zusammengehörigen Einstellungen vor. In vielen Fällen ist es jedoch notwendig, einige dieser Standardeinstellungen anzupassen. Statt einen Endpunkt direkt zu konfigurieren, werden zusammengehörige Einstellungen in einer benannten Bindungskonfiguration definiert. Einem Endpunkt wird dann diese Bindungskonfiguration zugewiesen. Das hat den Vorteil, dass die Einstellungen nicht für jeden Endpunkt erneut vorgenommen werden müssen und mehrere Endpunkte dieselben Einstellungen verwenden können.

Das wollen wir gleich bei unserem Beispiel `Geometry` umsetzen und das *Ws2007HttpBinding* um die Einstellung *Reliable Session* erweitern. Öffnen Sie dazu erneut den Service Configuration Editor. Klicken Sie links auf den Abschnitt *Bindungen* und dann rechts auf *Neue Bindungskonfiguration...* (siehe Abbildung 1.24).

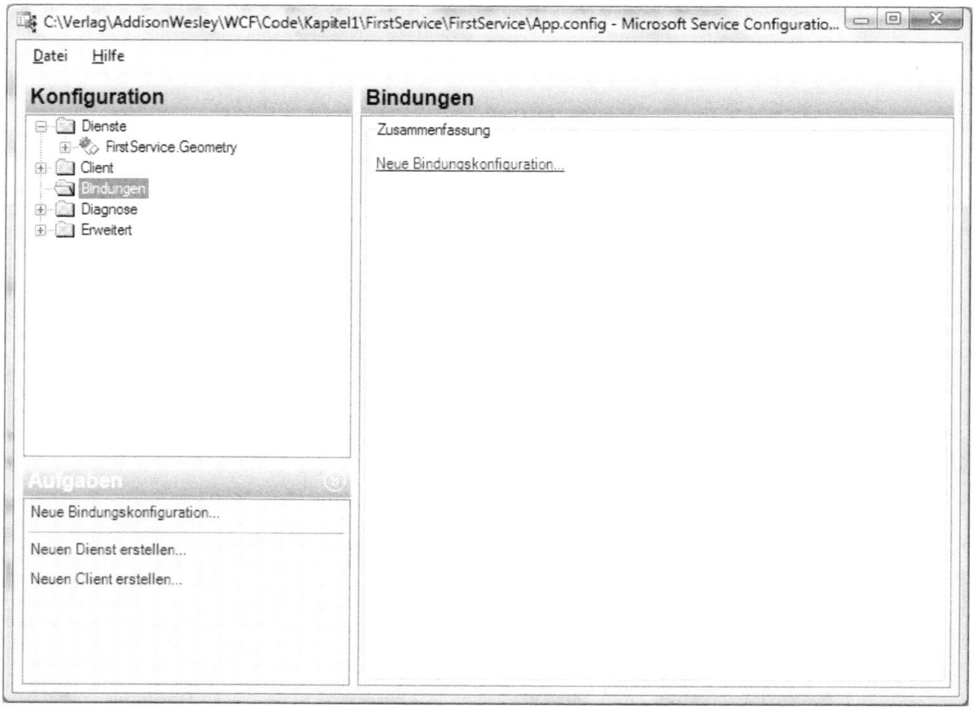

Abbildung 1.24: Neue Bindungskonfiguration erstellen

Es erscheint das Dialogfeld von Abbildung 1.25 mit allen definierten Bindungen, aus denen Sie das *ws2007HttpBinding* auswählen.

Zurück im Hauptfenster des Service Configuration Editor erscheint auf der linken Seite unter dem Abschnitt *Bindungen* ein neuer Eintrag. Auf der rechten Seite finden Sie alle Einstellungen, die für die gewählte Bindung angepasst werden können. Als Erstes sollte ein sinnvoller Name für die Bindung angegeben werden, hier lautet er *wsHttpReliableBinding*. Setzen Sie außerdem im Abschnitt *Reliable Session Eigenschaften* die Eigenschaft *Enabled* auf den Wert `true` (siehe Abbildung 1.26).

Abbildung 1.25: Binding zum Anpassen auswählen

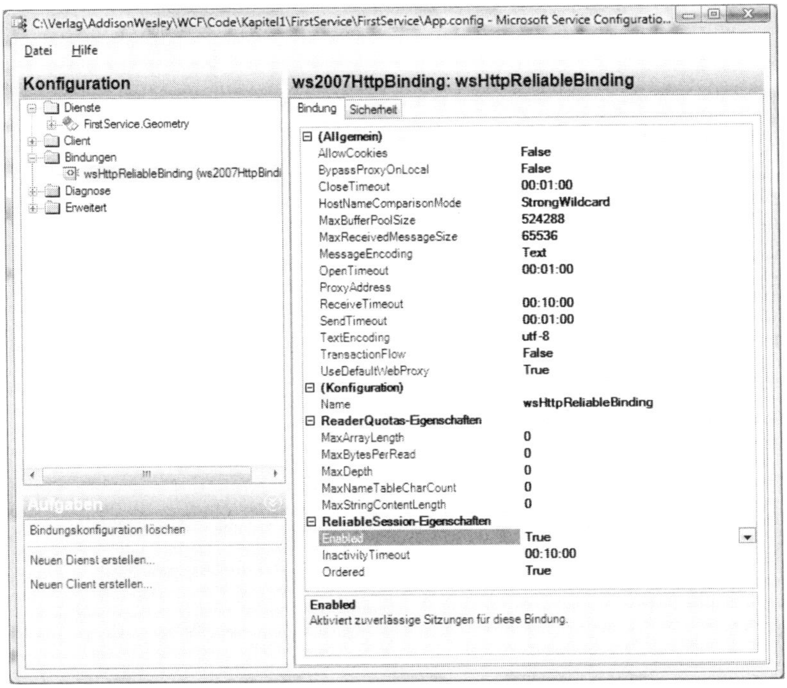

Abbildung 1.26: Einstellungen anpassen

Der letzte Schritt besteht darin, dem zuvor erstellten Endpunkt diese angepasste Konfiguration mitzuteilen. Wählen Sie dazu zunächst den zuvor erstellten *BasicGeometry-Endpoint* auf der linken Seite aus. Jetzt können Sie auf der rechten Seite unter *Binding Configuration* das eben erstellte *wsHttpReliableBinding* hinzufügen, so wie in Abbildung 1.27 gezeigt.

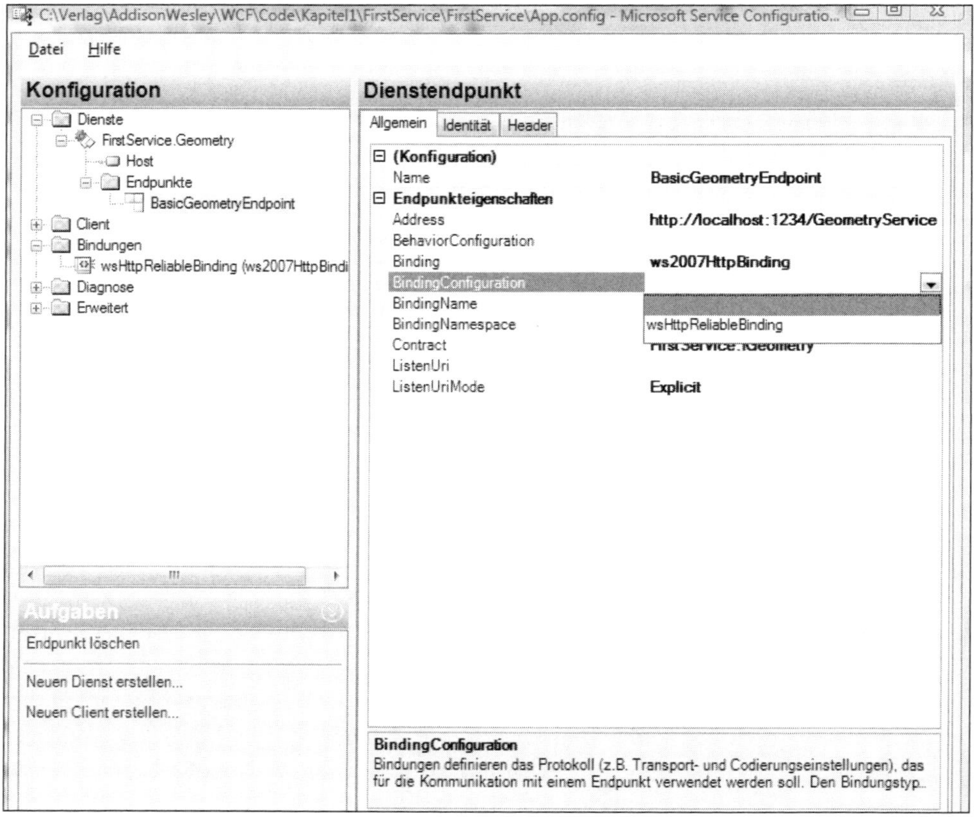

Abbildung 1.27: Neue Einstellungen mit dem Endpunkt verbinden

Fertig ist das vordefinierte angepasste Binding. Somit sollte das Prinzip klar geworden sein, wie man mit dem Service Configuration Editor ein vordefiniertes Binding den eigenen Bedürfnissen anpassen kann.

Das Ergebnis der Anpassung finden Sie in der Konfigurationsdatei in Listing 1.10. Es wird ein weiterer Abschnitt `bindings` hinzugefügt, in welchem das konfigurierte Binding mit einem Namen definiert wird. Im Abschnitt `endpoint` wird die Einstellung `bindingConfiguration` auf den Namen des konfigurierten Bindings gesetzt.

```
<?xml version="1.0" encoding="utf-8" ?>
<configuration>
    <system.serviceModel>
        <bindings>
            <ws2007HttpBinding>
                <binding name="wsHttpReliableBinding">
                    <reliableSession enabled="true" />
                </binding>
            </ws2007HttpBinding>
        </bindings>
        <services>
            <service name="FirstService.Geometry">
                <endpoint
                    address="http://localhost:1234/Geometry"
                    binding="ws2007HttpBinding"
                    bindingConfiguration="wsHttpReliableBinding"
                    name="BasicGeometryEndpoint"
                    contract="FirstService.IGeometry" />
            </service>
        </services>
    </system.serviceModel>
</configuration>
```

Listing 1.10: Vordefinierte Bindung anpassen

1.4.2 Selfhosting in einer Konsolenanwendung

Nachdem der Service fertig konfiguriert ist, kann dieser in einer Laufzeitumgebung gehostet werden, um anschließend von einer Client-Anwendung konsumiert zu werden. Services können in jedem Windows-Prozess ausgeführt werden, der Managed Code unterstützt. Die einfachste Art des Hostings ist das sogenannte Selfhosting in einer .NET-Anwendung. Selfhosting wird hauptsächlich während der Entwicklungsarbeit eingesetzt, um Services zu testen und zu debuggen. Es benötigt keine weitere Infrastruktur.

Das Beispiel `Geometry` soll in einer einfachen Konsolenanwendung gehostet werden. Sie können das Selfhosting in dem gleichen Projekt vornehmen, in dem der Service definiert und konfiguriert ist. Eleganter ist jedoch das Trennen der Service-Definition und des Hostings. Erstellen Sie daher bitte eine neue Konsolenanwendung `GeometryHost` und fügen Sie einen Verweis auf die zuvor erstellte Servicebibliothek *FirstService.dll* und einen Verweis auf die Assembly `System.ServiceModel` ein. Außerdem muss die Datei *app.config* aus dem Projekt `FirstService` hinzugefügt werden.

Als Erstes benötigen Sie eine Instanz der `ServiceHost`-Klasse und übergeben dem Konstruktor den Typ des Service. Mit dem anschließenden Aufruf der Methode `Open` erstellt der `ServiceHost` im Hintergrund ein `ChannelDispatcher`-Objekt für jeden Endpunkt der *app.config*-Datei. Im Wesentlichen besteht so ein `ChannelDispatcher`-Objekt aus einem Listener, der auf eingehende Nachrichten reagiert und einen Kanalstapel zur Kommunikation mit der Client-Anwendung erstellt.

Nach dem Starten des Service wird eine entsprechende Meldung auf der Konsole ausgegeben. Die anschließende `ReadLine()`-Anweisung wird benötigt, damit die Konsole nicht sofort wieder schließt und den Service somit beendet, wie in Listing 1.11 und Listing 1.12 gezeigt. Falls Sie auf die `using`-Anweisung verzichten, muss der Host mit der `Close`-Anweisung des `ServiceHost`-Objekts explizit wieder beendet werden.

```
using System;
using System.ServiceModel;
using FirstService;

namespace GeometryHost
{
    class Program
    {
        static void Main(string[] args)
        {
            using (ServiceHost selfHost = new ServiceHost(typeof(Geometry)))
            {
                selfHost.Open();
                Console.WriteLine("Service ist bereit.");
                Console.ReadLine();
            }
        }
    }
}
```

Listing 1.11: Selfhosting mit einer Konsolenanwendung mit C#

```
Imports System
Imports System.ServiceModel
Imports FirstService

Module Module1

    Sub Main()

        Using selfHost As New ServiceHost(GetType(Geometry))

                selfHost.Open()
                Console.WriteLine("Service ist bereit.")
                Console.ReadLine()
         End Using
     End Sub
End Module
```

Listing 1.12: Selfhosting mit einer Konsolenanwendung mit Visual Basic

Nach dem Kompilieren der `GeometryHost`-Anwendung kann der Service endlich gestartet werden. Der Service muss dabei als Administrator ausgeführt werden. Melden Sie sich deshalb in Windows mit Administrator-Rechten an. Das Starten des Service können Sie direkt in Visual Studio erledigen, indem Sie die Anwendung ausführen. Anders verhält es sich bei Windows Vista. Dort müssen Sie die Datei *GeometryHost.exe* im Windows Explorer suchen und dann explizit als Administrator ausführen (wie in Abbildung 1.28 gezeigt) oder alternativ Visual Studio 2008 explizit als Administrator ausführen.

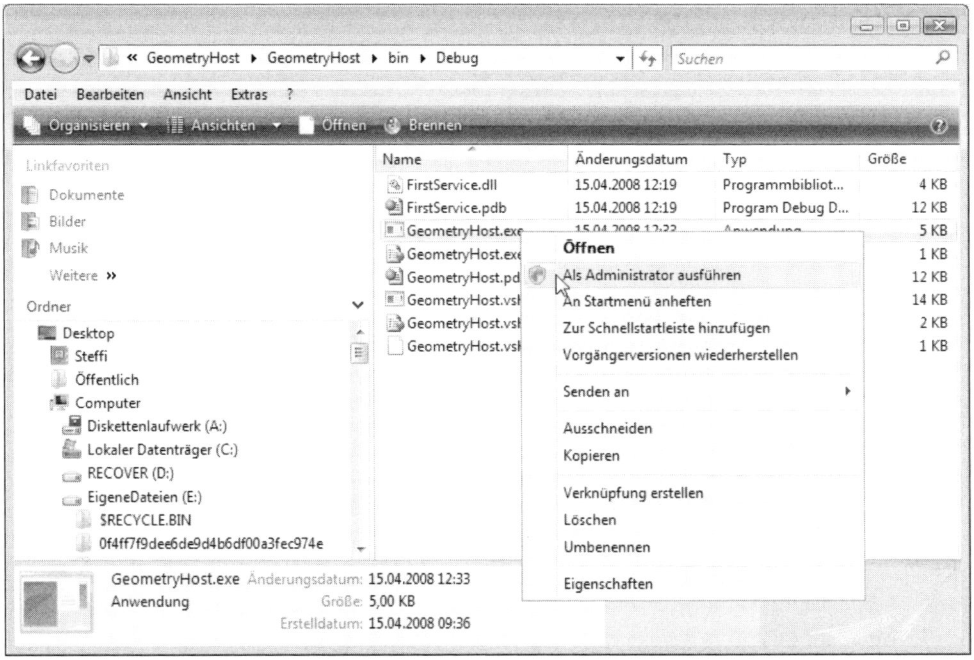

Abbildung 1.28: Starten des Hosts mit Windows Vista

Beim Starten der Anwendung wird eine Konsole geöffnet, die die Meldung »*Service ist bereit.*« ausgibt, wie in Abbildung 1.29 gezeigt. Beim Schließen des Konsolenfensters wird der Service beendet und kann dann nicht mehr von einer Client-Anwendung konsumiert werden.

Weitere ausführliche Informationen zum Hosting von Services finden Sie im gleichnamigen Kapitel 5, »Hosting«.

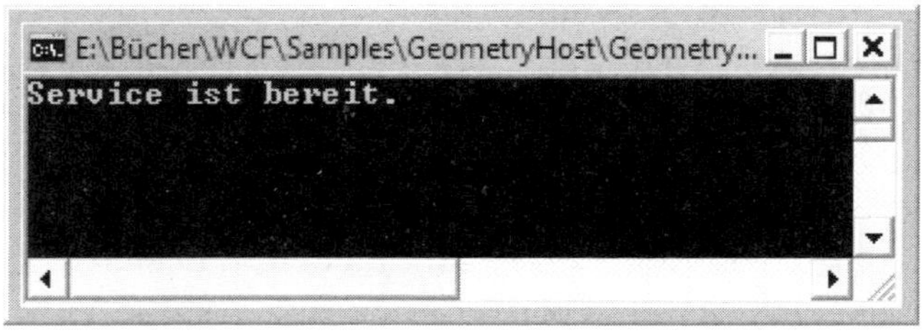

Abbildung 1.29: Der Service ist gestartet und wartet auf Anfragen.

1.4.3 Endpunkte per Code definieren

Statt in einer Konfigurationsdatei kann die Definition von Endpunkten auch direkt im Code erfolgen. Falls gewünscht, kann damit die Definition vor Änderungen von außen geschützt werden, da die Definition per Code Vorrang hat vor der Konfiguration. Es existieren aber entscheidende Nachteile: Da sämtliche Einstellungen per Code erfolgen, zieht jede Änderung ein erneutes Kompilieren des Service nach sich. Die Flexibilität geht somit zugunsten sicherer Einstellungen verloren.

Häufig findet man eine Kombination aus beiden Varianten. Ist zusätzlich eine Konfigurationsdatei vorhanden, so werden die dort vorgenommenen Einstellungen überschrieben und erweitert. Somit können einzelne, von außen unveränderliche Einstellungen im Code definiert werden; die variablen Einstellungen befinden sich in der Konfigurationsdatei.

Die Definition eines Endpunktes per Code erfolgt mit der Methode `AddServiceEndpoint` des `ServiceHost`-Objekts und erwartet als Parameter das bereits bekannte ABC, allerdings in umgekehrter Reihenfolge. Zuerst wird der Typ der Schnittstelle, also des Contracts, angegeben, dann ein Binding und zuletzt eine Adresse, unter welcher auf den Endpunkt zugegriffen werden kann.

Um das Binding festzulegen, muss die Instanz einer `Binding`-Klasse übergeben werden. Für jedes vordefinierte Binding existiert eine eigene Klassendefinition in der Assembly `System.ServiceModel`. Für die `Binding`-Instanz können dann zahlreiche Einstellungen vorgenommen werden, wie in Listing 1.13 und Listing 1.14 zu sehen.

```
//Binding erstellen
WS2007HttpBinding wsReliableBinding = new WS2007HttpBinding();
//Binding anpassen
wsReliableBinding.ReliableSession.Enabled = true;

using (ServiceHost selfHost = new ServiceHost(typeof(Geometry)))
{
    //Endpunkt hinzufügen
    selfHost.AddServiceEndpoint(typeof(IGeometry), wsReliableBinding,
    "http://localhost:1234/Geometry");
```

```
    selfHost.Open();
    Console.WriteLine("Service ist bereit.");
    Console.ReadLine();
}
```

Listing 1.13: Definition eines Endpunktes per Code mit C#

```
'Binding erstellen
Dim wsReliableBinding As New WS2007HttpBinding()
'Binding anpassen
wsReliableBinding.ReliableSession.Enabled = True

Using selfHost As New ServiceHost(GetTypeof(Geometry))
    'Endpunkt hinzufügen
    selfHost.AddServiceEndpoint(GetType(IGeometry), wsReliableBinding, _
        "http://localhost:1234/Geometry")

    selfHost.Open()
    Console.WriteLine("Service ist bereit.")
    Console.ReadLine()
End Using
```

Listing 1.14: Definition eines Endpunktes per Code mit Visual Basic

Um die Definition per Code zu testen, legen Sie ein Projekt `GeometryHost2` an. Erstellen Sie nun einen Verweis auf die Bibliothek *FirstService.dll*. Die Datei *app.config* wird nicht benötigt. Fügen Sie den Code aus Listing 1.13 oder Listing 1.14 in die `Main()`-Methode ein. – Fertig ist die Host-Anwendung!

1.4.4 Basisadresse festlegen

Ist für den Host eine Basisadresse definiert, können die Pfadangaben zu den Endpunkten relativ zu dieser Basisadresse erfolgen. Die absolute Adresse setzt sich dann aus der Basisadresse plus der relativen Adresse des Endpunktes zusammen. Ändert sich die grundlegende Adresse, so muss diese nur einmalig und nicht für jeden Endpunkt geändert werden. Geben Sie trotz einer vorhandenen Basisadresse eine absolute Adresse für einen Endpunkt an, wird die Basisadresse einfach ignoriert.

Im Code wird eine Adresse durch eine Instanz der Klasse `Uri` repräsentiert. Sie können den Code wie in Listing 1.15 und Listing 1.16

```
//Binding erstellen
WS2007HttpBinding wsReliableBinding = new WS2007HttpBinding();
//Binding anpassen
wsReliableBinding.ReliableSession.Enabled = true;
//Basisadresse festlegen
Uri uri = new Uri("http://localhost:1234");
```

```
using (ServiceHost selfHost = new ServiceHost(typeof(Geometry), uri))
{
    //Endpunkt hinzufügen
    selfHost.AddServiceEndpoint(typeof(IGeometry), wsReliableBinding,
    "Geometry");

    selfHost.Open();
    Console.WriteLine("Service ist bereit.");
    Console.ReadLine();
}
```

Listing 1.15: Basisadresse für Endpunkte festlegen in C#

```
'Binding erstellen
Dim wsReliableBinding As New WS2007HttpBinding()
'Binding anpassen
wsReliableBinding.ReliableSession.Enabled = True

Dim uri As New Uri("http://localhost:1234")

Using selfHost As New ServiceHost(GetTypeof(Geometry), uri)
    'Endpunkt hinzufügen
    selfHost.AddServiceEndpoint(GetType(IGeometry), wsReliableBinding, _
        "Geometry")

    selfHost.Open()
    Console.WriteLine("Service ist bereit.")
    Console.ReadLine()
End Using
```

Listing 1.16: Basisadresse für Endpunkte festlegen in Visual Basic

Um eine größere Flexibilität zu erreichen, ist es sinnvoll, die Basisadresse in der Konfigurationsdatei festzulegen. Öffnen Sie dazu die Datei *app.config* mit dem Service Configuration Editor und klicken Sie auf den Knoten *Host* der Service-Definition. Jetzt können Sie rechts auf die Schaltfläche *Neu...* klicken und in dem Dialogfeld die gewünschte Basisadresse für alle Endpunkte des Service festlegen, wie in Abbildung 1.30 gezeigt. Ändern Sie außerdem die Adresse des Endpunktes in eine relative Adressangabe.

Nach dem Speichern ergeben sich die in Listing 1.17 gezeigten Änderungen in der Datei *app.config*.

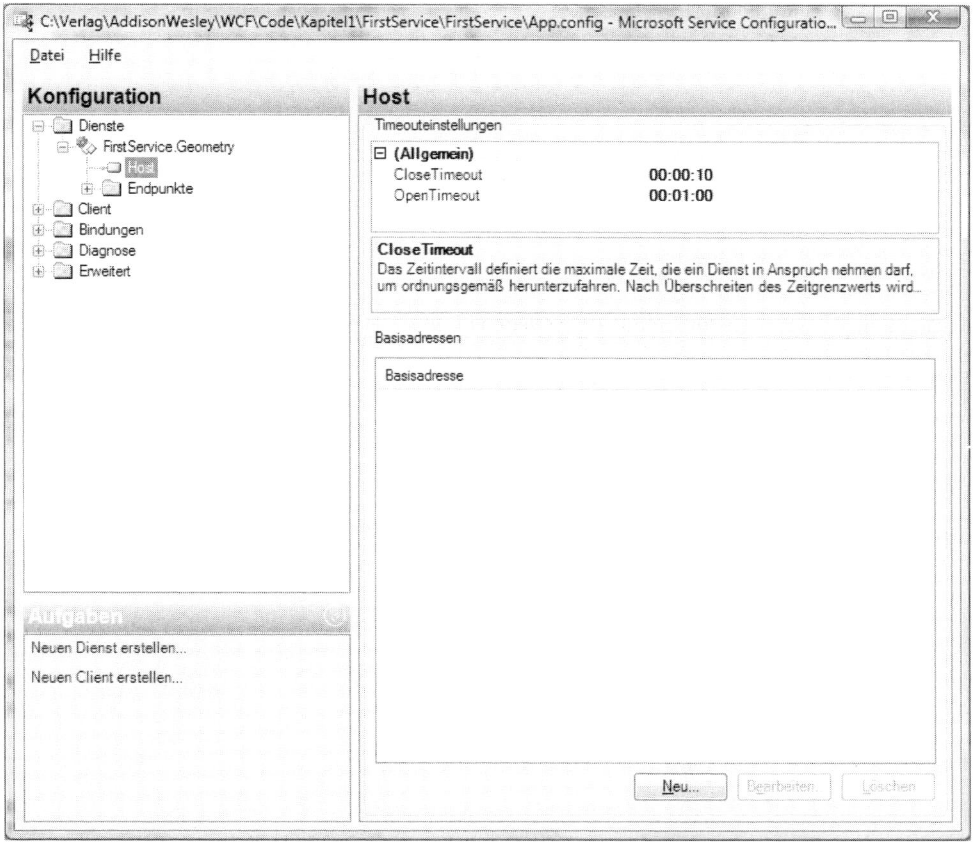

Abbildung 1.30: Angeben der Basisadresse im Service Configuration Editor

```
<configuration>
  <system.serviceModel>
    <bindings>
      <ws2007HttpBinding>
        <binding name="wsHttpReliableBinding">
          <reliableSession enabled="true" />
        </binding>
      </ws2007HttpBinding>
    </bindings>
    <behaviors />
    <services>
      <service
        behaviorConfiguration=""
        name="FirstService.Geometry">
        <endpoint
            address="Geometry"
            binding="ws2007HttpBinding"
```

```
            bindingConfiguration="wsHttpReliableBinding"
            name="BasicGeometryEndpoint"
            contract="FirstService.IGeometry" />
        <host>
          <baseAddresses>
            <add baseAddress="http://localhost:1234" />
          </baseAddresses>
        </host>
      </service>
    </services>
  </system.serviceModel>
</configuration>
```

Listing 1.17: Konfiguration mit einer Basisadresse

1.5 Metadaten veröffentlichen

Für jeden Service können Metadaten in Form spezieller Endpunkte eingerichtet werden, um einem Client zu beschreiben, wie mit den Endpunkten des Service zusammengearbeitet werden kann. Die Metadaten können unter anderem von dem *ServiceModel Metadata Utility Tool* (*svcutil.exe*) dazu verwendet werden, automatisch eine Proxy-Klasse und die passende Konfigurationsdatei für eine Client-Anwendung zu generieren.

Die Metadaten werden in Form eines WSDL-Dokuments veröffentlicht, das Beschreibungen von Endpunkten, Contracts und viele weitere Einstellungen enthält. Dazu werden neben WSDL noch eine Reihe weiterer Standards eingesetzt, unter anderem XML Schema zum Beschreiben der Datentypen, WS-Policy zum Definieren von Richtlinien und WS-Addressing zum Angeben von Adressinformationen. Es gibt zwei Arten, Metadaten zu veröffentlichen:

- über HTTP-GET-Anforderungen
- über WS-MetadataExchange-Endpunkte, kurz MEX-Endpunkte

In beiden Fällen muss zunächst das Metadaten-Verhalten aktiviert werden. Metadaten über HTTP-GET können automatisch verfügbar gemacht werden, indem beim Metadaten-Verhalten die Einstellung `HttpGetEnabled` auf den Wert `true` gesetzt wird.

Für MEX-Endpunkte muss explizit ein spezieller Endpunkt zum Service hinzugefügt werden. MEX-Endpunkte müssen als Contract die vordefinierte Schnittstelle `IMetadataExchange` nutzen und können eine von vier Standardbindungen für die verschiedenen Transportprotokolle verwenden:

- *mexHttpBinding*
- *mexHttpsBinding*

- *mexNamedPipeBinding*
- *mexTcpBinding*

Als Adresse wird normalerweise die Basisadresse des Service genutzt. Es ist jedoch auch möglich, eine absolute Adresse zu den Metadaten-Endpunkten anzugeben.

1.5.1 Metadaten-Endpunkte per Konfiguration

Um einen Metadaten-Endpunkt mit dem Service Configuration Editor zu definieren, müssen Sie zunächst das Metadaten-Verhalten hinzufügen. Klicken Sie dazu in den linken Teil des Dialogfeldes auf die Knoten *Erweitert* und *Dienstverhalten* und dann auf der rechten Seite auf *New Service Behavior Configuration…*

Geben Sie zuerst einen Namen für das Metadaten-Verhalten an und klicken Sie dann auf die Schaltfläche *Hinzufügen…* (siehe Abbildung 1.31).

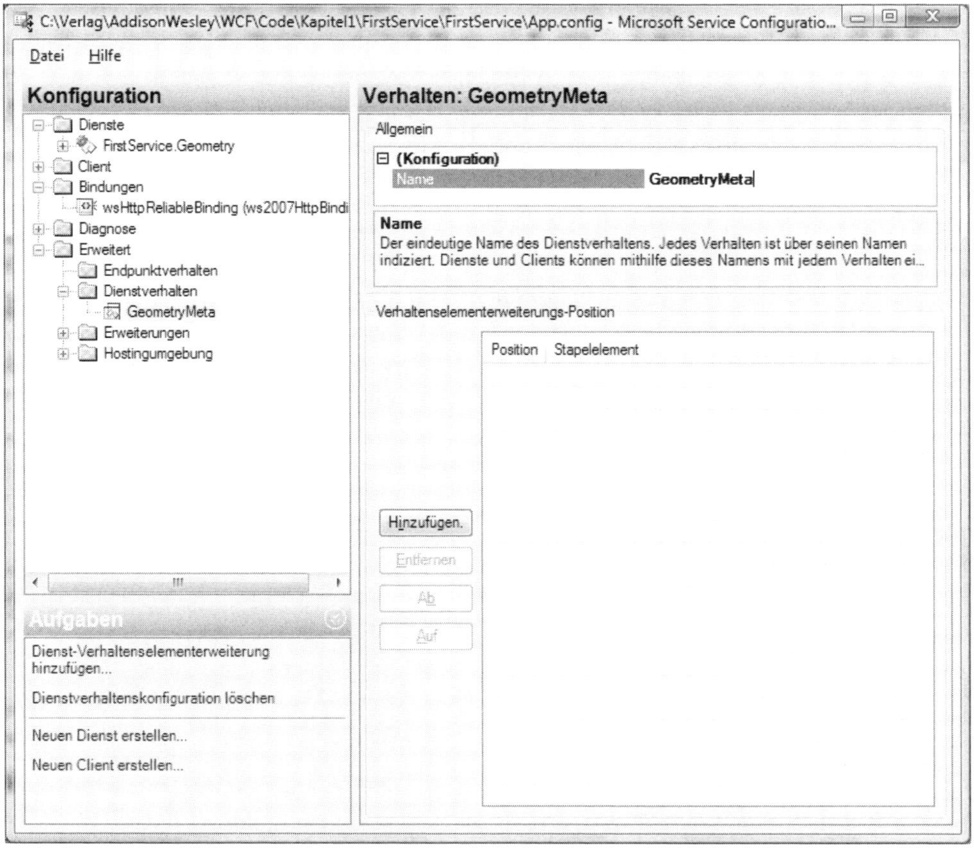

Abbildung 1.31: Hinzufügen eines Behaviors für Metadaten

Im Dialog von Abbildung 1.32 wählen Sie den Eintrag *serviceMetadata* aus.

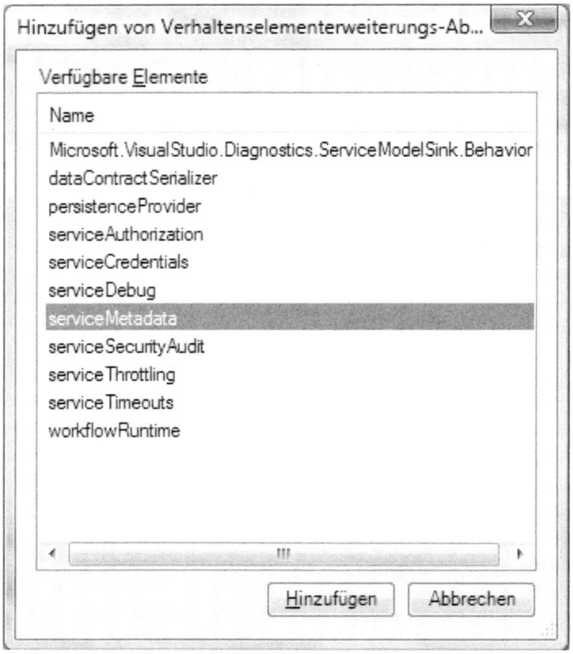

Abbildung 1.32: Auswahl des Metadaten-Verhaltens

Das ist schon ausreichend, um das Metadaten-Verhalten zu aktivieren. Sollen die Metadaten automatisch für HTTP-GET-Anforderungen verfügbar gemacht werden, ist es außerdem notwendig, die Eigenschaft `HttpGetEnabled` auf den Wert `true` zu setzen, wie die Abbildung 1.33 zeigt. Falls Sicherheit über SSL benötigt wird, müssen Sie stattdessen die Eigenschaft `HttpsGetEnabled` auf den Wert `true` setzen.

Die Metadaten können dann mit einer HTTP-GET-Anforderung über die Basisadresse des Service abgerufen werden. Haben Sie keine Basisadresse für den Host definiert, müssen Sie außerdem die Eigenschaft `HttpGetUrl` oder `HttpsGetUrl` auf eine Adresse setzen. Relative Adressen sind an dieser Stelle nicht erlaubt. Soll eine von der Basisadresse abweichende Adresse verwendet werden, dann müssen Sie immer eine absolute Adresse angeben. Besser und flexibler ist es also, stets mit einer Basisadresse zu arbeiten. Wollen Sie die Metadaten nur über MEX-Endpunkte zur Verfügung stellen, müssen Sie an dieser Stelle keine weiteren Einstellungen mehr vornehmen.

Als nächsten Schritt müssen Sie dem Service noch mitteilen, dass er das soeben definierte Metadaten-Verhalten anwenden soll. Klicken Sie dazu im linken Teil auf die Knoten *Dienste* und dann auf *FirstService.Geometry* und wählen Sie dann auf der rechten Seite bei *BehaviorConfiguration* den Eintrag *GeometryMeta* aus (siehe Abbildung 1.34).

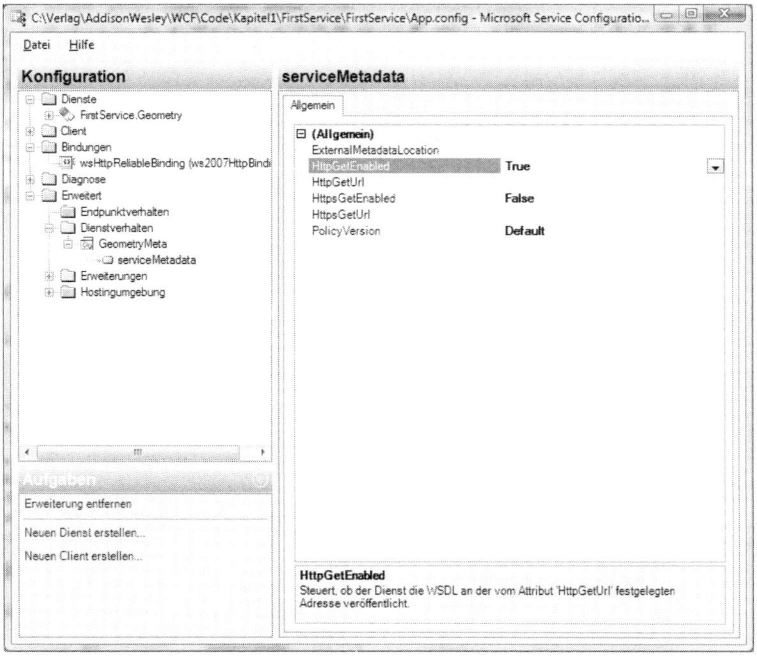

Abbildung 1.33: Metadaten-Verhalten über HTTP-GET aktivieren

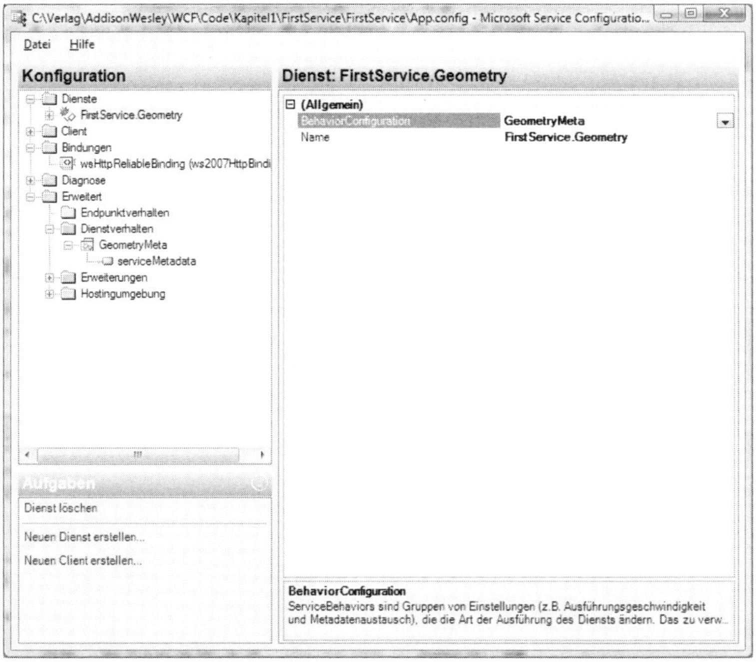

Abbildung 1.34: Metadaten-Verhalten zu dem Service hinzufügen

Jetzt müssen Sie die Einstellungen nur noch in der Datei *app.config* speichern (Listing 1.18). Es wird ein neuer Abschnitt `behaviors` eingefügt, in welchem das Metadaten-Verhalten aktiviert und unter dem Namen `GeometryMeta` gespeichert wird. Damit das Metadaten-Verhalten mit einem Service zusammenarbeitet, muss dem Service das Verhalten explizit mit der Einstellung `behaviorConfiguration` mitgeteilt werden.

```
<configuration>
  <system.serviceModel>
    <bindings>
      <ws2007HttpBinding>
        <binding name="wsHttpReliableBinding">
          <reliableSession enabled="true" />
        </binding>
      </ws2007HttpBinding>
    </bindings>
    <behaviors>
      <serviceBehaviors>
        <behavior name="GeometryMeta">
          <serviceMetadata httpGetEnabled="true" />
        </behavior>
      </serviceBehaviors>
    </behaviors>
    <services>
      <service
        behaviorConfiguration="GeometryMeta"
        name="FirstService.Geometry">
        <endpoint
          address="Geometry"
          binding="ws2007HttpBinding"
          bindingConfiguration="wsHttpReliableBinding"
          name="BasicGeometryEndpoint"
          contract="FirstService.IGeometry" />
        <host>
          <baseAddresses>
            <add baseAddress="http://localhost:1234" />
          </baseAddresses>
        </host>
      </service>
    </services>
  </system.serviceModel>
</configuration>
```

Listing 1.18: Konfigurationsdatei mit aktiviertem Metadaten-Verhalten

MEX-Endpunkte konfigurieren

Während Metadaten-Endpunkte für HTTP-GET-Anforderungen automatisch erzeugt werden, nachdem die Eigenschaft `HttpGetEnabled` des Metadaten-Verhaltens auf den Wert `true` gesetzt worden ist, müssen MEX-Endpunkte explizit erstellt werden.

Statt den Service Configuration Editor zu verwenden, ist es in diesem Fall einfacher, die Änderungen direkt in der Datei *app.config* vorzunehmen. Fügen Sie dazu im Abschnitt `service` einfach ein weiteres Element `endpoint` ein. Jetzt können Sie das ABC Adresse, Binding und Contract in Form von Attributen angeben. Haben Sie eine Basisadresse definiert, sollte eine relative Adresse angegeben werden, ansonsten ist eine absolute Adressangabe erforderlich.

Als Nächstes wird für das Attribut `binding` eines der vier vordefinierten MEX-Bindings angegeben. Der Wert für `contract` lautet immer `IMetadataExchange`, wie in Listing 1.19 zu sehen ist.

```
<services>
    <service
        behaviorConfiguration="GeometryMeta"
        name="FirstService.Geometry">
        <endpoint
            address="Geometry"
            binding="ws2007HttpBinding"
            bindingConfiguration="wsHttpReliableBinding"
            name="BasicGeometryEndpoint"
            contract="FirstService.IGeometry" />
        <endpoint
            address="Mex"
            binding="mexHttpBinding"
            contract="IMetadataExchange" />
        <host>
            <baseAddresses>
                <add baseAddress="http://localhost:1234" />
            </baseAddresses>
        </host>
    </service>
</services>
```

Listing 1.19: Definition eines MEZ-Endpunktes

Während es pro Service nur einen Metadaten-Endpunkt für HTTP-GET-Anforderungen geben kann, ist es möglich, mehrere MEX-Endpunkte für einen Service zu definieren. Falls Sie MEX-Endpunkte definieren, ist es übrigens nicht notwendig, die Einstellung `HttpGetEnabled` des Metadaten-Verhaltens auf den Wert `true` zu setzen. Es schadet aber auch nicht, beide Varianten zur Verfügung zu stellen.

Damit die Metadaten von einer Client-Anwendung abgerufen werden können, ist es jetzt noch erforderlich, die Datei *app.config* zu speichern und die Host-Anwendung erneut zu kompilieren.

1.5.2 Abrufen von Service-Informationen im Browser

Nach dem Starten des Service können Sie die Metadaten mithilfe eines Browsers auslesen. Dazu müssen Sie lediglich die Basisadresse des Service als Adresse eingeben. Stehen keine Metadaten zur Verfügung, wird eine Schritt-für-Schritt-Anleitung angezeigt, die erklärt, wie Metadaten veröffentlicht werden können (siehe Abbildung 1.35).

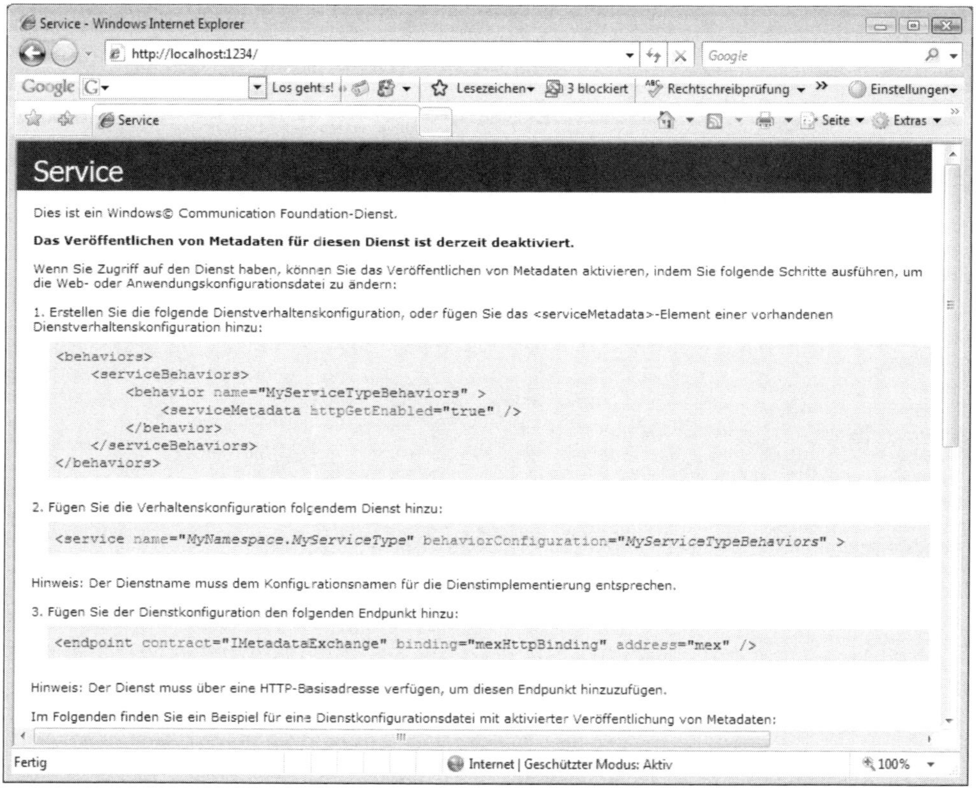

Abbildung 1.35: Informationsseite ohne vorhandene Metadaten

Sind Metadaten-Endpunkte definiert worden, wird nach der Angabe der Basisadresse eine automatisch erzeugt Hilfe zu dem Service aufgerufen, wie in Abbildung 1.36 gezeigt. Es wird Ihnen erklärt, wie ein Client mithilfe der Metadaten eine Proxy-Klasse erzeugen und den Service anschließend nutzen kann.

Wenn Sie auf den Verweis mit der HTTP-Adresse klicken, werden Sie zu einem WSDL-Dokument wie in Abbildung 1.37 weitergeleitet, das alle relevanten Metadaten enthält, auf die ein Client zugreifen kann.

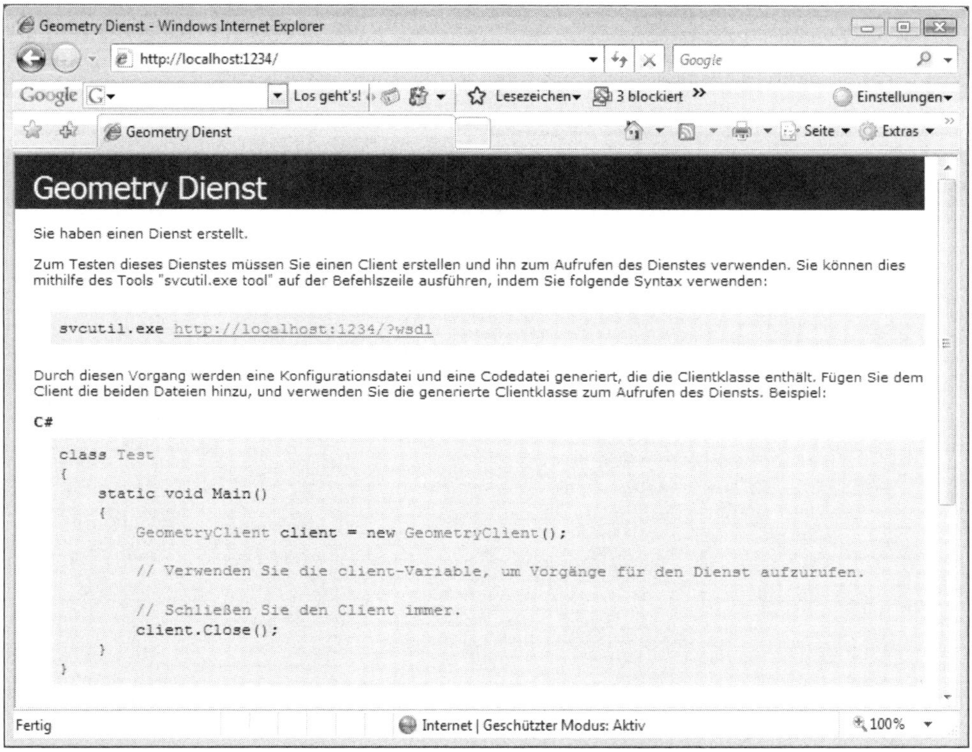

Abbildung 1.36: Informationen zu dem Service im Browser

Haben Sie keine Basisadresse definiert, erhalten Sie zwar keine Seite mit Service-Informationen, können aber durch Angeben der absoluten Adresse eines Metadaten-Endpunktes das WSDL-Dokument direkt abrufen.

1.5.3 Das ServiceModel Metadata Utility Tool

Wird ein WSDL-Dokument über einen Metadaten-Endpunkt abgerufen, so handelt es sich nicht um ein statisches Dokument. Vielmehr wird das WSDL-Dokument bei jeder Anforderung neu generiert. Soll diese Vorgehensweise verhindert werden, ist es erforderlich, ein statisches WSDL-Dokument zu erzeugen, das dann den Clients zur Verfügung gestellt wird. Hier kommt das *ServiceModel Metadata Utility Tool* (*Svcutil.exe*) ins Spiel. Das Tool hat zwei Hauptaufgaben:

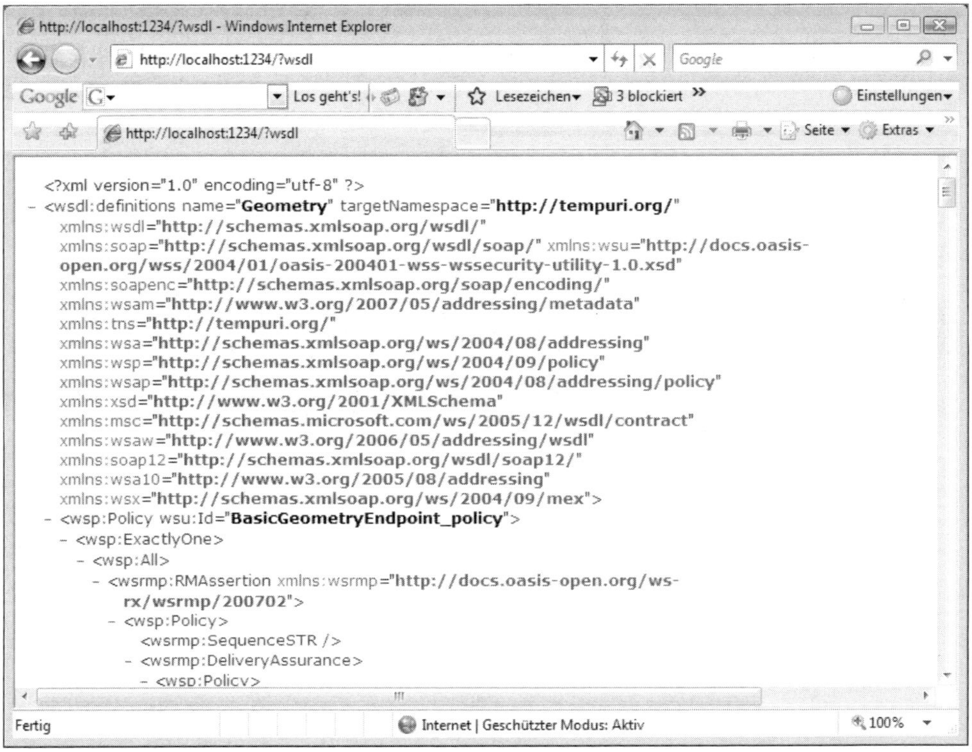

Abbildung 1.37: WSDL-Dokument mit Metadaten im Browser

- Generieren von Metadaten in Form eines WSDL-Dokuments und XML Schema-Dateien
- Generieren einer Proxy-Klasse mit passender Konfigurationsdatei aus vorhandenen Metadaten

Das *ServiceModel Metadata Utility Tool* ist eine Konsolenanwendung und kann über die Eingabeaufforderung von Visual Studio verwendet werden. Diese erreichen Sie über das Windows-Startmenü unter *Alle Programme • Microsoft VisualStudio 2008 • VisualStudio Tools*. Sie müssen die Eingabeaufforderung als Administrator starten. Dazu müssen Sie als ein Benutzer mit Administrator-Rechten angemeldet sein. Verwenden Sie Windows Vista, so müssen Sie die Eingabeaufforderung mit einem Rechtsklick explizit als Administrator ausführen. Navigieren Sie dann zu dem Pfad, in dem die Metadaten generiert werden sollen. Im Beispiel wird der Projektordner des Service verwendet. Rufen Sie dann *svcutil* auf und übergeben Sie den absoluten oder relativen Pfad zur Servicebibliothek *svcutil service.dll*. Daraufhin werden drei Dateien generiert: Ein WSDL-Dokument und zwei XML Schema-Dateien (siehe Abbildung 1.38).

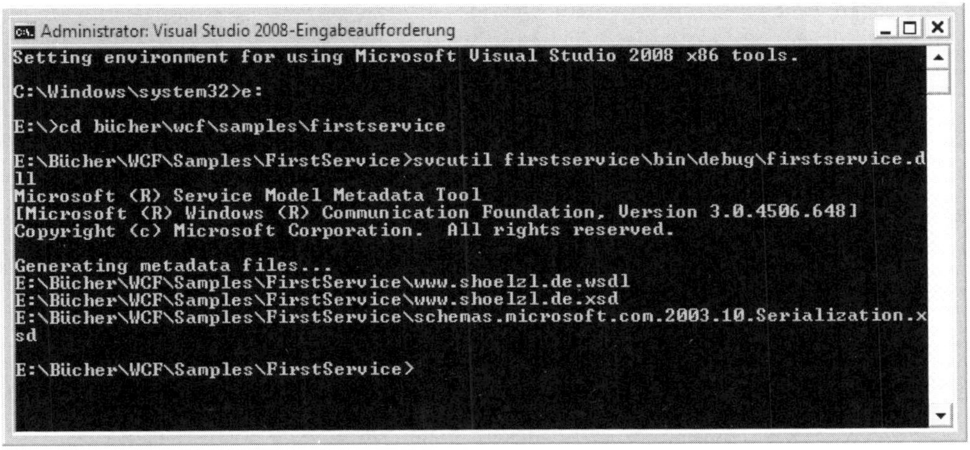

Abbildung 1.38: Generieren von Metadaten mit »svcutil«

Alternativ können Sie das Verzeichnis, in dem die Dateien erstellt werden sollen, mit der Option `/directory` oder `/d` angeben.

```
svcutil /d:ausgabepfad absoluterpfad/service.dll
```

Eine weitere Variante ist das Extrahieren des WSDL-Dokuments mithilfe von Metadaten-Endpunkten. Geben Sie statt einer Servicebibliothek die Adresse von Metadaten-Endpunkten an, müssen Sie zusätzlich die Option `/target:metadata` oder `/t:metadata` setzen. Andernfalls wird stattdessen eine Proxy-Klasse generiert.

```
svcutil /d:ausgabepfad /t:metadata http://basisadaresse/metadatenpfad
```

Standardmäßig wird der Namespace `tempuri.org` für das Erstellen der Metadaten verwendet. Wollen Sie einen anderen Namespace verwenden, muss das `ServiceContract`-Attribut ergänzt werden, wie in Listing 1.20 und Listing 1.21 gezeigt.

```
[ServiceContract(Namespace="www.shoelzl.de")]
public interface IGeometry
{
    [OperationContract]
    double CircleArea(double radius);

    [OperationContract]
    double RectangleArea(double sideX, double sideY);
}
```

Listing 1.20: Angabe eines Namespace im ServiceContract in C#

```
<ServiceContract(Namespace:="www.shoelzl.de")> _
Public Interface IGeometry

    <OperationContract> _
    Function CircleArea(radius As Double) As Double

    <OperationContract> _
    Function RectangleArea(sideX As Double, sideY As Double) As Double
End Interface
```

Listing 1.21: Angabe eines Namespace im ServiceContract in Visual Basic

Als Ergebnis des Aufrufs werden drei Dateien generiert: Ein WSDL-Dokument (Listing 1.22) und zwei XML Schema-Dateien (Listing 1.23 und Listing 1.24). Für die Client-Anwendung ist der Zugriff auf das WSDL-Dokument ausreichend. Die zwei XML Schema-Dateien werden in das WSDL-Dokument importiert und bilden somit eine Einheit.

```
<?xml version="1.0" encoding="utf-8"?>
<wsdl:definitions xmlns:soap="http://schemas.xmlsoap.org/wsdl/soap/"
xmlns:wsu="http://docs.oasis-open.org/wss/2004/01/oasis-200401-wss-wssecurity-
utility-1.0.xsd" xmlns:soapenc="http://schemas.xmlsoap.org/soap/encoding/"
xmlns:wsam="http://www.w3.org/2007/05/addressing/metadata"
xmlns:tns="www.shoelzl.de" xmlns:wsa="http://schemas.xmlsoap.org/ws/2004/08/
addressing" xmlns:wsp="http://schemas.xmlsoap.org/ws/2004/09/policy"
xmlns:wsap="http://schemas.xmlsoap.org/ws/2004/08/addressing/policy"
xmlns:xsd="http://www.w3.org/2001/XMLSchema" xmlns:msc="http://
schemas.microsoft.com/ws/2005/12/wsdl/contract" xmlns:wsaw="http://www.w3.org/
2006/05/addressing/wsdl" xmlns:soap12="http://schemas.xmlsoap.org/wsdl/soap12/"
xmlns:wsa10="http://www.w3.org/2005/08/addressing" xmlns:wsx="http://
schemas.xmlsoap.org/ws/2004/09/mex" targetNamespace="www.shoelzl.de"
xmlns:wsdl="http://schemas.xmlsoap.org/wsdl/">
  <wsdl:types>
    <xsd:schema targetNamespace="www.shoelzl.de/Imports">
      <xsd:import namespace="www.shoelzl.de" />
      <xsd:import
        namespace="http://schemas.microsoft.com/2003/10/Serialization/" />
    </xsd:schema>
  </wsdl:types>
  <wsdl:message name="IGeometry_CircleArea_InputMessage">
    <wsdl:part name="parameters" element="tns:CircleArea" />
  </wsdl:message>
  <wsdl:message name="IGeometry_CircleArea_OutputMessage">
    <wsdl:part name="parameters" element="tns:CircleAreaResponse" />
  </wsdl:message>
  <wsdl:message name="IGeometry_RectangleArea_InputMessage">
    <wsdl:part name="parameters" element="tns:RectangleArea" />
  </wsdl:message>
  <wsdl:message name="IGeometry_RectangleArea_OutputMessage">
```

```
    <wsdl:part name="parameters" element="tns:RectangleAreaResponse" />
  </wsdl:message>
  <wsdl:portType name="IGeometry">
    <wsdl:operation name="CircleArea">
      <wsdl:input wsaw:Action="www.shoelzl.de/IGeometry/CircleArea"
        message="tns:IGeometry_CircleArea_InputMessage" />
      <wsdl:output wsaw:Action="www.shoelzl.de/IGeometry/CircleAreaResponse"
        message="tns:IGeometry_CircleArea_OutputMessage" />
    </wsdl:operation>
    <wsdl:operation name="RectangleArea">
      <wsdl:input wsaw:Action="www.shoelzl.de/IGeometry/RectangleArea"
        message="tns:IGeometry_RectangleArea_InputMessage" />
      <wsdl:output wsaw:Action="www.shoelzl.de/IGeometry/RectangleAreaResponse"
        message="tns:IGeometry_RectangleArea_OutputMessage" />
    </wsdl:operation>
  </wsdl:portType>
  <wsdl:binding name="DefaultBinding_IGeometry" type="tns:IGeometry">
    <soap:binding transport="http://schemas.xmlsoap.org/soap/http" />
    <wsdl:operation name="CircleArea">
      <soap:operation soapAction="www.shoelzl.de/IGeometry/CircleArea"
        style="document" />
      <wsdl:input>
        <soap:body use="literal" />
      </wsdl:input>
      <wsdl:output>
        <soap:body use="literal" />
      </wsdl:output>
    </wsdl:operation>
    <wsdl:operation name="RectangleArea">
      <soap:operation soapAction="www.shoelzl.de/IGeometry/RectangleArea"
        style="document" />
      <wsdl:input>
        <soap:body use="literal" />
      </wsdl:input>
      <wsdl:output>
        <soap:body use="literal" />
      </wsdl:output>
    </wsdl:operation>
  </wsdl:binding>
</wsdl:definitions>
```

Listing 1.22: Die generierte WSDL-Datei

```
<?xml version="1.0" encoding="utf-8"?>
<xs:schema xmlns:tns="www.shoelzl.de" elementFormDefault="qualified"
targetNamespace="www.shoelzl.de" xmlns:xs="http://www.w3.org/2001/XMLSchema">
  <xs:element name="CircleArea">
    <xs:complexType>
      <xs:sequence>
```

```
        <xs:element minOccurs="0" name="radius" type="xs:double" />
      </xs:sequence>
    </xs:complexType>
  </xs:element>
  <xs:element name="CircleAreaResponse">
    <xs:complexType>
      <xs:sequence>
        <xs:element minOccurs="0" name="CircleAreaResult" type="xs:double" />
      </xs:sequence>
    </xs:complexType>
  </xs:element>
  <xs:element name="RectangleArea">
    <xs:complexType>
      <xs:sequence>
        <xs:element minOccurs="0" name="sideX" type="xs:double" />
        <xs:element minOccurs="0" name="sideY" type="xs:double" />
      </xs:sequence>
    </xs:complexType>
  </xs:element>
  <xs:element name="RectangleAreaResponse">
    <xs:complexType>
      <xs:sequence>
        <xs:element minOccurs="0" name="RectangleAreaResult" type="xs:double"/>
      </xs:sequence>
    </xs:complexType>
  </xs:element>
</xs:schema>
```

Listing 1.23: Die generierte XML Schema-Datei

```
<?xml version="1.0" encoding="utf-8"?>
<xs:schema xmlns:tns="http://schemas.microsoft.com/2003/10/Serialization/"
attributeFormDefault="qualified" elementFormDefault="qualified"
targetNamespace="http://schemas.microsoft.com/2003/10/Serialization/"
xmlns:xs="http://www.w3.org/2001/XMLSchema">
  <xs:element name="anyType" nillable="true" type="xs:anyType" />
  <xs:element name="anyURI" nillable="true" type="xs:anyURI" />
  <xs:element name="base64Binary" nillable="true" type="xs:base64Binary" />
  <xs:element name="boolean" nillable="true" type="xs:boolean" />
  <xs:element name="byte" nillable="true" type="xs:byte" />
  <xs:element name="dateTime" nillable="true" type="xs:dateTime" />
  <xs:element name="decimal" nillable="true" type="xs:decimal" />
  <xs:element name="double" nillable="true" type="xs:double" />
  <xs:element name="float" nillable="true" type="xs:float" />
  <xs:element name="int" nillable="true" type="xs:int" />
  <xs:element name="long" nillable="true" type="xs:long" />
  <xs:element name="QName" nillable="true" type="xs:QName" />
  <xs:element name="short" nillable="true" type="xs:short" />
  <xs:element name="string" nillable="true" type="xs:string" />
```

```
  <xs:element name="unsignedByte" nillable="true" type="xs:unsignedByte" />
  <xs:element name="unsignedInt" nillable="true" type="xs:unsignedInt" />
  <xs:element name="unsignedLong" nillable="true" type="xs:unsignedLong" />
  <xs:element name="unsignedShort" nillable="true" type="xs:unsignedShort" />
  <xs:element name="char" nillable="true" type="tns:char" />
  <xs:simpleType name="char">
    <xs:restriction base="xs:int" />
  </xs:simpleType>
  <xs:element name="duration" nillable="true" type="tns:duration" />
  <xs:simpleType name="duration">
    <xs:restriction base="xs:duration">
      <xs:pattern value="\-?P(\d*D)?(T(\d*H)?(\d*M)?(\d*(\.\d*)?S)?)?" />
      <xs:minInclusive value="-P10675199DT2H48M5.4775808S" />
      <xs:maxInclusive value="P10675199DT2H48M5.4775807S" />
    </xs:restriction>
  </xs:simpleType>
  <xs:element name="guid" nillable="true" type="tns:guid" />
  <xs:simpleType name="guid">
    <xs:restriction base="xs:string">
      <xs:pattern value="[\da-fA-F]{8}-[\da-fA-F]{4}-[\da-fA-F]{4}-
                         [\da-fA-F]{4}-[\da-fA-F]{12}" />
    </xs:restriction>
  </xs:simpleType>
  <xs:attribute name="FactoryType" type="xs:QName" />
</xs:schema>
```

Listing 1.24: schemas.microsoft.com.2003.10.Serialization.xsd

Das statische WSDL-Dokument mit den Metadaten kann auf zwei Arten zur Verfügung gestellt werden: Es ist möglich, den Clients einen direkten Zugriff auf die Dokumente zu gewähren, indem diese zum Beispiel auf einem Webserver veröffentlicht werden. In diesem Fall benötigen Sie keinerlei Metadaten und können auf das Metadaten-Verhalten verzichten. Alternativ können Sie der Eigenschaft `ExternalMetadataLocation` des Metadaten-Verhaltens einen Verweis auf das statische WSDL-Dokument übergeben (siehe Abbildung 1.33).

1.5.4 Metadaten-Endpunkte per Code

Genauso wie es möglich ist, die normalen Endpunkte per Code zu definieren, können Metadaten-Endpunkte ebenfalls per Code definiert werden. Auch hier gilt: Die im Code vorgenommenen Einstellungen überschreiben alle Einstellungen in der Konfigurationsdatei und haben somit Vorrang. Außerdem sind die Einstellungen im Code nicht flexibel, da für jede Änderung in den Einstellungen der Service neu kompiliert werden muss. In der Praxis ist es deshalb meist üblich, die Einstellungen zu konfigurieren. Dennoch wird im folgenden Beispiel das Definieren von Metadaten im Code einmal erklärt.

Als Erstes muss ein weiterer Namespace System.ServiceModel.Description mit der using-Anweisung (Visual Basic: imports) importiert werden. Nachdem eine Instanz des Service Hosts erstellt worden ist, können anschließend die Metadaten definiert werden. Hierbei muss genau wie bei der Konfiguration zunächst das Metadaten-Verhalten aktiviert werden. Dazu wird geprüft, ob dieses nicht bereits durch die Konfiguration geschehen ist. Andernfalls wird eine neue Instanz von ServiceMetadataBehavior erstellt.

Sollen Metadaten-Endpunkte für HTTP-GET-Anforderungen verfügbar sein, wird die Eigenschaft HttpGetEnabled auf den Wert true gesetzt. Dies ist nicht erforderlich, falls Sie anschließend MEX-Endpunkte erstellen; es schadet aber auch nicht. Als Nächstes muss das Metadaten-Verhalten zum Service Host hinzugefügt werden. Sollen MEX-Endpunkte verfügbar sein, wird ein normaler Endpunkt mit der Anweisung AddServiceEndpoint hinzugefügt. Als Parameter wird eine Konstante für IMetadataExchange angegeben, danach das gewünschte MEX-Binding erzeugt und zuletzt ein Name übergeben (siehe Listing 1.25 und Listing 1.26).

```
using System;
using System.ServiceModel;
using System.ServiceModel.Description;
using FirstService;

namespace GeometryHost2
{
    class Program
    {
        static void Main(string[] args)
        {
            WS2007HttpBinding WsReliableBinding = new WS2007HttpBinding();
            WsReliableBinding.ReliableSession.Enabled = true;
            Uri uri = new Uri("http://localhost:1234");

            using (ServiceHost selfHost =
            new ServiceHost(typeof(Geometry), uri))
            {
                selfHost.AddServiceEndpoint(typeof(IGeometry),
                WsReliableBinding, "Geometry");

                //Metadaten-Verhalten hinzufügen, falls noch nicht vorhanden
                ServiceMetadataBehavior smb =
                selfHost.Description.Behaviors.Find<ServiceMetadataBehavior>();
                if (smb == null)
                    smb = new ServiceMetadataBehavior();

                //Metadaten-Endpunkte für HTTP-GET-Anforderungen aktivieren
                smb.HttpGetEnabled = true;
```

```
            //Metadaten-Verhalten zum Service Host hinzufügen
            selfHost.Description.Behaviors.Add(smb);

            //MEX-Endpunkt hinzufügen
            selfHost.AddServiceEndpoint(
            ServiceMetadataBehavior.MexContractName,
            MetadataExchangeBindings.CreateMexHttpBinding(), "Mex");

            selfHost.Open();
            Console.WriteLine("Service ist bereit.");
            Console.ReadLine();
         }

      }
   }
}
```

Listing 1.25: Metadaten per Code veröffentlichen in C#

```
Imports System
Imports System.ServiceModel
Imports System.ServiceModel.Description
Imports FirstService

Module Module1

    Sub Main()

        Dim WsReliableBinding As New WS2007HttpBinding()
        WsReliableBinding.ReliableSession.Enabled = true
        Dim uri As New Uri("http://localhost:1234")

        Using selfHost As New ServiceHost(GetType(Geometry), uri)

            selfHost.AddServiceEndpoint(GetType(IGeometry), _
               WsReliableBinding, "Geometry")

            'Metadaten-Verhalten hinzufügen, falls noch nicht vorhanden
            Dim smb As ServiceMetadataBehavior  = _
              selfHost.Description.Behaviors.Find(Of ServiceMetadataBehavior)()
            If smb IsNothing Then
                smb = new ServiceMetadataBehavior()
            End If

            'Metadaten-Endpunkte für HTTP-GET-Anforderungen aktivieren
            smb.HttpGetEnabled = true
```

```
            'Metadaten-Verhalten zum Service Host hinzufügen
            selfHost.Description.Behaviors.Add(smb)

            'MEX-Endpunkt hinzufügen
            selfHost.AddServiceEndpoint( _
               ServiceMetadataBehavior.MexContractName, _
               MetadataExchangeBindings.CreateMexHttpBinding(), "Mex")

            selfHost.Open()
            Console.WriteLine("Service ist bereit.")
            Console.ReadLine()
        End Using
    End Sub
End Module
```

Listing 1.26: Metadaten per Code veröffentlichen in Visual Basic

Somit haben Sie alle Arten kennengelernt, um Metadaten für die Nutzung durch Clients zur Verfügung zu stellen. Im nächsten Abschnitt geht es darum, die Metadaten auszuwerten, Proxy-Klassen zu erstellen und den Service zu nutzen.

1.6 WCF-Client-Anwendungen erstellen

Eine Client-Anwendung kann einen Service nutzen, indem ein Kanalstapel auf Seite des Clients erstellt wird, der eine Verbindung zum Service herstellt. Auf der Seite des Service wird bei der Anfrage eines Clients ebenfalls ein Kanalstapel erstellt. Somit können Client und Service über die erstellten Kanäle miteinander kommunizieren. Den Kanalstapel auf der Seite des Clients kann man direkt mithilfe einer ChannelFactory erstellen. Häufiger wird aber eine Proxy-Klasse verwendet, die das Erstellen des Kanalstapels kapselt und dem Client sämtliche Service-Operationen so zur Verfügung stellt, als seien diese lokal vorhanden.

Das Erstellen einer Client-Anwendung mithilfe einer Proxy-Klasse besteht aus den folgenden Schritten:

1. Abrufen der Metadaten.

   Um einen Service nutzen zu können, muss ein Client zuerst den ServiceContract und weitere Service-Informationen importieren, um daraus eine Proxy-Klasse zu erstellen.

2. Erstellen einer Proxy-Klasse.

   Aus den abgerufenen Metadaten wird dann eine Proxy-Klasse erstellt, welche dieselben Operationen anbietet, die in dem ServiceContract definiert sind, und aus weiteren Methoden besteht, um auf die Operationen des Service zuzugreifen.

Obgleich man die Proxy-Klasse selber schreiben kann, wird in der Regel das *ServiceModel Metadata Utility Tool* (*Svcutil.exe*) verwendet, um die Proxy-Klasse aus den Metadaten automatisch zu generieren. *Svcutil.exe* generiert außerdem eine passende Konfigurationsdatei für die Client-Anwendung, in der unter anderem clientseitige Endpunkte definiert sind, um die Proxy-Klasse problemlos zu nutzen. Für jeden ServiceContract wird dabei eine eigene Proxy-Klasse erstellt.

3. Instanziieren und Verwenden der Proxy-Klasse

   Jetzt kann die Proxy-Klasse verwendet werden. Dazu muss zunächst eine Instanz der Proxy-Klasse erstellt werden, bevor die Service-Operationen aufgerufen werden können. Die Proxy-Klasse wandelt dann zur Laufzeit die Methodenaufrufe in Nachrichten an den Service um und gibt die Antwort des Service als Rückgabewerte oder auch als `out`-Parameter an die Client-Anwendung zurück.

Die generierte Proxy-Klasse kann direkt in die Client-Anwendung importiert werden. Alternativ können Sie eine clientseitige Bibliothek erstellen, welche eine oder mehrere Proxy-Klassen kapselt, um diese mehreren Client-Anwendungen zur Verfügung zu stellen.

1.6.1 Dienstverweis hinzufügen

Die einfachste Art, einen Service zu nutzen, besteht darin, der Client-Anwendung einen Dienstverweis hinzuzufügen. Intern wird das *ServiceModel Metadata Utility Tool* verwendet, um eine Proxy-Klasse und eine *app.config*-Datei zu generieren.

Erstellen Sie dazu eine neue Konsolenanwendung `GeometryTest` und öffnen Sie dann mit der rechten Maustaste das Kontextmenü des Knotens `Verweise`. Klicken Sie auf den Menüpunkt *Dienstverweis hinzufügen…* (siehe Abbildung 1.39).

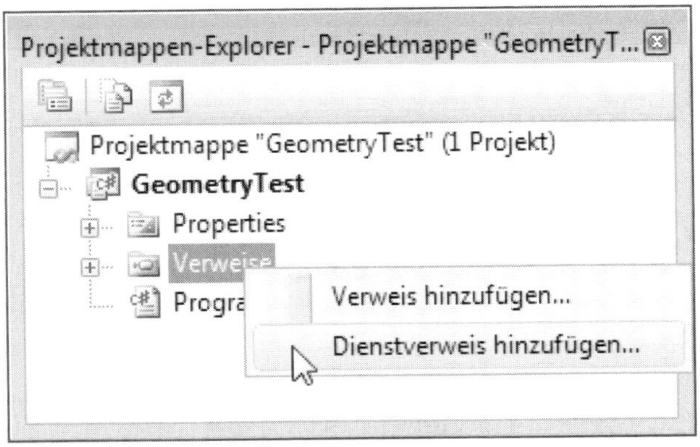

Abbildung 1.39: Dienstverweis hinzufügen

Es öffnet sich das Dialogfeld aus Abbildung 1.40, in dem Sie als Erstes eine Adresse eingeben müssen. Das ist normalerweise die Basisadresse des Service. Ist keine Basisadresse definiert worden, müssen Sie die Adresse der Metadaten und nicht die Adresse des Service selbst angeben. Klicken Sie dann auf die Schaltfläche *Gehe zu*; es werden alle unter dieser Adresse verfügbaren Dienste aufgelistet. Jetzt ist es noch sinnvoll, einen aussagekräftigen Namen für den Namespace anzugeben, unter dem die generierten Proxy-Klassen zu finden sein sollen.

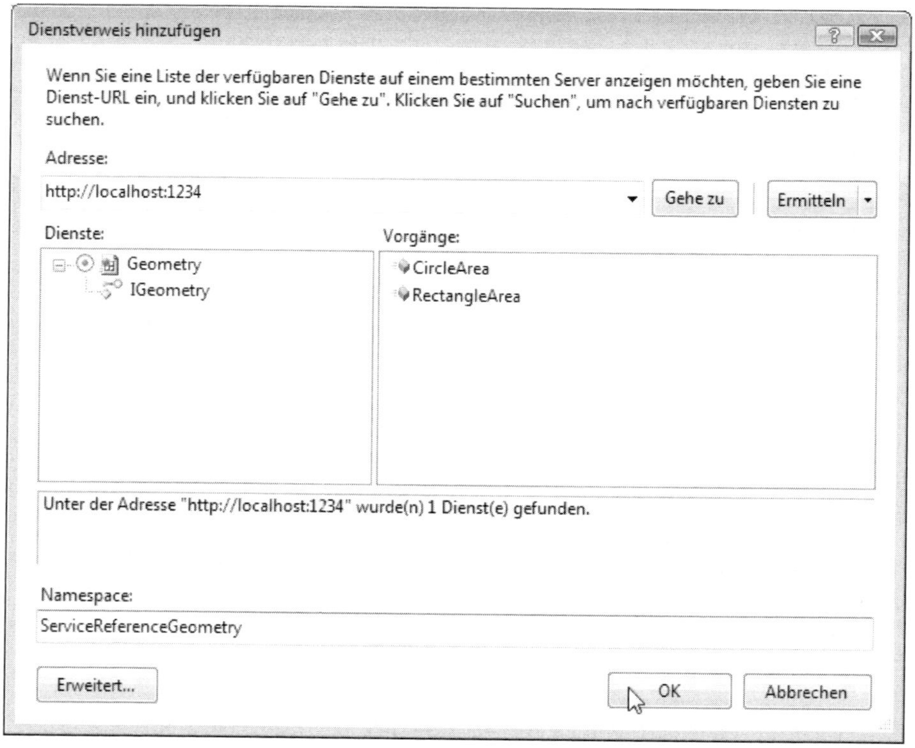

Abbildung 1.40: Das Dialogfeld »Dienstverweis hinzufügen«

Klicken Sie nun auf die Schaltfläche *OK*, so erscheint ein neuer Knotenpunkt *Service References* im Projektmappen-Explorer (siehe Abbildung 1.41). Unter diesem finden Sie einen Eintrag mit dem Namen des Namespace. Die generierte Proxy-Klasse hat denselben Namen, wie im Service definiert, mit dem Wort »Client« hinter dem Servicenamen. Die Proxy-Klasse des Service `Geometry` lautet somit `GeometryClient`. Allerdings ist die Proxy-Klasse nicht direkt im Projekt zu finden. Sie können aber auf den Eintrag unter *Service References* klicken. Es öffnet sich daraufhin der Objekt-Browser, der die Proxy-Klasse anzeigt.

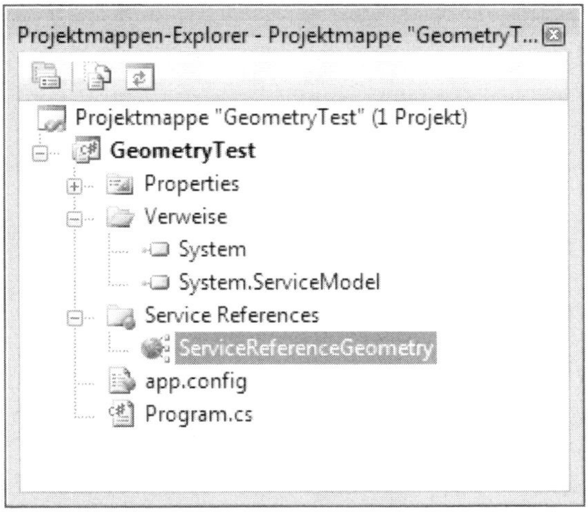

Abbildung 1.41: Service Reference im Projektmappen-Explorer

Nun können Sie die Proxy-Klasse verwenden. Fügen Sie den Code aus Listing 1.27 oder Listing 1.28 in die Prozedur `main` ein. Zuerst wird eine Instanz von `GeometryClient` erstellt. Sie können die Methoden des Service `Geometry` so benutzen, als wären diese lokal definiert worden. Nachdem keine weiteren Aufrufe von Service-Methoden erfolgen, sollte die Instanz der Proxy-Klasse explizit mit der Anweisung `close` beendet werden, um den Kanalstapel für die Kommunikation aufzulösen und somit Ressourcen wieder freizugeben.

```
namespace GeometryTest
{
    class Program
    {
        static void Main(string[] args)
        {
            ServiceReferenceGeometry.GeometryClient geometryClient =
            new ServiceReferenceGeometry.GeometryClient();

            Console.WriteLine(
            "Die Fläche von einem Kreis mit dem Radius 5 beträgt "
            + geometryClient.CircleArea(5).ToString());

            geometryClient.close();
        }
    }
}
```

Listing 1.27: Verwenden von Service-Funktionen in einer Client-Anwendung in C#

```
Module Module1

    Sub Main()

        Dim geometryClient As New ServiceReferenceGeometry.GeometryClient()

        Console.WriteLine( _
            "Die Fläche von einem Kreis mit dem Radius 5 beträgt " _
            & geometryClient.CircleArea(5).ToString())

        geometryClient.close()
    End Sub
End Module
```

Listing 1.28: Verwenden von Service-Funktionen in einer Client-Anwendung in Visual Basic

Jetzt ist es endlich soweit und Sie können die Anwendung ausführen. Hat alles geklappt, wird das Ergebnis auf der Konsole ausgegeben, so wie in Abbildung 1.42 gezeigt.

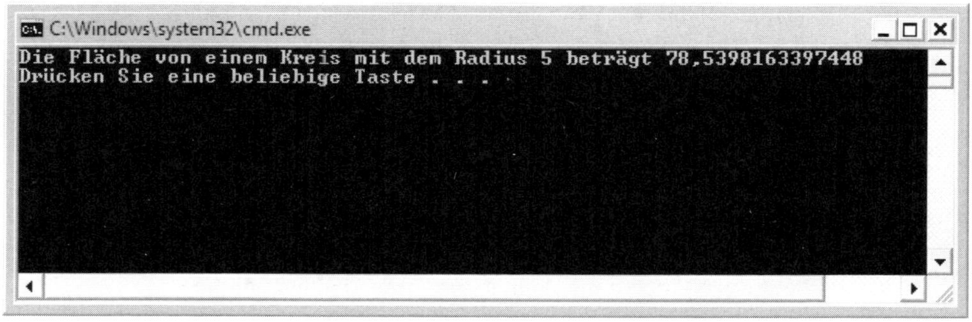

Abbildung 1.42: Ausgabe auf der Konsole

1.6.2 Proxy-Klassen generieren mit »svcutil«

Statt einen Dienstverweis hinzuzufügen, können Sie das *ServiceModel Metadata Utility Tool* auch direkt aufrufen und sich eine Proxy-Klasse mit passender Konfigurationsdatei generieren lassen. Dazu muss im einfachsten Fall lediglich *svcutil* gefolgt von dem Pfad zu vorhandenen Metadaten aufgerufen werden.

```
svcutil http://localhost:1234
```

Starten Sie eine Eingabeaufforderung von Visual Studio unter *Alle Programme • Microsoft VisualStudio 2008 • VisualStudio Tools* mit Administrator-Rechten. Am besten wechseln Sie dazu in das Verzeichnis, in dem die beiden Dateien generiert werden sollen.

Hier verwenden wir den Projektordner der Konsolenanwendung `GeometryTest` (siehe Abbildung 1.43).

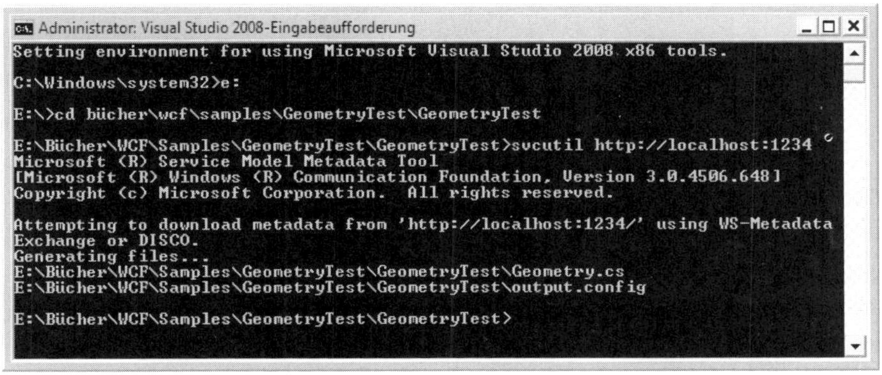

Abbildung 1.43: Generieren einer Proxy-Klasse mit »svcutil«

Das *ServiceModel Metadata Utility Tool* wertet die Service-Informationen von Metadaten aus. Die Angabe der Metadaten kann dabei auf mehrere Arten erfolgen:

- Basisadresse eines Service
- absolute Adresse eines Metadaten-Endpunktes
- Adresse eines WSDL-Dokuments mit Service-Informationen

Um die Ausgabe genauer zu steuern, stehen noch zahlreiche Optionen für *svcutil* zur Verfügung. So können Sie alternativ den Pfad für die Ausgabe als Option angeben sowie Einfluss auf die Namen der beiden generierten Dateien nehmen.

```
svcutil /d:e:bücher\wcf\samples\GeometryTest\GeometryTest /config:app /
o:GeometryClient http://localhost:1234
```

Geben Sie keinen Dateinamen für die Konfigurationsdatei an, so erhält diese den Namen *output.config*, und die Proxy-Klasse wird standardmäßig in C#-Quellcode generiert und erhält den Namen des Services und die Endung *cs*. Soll die Ausgabe der Proxy-Klasse in einer anderen Sprache als C# erfolgen, so steht die Option `language` zur Verfügung.

Option	Kurz	Beschreibung	Standard
`/directory:<pfad>`	`/d:`	Das Verzeichnis, in dem die Dateien erstellt werden sollen	Das aktuelle Verzeichnis
`/config:<dateiname>`		Gibt den Dateinamen für die generierte Konfigurationsdatei an.	`output.config`

Tabelle 1.4: Übersicht der wichtigsten Optionen für »svcutil«

Option	Kurz	Beschreibung	Standard
`/out:<dateiname>`	`/o:`	Gibt den Dateinamen für die generierte Proxy-Klasse an.	Entspricht dem Namen des Service.
`/language:<sprache>`	`/l:`	Gibt die Programmiersprache an, die zur Code-Generierung verwendet werden soll. Möglich sind: `c#`, `cs`, `csharp`, `vb`, `visualbasic`, `c++` und `cpp`	`csharp`

Tabelle 1.4: Übersicht der wichtigsten Optionen für »svcutil« (Fortsetzung)

Die generierte Datei mit der Proxy-Klasse besteht aus mehreren Interfaces und Klassen. Als Erstes wird mithilfe der Metadaten das Interface des Service rekonstruiert, wie in Listing 1.29 zu sehen ist. Da es sich hier um erzeugten Code handelt, verzichten wir auf die Darstellung des Codes in Visual Basic.

```
[System.CodeDom.Compiler.GeneratedCodeAttribute(
"System.ServiceModel", "3.0.0.0")]
[System.ServiceModel.ServiceContractAttribute(ConfigurationName="IGeometry")]
public interface IGeometry
{
    [System.ServiceModel.OperationContractAttribute(
    Action="http://tempuri.org/IGeometry/CircleArea",
    ReplyAction="http://tempuri.org/IGeometry/CircleAreaResponse")]
    double CircleArea(double radius);

    [System.ServiceModel.OperationContractAttribute(
    Action="http://tempuri.org/IGeometry/RectangleArea",
    ReplyAction="http://tempuri.org/IGeometry/RectangleAreaResponse")]
    double RectangleArea(double sideX, double sideY);
}
```

Listing 1.29: Interface des Service

Dann folgt das Interface `IGeometryChannel`, welches die Interfaces `IGeometry` und `IClientChannel` implementiert (siehe Listing 1.30).

```
[System.CodeDom.Compiler.GeneratedCodeAttribute("System.ServiceModel",
"3.0.0.0")]
public interface IGeometryChannel : IGeometry,
System.ServiceModel.IClientChannel
{
}
```

Listing 1.30: Interface »IGeometryChannel«

Zu guter Letzt finden Sie die eigentliche Proxy-Klasse in Listing 1.31. Von der Proxy-Klasse können dann Instanzen erzeugt werden, mit denen die Service-Methoden aufgerufen werden. Außerdem werden den Service-Methoden noch mehrere Konstruktoren hinzugefügt.

```
[System.Diagnostics.DebuggerStepThroughAttribute()]
[System.CodeDom.Compiler.GeneratedCodeAttribute("System.ServiceModel",
"3.0.0.0")]
public partial class GeometryClient :
System.ServiceModel.ClientBase<IGeometry>, IGeometry
{

    public GeometryClient()
    {
    }

    public GeometryClient(string endpointConfigurationName) :
            base(endpointConfigurationName)
    {
    }

    public GeometryClient(string endpointConfigurationName,
    string remoteAddress) :
            base(endpointConfigurationName, remoteAddress)
    {
    }

    public GeometryClient(string endpointConfigurationName,
    System.ServiceModel.EndpointAddress remoteAddress) :
            base(endpointConfigurationName, remoteAddress)
    {
    }

    public GeometryClient(System.ServiceModel.Channels.Binding binding,
    System.ServiceModel.EndpointAddress remoteAddress) :
            base(binding, remoteAddress)
    {
    }

    public double CircleArea(double radius)
    {
        return base.Channel.CircleArea(radius);
    }

    public double RectangleArea(double sideX, double sideY)
    {
        return base.Channel.RectangleArea(sideX, sideY);
    }
}
```

Listing 1.31: Generierte Proxy-Klasse

Die zweite generierte Datei ist die Konfigurationsdatei aus Listing 1.32. Der wichtigste Abschnitt ist das Element `client`. Hier wird ein spezieller Endpunkt definiert, um mit dem Service zu kommunizieren. Die Kommunikation erfolgt damit zwischen dem Endpunkt des Service und dem Endpunkt des Clients.

```
<configuration>
    <system.serviceModel>
        <bindings>
            <ws2007HttpBinding>
                <binding name="BasicGeometryEndpoint" closeTimeout="00:01:00"
                    openTimeout="00:01:00" receiveTimeout="00:10:00"
                    sendTimeout="00:01:00"
                    bypassProxyOnLocal="false" transactionFlow="false"
                    hostNameComparisonMode="StrongWildcard"
                    maxBufferPoolSize="524288" maxReceivedMessageSize="65536"
                    messageEncoding="Text" textEncoding="utf-8"
                    useDefaultWebProxy="true"
                    allowCookies="false">
                    <readerQuotas maxDepth="32"
                        maxStringContentLength="8192" maxArrayLength="16384"
                        maxBytesPerRead="4096" maxNameTableCharCount="16384" />
                    <reliableSession ordered="true"
                        inactivityTimeout="00:10:00" enabled="true" />
                    <security mode="Message">
                        <transport clientCredentialType="Windows"
                            proxyCredentialType="None" realm="" />
                        <message clientCredentialType="Windows"
                            negotiateServiceCredential="true"
                            algorithmSuite="Default"
                            establishSecurityContext="true" />
                    </security>
                </binding>
            </ws2007HttpBinding>
        </bindings>
        <client>
            <endpoint
                address="http://localhost:1234/Geometry"
                binding="ws2007HttpBinding"
                bindingConfiguration="BasicGeometryEndpoint"
                contract="IGeometry"
                name="BasicGeometryEndpoint">
            </endpoint>
        </client>
    </system.serviceModel>
</configuration>
```

Listing 1.32: Generierte Konfigurationsdatei für Client-Anwendungen

Jetzt können Sie die Proxy-Klasse in einer Beispielanwendung verwenden. Sie müssen lediglich eine Instanz der Proxy-Klasse erstellen und können dann alle Methoden aufrufen und anwenden, als seien diese lokal definiert worden. Sollen mehrere Projekte mit der Proxy-Klasse arbeiten, können Sie die generierten Dateien natürlich in mehrere Projekte kopieren. Eleganter ist es dann jedoch, eine clientseitige Klassenbibliothek zu erstellen, in der eine oder auch mehrere Proxy-Klassen zusammengefasst werden. Jedes Projekt, das die Funktionalität der Proxy-Klassen verwenden soll, muss dann nur noch einen Verweis auf diese Bibliothek setzen. Das erleichtert die Verwaltung, da es nur eine Definition der Proxy-Klasse in der Klassenbibliothek anstelle mehrerer Kopien in unterschiedlichen Projekten gibt. Allerdings müssen Sie dennoch zu jeder Client-Anwendung die Konfigurationsdatei und einen weiteren Verweis auf die Assembly `System.ServiceModel` hinzufügen.

1.6.3 Verwenden einer ChannelFactory

Die Kommunikation zwischen einem Client und einem Service findet immer zwischen zwei Endpunkten über Kanäle statt. Normalerweise wird dazu eine Proxy-Klasse generiert, die diesen Vorgang kapselt. Es ist aber auch möglich, die Kanäle direkt ohne Proxy-Klasse zu verwenden.

Dazu wird auf der Seite des Clients eine Instanz der `ChannelFactory`-Klasse benötigt, welche einen typisierten Kanalstapel zur Kommunikation mit einem Service erstellen kann. Der Client benötigt allerdings Kenntnisse über die Schnittstelle, also den Service-Contract und die verfügbaren Endpunkte des Service.

Der ServiceContract muss lokal in der Client-Anwendung vorhanden sein. Sie können dabei dem Client eine Kopie des ServiceContracts übergeben. In der Praxis wird ein ServiceContract jedoch selten direkt weitergegeben. Stattdessen werden sogenannte *Shared Interface Assemblies* verwendet. Diese enthalten mindestens einen ServiceContract, benötigte Typdefinitionen sowie eine Konfigurationsdatei mit der Definition aller Endpunkte. Diese Shared Interface Assemblies können bequem verteilt und gewartet werden.

Zum Testen müssen Sie zuerst in der Host-Anwendung einen weiteren Endpunkt mit einem *BasicHttpBinding* hinzufügen. Am einfachsten editieren Sie dazu direkt die Konfigurationsdatei und geben den folgenden Abschnitt innerhalb des Elements `service` ein:

```
<endpoint address="BasicGeometry" binding="basicHttpBinding"
contract="FirstService.IGeometry" name="BasicHttpBinding" />
```

Jetzt können Sie eine weitere Client-Anwendung erstellen, welche den Service ohne eine vorhandene Proxy-Klasse nutzt. Sie müssen lediglich den ServiceContract `IGeometry` dem Projekt hinzufügen. Dann kann eine typisierte Instanz der Klasse `Channel-`

Factory erstellt werden. Der Konstruktor erwartet dabei die Informationen für einen clientseitigen Endpunkt, der mit dem Endpunkt des Service übereinstimmt. Sie können eine der folgenden Informationen an den Konstruktor übergeben:

- Name eines Endpunktes in der Konfigurationsdatei des Clients
- Binding und EndpointAddress als Objekte
- ServiceEndpoint-Objekt

In dem Beispiel aus Listing 1.33 und Listing 1.34 wird zuerst eine Instanz von EndpointAddress erstellt, und dem Konstruktor wird die genaue Adresse des Service-Endpunktes mitgeteilt. Außerdem wird eine Instanz von *BasicHttpBinding* erstellt. Beide Objekte werden dann an den Konstruktor von ChannelFactory übergeben. Anschließend kann durch den Aufruf von CreateChannel ein Proxy-Objekt zur Laufzeit erzeugt werden, um die Methoden des Clients zu verwenden.

```
using System;
using System.ServiceModel;
using FirstService;

namespace GeometryTest4
{
    class Program
    {
        static void Main(string[] args)
        {
            EndpointAddress address =
            new EndpointAddress("http://localhost:1234/BasicGeometry");
            BasicHttpBinding bind = new BasicHttpBinding();

            ChannelFactory<IGeometry> factory =
            new ChannelFactory<IGeometry>(bind, address);

            IGeometry proxy = factory.CreateChannel();
            using (proxy as IDisposable)
            {
                Console.WriteLine(
                "Die Fläche von einem Kreis mit dem Radius 5 beträgt " +
                proxy.CircleArea(5).ToString());
            }
        }
    }
}
```

Listing 1.33: Service aufrufen ohne Konfiguration in C#

```
Imports System
Imports System.ServiceModel
Imports FirstService

Module Module1

    Sub Main()

        Dim address As New EndpointAddress _
            ("http://localhost:1234/BasicGeometry")
        Dim bind As New BasicHttpBinding()

        Dim factory As New ChannelFactory(Of IGeometry)(bind, address)

        Using proxy As IGeometry = factory.CreateChannel()

            Console.WriteLine( _
                "Die Fläche von einem Kreis mit dem Radius 5 beträgt " & _
                proxy.CircleArea(5).ToString())

        End Using
    End Sub
End Module
```

Listing 1.34: Service aufrufen ohne Konfiguration in Visual Basic

Das ist alles, was Sie für den Anfang wissen müssen, um einen einfachen Service zu erstellen, zu hosten und zu verwenden. Die nachfolgenden Kapitel gehen jeweils auf ein spezielles Themengebiet näher ein.

2 Contracts

Wie Sie im Einführungsbeispiel bereits gesehen haben, basiert die Windows Communication Foundation auf dem sogenannten ABC. In diesem Kapitel wollen wir nun das C, für *Contract*, betrachten. Der Contract ist dabei der Vertrag, den der Service mit dem Client abschließt und dabei seine Schnittstellen offenlegt. Dies ist die Voraussetzung dafür, dass man einen Client für den Service programmieren kann.

Wie im richtigen Leben besteht ein kompletter Vertrag bei WCF aus einer Sammlung von Einzelverträgen. Deswegen wollen wir hier betrachten, welche Arten von Verträgen es bei WCF gibt und welche Bedeutung diese Verträge besitzen. Contracts werden in WCF mithilfe von Attributen definiert.

> > > HINWEIS

Bei Webservices ist im Grunde genommen die WSDL der Contract des Dienstes. Ohne die WSDL könnte kein Client für den Zugriff auf einen Webservice implementiert werden.

2.1 ServiceContract

Der ServiceContract ist der wichtigste Vertrag von allen. Mit einem ServiceContract werden Klassen, sogenannte *Service-Typen*, definiert die von den Clients genutzt werden können. Zur Definition eines ServiceContracts steht dabei das gleichnamige Attribut zur Verfügung, das sowohl auf Klassen- als auch auf Interface-Ebene verwendet werden kann.

Das ServiceContract-Attribut finden Sie im Namespace System.ServiceModel. Um diesen Namespace nutzen zu können, müssen Sie zuerst Ihrem Projekt einen Verweis auf die Assembly *System.ServiceModel.dll* hinzufügen. Diese Bibliothek sowie alle anderen Bibliotheken, die für WCF benötigt werden, sind Bestandteil des .NET Frameworks ab der Version 3.0.

Wenn Sie das Attribut ServiceContract bei einem Interface setzen, sind automatisch alle Klassen, die dieses Interface implementieren, Service-Typen. Sie können das Attribut natürlich, wie im ersten Kapitel bereits erwähnt, auch direkt bei einer Klasse setzen, falls Sie keine Interface-Definition erstellen wollen.

Listing 2.1 und Listing 2.2 zeigen die Interface-Definition in C# und Visual Basic.

```
using System.ServiceModel;

namespace FirstConsoleService
{
    [ServiceContract]
    public interface IFirstService
    {
    }
}
```

Listing 2.1: Einfache Service-Definition eines Interface in C#

```
Imports System.ServiceModel

<ServiceContract()> Public Irterface IFirstService

End Interface
```

Listing 2.2: Einfache Service-Definition eines Interface in Visual Basic

Zugegebenermaßen kann dieser Service-Typ noch nicht viel, denn er besitzt keine Operationen. Die Definition von Operationen werden wir gleich im nächsten Abschnitt genauer betrachten. Zuvor wollen wir uns aber dem Attribut ServiceContract noch etwas genauer widmen. Denn dieses Attribut besitzt einige Eigenschaften, mit denen Anpassungen dieses Service-Typs gesetzt werden können. Diese Eigenschaften können über den Konstruktor des Attributs gesetzt werden.

- **CallbackContract**

  Wenn Sie einen Duplex-Vertrag erstellen, wenn also beide an einer Kommunikation beteiligten Endpunkte sowohl als Client als auch als Server agieren können, benötigen Sie auch einen CallbackContract.

- **ConfigurationName**

  Definiert einen Namen, mit dem der Dienst in einer Konfigurationsdatei gesucht wird.

- **HasProtectionLevel**

  Eine boolesche Variable, die angibt, ob der Wert der Eigenschaft `ProtectionLevel` gleich `None` ist. Ist `ProtectionLevel` auf `None` gesetzt, so lautet der Wert von `HasProtectionLevel` `false`, ansonsten `true`. Diese Eigenschaft kann über den Konstruktor nicht gesetzt werden, denn sie ist abhängig von der Eigenschaft `ProtectionLevel`.

- **Name**

  Über diese Eigenschaft kann der Name des `<port-Type>`-Elements in der WSDL gesteuert werden. Standardmäßig ist dies der Name der Klasse bzw. des Interface, auf das das Attribut angewendet wurde.

- **Namespace**

  Über diese Eigenschaft kann der Namespace des `<port-Type>`-Elements in der WSDL gesteuert werden. Standardmäßig lautet der Namespace http://tempuri.org. Sie sollten an dieser Stelle einen eindeutigen Namespace vergeben.

- **ProtectionLevel**

  Damit können Sie einstellen, inwiefern die Verbindung eine Verschlüsselung oder digitale Signaturen für die Endpunkte erfordert. Diese Eigenschaft wird auf Operationen vererbt. Mehr dazu in Kapitel 9, »Security«.

  Mögliche Werte:

  - None (Default)
  - EncryptAndSign
  - Sign

- **SessionMode**

  Über diese Eigenschaft können Sie einstellen, ob eine Session zwischen Endpunkten unterstützt oder benötigt wird. Mehr dazu in Kapitel 6, »Sessions«.

  Mögliche Werte:

  - Allowed
  - Required
  - NotAllowed

Da für einen Service-Typ immer ein eindeutiger Namespace angegeben werden sollte, erweitern Listing 2.3 und Listing 2.4 die beiden urpsrünglichen ServiceContract-Definitionen aus Listing 2.1 und Listing 2.2 um einen eindeutigen Namespace.

```
using System.ServiceModel;

namespace FirstConsoleService
{
    [ServiceContract(Namespace="http://addison-wesley.de")]
    public interface IFirstService
    {
    }
}
```

Listing 2.3: Einfache Service-Definition eines Interface mit Namespace in C#

```
Imports System.ServiceModel

<ServiceContract(Namespace:="http://addison-wesley.de")> _
Public Interface IFirstService

End Interface
```

Listing 2.4: Einfache Service-Definition eines Interface mit Namespace in Visual Basic

* * * TIPP

Verwenden Sie zur eindeutigen Identifizierung Ihrer Service-Typen am Client immer eigene Namensräume.

Sie können auch das Verhalten eines Service-Typs durch das `ServiceBehavior`-Attribut beeinflussen. Dazu aber später mehr in Kapitel 10, »Behaviors«.

Jetzt wollen wir unseren Service noch mit etwas Leben füllen. Dazu benötigen wir Operationen.

2.2 OperationContract

Jede Operation, die am Client zur Verfügung stehen soll, muss innerhalb eines Service-Typs mit dem `OperationContract`-Attribut versehen sein. Dieses Attribut steht somit auf Member-Ebene (Methode oder Property) einer Klasse oder eines Interface zur Verfügung.

Auch wenn es der Compiler zulässt, ist die Verwendung dieses Attributs natürlich nur innerhalb von Klassen oder Interfaces sinnvoll, die mit dem `ServiceContract`-Attribut versehen sind. Die folgenden beiden Listings Listing 2.5 und Listing 2.6 zeigen die Erweiterung des Interface `IFirstService` um zwei Operationen `SaySomething()` und `Add()`.

```
using System.ServiceModel;

namespace FirstConsoleService
{
    [ServiceContract(Namespace="http://addison-wesley.de")]
    public interface IFirstService
    {
        [OperationContract]
        string SaySomething(string sayWhat);

        [OperationContract]
        int Add(int x, int y);
    }
}
```

Listing 2.5: Interface mit Operationen in C#

```
Imports System.ServiceModel

<ServiceContract(Namespace:="http://addison-wesley.de")> Public Interface
IFirstService
    <OperationContract()> _
    Function SaySomething(ByVal sayWhat As String) As String
    <OperationContract()> _
    Function Add(ByVal x As Integer, ByVal y As Integer) As Integer

End Interface
```

Listing 2.6: Interface mit Operationen in Visual Basic

Ähnlich wie das `ServiceContract`-Attribut besitzt auch das `OperationContract`-Attribut bestimmte Eigenschaften. Diese sind wiederum über den Konstruktor festlegbar.

- **Action**

  Legt die WS-Adressierungsfunktion der Anfragenachricht fest. Der Aktionsname muss eindeutig sein. Es wird standardmäßig ein eindeutiger Aktionsname generiert, der sich aus dem Namespace, dem Klassennamen und dem Methodennamen zusammensetzt. Diese Eigenschaft ist wichtig bei Methodenüberladungen.

- **AsyncPattern**

  Boolesche Variable, die angibt ob eine Operation asynchron verarbeitet wird. Es muss dann zu einer BeginMethodenname auch eine EndMethodenname definiert sein. Sie können aber einen asynchronen Aufruf auch ohne die Angabe dieses Wertes im Client steuern.

- **HasProtectionLevel**

  Eine boolesche Variable, die angibt, ob der Wert der Eigenschaft `ProtectionLevel` gleich `None` ist. Ist `ProtectionLevel` auf `None` gesetzt, so ist der Wert von `HasProtectionLevel false`, ansonsten `true`. Diese Eigenschaft kann über den Konstruktor nicht gesetzt werden, denn Sie ist abhängig von der Eigenschaft `ProtectionLevel`.

- **IsInitiating**

  Boolesche Variable, die anzeigt, dass die Methode eine Session initiieren kann. Der Standardwert ist `true`. Soll eine Methode aus Initialisierungsgründen vor allen anderen Methoden aufgerufen werden, so müssen alle anderen Methoden mit dem Wert `false` versehen werden. Die Einstellung ist nur sinnvoll, wenn die Eigenschaft `SessionMode` des zugehörigen Service-Typs nicht den Wert `NotAllowed` besitzt. Mehr dazu in Kapitel 6, »Sessions«.

- **IsOneWay**

  Boolesche Variable, die anzeigt, dass die Operation eine Antwort sendet (`false`) oder keine Antwortnachricht sendet (`true`). Bei OneWay-Nachrichten fährt der Client sofort mit der Weiterverarbeitung fort, ohne auf eine Antwort vom Service zu warten.

- **IsTerminating**

  Boolesche Variable, die anzeigt, ob die Operation eine Session abschließt. Standardwert ist `false`. Mehr dazu in Kapitel 6, »Sessions«.

- **Name**

  Überschreibt das <operation>-Element in der WSDL. Standardmäßig wird der Name der Operation gesetzt. Um Unabhängigkeit zum tatsächlichen Methodennamen zu gewährleisten, sollten Sie diese Property verwenden.

- **ProtectionLevel**

  Damit können Sie einstellen, inwiefern die Verbindung eine Verschlüsselung oder digitale Signaturen für die Endpunkte erfordert. Diese Eigenschaft wird von der Eigenschaft `ProtectionLevel` des `Service`-Attributs vererbt, kann aber überschrieben werden. Mehr dazu in Kapitel 9, »Security«.

  Mögliche Werte:

  - None (Default)
  - EncryptAndSign
  - Sign

- **ReplyAction**

  Legt die WS-Adressierungsfunktion der Antwortenachricht fest. Der Aktionsname muss eindeutig sein. Es wird standardmäßig ein eindeutiger Aktionsname generiert, der sich aus dem Namespace, dem Klassennamen, dem Methodennamen sowie einem Postfix »Response« zusammensetzt. Durch Setzen der `ReplyAction` auf * wird der Nachricht keine Antwortnachricht hinzugefügt, es handelt sich um eine OneWay-Nachricht.

Sie können auch das Verhalten einer Operation durch das `OperationBehavior`-Attribut beeinflussen. Dazu später mehr in Kapitel 10, »Behaviors«. Nachdem das Interface und die Interface-Member mit den entsprechenden Attributen versehen wurden, können jetzt die Service-Typen definiert werden.

> > > HINWEIS

Es ist durchaus auch möglich, die Attribute direkt in einer Klasse zu setzen und die Interface-Definition wegzulassen.

Listing 2.7 und Listing 2.8 zeigen die Implementierung eines Service-Typs in den beiden .NET-Sprachen C# und Visual Basic.

```
namespace FirstConsoleService
{
    public class FirstService : IFirstService
    {

        #region IFirstService Member

        public string SaySomething(string sayWhat)
        {
            return sayWhat;
        }

        public int Add(int x, int y)
        {
            return x + y;
        }

        #endregion
    }
}
```

Listing 2.7: Implementierung eines Service-Typs in C#

```
Public Class FirstService
    Implements IFirstService

    Public Function Add(ByVal x As Integer, ByVal y As Integer) As Integer _
        Implements IFirstService.Add
        Return x + y
    End Function

    Public Function SaySomething(ByVal sayWhat As String) As String _
        Implements IFirstService.SaySomething
        Return sayWhat
    End Function
End Class
```

Listing 2.8: Implementierung eines Service-Typs in Visual Basic

Für dieses kleine Beispiel habe ich sowohl das Interface als auch die Klassenimplementierung in einer Konsolenanwendung vorgenommen.

! ! ! ACHTUNG

In späteren Versionen eines Service dürfen Sie nicht bestehende Operationen von Ihrem Service entfernen oder diese umbenennen. Auch die Änderung einer Signatur einer Operation führt zu einem Kompatibilitätsbruch in Folgeversionen.

2.3 Konfiguration des Service

Ich will diesen Service der Übersichtlichkeit halber auch in einer Konsole hosten (mehr zum Thema Hosting und zum Listing 2.10 und Listing 2.11 in Kapitel 5, »Hosting«).

Bevor wir jedoch zu den wenigen Zeilen Programmcode kommen, die für das Hosting erforderlich sind, müssen wir die Konfiguration des Service erstellen. Dazu rufen wir über das Menü *Extras* den Punkt *WCF Service Configuration Editor* auf und legen in dem Tool mit *Datei • Neue Konfiguration* eine neue applikationsspezifische Konfigurationsdatei an. Im nachfolgenden Dialog erstellen Sie einen neuen Service durch einen Klick auf *Neuen Dienst erstellen…* , wie Sie in Abbildung 2.1 sehen.

> > > HINWEIS

Der WCF Service Configuration Editor steht seit dem SP1 für das .NET Framework 3.5 auch in deutsch unter der Bezeichnung Dienstkonfigurationseditor zur Verfügung.

Wählen Sie nun mittels der Schaltfläche *Durchsuchen* den gewünschten Service-Typ aus, wie in Abbildung 2.2 dargestellt. Wählen Sie dazu erst die entsprechende *exe*-Datei über den Datei-Explorer aus. Es werden Ihnen dann die verfügbaren Service-Typen innerhalb der Assembly aufgelistet.

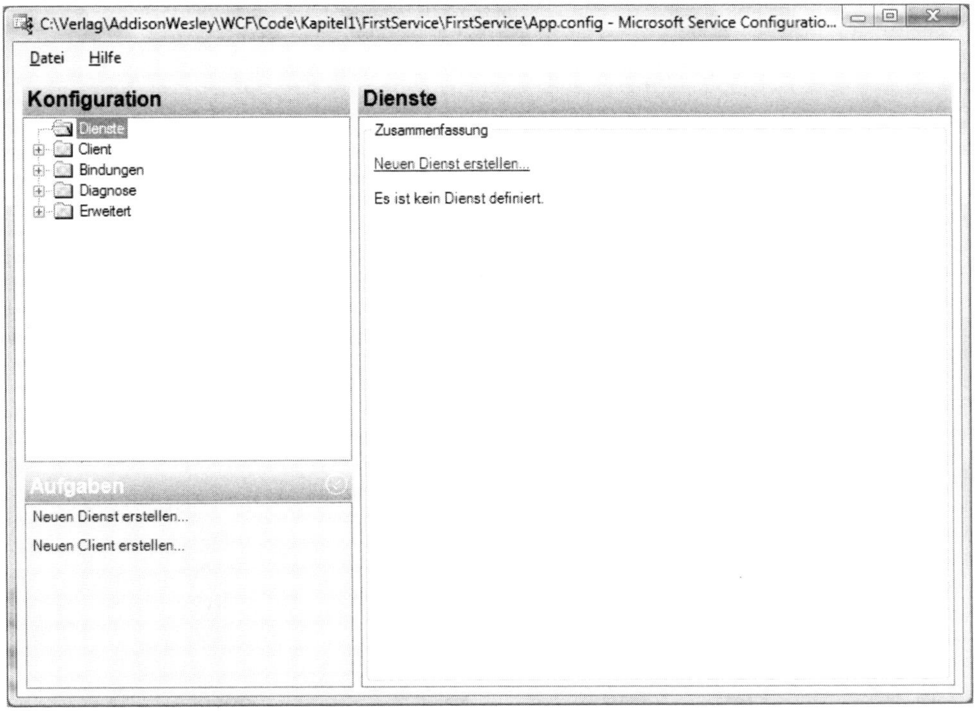

Abbildung 2.1: Erstellen eines neuen Service

! ! ! ACHTUNG

Sollte kein Typ in der Auswahlliste angezeigt werden, so liegt dies mit Sicherheit daran, dass Sie Ihre Anwendung noch nicht kompiliert haben.

Nach der Auswahl des Service-Typs wird der entsprechende ServiceContract, unser ursprüngliches Interface, vorgeschlagen. Übernehmen Sie in den folgenden Dialogen die Standardvorgaben, bis Sie zur Eingabe der Adresse des Service aufgefordert werden. Im Gegensatz zum Einführungskapitel verwenden wir hier ein *BasicHttpBinding*.

Da die Standardvorgaben wie ein Webservice über HTTP kommunizieren, habe ich in dem Beispiel folgende Adresse verwendet: http://localhost:7777/FirstService. Beim VB-Beispiel habe ich den Port 7778 verwendet. Vergeben Sie für sich eine für Sie passende Adresse. Nachdem der Service fertig gestellt wurde, speichern Sie die Konfigurationsdatei ab und fügen diese ihrem Projekt hinzu.

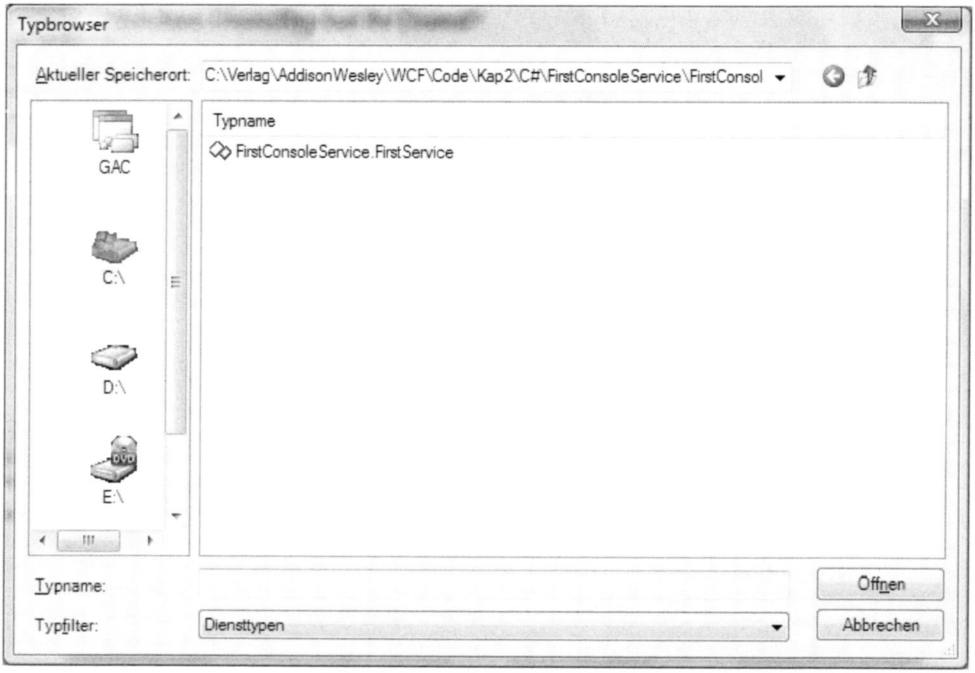

Abbildung 2.2: Auswahl des Service-Typs

Listing 2.9 zeigt den Inhalt der gerade angelegten Konfigurationsdatei.

```
<?xml version="1.0" encoding="utf-8"?>
<configuration>
  <system.serviceModel>
    <services>
      <service name="FirstConsoleService.FirstService">
        <endpoint address="http://localhost:7777/FirstService"
                  binding="basicHttpBinding"
                  bindingConfiguration=""
                  contract="FirstConsoleService.IFirstService" />
      </service>
    </services>
  </system.serviceModel>
</configuration>
```

Listing 2.9: Service-Konfigurationsdatei

Nun haben wir die Konfiguration für die Konsolenanwendung erstellt und können jetzt den entsprechenden Code zum Hosten des Service in die `Main()`-Routine der entsprechenden Applikation implementieren.

Listing 2.10 und Listing 2.11 zeigen den entsprechenden Code der `Main()`-Routinen.

```
using System.ServiceModel;

namespace FirstConsoleService
{
    class Program
    {
        static void Main(string[] args)
        {
            using (ServiceHost host = new ServiceHost(typeof(FirstService)))
            {
                host.Open();
                Console.WriteLine("FirstService bereit");
                Console.ReadLine();
                host.Close();
            }
        }
    }
}
```

Listing 2.10: Hosting des Dienstes in C#

```
Imports System.ServiceModel
Module Module1

    Sub Main()

        Using host As New ServiceHost(GetType(FirstService))
            host.Open()
            Console.WriteLine("FirstService bereit")
            Console.ReadLine()
            host.Close()
        End Using
    End Sub

End Module
```

Listing 2.11: Hosting des Dienstes in Visual Basic

Somit ist die Diensteseite fürs Erste abgehandelt. Nun geht es an die Erstellung einer Client-Applikation, die unseren Service nutzen soll. Der Einfachheit halber entscheide ich mich auch an dieser Stelle für eine Konsolenanwendung, die ich zur bestehenden Projektmappe hinzufüge. Damit beim Debuggen beide Konsolenanwendungen automatisch gestartet werden, rufe ich über das Kontextmenü der Projektmappe den Punkt *Startprojekte festlegen...* auf.

Wie in Abbildung 2.3 gezeigt, definiere ich beide Projekte als Startprojekte.

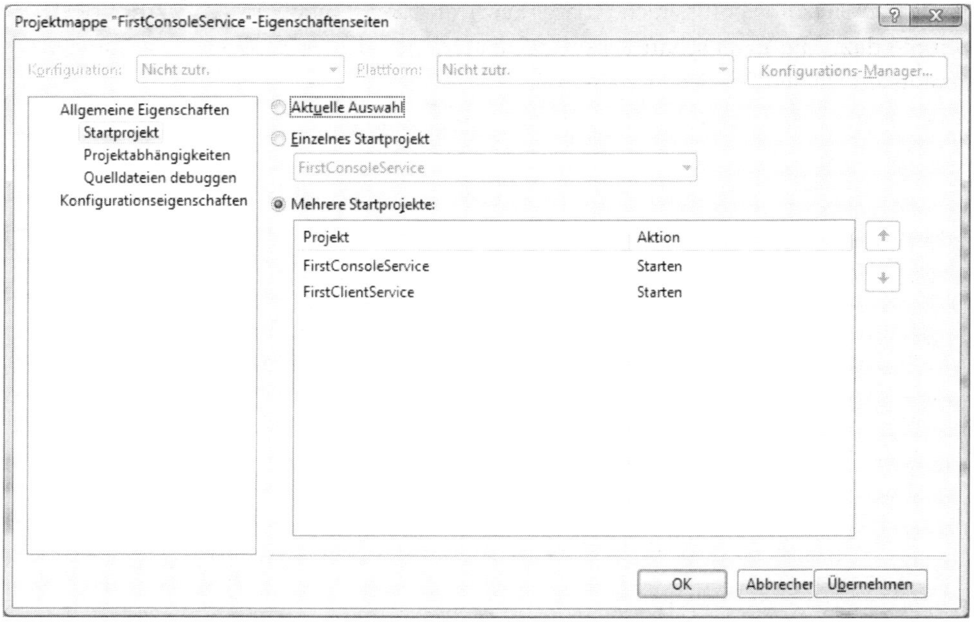

Abbildung 2.3: Auswahl der Startprojekte einer Projektmappe

2.4 Bekanntgabe des Contracts am Client

Jetzt stellt sich noch die Frage, woher der Client weiß, welche Operationen mit welchen Parametern er am Service anrufen kann. Bei einem WebService würde man jetzt ganz einfach die WSDL herunterladen und hätte die fertige Beschreibung des Dienstes.

2.4.1 Veröffentlichen der Metadaten

Im Gegensatz zu Webservices werden bei WCF nicht automatisch die Metadaten in Form einer WSDL zur Verfügung gestellt – ganz im Gegenteil. Wir müssen stattdessen unserem Dienst erst noch ein Service-Verhalten zur Bekanntgabe von Metadaten hinzufügen oder (wie im ersten Kapitel beschrieben) einen MEX-Endpunkt definieren.

Dazu öffnen wir unsere Konfigurationsdatei erneut mit dem WCF Configuration Editor und fügen (wie ebenfalls im ersten Kapitel beschrieben) ein Metadaten-Verhalten hinzu, damit die Metadaten mittels HTTP abgerufen werden können.

Vergeben Sie als Namen des Behaviors `MetaDatenBehavior`. In diesem Beispiel werden die Metadaten über HTTP veröffentlicht (`HttpGetEnabled = True`). Über die Eigenschaft `HttpGetUrl` wird schließlich die Adresse bekanntgegeben, über die die Metadaten des Service veröffentlicht werden (http://localhost:7787/FirstServiceMeta).

Vergessen Sie zum Schluss nicht, dieses ServiceBehavior dem Service zuzuweisen. Setzen Sie dazu die Eigenschaft `BehaviorConfiguration` des Service auf den Namen des gerade angelegten ServiceBehavior, nämlich `MetaDatenBehavior`, wie in Abbildung 2.4 dargestellt.

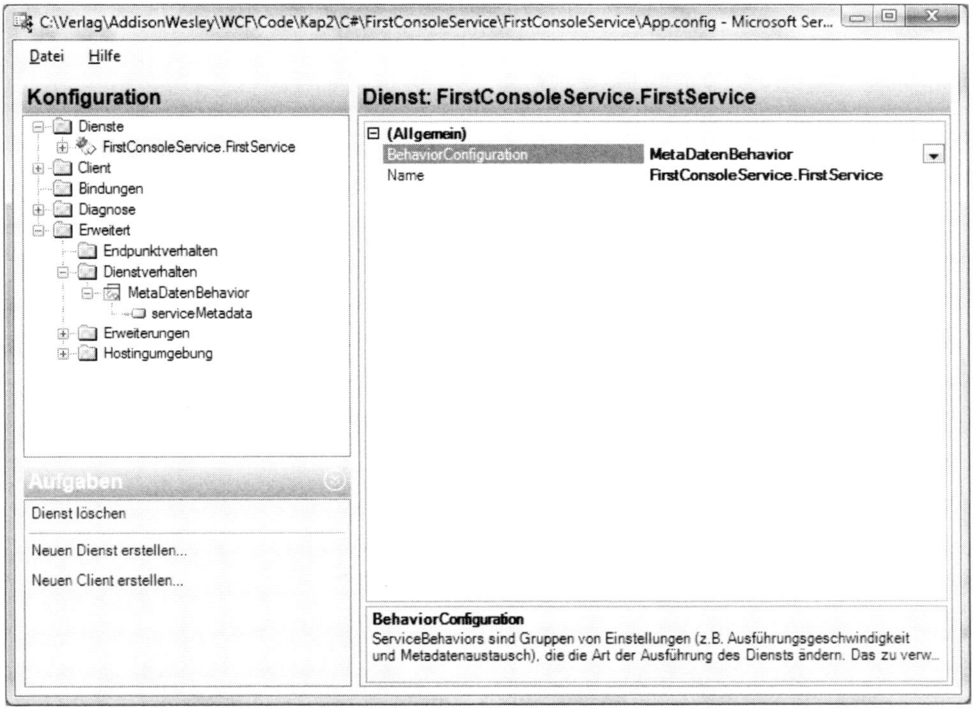

Abbildung 2.4: Zuweisen des ServiceBehavior an den Service

Listing 2.12 zeigt die erweitere Konfigurationsdatei.

```
<?xml version="1.0" encoding="utf-8"?>
<configuration>
  <system.serviceModel>
    <behaviors>
      <serviceBehaviors>
        <behavior name="MetaDatenBehavior">
          <serviceMetadata httpGetEnabled="true"
                 httpGetUrl="http://localhost:7787/FirstServiceMeta" />
        </behavior>
      </serviceBehaviors>
    </behaviors>
    <services>
      <service behaviorConfiguration="MetaDatenBehavior"
               name="FirstConsoleService.FirstService">
```

```
        <endpoint address="http://localhost:7777/FirstService"
                  binding="basicHttpBinding"
                  bindingConfiguration=""
                  contract="FirstConsoleService.IFirstService" />
      </service>
    </services>
  </system.serviceModel>
</configuration>
```

Listing 2.12: Geänderte Konfigurationsdatei

2.4.2 Das Tool »svcutil«

Somit stehen die Metadaten zum Abruf bereit. Zum Abrufen der Metadaten verwende ich in diesem Beispiel das Tool *svcutil*, das Sie über die Eingabeaufforderung in Visual Studio 2008 aufrufen können.

> > > HINWEIS

Der Server muss laufen, damit die Metadaten abgefragt werden können.

In unserem Beispiel rufen wir die Metadaten wie folgt ab (siehe auch Abbildung 2.5):

```
svcutil http://localhost:7778/FirstServiceMeta
        /out:client.cs /config:app.config
```

Als ersten Parameter geben wir die Adresse an, an der die Metadaten veröffentlicht werden. Mit dem Parameter `out` geben wir den Namen einer Klasse an, die wir im Client als Proxy-Klasse für unseren Service nutzen können. Mit dem Parameter `config` geben wir den Namen einer Konfigurationsdatei an, die wir im Client nutzen.

* * * TIPP

Das Tool svcutil *erzeugt den Code der Proxy-Klasse in C#. Wollen Sie den Code in Visual Basic erzeugen, so hängen Sie noch folgenden Ausdruck an die Befehlszeile an:* `/language:vb`

* * * TIPP

Falls Sie keinen Code in Form einer Proxy-Klasse generiert haben wollen, sondern lediglich Metadaten in Form einer WSDL, so verwenden Sie die Option `/target:metadata`.

Fügen Sie die beiden erzeugten Dateien (siehe Listing 2.13 und Listing 2.14) zum Client-Projekt hinzu. Schon stehen Ihnen in Ihrer Client-Anwendung alle relevanten Informationen über den Dienst zur Verfügung. Vergessen Sie nicht, auch in der Client-Anwendung einen Verweis auf die Bibliothek *System.ServiceModel.dll* zu setzen.

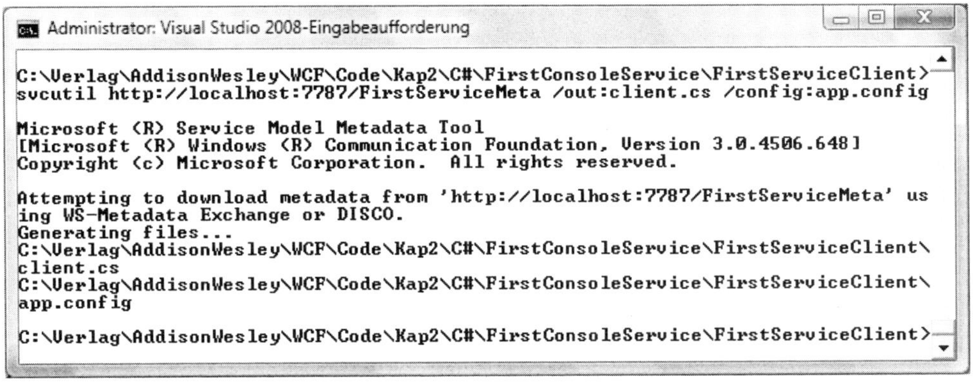

Abbildung 2.5: Generieren der Metadaten mittels »svcutil«

```
[System.CodeDom.Compiler.GeneratedCodeAttribute
        ("System.ServiceModel", "3.0.0.0")]
[System.ServiceModel.ServiceContractAttribute
    (Namespace="http://addison-wesley.de", ConfigurationName="IFirstService")]
public interface IFirstService
{
 [System.ServiceModel.OperationContractAttribute(
   Action="http://addison-wesley.de/IFirstService/SaySomething",
   ReplyAction="http://addison-wesley.de/IFirstService/SaySomethingResponse")]
 string SaySomething(string sayWhat);

 [System.ServiceModel.OperationContractAttribute(
    Action="http://addison-wesley.de/IFirstService/Add",
    ReplyAction="http://addison-wesley.de/IFirstService/AddResponse")]
 int Add(int x, int y);
}

[System.CodeDom.Compiler.GeneratedCodeAttribute
        ("System.ServiceModel", "3.0.0.0")]
public interface IFirstServiceChannel : IFirstService,
                 System.ServiceModel.IClientChannel
{
}

[System.Diagnostics.DebuggerStepThroughAttribute()]
[System.CodeDom.Compiler.GeneratedCodeAttribute
        ("System.ServiceModel", "3.0.0.0")]
public partial class FirstServiceClient :
    System.ServiceModel.ClientBase<IFirstService>, IFirstService
{
    public FirstServiceClient()
    {
    }
```

```
    public FirstServiceClient(string endpointConfigurationName) :
            base(endpointConfigurationName)
    {
    }

    public FirstServiceClient(string endpointConfigurationName,
            string remoteAddress) :
            base(endpointConfigurationName, remoteAddress)
    {
    }

    public FirstServiceClient(string endpointConfigurationName,
            System.ServiceModel.EndpointAddress remoteAddress) :
            base(endpointConfigurationName, remoteAddress)
    {
    }

    public FirstServiceClient(System.ServiceModel.Channels.Binding binding,
            System.ServiceModel.EndpointAddress remoteAddress) :
            base(binding, remoteAddress)
    {
    }

    public string SaySomething(string sayWhat)
    {
        return base.Channel.SaySomething(sayWhat);
    }

    public int Add(int x, int y)
    {
        return base.Channel.Add(x, y);
    }
}
```

Listing 2.13: Der generierte Client-Proxy-Code »client.cs«

```
<?xml version="1.0" encoding="utf-8"?>
<configuration>
  <system.serviceModel>
    <bindings>
      <basicHttpBinding>
        <binding name="BasicHttpBinding_IFirstService" closeTimeout="00:01:00"
                 openTimeout="00:01:00" receiveTimeout="00:10:00"
                 sendTimeout="00:01:00" allowCookies="false"
                 bypassProxyOnLocal="false"
                 hostNameComparisonMode="StrongWildcard"
                 maxBufferSize="65536" maxBufferPoolSize="524288"
                 maxReceivedMessageSize="65536"
                 messageEncoding="Text" textEncoding="utf-8"
```

```
            transferMode="Buffered" useDefaultWebProxy="true">
        <readerQuotas maxDepth="32" maxStringContentLength="8192"
                      maxArrayLength="16384" maxBytesPerRead="4096"
                      maxNameTableCharCount="16384" />
        <security mode="None">
          <transport clientCredentialType="None" proxyCredentialType="None"
                     realm="" />
          <message clientCredentialType="UserName"
                   algorithmSuite="Default" />
        </security>
      </binding>
    </basicHttpBinding>
  </bindings>
  <client>
    <endpoint address="http://localhost:7777/FirstService"
              binding="basicHttpBinding"
              bindingConfiguration="BasicHttpBinding_IFirstService"
              contract="IFirstService"
              name="BasicHttpBinding_IFirstService" />
  </client>
 </system.serviceModel
</configuration>
```

Listing 2.14: Generierte Client-Konfigurationsdatei

Betrachten Sie Listing 2.13 genauer, sehen Sie sehr schnell die Zusammenhänge zwischen den Attributen `ServiceContract` und `OperationContract` und deren Eigenschaften sowie dem generierten Proxy-Code für den Client.

Bei der Definition des Interface sehen Sie, dass der angepasste Namespace und der standardmäßige Konfigurationsname auch an dieser Stelle wieder als Attribute auftreten.

```
[System.ServiceModel.ServiceContractAttribute
    (Namespace="http://addison-wesley.de", ConfigurationName="IFirstService")]
public interface IFirstService
```

Bei den Operationen sehen wir wieder ein Attribut, in dem `Action` und `ReplyAction` mit den Standardwerten angegeben werden. Außerdem sind – wie Sie wahrscheinlich auch nicht anders erwartet haben – beide ursprünglich definierten Methoden im Interface vorhanden.

```
System.ServiceModel.OperationContractAttribute(
   Action="http://addison-wesley.de/IFirstService/SaySomething",
   ReplyAction="http://addison-wesley.de/IFirstService/SaySomethingResponse")]
string SaySomething(string sayWhat);

[System.ServiceModel.OperationContractAttribute(
```

```
    Action="http://addison-wesley.de/IFirstService/Add",
    ReplyAction="http://addison-wesley.de/IFirstService/AddResponse")]
int Add(int x, int y);
```

Am Ende von Listing 2.13 ist noch eine Klasse `FirstServiceClient` definiert.

```
public partial class FirstServiceClient :
    System.ServiceModel.ClientBase<IFirstService>, IFirstService
```

Das ist die tatsächliche Proxy-Klasse, die Sie am Client anprogrammieren. An den ursprünglichen Klassennamen am Server (`FirstService`) wurde als Postfix noch `Client` angehängt. Diese Klasse implementiert das Interface `IFirstService` und erbt von einer generischen Klasse `ClientBase` aus dem .NET Framework.

Danach folgen überladene Konstruktoren sowie die beiden Methoden, die den Aufruf an die generische Basisklasse weiterleiten, die dann über ein Channel-Objekt den tatsächlichen Server aufruft. Für Sie erscheint dies alles gekapselt. Wo sich der Server befindet, wird dabei innerhalb der `ClientBase`-Klasse aus der Konfigurationsdatei ausgelesen.

```
public string SaySomething(string sayWhat)
{
  return base.Channel.SaySomething(sayWhat);
}
public int Add(int x, int y)
{
  return base.Channel.Add(x, y);
}
```

! ! ! ACHTUNG

Benennen Sie Ihr Client-Projekt nicht wie den ursprünglichen Service und dem Postfix »Client«, ansonsten geraten Sie aufgrund der automatischen Namensvergabe für die Proxy-Klasse, die diese Art der Namensvergabe verwendet, in Namenskonflikte.

In der Konfigurationsdatei, die in Listing 2.14 abgebildet ist, wird im ersten Bereich das zu verwendende Binding definiert. Sie sehen dabei die Standardwerte für das *basicHttpBinding*. Am Ende erfolgt die Client-Konfiguration, bei der die Adresse, das Binding und der Contract des Endpunktes angegeben werden.

```
<client>
  <endpoint address="http://localhost:7777/FirstService"
            binding="basicHttpBinding"
            bindingConfiguration="BasicHttpBinding_IFirstService"
            contract="IFirstService"
            name="BasicHttpBinding_IFirstService" />
</client>
```

2.5 Implementieren des Clients

Um dies alles zu testen, muss jetzt nur noch der Client die entsprechenden Operationen am Server aufrufen. Listing 2.15 und Listing 2.16 zeigen den entsprechenden Programmcode.

```
namespace FirstClientService
{
    class Program
    {
        static void Main(string[] args)
        {
            FirstServiceClient proxy = new FirstServiceClient();
            Console.WriteLine(proxy.SaySomething("Hallo Leser"));
            Console.WriteLine(proxy.Add(8,7).ToString());

            Console.ReadLine();
        }
    }
}
```

Listing 2.15: Client in C#

```
Module Module1
    Sub Main()
        Dim proxy As New FirstServiceClient
        Console.WriteLine(proxy.SaySomething("Hallo Leser"))
        Console.WriteLine(proxy.Add(8, 7).ToString())

        Console.ReadLine()
    End Sub
End Module
```

Listing 2.16: Client in Visual Basic

Abbildung 2.6 zeigt die Ausgabe des Clients und des Servers.

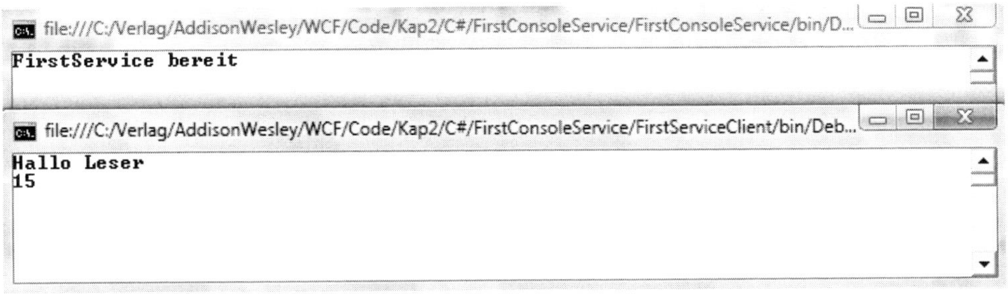

Abbildung 2.6: Ausgabe des Clients und des Servers

2.6 DataContract

Bislang haben wir in diesem Abschnitt zwei unterschiedliche Arten von Contracts kennengelernt, den ServiceContract und den OperationContract. Solange Sie nur mit einfachen Datentypen arbeiten, könnte das auch ausreichen. Jedoch wird man sehr oft auch komplexe Datentypen als Parameter oder Rückgabewerte von Operationen benutzen. Dafür benötigen Sie dann zusätzlich auch einen DataContract. Was es mit dem DataContract auf sich hat, soll in diesem Abschnitt erläutert werden.

Bei der Übergabe von komplexen Typen werden diese Typen automatisch serialisiert. Dazu stehen verschiedene Serialisierer zur Verfügung (mehr dazu in Kapitel 3, »Datenserialisierung«). Standardmäßig wird der `DataContractSerializer` verwendet.

Damit der Client auch weiß, welche Eigenschaften diese komplexen Typen besitzen, müssen auch diese Definitionen Teil des Vertrags sei; dafür gibt es den DataContract. Auch dieser Contract wird über Attribute gesteuert, wobei sich das gleichnamige Attribut im Namespace `System.Runtime.Serialization` der gleichnamigen Assembly befindet, die Sie Ihren Projekten als zusätzlichen Verweis hinzufügen müssen.

Listing 2.17 und Listing 2.18 zeigen die Definition eines komplexen Typs als Datenvertrag.

```
using System.Runtime.Serialization;
namespace FirstConsoleService
{
    [DataContract]
    public class Person
    {
    }
}
```

Listing 2.17: Definition einer Klasse als DataContract mit C#

```
Imports System.Runtime.Serialization
<DataContract()> Public Class Person

End Class
```

Listing 2.18: Definition einer Klasse als DataContract mit Visual Basic

! ! ! ACHTUNG

Alleine diese Definition würde aber jetzt noch nicht ausreichen, damit die Klasse `Person` *auch am Client bekannt ist. Da es keine Operation innerhalb des ServiceContracts gibt, die diesen Typ verwendet, ist dieser DataContract nicht Teil der Metadaten, da er am Client nicht verwendet wird.*

Auch das Attribut `DataContract` besitzt noch Eigenschaften, mit denen Anpassungen am Datenvertrag gesetzt werden können – auch wenn es in diesem Fall nur zwei sind.

Diese Eigenschaften können über den Konstruktor des Attributs gesetzt werden. Ein vollqualifizierter Datenvertrag besteht dabei aus dem Namespace und einem Namen. Beide Eigenschaften sind bei der Serialisierung casesensitive.

- **Name**

  Name des Datenvertrags. Standardmäßig der Name der Klasse. Sie können aber auch einen alternativen Namen vergeben, um Unabhängigkeit für spätere Versionierungen zum tatsächlichen Klassennamen zu gewährleisten.

- **Namespace**

  Über diese Eigenschaft kann der Namespace der Klasse in Form eines URI (Uniform Resource Identifier) gesteuert werden. Standardmäßig lautet der Namespace http://tempuri.org. Sie sollten an dieser Stelle einen eindeutigen Namespace vergeben.

  [DataContract(Namespace=»http://addison-wesley.de«)]

> > > HINWEIS

Durch das Attribut `DataContract` *wird eine Klasse als serialisierbar markiert.*

Wie Sie sicherlich bemerkt haben, besitzt unsere Klasse `Person` noch keine Eigenschaften. Diese wollen wir als Nächstes hinzufügen. Das führt uns zum Attribut `DataMember`.

2.6.1 DataMember

Im nächsten Schritt will ich der Klasse `Person` Eigenschaften hinzufügen. Allein die Tatsache, dass wir die Klasse mit dem Attribut `DataContract` gekennzeichnet haben, reicht noch nicht aus, die Daten automatisch zu serialisieren. Jede Eigenschaft, die zum Client übertragen werden soll, benötigt zusätzlich ein `DataMember`-Attribut. Auch dieses Attribut befindet sich wie das Attribut `DataContract` im Namespace `System.Runtime.Serialization`.

Sie können dabei das Attribut sowohl bei privaten oder geschützten Member-Variablen als auch bei öffentlichen Properties setzen. Es empfiehlt sich natürlich, das Attribut bei den Properties anzugeben.

Listing 2.19 und Listing 2.20 zeigen die Klasse `Person` mit drei Eigenschaften `Name`, `Vorname` und `Geburtsdatum`.

```
using System.Runtime.Serialization;
namespace FirstConsoleService
{
    [DataContract(Namespace="http://addison-wesley.de")]
    public class Person
```

```
    {
        [DataMember]
        public string Name { get; set; }
        [DataMember]
        public string Vorname { get; set; }
        [DataMember]
        public DateTime Geburtsdatum { get; set; }
    }
}
```

Listing 2.19: Klasse mit Eigenschaften in C#

```
Imports System.Runtime.Serialization
<DataContract(Namespace:="http://addison-wesley.de")> Public Class Person

    Private _vorName As String
    <DataMember()> Public Property Vorname() As String
        Get
            Return _vorName
        End Get
        Set(ByVal value As String)
            _vorName = value
        End Set
    End Property

    Private _name As String
    <DataMember()> Public Property Name() As String
        Get
            Return _name
        End Get
        Set(ByVal value As String)
            _name = value
        End Set
    End Property

    Private _geburtsdatum As DateTime
    <DataMember()> Public Property Geburtsdatum() As DateTime
        Get
            Return _geburtsdatum
        End Get
        Set(ByVal value As DateTime)
            _geburtsdatum = value
        End Set
    End Property
End Class
```

Listing 2.20: Klasse mit Eigenschaften in Visual Basic

Selbstverständlich besitzt auch das Attribut `DataMember` noch Eigenschaften, die über den Konstruktor gesetzt werden können.

- **EmitDefaultValue**

  Boolesche Variable, die angibt ob eine Eigenschaft serialisiert werden soll, wenn sie einen vom Framework vorgegebenen Standardwert besitzt (zum Beispiel für Zahlenwerte 0 oder für boolesche Werte `false`). Würden solche Eigenschaftswerte nicht serialisiert, hätte dies einen kleinen Performance-Vorteil, da weniger Daten übertragen werden müssen. Der Standardwert für diese Eigenschaft ist `true`. Es wird empfohlen, ihn nur in absolut begründeten Ausnahmen auf `false` zu setzen, da unter Umständen andere interoperable Serialisierer andere Standardwerte vorsehen.

- **IsRequired**

  Boolesche Variable, die angibt, ob ein Daten-Member zwingend bei der Serialisierung vorhanden sein muss. Der Standardwert ist `false`. Setzen Sie bitte in neueren Versionen des Datenvertrags bei neu hinzugefügten Properties diesen Wert nicht auf `true`. Das Verwenden von `IsRequired` mit dem Wert `true` in Kombination mit dem Wert `true` für `EmitDefaultValue` stellt eine sehr große Fehlerquelle dar. Denn bei Eigenschaften, die einen Standardwert besitzen, würde dies automatisch zu einem Serialisierungsfehler führen.

- **Name**

  Name des Daten-Members. Dieser Name sollte vergeben werden, um eine Unabhängigkeit zum tatsächlichen Property-Namen zu gewährleisten.

- **Order**

  Setzt die Reihenfolge, in der die Daten-Member serialisiert werden sollen. Besitzen zwei Eigenschaften denselben Wert für `Order`, so wird in alphabetischer Reihenfolge serialisiert. Bei einer Vererbung werden stets die Eigenschaften der Basisklasse zuerst serialisiert.

> > > HINWEIS

Bei statischen Members wird das `DataMember`*-Attribut ignoriert.*

Um die Klasse `Person` jetzt auch noch am Client bekanntzugeben, nehme ich noch eine weitere Operation in den Service mit auf, die ein Objekt vom Typ `Person` zurückgibt. Listing 2.21 und Listing 2.22 zeigen die Erweiterung im entsprechenden Interface, während Listing 2.23 und Listing 2.24 die Implementierung der Methode `GetPerson()` im Service-Typ zeigen.

```
using System.ServiceModel;

namespace FirstConsoleService
{
    [ServiceContract(Namespace="http://addison-wesley.de")]
    public interface IFirstService
    {
        [OperationContract]
        string SaySomething(string sayWhat);

        [OperationContract]
        int Add(int x, int y);

        [OperationContract]
        Person getPerson(string vorname);
    }
}
```

Listing 2.21: Erweitertes Interface in C#

```
Imports System.ServiceModel

<ServiceContract(Namespace:="http://addison-wesley.de")> _
Public Interface IFirstService
    <OperationContract()> _
    Function SaySomething(ByVal sayWhat As String) As String
    <OperationContract()> _
    Function Add(ByVal x As Integer, ByVal y As Integer) As Integer
    <OperationContract()> _
    Function GetPerson(ByVal vorname As String) As Person
End Interface
```

Listing 2.22: Erweitertes Interface in Visual Basic

```
public Person GetPerson(string vorname)
{
  Person p = new Person();
  switch (vorname.ToLower())
  {
    case "john":
      p.Name = "Lennon";
      p.Vorname = "John";
      p.Geburtsdatum = new DateTime(1940,10,9);
      break;
    case "paul":
      p.Name ="McCartney";
      p.Vorname = "Paul";
      p.Geburtsdatum = new DateTime(1942,6,18);
      break;
    case "george":
```

```
      p.Name = "Harrison";
      p.Vorname = "George";
      p.Geburtsdatum = new DateTime(1943, 2, 25);
      break;
    case "ringo":
      p.Name = "Starr";
      p.Vorname = "Ringo";
      p.Geburtsdatum = new DateTime(1940, 7, 7);
      break;
    default:
      p.Name = "Nowhere Man";
      p.Vorname = vorname;
      p.Geburtsdatum = new DateTime(1965, 5, 1);
      break;
  }
  return p;
}
```

Listing 2.23: Implementierung von GetPerson() in C#

```
Public Function GetPerson(ByVal vorname As String) As Person _
       Implements IFirstService.GetPerson
  Dim p As New Person()
  Select Case vorname.ToLower()
    Case "john"
      p.Name = "Lennon"
      p.Vorname = "John"
      p.Geburtsdatum = New DateTime(1940, 10, 9)
    Case "paul"
      p.Name = "McCartney"
      p.Vorname = "Paul"
      p.Geburtsdatum = New DateTime(1942, 6, 18)
    Case "george"
      p.Name = "Harrison"
      p.Vorname = "George"
      p.Geburtsdatum = New DateTime(1943, 2, 25)
    Case "ringo"
      p.Name = "Starr"
      p.Vorname = "Ringo"
      p.Geburtsdatum = New DateTime(1940, 7, 7)
    Case Else
      p.Name = "Nowhere Man"
      p.Vorname = vorname
      p.Geburtsdatum = New DateTime(1965, 5, 1)
  End Select

  Return p
End Function
```

Listing 2.24: Implementierung von GetPerson() in Visual Basic

Jetzt müssen Sie nur noch mit dem Tool *svcutil* die Metadaten erneut erzeugen und am Client bereitstellen. Listing 2.25 zeigt dabei einen Ausschnitt, nämlich die neu hinzugefügte Personendefinition aus der generierten Datei *client.cs*.

```
namespace addisonwesley.de
{
  using System.Runtime.Serialization;

  [System.Diagnostics.DebuggerStepThroughAttribute()]
  [System.CodeDom.Compiler.GeneratedCodeAttribute
     ("System.Runtime.Serialization", "3.0.0.0")]
  [System.Runtime.Serialization.DataContractAttribute(Name="Person",
                              Namespace="http://addison-wesley.de")]
  public partial class Person : object,
    System.Runtime.Serialization.IExtensibleDataObject
  {

    private System.Runtime.Serialization.ExtensionDataObject
             extensionDataField;

    private System.DateTime GeburtsdatumField;
    private string NameField;
    private string VornameField;

    public System.Runtime.Serialization.ExtensionDataObject ExtensionData
    {
      get
      {
        return this.extensionDataField;
      }
      set
      {
        this.extensionDataField = value;
      }
    }

    [System.Runtime.Serialization.DataMemberAttribute()]
    public System.DateTime Geburtsdatum
    {
      get
      {
        return this.GeburtsdatumField;
      }
      set
      {
        this.GeburtsdatumField = value;
      }
    }
```

```
    [System.Runtime.Serialization.DataMemberAttribute()]
    public string Name
    {
      get
      {
        return this.NameField;
      }
      set
      {
        this.NameField = value;
      }
    }

    [System.Runtime.Serialization.DataMemberAttribute()]
    public string Vorname
    {
      get
      {
        return this.VornameField;
      }
      set
      {
        this.VornameField = value;
      }
    }
  }
}
```

Listing 2.25: Definition der Klasse »Person« in der generierten Datei »client.cs«

Als Erstes bemerken Sie sicherlich, dass die Klasse komplett innerhalb des von uns angegebenen Namespace `addisonwesley.de` eingebettet ist. Das bedeutet, dass in der Client-Anwendung der Namespace importiert werden muss. Des Weiteren sehen Sie, dass die Klasse `Person` ein Interface `IExtensibleDataObject` implementiert. Dieses Interface besitzt eine Eigenschaft `ExtensionData` vom Typ `ExtensionDataObject`, die zusätzlich zu den eigenen implementierten Eigenschaften definiert ist. Was es mit diesem Interface auf sich hat, werden wir gleich im Abschnitt zu vorwärtskompatiblen Datenverträgen sehen.

Ansonsten wurde im generierten Code nur noch die Methode `GetPerson()` sowohl im Interface (Listing 2.26) als auch in der Proxy-Klasse (Listing 2.27) hinzugefügt.

```
[System.ServiceModel.OperationContractAttribute(
    Action="http://addison-wesley.de/IFirstService/GetPerson",
    ReplyAction="http://addison-wesley.de/IFirstService/GetPersonResponse")]
addisonwesley.de.Person GetPerson(string vorname);
```

Listing 2.26: Erweiterung im Interface

```
public addisonwesley.de.Person GetPerson(string vorname)
{
  return base.Channel.GetPerson(vorname);
}
```

Listing 2.27: Erweiterung in der Proxy-Klasse

Im Client kann jetzt die Methode `GetPerson()` problemlos aufgerufen werden. Listing 2.28 und Listing 2.29 zeigen den erweiterten Code im Client-Programm.

```
using addisonwesley.de;
namespace FirstClientService
{
  class Program
  {
    static void Main(string[] args)
    {
      FirstServiceClient proxy = new FirstServiceClient();
      Console.WriteLine(proxy.SaySomething("Hallo Leser"));
      Console.WriteLine(proxy.Add(8,7).ToString());
      Person p= proxy.GetPerson("john");
      Console.WriteLine(p.Name + " " + p.Vorname + " " +
                        p.Geburtsdatum.ToShortDateString());
      Console.ReadLine();
    }
  }
}
```

Listing 2.28: Erweiterte Main()-Routine in C#

```
Imports FirstClientService.addisonwesley.de
Module Module1

  Sub Main()

    Dim proxy As New FirstServiceClient
    Console.WriteLine(proxy.SaySomething("Hallo Leser"))
    Console.WriteLine(proxy.Add(8, 7).ToString())
    Dim p As Person = proxy.GetPerson("john")
    Console.WriteLine(p.Name & " " & p.Vorname & " " & _
                      p.Geburtsdatum.ToShortDateString())
    Console.ReadLine()
  End Sub
End Module
```

Listing 2.29: Erweiterte Main()-Routine in Visual Basic

2.6.2 DataContract für generische Typen

Es bestehen keine spezielle Anforderungen für die Datenserialisierung bei der Verwendung von generischen Typen. Die einzige Voraussetzung ist, dass der verwendete generische Typ serialisierbar ist.

```
[DataContract]
public class GenericType<T>
{
    [DataMember]
    T data;
}
```

Listing 2.30: Beispiel für einen generischen Typ in C#

```
<DataContract()> Public Class GenericType(Of T)
    <DataMember()> Private data As T
End Class
```

Listing 2.31: Beispiel für einen generischen Typ in Visual Basic

Die einzige Stelle, an der Sie aufpassen sollten, ist bei der Vergabe eines Namens für den DataContract. Falls Sie selbst keinen Namen vergeben, wird die Laufzeitumgebung automatisch einen Namen generieren, der sich wie folgt zusammensetzt:

Name der Klasse + »Of« + Name (bzw. DataContractName) des generischen Typs sowie ein Hash-Wert über den Namespace und den generischen Parameter

Das könnte im obigen Beispiel zu einem Namen wie *GenericTypeOfString8TXHQW_g* führen, der natürlich nicht unbedingt sprechend ist.

Um das Ganze etwas lesbarer zu gestalten, können Sie beim Namen für den generischen Typ einen Platzhalter innerhalb geschweifter Klammern einsetzen und somit die Erstellung des Hash-Codes unterdrücken. Bei der Verwendung mehrerer generischen Parameter müssen Sie die Platzhalter in der entsprechenden Parameterreihenfolge durchnumerieren, wie Sie es von der `String.Format()`-Methode her kennen.

Listing 2.32 und Listing 2.33 zeigen die Definition einer generischen Klasse mit einem lesbaren Datenvertragsnamen.

```
[DataContract(Name="GenericTypeWith{0}"]
public class GenericType<T>
{
    [DataMember]
    T data;
}
```

Listing 2.32: Beispiel für einen generischen Typ mit Vertragsnamen in C#

```
<DataContract(Name:="GenericTypeWith{0}")> Public Class GenericType(Of T)
    <DataMember()> Private data As T
End Class
```

Listing 2.33: Beispiel für einen generischen Typ mit Vertragsnamen in Visual Basic

In diesem Beispiel würde als Datenvertragsname bei der Verwendung eines Strings *GenericTypeWithString* vergeben werden.

! ! ! ACHTUNG
Achten Sie darauf, bei der Vergabe immer eindeutige Namen zu erstellen.

2.6.3 Äquivalente Datenverträge

Unter äquivalenten Datenverträgen versteht man, dass zwei Typen einen einheitlichen Datenvertrag besitzen. Dies bedeutet, dass am Client für diese beiden (oder vielleicht auch mehr) Typen nur ein bekannter Datenvertrag existiert. Es können jedoch alle Typen verwendet werden. Der Client kann allerdings die Typen nicht mehr unterscheiden, er behandelt sie daher gleich.

In Listing 2.19 und Listing 2.20 haben wir eine Klasse `Person` mit den Eigenschaften `Name`, `Vorname` und `Geburtsdatum` definiert. Die Klasse liegt dabei im Namespace http://addison-wesley.de. Die in Listing 2.34 und Listing 2.35 definierte Klasse `Mitarbeiter` besitzt einen äquivalenten Datenvertrag zur Klasse `Person`, da alle Daten-Member denselben Namen im Vertrag besitzen, den selben Datentyp unterstützen und einen identischen Namen und Namespace besitzen. Bitte beachten Sie hierbei die Groß-/Kleinschreibung.

```
using System.Runtime.Serialization;
namespace FirstConsoleService
{
    [DataContract(Namespace="http://addison-wesley.de", Name="Person")]
    public class Mitarbeiter
    {
        [DataMember(Name="Name")]
        public string MaName { get; set; }
        [DataMember(Name="Vorname")]
        public string MaVorname { get; set; }
        [DataMember(Name="Geburtsdatum")]
        public DateTime Einstellungsdatum { get; set; }
    }
}
```

Listing 2.34: Äquivalenter Datenvertrag »Mitarbeiter« in C#

```
Imports System.Runtime.Serialization
<DataContract(Namespace:="http://addison-wesley.de", Name:="Person")> _
Public Class Mitarbeiter

    Private _mavorName As String
    <DataMember(Name:="Vorname")> _
    Public Property MaVorname() As String
        Get
            Return _mavorName
        End Get
        Set(ByVal value As String)
            _mavorName = value
        End Set
    End Property

    Private _maname As String
    <DataMember(Name:="Name")> _
    Public Property MaName() As String
        Get
            Return _maname
        End Get
        Set(ByVal value As String)
            _maname = value
        End Set
    End Property

    Private _einstellungsdatum As DateTime
    <DataMember(Name:="Geburtsdatum")> _
    Public Property Einstellungsdatum() As DateTime
        Get
            Return _einstellungsdatum
        End Get
        Set(ByVal value As DateTime)
            _einstellungsdatum = value
        End Set
    End Property
End Class
```

Listing 2.35: Äquivalenter Datenvertrag »Mitarbeiter« in Visual Basic

! ! ! ACHTUNG

Falls Sie beim `DataMember` *das Attribut* `Order` *vergeben, müssen Sie dieselben Werte auch bei den entsprechenden Attributen verwenden. Ansonsten sind die Datenverträge nicht mehr äquivalent.*

2.6.4 Vorwärtskompatible Datenverträge

Wie gerade bereits kurz angedeutet, werden wir in diesem Abschnitt das Interface `IExtensibleDataObject` etwas genauer beleuchten. Das Interface besteht dabei aus nur einer einzigen Eigenschaft `ExtensionData` vom Typ `ExtensionDataObject`. Dabei handelt es sich um ein Dictionary, das zusätzliche Daten beinhaltet, die nicht im Datenvertrag aufgelistet sind. Das bedeutet: Falls sich die Datendefinition der Personenklasse am Server erweitert, aber noch nicht alle Clients aktualisiert wurden, werden die zusätzlichen Daten am Client in die Eigenschaft `ExtensionData` serialisiert, ohne dass Laufzeitfehler auftreten.

Um dies zu demonstrieren, füge ich der Klasse `Person` eine zusätzliche Eigenschaft `Geburtsort` hinzu.

> ! ! ! ACHTUNG
>
> *Aktualisieren Sie bitte keinesfalls die Metadaten am Client! Zumindest nicht zu diesem Zeitpunkt.*

In der Methode `GetPerson()` füge ich noch die folgende zusätzliche Zeile nach der Instanziierung des Personenobjekts ein (Im Falle von Visual Basic lassen Sie bitte das abschließende Semikolon weg):

```
p.Geburtsort = "Liverpool";
```

> > > > HINWEIS
>
> *Ein kleiner Hinweis für die jüngeren Leser. Bei den zurückgegebenen Personen handelt es sich um die Beatles, die allesamt in Liverpool geboren wurden.*

Wenn Sie nun am Client einen Haltepunkt setzen, nachdem die Person zum Client übertragen wurde, und sich dann die Eigenschaften von `Person` anzeigen lassen, sehen Sie (siehe Abbildung 2.7), dass der Geburtsort Liverpool in der `ExtensionData`-Eigenschaft vorhanden ist.

Über dieses zusätzliche Interface wird also sichergestellt, das beim Serialisieren der Objekte auch für zukünftige Versionen keine Daten verloren gehen. Wegen der Implementierung dieses Interface spricht man auch von vorwärtskompatiblen Datenverträgen.

Im nächsten Schritt wollen wir eine zusätzliche Methode in unserem Service implementieren, die ein Personenobjekt vom Client erwartet. Damit will ich ein sogenanntes *Roundtripping* implementieren, einen Vorgang, bei dem ein Objekt zum Client serialisiert und wieder vom Client zum Server zurückgereicht wird.

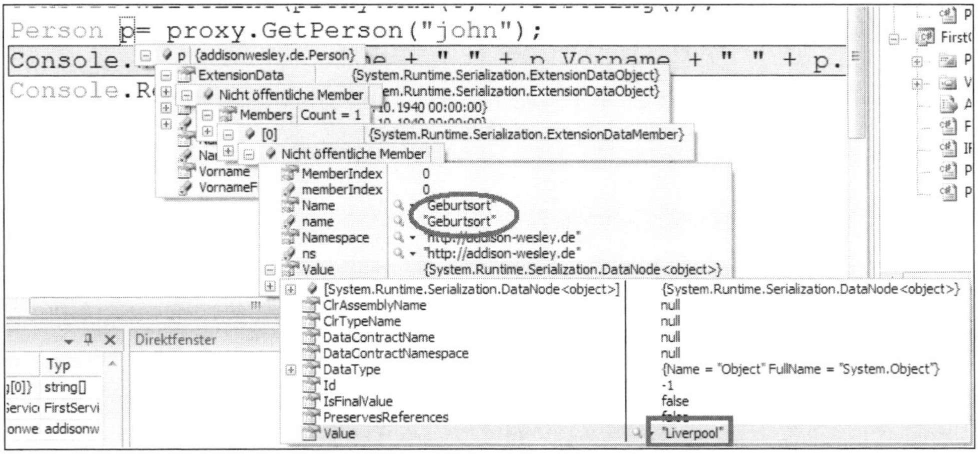

Abbildung 2.7: ExtensionData des Personenobjekts

Roundtripping

Erweitern Sie das `IFirstService`-Interface wie folgt:

In C#:

```
[OperationContract]
string SetPerson(Person p);
```

In Visual Basic:

```
<OperationContract()> Function SetPerson(ByVal p As Person) As String
```

Implementieren Sie zusätzlich die Methode im Service-Typ `FirstService`, wie in Listing 2.36 oder in Listing 2.37 dargestellt.

```
public string SetPerson(Person p)
{
  return p.Name;
}
```

Listing 2.36: Zusätzliche Operation in C#

```
Public Function SetPerson(ByVal p As Person) As String _
  Implements IFirstService.SetPerson

  Return p.Name
End Function
```

Listing 2.37: Zusätzliche Operation in Visual Basic

Bevor Sie jetzt mit dem Tool *svcutil* die Metadaten für den Client neu erstellen, kommentieren Sie bitte die neue Eigenschaft `Geburtsort` ein, damit dieses Feld weiterhin am Client unbekannt ist. Ebenso müssen Sie die Programmzeile, an der die Eigenschaft `Geburtsort` in der Methode `GetPerson()` gesetzt wird, einkommentieren.

Nachdem Sie die Metadaten am Client neu erzeugt haben, erweitern Sie bitte die `Main()`-Methode am Client, so wie in Listing 2.38 und Listing 2.39 gezeigt:

```
using addisonwesley.de;
namespace FirstClientService
{
  class Program
  {
    static void Main(string[] args)
    {
      FirstServiceClient proxy = new FirstServiceClient();
      Console.WriteLine(proxy.SaySomething("Hallo Leser"));
      Console.WriteLine(proxy.Add(8,7).ToString());
      Person p= proxy.GetPerson("john");
      Console.WriteLine(proxy.SetPerson(p));
      Console.WriteLine(p.Name + " " + p.Vorname + " " +
                        p.Geburtsdatum.ToShortDateString());
      Console.ReadLine();
    }
  }
}
```

Listing 2.38: Client-Code mit Roundtripping in C#

```
Imports FirstClientService.addisonwesley.de
Module Module1
  Sub Main()
    Dim proxy As New FirstServiceClient
    Console.WriteLine(proxy.SaySomething("Hallo Leser"))
    Console.WriteLine(proxy.Add(8, 7).ToString())
    Dim p As Person = proxy.GetPerson("john")
    Console.WriteLine(proxy.SetPerson(p))
    Console.WriteLine(p.Name & " " & p.Vorname & " " & _
                      p.Geburtsdatum.ToShortDateString())
    Console.ReadLine()
  End Sub
End Module
```

Listing 2.39: Client-Code mit Roundtripping in Visual Basic

Implementieren Sie anschließend in der Personenklasse wieder die Eigenschaft `Geburtsort` und setzen Sie den Geburtsort in der `GetPerson()`-Methode wieder auf `Liverpool`.

Abbildung 2.8 zeigt, dass nach einem Roundtripping alle Daten wieder am Server angekommen sind, obwohl die Definition von `Geburtsort` am Client nicht bekannt war.

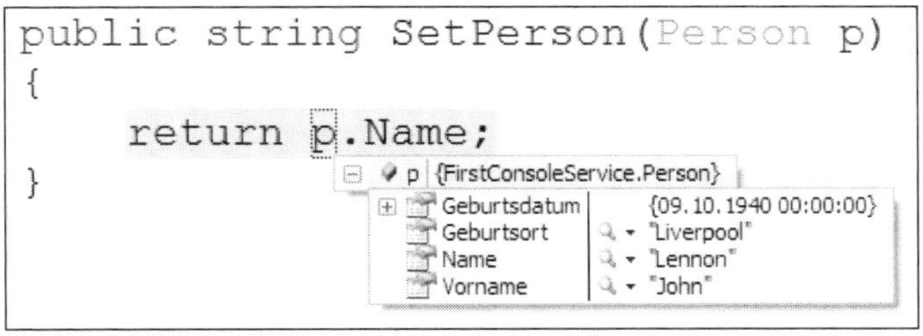

Abbildung 2.8: Personendaten nach einem Roundtripping

> > > HINWEIS

Der Erhalt der Daten, der in dokumentiert ist, deckt sich nicht ganz mit der Dokumentation in der MSDN. Laut MSDN sollte dies alles erst funktionieren, sobald das Interface `IExtensibleDataObject` *auch in der ursprünglichen Klassendefinition, die Basis des DataContracts ist. Meinen Erfahrungen nach benötigen Sie die Implementierung des Interface in der Klasse am Server nur für den aus meiner Sicht sehr unwahrscheinlichen Fall, dass die Definition am Client aktueller ist als die am Server.*

> > > HINWEIS

Mit dem `ServiceBehavior` `IgnoreExtensionDataObject` *kann die automatische Implementierung von* `IExtensibleDataObject` *am Client abgeschaltet werden.*

IExtensibleDataObject

Um jedoch sicherzugehen und auch in den folgenden Implementierungen des Frameworks keine Probleme zu bekommen, möchte ich Ihnen empfehlen, der Microsoft-Richtlinie zu folgen und das Interface ebenfalls am Server zu implementieren.

Die vollständige empfohlene Definition der Klasse `Person` sehen Sie in Listing 2.40 und Listing 2.41.

```
using System.Runtime.Serialization;
namespace FirstConsoleService
{
  [DataContract(Namespace="http://addison-wesley.de")]
  public class Person:IExtensibleDataObject
  {
    [DataMember]
    public string Name { get; set; }
    [DataMember]
    public string Vorname { get; set; }
    [DataMember]
    public DateTime Geburtsdatum { get; set; }
    [DataMember(Order=2)]
    public string Geburtsort { get; set; }
```

```
    #region IExtensibleDataObject Member
    public ExtensionDataObject ExtensionData {get; set;}
    #endregion
  }
}
```

Listing 2.40: Vollständige Definition der Personenklasse in C#

```
Imports System.Runtime.Serialization
<DataContract(Namespace:="http://addison-wesley.de")> _
Public Class Person
  Implements IExtensibleDataObject

  Private _vorName As String
  <DataMember()> Public Property Vorname() As String
    Get
      Return _vorName
    End Get
    Set(ByVal value As String)
      _vorName = value
    End Set
  End Property

  Private _name As String
  <DataMember()> Public Property Name() As String
    Get
      Return _name
    End Get
    Set(ByVal value As String)
     _name = value
    End Set
  End Property

  Private _geburtsdatum As DateTime
  <DataMember()> Public Property Geburtsdatum() As DateTime
    Get
      Return _geburtsdatum
    End Get
    Set(ByVal value As DateTime)
      _geburtsdatum = value
    End Set
  End Property

  Private _geburtsort As String
  <DataMember(Order:=2)> Public Property Geburtsort() As String
    Get
      Return _geburtsort
    End Get
    Set(ByVal value As String)
```

```
      _geburtsort = value
    End Set
  End Property

  Private _extensionData As ExtensionDataObject
  Public Property ExtensionData() As
         System.Runtime.Serialization.ExtensionDataObject _
         Implements _
         System.Runtime.Serialization.IExtensibleDataObject.ExtensionData
    Get
      Return _extensionData
    End Get
    Set(ByVal value As System.Runtime.Serialization.ExtensionDataObject)
      _extensionData = value
    End Set
  End Property
End Class
```

Listing 2.41: Vollständige Definition der Personenklasse in Visual Basic

Wie Sie in den beiden Listings sehen können, habe ich die Eigenschaft `Order` des Attributs `DataMember` der zusätzlich hinzugefügten Eigenschaft `Geburtsort` auf den Wert `2` gesetzt. Mit der Eigenschaft `Order` können Sie nicht nur die Reihenfolge angeben, in der die Eigenschaften serialisiert werden sollen, sondern auch eine gewisse Versionierung mitführen. Da wir durch das Hinzufügen der Eigenschaft `Geburtsort` eine neue Version des Objekts `Person` erstellt haben, nämlich die zweite, kennzeichnen wir alle in dieser Version eingeführten Eigenschaften mit dem Wert `2` in der `Order`-Eigenschaft. Die `Order`-Eigenschaft muss nämlich nicht eindeutig sein.

* * * TIPP

Die `Order`-Eigenschaft zur Versionierung zu nutzen, ist eine weitere Empfehlung von Microsoft.

In Abbildung 2.7 wollte ich die `ExtensionData`-Eigenschaft darstellen. Wenn Sie die Abbildung betrachten, sehen Sie auch eine Eigenschaft `MemberIndex` über dem Namen der Eigenschaft `Geburtsort`. Der `MemberIndex` ist in der Abbildung mit dem Wert `0` angegeben. Wenn ich die `Order`-Eigenschaft sofort auf `2` gesetzt hätte, würde in der Abbildung für `MemberIndex` auch eine `2` stehen. An dieser Stelle spiegelt sich also die `Order`-Eigenschaft des Attributs `DataMember` am Client.

> > > HINWEIS

Das `ExtensionDataObject` besitzt keine öffentlichen Methoden und Eigenschaften. Somit ist es nicht möglich, direkt auf die in diesem Objekt gespeicherten Daten zuzugreifen.

Strikte Schema-Validierung

Die hier vorgestellten Wege, um vorwärtskompatible Datenverträge zu erstellen, gelten jedoch nur in Szenarien, bei denen keine Schema-Validierung zwingend erforderlich ist. Viele Webservice-Plattformen sowie auch die Windows Communication Foundation erfordern keine zwingende Validierung. Es gibt jedoch Szenarien, in denen eine Validierung zwingend erforderlich ist. In diesen Fällen müssen die Datenverträge unveränderlich sein. Bei Änderungen am Datenvertrag muss zwingend ein neuer Vertrag mit einem geänderten Namen oder Namespace erstellt werden, ebenso muss der zugrundeliegende Service-Vertrag angepasst werden.

Die Empfehlung von Microsoft geht dahin, nicht den Namen des Vertrags zu ändern, sondern den Namespace des Vertrags anzupassen und dort eine Versionsnummer oder ein Datum einfließen zu lassen.

Im obigen Beispiel haben wir einen Namespace *http://addison-wesley.de* angegeben. Wenn wir eine Schema-Validierung zwingend benötigen, wäre vielleicht folgender Namespace glücklicher gewesen: *http://addison-wesley.de/2008/03/01*. Bei einer neuen Version ließe sich dann der Namespace auf *http://addison-wesley.de/2008/05/26* ändern.

! ! ! ACHTUNG

Falls Sie eine strikte Schema-Validierung benötigen, implementieren Sie bitte bei keinem einzigen Typ das Interface `IExtensibleDataObject`*. Fügen Sie stattdessen ein* `ServiceBehaviorAttribut` *an Ihren* `ServiceContract` *an, der die Eigenschaft* `IgnoreExtensionDataObject` *auf* `true` *stellt.*

2.6.5 CollectionDataContract

Diesen Datenvertrag können Sie optional für Auflistungen verwenden, um die Zusammenarbeit bei interoperablen Anwendungen zu verbessern. In der Regel sollten Sie dieses Attribut jedoch nicht verwenden, da es die Äquivalenz von Datenverträgen (siehe Abschnitt 2.6.3) negativ beeinflussen kann. Ein mit dem `DataContract`-Attribut versehener Typ wird nicht mehr als Collection interpretiert, sondern als ein regulärer Datenvertragstyp angesehen. Eine gleichzeitige Verwendung von `DataContract` und `CollectionDataContract` ist nicht erlaubt.

Wie auch alle bislang vorgestellten Attribute besitzt auch das Attribut `CollectionDataContract` Eigenschaften, die über den Konstruktor gesetzt werden können.

- **ItemName**

  Gibt den benutzerdefinierten Namen für ein Collection-Objekt an.

- **KeyName**

  Gibt bei einer Dictionary Collection (Schlüssel-Werte-Paar-Beziehung) den benutzerdefinierten Namen des Schlüsselbegriffs an.

- **Name**

  Ist der Name des Datenvertrags. Standardmäßig ist dies `ArrayOf` mit dem Postfix des DataContractName des verwendeten Typs, wie zum Beispiel `ArrayOfstring`. Bei nicht generischen Listen lautet der Wert `ArryOfanyType`. Bei generischen Dictionaries setzt sich der Name wie folgt zusammen: `ArrayOfKeyValueOf` mit dem Postfix des DataContract des Schlüssels und der Spalte, wie zum Beispiel `ArrayOfKeyValueOfstringstring`. Eine Änderung des Namens führt jedoch dazu, dass dieser Typ nicht mehr einen äquivalenten Datenvertrag zu einer ähnlichen Collection besitzt.

- **Namespace**

  Über diese Eigenschaft kann der Namespace des Datenvertrags in Form eines URI gesteuert werden. Standardmäßig lautet der Namespace bei der Verwendung von nicht primitiven Typen http://tempuri.org, andernfalls *http://schemas.microsoft.com/2003/10/Serialization/Arrays*. Sie können an dieser Stelle einen eindeutigen Namespace vergeben.

- **ValueName**

  Gibt bei einer Dictionary Collection (Schlüssel-Werte-Paar-Beziehung) den benutzerdefinierten Namen des Wertebegriffs an.

2.6.6 KnownTypes

Eines der wesentlichen Merkmale des .NET Frameworks ist seine vollständige objektorientierte Implementierung. Vererbung, Interfaces und Polymorphie sind Eckpfeiler des .NET Frameworks.

Was aber passiert, wenn wir im OperationContract statt Klassen Interfaces als Übergabeparameter definieren, oder durch Vererbung nicht die Basisklasse an die Operationen übergeben, sondern von dieser eine abgeleitete Klasse? Das wollen wir uns in diesem Abschnitt ansehen und dabei ein weiteres Attribut namens `KnownTypes` einführen.

Beginnen wir mit der Definition einer neuen Klasse `PersonMitBand`, die von der Basisklasse `Person` erbt. Listing 2.42 und Listing 2.43 zeigen die entsprechenden Klassendefinitionen.

```
using System.Runtime.Serialization;
namespace FirstConsoleService
{
    [DataContract(Namespace="http://addison-wesley.de")]
    public class PersonMitBand:Person
    {
        [DataMember]
        public string BandName { get; set; }
    }
}
```

Listing 2.42: Abgeleitete Klasse in C#

```
Imports System.Runtime.Serialization
<DataContract(Namespace:="http://addison-wesley.de")> _
Public Class PersonMitBand
    Inherits Person

    Private _bandName As String
    <DataMember()> Public Property BandName() As String
        Get
            Return _bandName
        End Get
        Set(ByVal value As String)
            _bandName = value
        End Set
    End Property
End Class
```

Listing 2.43: Abgeleitete Klasse in Visual Basic

In der Methode `GetPerson()` geben wir nun, sofern kein passender Vorname übergeben wird, ein Objekt vom Typ `PersonMitBand` zurück. – Ein ganz normaler Vorgang in einem objektorientierten System. Listing 2.44 und Listing 2.45 zeigen die angepassten `default`-Zweige in der Methode `GetPerson()`.

```
default:
    p = new PersonMitBand();
    p.Name = "Nowhere Man";
    p.Vorname = vorname;
    p.Geburtsdatum = new DateTime(1965, 5, 1);
    p.Geburtsort = "Liverpool";
    ((PersonMitBand)p).BandName = "Beatles";
    break;
```

Listing 2.44: Angepasster default-Zweig in C#

```
Case Else
    p = New PersonMitBand()
    p.Geburtsort = "Liverpool"
    p.Name = "Nowhere Man"
    p.Vorname = vorname
    p.Geburtsdatum = New DateTime(1965, 5, 1)
    CType(p, PersonMitBand).BandName = "Beatles"
```

Listing 2.45: Angepasster default-Zweig in Visual Basic

Nachdem wir die Metadaten neu erstellt und im Client bereitgestellt haben, starten wir die Anwendung erneut und rufen die Methode `GetPerson()` mit einem für die Beatles ungültigen Vornamen auf. Leider führt dies, wie in Abbildung 2.9 dargestellt, zu einer Ausnahme vom Typ `CommunicationException`. Die angezeigte Fehlermeldung weist leider nicht auf die tatsächliche Ursache des Fehlers hin.

Der Typ `PersonMitBand` ist schlichtweg am Client nicht bekannt. Wenn Sie einen Blick in die Datei *client.cs* oder *client.vb* werfen, stellen Sie fest, dass keine Definition für die `PersonMitBand`-Klasse vorhanden ist.

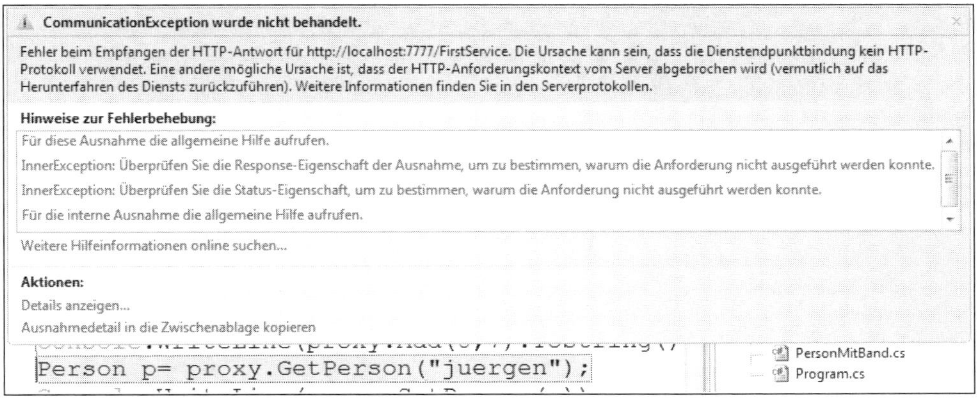

Abbildung 2.9: CommunicationException bei der Rückgabe von »PersonMitBand«

Zwar haben wir die Klassendefinition mit dem Attribut `DataContract` versehen, und die Klasse ist auch von `Person`, einem Teil des bestehenden Contracts, abgeleitet, jedoch taucht die neue Klasse nirgends in der Schnittstellendefinition des ServiceContracts auf.

Definition auf Ebene des DataContracts

Um nun die `PersonMitBand`-Klasse auch als Teil des Contracts zu definieren, müssen wir das `KnownTypes`-Attribut verwenden. Wir geben bei der Klassendefinition der Basisklasse `Person` an, sodass anstelle dieser Klasse auch ein Objekt vom Typ `PersonMitBand` übergeben werden kann. Dies geschieht mit dem `KnownType`-Attribut, wie Sie in Listing 2.46 und Listing 2.47 sehen.

```
[DataContract(Namespace="http://addison-wesley.de")]
[KnownType(typeof(PersonMitBand))]
public class Person:IExtensibleDataObject
```

Listing 2.46: Personendefinition mit KnownType-Attribut in C#

```
<DataContract(Namespace:="http://addison-wesley.de"), _
    KnownType(GetType(PersonMitBand))> _
Public Class Person
    Implements IExtensibleDataObject
```

Listing 2.47: Personendefinition mit KnownType-Attribut in Visual Basic

> > > HINWEIS
>
> *Sie können natürlich das* `KnownType`*-Attribut mehrfach an eine Klasse hängen. Falls Sie das* `KnownType`*-Attribut an eine Klasse hängen, sind die hier bekanntgemachten Typen auch für die von dieser Klasse abgeleiteten Typen gültig.*

Nach dem erneuten Erstellen der Metadaten und deren Bereitstellung am Client läuft die Anwendung wieder fehlerfrei. Der Typ `PersonMitBand` ist, wie Sie in Abbildung 2.10 sehen können, nun auch Teil des Contracts und somit am Client bekannt.

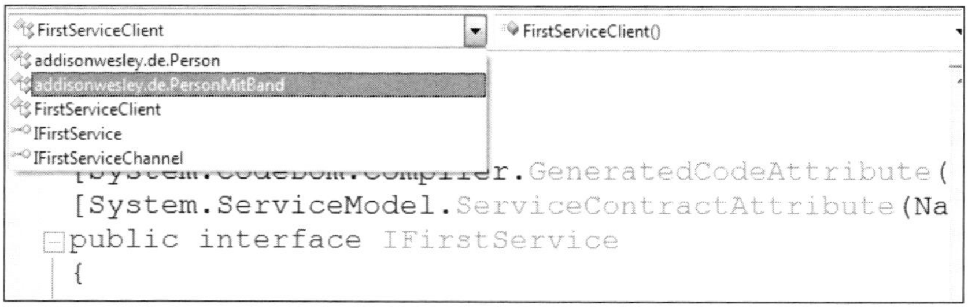

Abbildung 2.10: Bekannte Typen am Client

Dabei ist der Konstruktor des Attributs `KnownType` überladen. Im oben gezeigten Beispiel geben wir einen bekannten Typ an, der alternativ für die Klasse `Person` übergeben werden kann. Die zweite Überladung erwartet einen Methodennamen als String, der ein Array von Typen zurückgibt, die an die Stelle des Typs `Person` treten können.

Listing 2.48 und Listing 2.49 zeigen ein Beispiel für die alternative Überladung des Konstruktors.

```
[DataContract(Namespace="http://addison-wesley.de")]
[KnownType("AlternativeTypes")]
public class Person:IExtensibleDataObject
{
    static Type[] AlternativeTypes()
    {
        return new Type[] { typeof(PersonMitBand) };
    }
    ...
}
```

Listing 2.48: KnownType-Attribut mit Methodennamen im Konstruktor in C#

```
<DataContract(Namespace:="http://addison-wesley.de"), _
KnownType("AlternativeTypes")> _
Public Class Person
    Implements IExtensibleDataObject
```

```
    Shared Function AlternativeTypes() As Type()
        Return New Type() {GetType(PersonMitBand)}
    End Function
    ...
End Class
```

Listing 2.49: KnownType-Attribut mit Methodennamen im Konstruktor in Visual Basic

> > > HINWEIS

Falls Sie einen generischen Typ als `KnownType` *definieren wollen, können Sie dies nur mit der zweiten Überladung mithilfe der Rückgabe eines Type-Array der angegebenen Methode durchführen.*

Bei den folgenden Szenarien sollten Sie das `KnownType`-Attribut verwenden, um einen kompletten DataContract auch am Client verfügbar zu haben:

- Eine Methode gibt eine abgeleitet Klasse von der im ServiceContract definierten Klasse als Funktionsergebnis zurück.
- Im ServiceContract werden bei der Definition der Parameter bzw. des Rückgabewertes keine Typen, sondern Interfaces verwendet.
- Im ServiceContract wird bei der Definition der Parameter bzw. des Rückgabewertes ein Objekt vom Typ `object` verwendet.
- Innerhalb eines DataContracts wird ein DataMember definiert, für das eines der gerade aufgelisteten Punke zutrifft.

! ! ! ACHTUNG

Das `KnownType`*-Attribut kann nicht für Interfaces verwendet werden. Ebenso können Sie auch nicht unterschiedliche Überladungen des* `KnownType`*-Attributs miteinander mischen.*

Definition auf Ebene des ServiceContracts

Alternativ können Sie anstelle des `KnownType`-Attributs auf Ebene des `DataContract` auch das `ServiceKnownType`-Attribut auf der Service-Ebene verwenden. Dieses Attribut befindet sich ebenfalls im Namespace `System.ServiceModel`.

Die Listings Listing 2.50 und Listing 2.51 zeigen einen Ausschnitt aus der geänderten Interface-Definition. Sie können die angegebenen Typen anschließend in jeder Operation benutzen.

```
using System.ServiceModel;
namespace FirstConsoleService
{
    [ServiceContract(Namespace="http://addison-wesley.de")]
   [ServiceKnownType(typeof(PersonMitBand))]
    public interface IFirstService
    {
    }
}
```

Listing 2.50: Definition von bekannten Typen im ServiceContract in C#

```
Imports System.ServiceModel

<ServiceContract(Namespace:="http://addison-wesley.de"), _
 ServiceKnownType(GetType(PersonMitBand))> _
Public Interface IFirstService
End Interface
```

Listing 2.51: Definition von bekannten Typen im ServiceContract in Visual Basic

Wollen Sie bekannte Typen nur für eine oder auch mehrere bestimmte Operationen nutzen, so können Sie dieses Attribut auch auf Operationsebene verwenden:

```
using System.ServiceModel;
namespace FirstConsoleService
{
    [ServiceContract(Namespace="http://addison-wesley.de")]
    public interface IFirstService
    {
        [OperationContract]
        string SaySomething(string sayWhat);

        [OperationContract]
        int Add(int x, int y);

        [OperationContract,
      ServiceKnownType(typeof(PersonMitBand))]
        Person GetPerson(string vorname);

        [OperationContract]
        string SetPerson(Person p);
    }
}
```

Listing 2.52: Definition von bekannten Typen im ServiceContract auf Operationsebene in C#

```
Imports System.ServiceModel

<ServiceContract(Namespace:="http://addison-wesley.de")> _
Public Interface IFirstService
    <OperationContract()> _
    Function SaySomething(ByVal sayWhat As String) As String
    <OperationContract()> _
    Function Add(ByVal x As Integer, ByVal y As Integer) As Integer
    <OperationContract(), _
   ServiceKnownType(GetType(PersonMitBand))> _
    Function GetPerson(ByVal vorname As String) As Person
    <OperationContract()> _
    Function SetPerson(ByVal p As Person) As String
End Interface
```

Listing 2.53: Definition von bekannten Typen im ServiceContract auf Operationsebene in Visual Basic

Definition in der Konfigurationsdatei

Eine weitere Möglichkeit ist die Bekanntgabe von bekannten Typen mittels einer Konfigurationsdatei. Dazu können Sie innerhalb des Elements `<system.runtime.serialization><dataContractSerializer>` einen Abschnitt `<declaredTypes>` definieren und dort für deklarierte Typen anschließend die bekannten Typen definieren.

Listing 2.54 zeigt einen Ausschnitt aus der Konfigurationsdatei *app.config*, in dem ein bekannter Typ definiert wird.

```
<system.runtime.serialization>
  <dataContractSerializer>
    <declaredTypes>
      <add type="FirstConsoleService.Person, FirstConsoleService,
                 Version=1.0.0.0, Culture=neutral, PublickeyToken=XXXXX,
                 processorArchitecture=MSIL">
        <knownType type="FirstConsoleService.PersonMitBand,
                         FirstConsoleService, Version=1.0.0.0,
                         Culture=neutral, PublickeyToken=XXXXX,
                         processorArchitecture=MSIL"/>
      </add>
    </declaredTypes>
  </dataContractSerializer>
</system.runtime.serialization>
```

Listing 2.54: Konfigurationsabschnitt zur Bekanntgabe von KnownTypes

2.6.7 Best Practice

Um bei der Definition von Datenverträgen keine Probleme bei zukünftigen Versionen zu bekommen, sollten Sie sich an folgende Regeln bei der Definition Ihrer zu serialisierenden Typen halten:

- Implementieren Sie das Interface `IExtensibleDataObject`.
- Achten Sie in Folgeversionen auf folgende Punkte:
  - Ändern Sie nicht den Namen (Attribut), Namespace oder Datentyp von bestehenden DataMember.
  - Ändern Sie nicht den Namen oder Namespace eines bestehenden DataContracts.
  - Ändern Sie nicht die `IsRequired`- oder `Order`-Eigenschaft eines bestehenden DataMember-Attributs.
  - Setzen Sie bei einem neu hinzugefügten DataMember keinesfalls die `IsRequired`-Eigenschaft auf `true`.
  - Verwenden Sie die `Order`-Eigenschaft des DataMember-Attributs zur Kennzeichnung der Versionierung. Die `Order`-Eigenschaft muss nicht eindeutig sein.

Diese Regeln helfen Ihnen, nicht nur eine stabile aktuelle Version eines DataContracts zu entwerfen, sondern bieten Ihnen auch die besten Voraussetzungen für einen problemlos erweiterbaren kompatiblen Datenvertrag.

! ! ! ACHTUNG

Das Löschen eines bestehenden DataMembers, sofern es nicht mit `IsRequired` *markiert wurde, führt überraschenderweise nicht zu einem Kompatibilitätsbruch. Ist das gelöschte Member am empfangenen Endpunkt noch vorhanden, so wird es mit seinem ursprünglichen Standardwert deserialisiert. Ist es am empfangenen, aber am sendenden Endpunkt nicht mehr vorhanden, wird es in die Property* `ExtensionData` *serialisiert. Es wird jedoch davon abgeraten, bestehende Member zu entfernen.*

An dieser Stelle sollten Sie sich auch Gedanken machen, ob Sie nicht nur einen vorwärtskompatiblen Datenvertrag, sondern auch einen problemlos erweiterbaren ServiceContract definieren wollen.

Vorwärtskompatible Service-Verträge

Unter einem vorwärtskompatiblen Service-Vertrag versteht man die Möglichkeit, nicht nur zu den bereits definierten Operationen neue zusätzliche Operationen hinzuzufügen, sondern auch die Parameterliste von bereits bestehenden Operationen zu erweitern. Dies können Sie dadurch erreichen, dass Sie, anstatt einzelne Parameter in den Operationen zu definieren, grundsätzlich ein Parameterobjekt definieren.

Betrachten wir noch einmal unseren ursprünglichen ServiceContract in Listing 2.55 (die VB-Version liegt in Listing 2.22 vor.).

```
[ServiceContract(Namespace="http://addison-wesley.de")]
public interface IFirstService
{
  [OperationContract]
  string SaySomething(string sayWhat);

  [OperationContract]
  int Add(int x, int y);

  [OperationContract]
  Person GetPerson(string vorname);

  [OperationContract]
  string SetPerson(Person p);
}
```

Listing 2.55: Ursprünglicher ServiceContract in C#

Es ist wahrscheinlich nicht schwer, sich vorzustellen, dass für eine zukünftige Version die neue Anforderung kommt, die `Add()`-Methdoe um einen dritten Parameter zu erweitern oder auch die `GetPerson()`-Methode mit einem weiteren Selektionskriterium aufzurufen. In der bisherigen Definition des ServiceContracts würde dies eine nicht kompatible Folgeversion zur Folge haben, was unter Umständen zu Problemen sowie zusätzlichem Anpassungsaufwand führen könnte.

Betrachten Sie nun die veränderte Service-Definition, die in Listing 2.56 und Listing 2.57 dargestellt ist, bei der eine Erweiterung der Parameterliste keinen Kompatibilitätsbruch bedeuten würde.

```
using System.ServiceModel;
namespace FirstConsoleService
{
    [ServiceContract(Namespace="http://addison-wesley.de")]
    public interface IFirstService
    {
        [OperationContract]
        string SaySomething(SaySomethingRequest request);

        [OperationContract]
        int Add(AddRequest request);

        [OperationContract]
        Person GetPerson(GetPersonRequest request);
```

```
        [OperationContract]
        string SetPerson(SetPersonRequest request);
    }
}
```

Listing 2.56: Vorwärtskompatibler ServiceContract in C#

```
Imports System.ServiceModel

<ServiceContract(Namespace:="http://addison-wesley.de")> _
Public Interface IFirstService
  <OperationContract()> _
  Function SaySomething(ByVal request As SaySomethingRequest) As String
  <OperationContract()> _
  Function Add(ByVal request As AddRequest) As Integer
  <OperationContract()> _
  Function GetPerson(ByVal request As GetPersonRequest) As Person
  <OperationContract()> _
  Function SetPerson(ByVal request As SetPersonRequest) As String
End Interface
```

Listing 2.57: Vorwärtskompatibler ServiceContract mit Visual Basic

Der Vorteil dieser Methode liegt darin, dass Sie weitere Parameter problemlos durch eine Erweiterung der Klassendefinitionen hinzufügen können. Alte Clients können diese Parameter zwar nicht auswerten, bleiben jedoch kompatibel, da zusätzliche Parameter nicht die Signatur der Methode ändern. Die zusätzlichen Parameter werden in das `ExtensionData`-Objekt serialisiert.

* * * TIPP

Legen Sie auch für parameterlose Operationen entsprechende Request-Typen an, auch wenn diese anfangs leer sind und keine Eigenschaften besitzen.

Die entsprechenden Klassendefinitionen für die Request-Parameter sind in Listing 2.58 und Listing 2.59 dargestellt.

```
using System.Runtime.Serialization;
namespace FirstConsoleService
{
    [DataContract(Namespace = "http://addison-wesley.de")]
    public class RequestType:IExtensibleDataObject
    {
        #region IExtensibleDataObject Member
        public ExtensionDataObject ExtensionData { get; set; }
        #endregion
    }
```

```
    [DataContract(Namespace = "http://addison-wesley.de")]
    public class SaySomethingRequest : RequestType
    {
        [DataMember]
        public string SayWhat { get; set; }
    }

    [DataContract(Namespace = "http://addison-wesley.de")]
    public class AddRequest : RequestType
    {
        [DataMember]
        public int X { get; set; }
        [DataMember]
        public int Y { get; set; }
    }

    [DataContract(Namespace = "http://addison-wesley.de")]
    public class GetPersonRequest : RequestType
    {
        [DataMember]
        public string Vorname { get; set; }
    }

    [DataContract(Namespace = "http://addison-wesley.de")]
    public class SetPersonRequest : RequestType
    {
        [DataMember]
        public Person Person { get; set; }
    }
}
```

Listing 2.58: Request-Typen in C#

```
Imports System.Runtime.Serialization
<DataContract(Namespace:="http://addison-wesley.de")> _
Public Class RequestType
    Implements IExtensibleDataObject

    Private _extensionData As ExtensionDataObject
    Public Property ExtensionData() As _
      System.Runtime.Serialization.ExtensionDataObject Implements _
      System.Runtime.Serialization.IExtensibleDataObject.ExtensionData
        Get
            Return _extensionData
        End Get
        Set(ByVal value As System.Runtime.Serialization.ExtensionDataObject)
            _extensionData = value
        End Set
    End Property
```

```
End Class

<DataContract(Namespace:="http://addison-wesley.de")> _
Public Class SaySomethingRequest
    Inherits RequestType

    Private _sayWhat As String
    <DataMember()> _
    Public Property SayWhat() As String
        Get
            Return _sayWhat
        End Get
        Set(ByVal value As String)
            _sayWhat = value
        End Set
    End Property
End Class

<DataContract(Namespace:="http://addison-wesley.de")> _
Public Class AddRequest
    Inherits RequestType

    Private _x As Integer
    <DataMember()> _
    Public Property X() As Integer
        Get
            Return _x
        End Get
        Set(ByVal value As Integer)
            _x = value
        End Set
    End Property

    Private _y As Integer
    <DataMember()> _
    Public Property Y() As Integer
        Get
            Return _y
        End Get
        Set(ByVal value As Integer)
            _y = value
        End Set
    End Property
End Class

<DataContract(Namespace:="http://addison-wesley.de")> _
Public Class GetPersonRequest
    Inherits RequestType
```

```
    Private _vorname As String
    <DataMember()> _
    Public Property Vorname() As String
        Get
            Return _vorname
        End Get
        Set(ByVal value As String)
            _vorname = value
        End Set
    End Property
End Class

<DataContract(Namespace:="http://addison-wesley.de")> _
Public Class SetPersonRequest
    Inherits RequestType

    Private _person As Person
    <DataMember()> _
    Public Property Person() As Person
        Get
            Return _person
        End Get
        Set(ByVal value As Person)
            _person = value
        End Set
    End Property
End Class
```

Listing 2.59: Request-Typen in Visual Basic

Bei der Definition der Request-Parameter leite ich die entsprechenden Typen alle von einer Basisklasse `RequestType` ab, die bereits das Interface `IExtensibleDataObject` implementiert. Auf diese Weise ist sichergestellt, dass sich die Request-Typen problemlos erweitern lassen. Die bislang verwendeten Parameter werden als Eigenschaften dieser Klassen definiert. Jede dieser Klassen besitzt auch das `DataContract`-Attribut. Und da die Parameter im ServiceContract an diese Typen angepasst wurden, sind die Typen jetzt alle auch Teil des Vertrags mit dem Client.

* * * TIPP

Auch wenn dies auf den ersten Blick etwas umständlich erscheint, hat sich dieses Verfahren bei größeren Projekten in der Praxis sehr bewährt. Der Wartungsaufwand und die auftretenden Probleme bei neuen Versionen sind deutlich geringer geworden.

Der Vollständigkeit halber ist in Listing 2.60 und Listing 2.61 noch der Code für die Implementierung des ServiceContracts dargestellt.

```
namespace FirstConsoleService
{
    public class FirstService : IFirstService
    {
        #region IFirstService Member

        public string SaySomething(SaySomethingRequest request)
        {
            return request.SayWhat;
        }

        public int Add(AddRequest request)
        {
            return request.X + request.Y;
        }

        public string SetPerson(SetPersonRequest request)
        {
            return request.Person.Name;
        }

        public Person GetPerson(GetPersonRequest request)
        {
            Person p = new Person();
            p.Geburtsort = "Liverpool";
            switch (request.Vorname.ToLower())
            {
                case "john":
                    p.Name = "Lennon";
                    p.Vorname = "John";
                    p.Geburtsdatum = new DateTime(1940,10,9);
                    break;
                case "paul":
                    p.Name ="McCartney";
                    p.Vorname = "Paul";
                    p.Geburtsdatum = new DateTime(1942,6,18);
                    break;
                case "george":
                    p.Name = "Harrison";
                    p.Vorname = "George";
                    p.Geburtsdatum = new DateTime(1943, 2, 25);
                    break;
                case "ringo":
                    p.Name = "Starr";
                    p.Vorname = "Ringo";
                    p.Geburtsdatum = new DateTime(1940, 7, 7);
                    break;
```

```
                default:
                    p = new PersonMitBand();
                    p.Name = "Nowhere Man";
                    p.Vorname = request.Vorname;
                    p.Geburtsdatum = new DateTime(1965, 5, 1);
                    p.Geburtsort = "Liverpool";
                    ((PersonMitBand)p).BandName = "Beatles";
                    break;
            }
            return p;
        }
        #endregion
    }
}
```

Listing 2.60: Implementierung des vorwärtskompatiblen ServiceContracts in C#

```
Public Class FirstService
    Implements IFirstService

    Public Function Add(ByVal request As AddRequest) As Integer _
      Implements IFirstService.Add
        Return request.X + request.Y
    End Function

    Public Function SaySomething(ByVal request As SaySomethingRequest) _
      As String Implements IFirstService.SaySomething
        Return request.SayWhat
    End Function

    Public Function SetPerson(ByVal request As SetPersonRequest) As String _
      Implements IFirstService.SetPerson
        Return request.Person.Name
    End Function

    Public Function GetPerson(ByVal request As GetPersonRequest) As Person _
      Implements IFirstService.GetPerson
        Dim p As New Person()
        p.Geburtsort = "Liverpool"
        Select Case request.Vorname.ToLower()
            Case "john"
                p.Name = "Lennon"
                p.Vorname = "John"
                p.Geburtsdatum = New DateTime(1940, 10, 9)

            Case "paul"
                p.Name = "McCartney"
                p.Vorname = "Paul"
                p.Geburtsdatum = New DateTime(1942, 6, 18)
```

```
            Case "george"
                p.Name = "Harrison"
                p.Vorname = "George"
                p.Geburtsdatum = New DateTime(1943, 2, 25)

            Case "ringo"
                p.Name = "Starr"
                p.Vorname = "Ringo"
                p.Geburtsdatum = New DateTime(1940, 7, 7)

            Case Else
                p = New PersonMitBand()
                p.Geburtsort = "Liverpool"
                p.Name = "Nowhere Man"
                p.Vorname = request.Vorname
                p.Geburtsdatum = New DateTime(1965, 5, 1)
                CType(p, PersonMitBand).BandName = "Beatles"
        End Select

        Return p
    End Function
End Class
```

Listing 2.61: Implementierung des vorwärtskompatiblen ServiceContracts in Visual Basic

* * * TIPP

Um für die Zukunft auf absolut sichere vorwärtskompatible Service-Verträge zu setzen, können Sie natürlich auch die Rückgabewerte der Funktionen als Response-Typen definieren.

Nachdem Sie nun die Metadaten und die Proxy-Klasse für den Client neu erzeugt haben, müssen Sie den Code am Client noch, wie in Listing 2.62 und Listing 2.63 gezeigt, anpassen.

Dabei sehen Sie, dass die Initialisierung der Request-Klassen mittels vereinfachter Objektinitialisierung – ein neues Sprachmerkmal im .NET Framework 3.5 – vorgenommen wurde. Konstruktoren, die vielleicht am Server in den Klassen definiert worden wären, werden, wie sonstige Methoden auch, sowieso nicht mit zum Client serialisiert.

```
using addisonwesley.de;
namespace FirstClientService
{
  class Program
  {
    static void Main(string[] args)
    {
      FirstServiceClient proxy = new FirstServiceClient();
      Console.WriteLine(proxy.SaySomething(new SaySomethingRequest()
```

```
        { SayWhat = "Hallo Leser" }));
      Console.WriteLine(proxy.Add(new AddRequest()
        { X = 8, Y = 7 }).ToString());
      Person p = proxy.GetPerson(new GetPersonRequest() { Vorname = "john" });
      Console.WriteLine(proxy.SetPerson(new SetPersonRequest()
        { Person = p }));
      Console.WriteLine(p.Name + " " + p.Vorname + " " +
        p.Geburtsdatum.ToShortDateString());
      Console.ReadLine();
    }
  }
}
```

Listing 2.62: Angepasster Clientcode in C#

```
Imports FirstClientService.addisonwesley.de
Module Module1
  Sub Main()
    Dim proxy As New FirstServiceClient
    Console.WriteLine(proxy.SaySomething(New SaySomethingRequest() _
      With {.SayWhat = "Hallo Leser"}))
    Console.WriteLine(proxy.Add(New AddRequest() _
      With {.X = 8, .Y = 7}).ToString())
    Dim p As Person = proxy.GetPerson(New GetPersonRequest() _
      With {.Vorname = "john"})
    Console.WriteLine(proxy.SetPerson(New SetPersonRequest() _
      With {.Person = p}))
    Console.WriteLine(p.Name & " " & p.Vorname & " " & _
      p.Geburtsdatum.ToShortDateString())
    Console.ReadLine()
  End Sub
End Module
```

Listing 2.63: Angepasster Clientcode in Visual Basic

Die Anwendung verhält sich im Anschluss wie vor der Umstellung.

2.7 Weitere Contracts

In diesem Abschnitt will ich Ihnen der Vollständigkeit halber noch weitere Contracts vorstellen, die im weiteren Verlauf des Buches noch ausführlich behandelt werden.

2.7.1 Message Contracts

Wenn Sie Ihre Parameter, wie im vorigen Abschnitt Best Practice empfohlen, als definierten und erweiterbaren Datentyp übergeben, können Sie anstelle des `DataContract`-

Attributs auch das `MessageContract`-Attribut verwenden. Man spricht dann von *Message-Typen*. Mehr zu MessageContracts finden im folgenden Kapitel 3 »Datenserialisierung«.

2.7.2 CallbackContract

Auch der CallbackContract sei an dieser Stelle kurz genannt. Diese Art von Contract benötigen Sie bei einer Duplex-Kommunikation, also wenn ein Rückruf vom Server zum Client erfolgt. Eine genaue Beschreibung dieses Vertrags finden Sie in Kapitel 6.

2.7.3 FaultContract

Weiter sollte man auch noch den FaultContract erwähnen. Leider ist es so, dass auch bei einem Service Ausnahmen und Fehler auftreten können. Die Informationen sollten natürlich ebenfalls in einer vernünftigen Art und Weise zum Client übertragen werden. Dafür gibt es sogenannte FaultContracts. Mehr hierzu finden Sie in Kapitel 4, »Fehlerbehandlung«.

3 Datenserialisierung

Ganz allgemein meint Datenserialisierung das Mapping zwischen .NET-Objekten und XML-Daten, einem sogenannten XML-Infoset, das heißt das Übertragen von Informationen aus .NET-Objekten in XML. Umgekehrt bezeichnet man das Erzeugen von .NET-Objekten aus XML-Daten als Deserialisierung.

Es besteht die Möglichkeit, ein XML-Infoset durch unterschiedliche Serialisierer zu erzeugen. Prinzipiell werden dabei beim Serialisieren die `XmlWriter`-Klassen und beim Deserialisieren die `XmlReader`- aus dem `System.Xml`-Namespace verwendet.

Mit den `DataContract`- und den `DataMember`-Attributen haben wir uns gerade in Kapitel 2, »Contracts«, befasst. Dabei wurde die Standardserialisierung mittels `DataContractSerializer` verwendet. In diesem Kapitel wollen wir uns nun auch die beiden anderen verfügbaren Serialisierer und ihre Bedeutung ansehen. Zum Abschluss des Kapitels möchte ich neben dem `MessageContract`, der eine Alternative zum `DataContract` darstellt, noch ein paar Alternativen und Besonderheiten bei der Datenserialisierung sowie die Möglichkeit, Klassen aus Schemadateien zu importieren beziehungsweise in diese zu exportieren, aufzeigen.

3.1 DataContractSerializer

Der `DataContractSerializer` ist, wie bereits angesprochen, der Standard-Datenserialisierer, den die Windows Communication Foundation nutzt. Zwar haben Sie bei dieser Art der Serialisierung relativ wenig Einfluss auf das zu erzeugende XML (oder das XML-Infoset), jedoch liegt der Vorteil ganz klar darin, dass hiermit auch die Serialisierung und Deserialisierung sehr performant durchgeführt werden können. Der Standard-Datenserialisierer gilt als der schnellste der unter WCF verwendbaren Serialisierer.

> > > HINWEIS

Um einen möglichst geringen Aufwand bei der Portierung von .NET Remoting nach WCF zu haben, kann der `DataContractSerializer` *auch alle .NET-Typen serialisieren, die mit dem* `Serializable`*-Attribut markiert sind. Es werden dabei alle Felder des Typs serialisiert, die nicht explizit mit dem Attribut* `NonSerialized` *versehen sind.*

3.1.1 Unterstützte Typen

Der `DataContractSerializer` unterstützt nicht nur Typen, die explizit mit dem `DataContract`-Attribut versehen wurden, sondern auch folgende Typen:

- **Aufzählungstypen**

  Dazu zählen Arrays, Collections und generische Collections (siehe Abschnitte 2.6.5 und 3.6.3). Die Verwendung des `CollectionDataContract`-Attributs ist dabei optional. Die in den Collections enthaltenen Typen müssen natürlich vom `DataContractSerializer` unterstützt werden.

- **Enumerationen**

  Enumerationen sind standardmäßig serialisierbar. Sie müssen jedoch bei der Verwendung des `DataContract`-Attributs jedes Enumerations-Member mit dem Attribut `EnumMember` markieren (siehe auch Abschnitt 3.6.2).

- **primitive Typen**

  Zu den primitiven Typen zählen alle Ganzzahlentypen, alle Fließkommazahlentypen, Boolean, String, Char und Object.

- **weitere Strukturen**

  Zu diesen gehören die Typen `DateTime`, `TimeSpan`, `Uri`, `Guid`, `XmlQualifiedName` und `ByteArrays`.

- **serialisierbare Typen**

  Alle Typen, die mit dem `Serializable`-Attribut versehen sind oder das `ISerializable`-Interface implementieren

- **XML-Typen**

  Dazu zählen `XmlElement`, `XmlNode`, `XDocument`, `XElement` sowie die ADO.NET-Typen `DataSet` und `DataTable`. Außerdem alle weiteren Typen, die das Interface `IXmlSerializable implementieren.`

- **generische Typen**

- **Nullable-Typen**

3.1.2 Definition des Styles der Nachricht

Bei Services benötigt man – vor allem bei interoperablen Diensten – sehr häufig die Beschreibung des Dienstes in Form einer Web Service Description Language (WSDL). Dabei gibt es unterschiedliche Styles, die zu dieser Beschreibung verwendet werden:

- Document

  Der gesamte Body der Nachricht wird dabei als Schema beschrieben. Auf die einzelnen Teile der Nachricht wird durch die WSDL als Elemente innerhalb dieses Schemas referenziert.

- Remote Procedure Call (RPC)

  WSDL referenziert hier auf unterschiedliche Schematypen für unterschiedliche Teile der Nachricht.

Der Style `Document` ist dabei die Standardeinstellung. Mittels des `DataContractFormat`-Attributs kann der Style jedoch auf Service-Ebene auf RPC geändert werden.

Listing 3.1 und Listing 3.2 zeigen die Änderungen des Styles für einen Service.

```
using System.ServiceModel;
namespace FirstConsoleService
{
    [ServiceContract(Namespace="http://addison-wesley.de")]
    [DataContractFormat(Style= OperationFormatStyle.Rpc)]
    public interface IFirstService
    {
    }
}
```

Listing 3.1: Änderung des Styles mit C#

```
Imports System.ServiceModel
<ServiceContract(Namespace:="http://addison-wesley.de"), _
DataContractFormat(Style:=OperationFormatStyle.Rpc)> _
Public Interface IFirstService
End Interface
```

Listing 3.2: Änderung des Styles in Visual Basic

3.1.3 Versionsunabhängige Serialisierung

Da bei neueren Versionen zusätzliche Daten-Members zu einer Klasse hinzugefügt werden können, gibt es die Möglichkeit, über sogenannte Serialisierungs-Callbacks Standardwerte für diese neuen Daten-Members zu setzen.

> > > HINWEIS
>
> *Bei der Deserialisierung von Daten werden keine Konstruktoren aufgerufen. Das Setzen von Werten für zusätzlich hinzugefügte Eigenschaften im Konstruktor hat bei deserialisierten Objekten keine Auswirkung.*

Sie können innerhalb der mit dem Attribut `DataContract` versehenen Klassen Methoden implementieren, die für einen Callback bei einem Serialisierungs- und Deserialisierungsprozess automatisch aufgerufen werden. Diese Methoden müssen mit einem Callback-Attribut markiert werden, wobei nicht gleichzeitig mehrere Methoden dasselbe Callback-Attribut besitzen können.

Insgesamt gibt es vier verschiedene Callback-Attribute:

- **OnSerializing**

  Wird aufgerufen vor der Serialisierung des entsprechenden Typs.

- **OnSerialized**

  Wird aufgerufen nach der Serialisierung des entsprechenden Typs.

- **OnDeserializing**

  Wird aufgerufen vor der Deserialisierung des entsprechenden Typs.

- **OnDeserialized**

  Wird aufgerufen nach der Deserialisierung des entsprechenden Typs.

Jede Methode, die mit einem dieser Attribute versehen wird, muss als Parameter ein Objekt vom Typ `StreamingContext` aufnehmen.

Schauen wir uns dazu ein kleines Beispiel an. In unserer Personenklasse haben wir in einer neuen Version die Eigenschaft `Geburtsort` hinzugefügt. Wenn nun ein Client mit einer älteren Datendefinition in der Lage ist, ein solches Objekt zu erstellen und es zum Server zu schicken, ist die Eigenschaft `Geburtsort` leer, auch wenn Sie im Konstruktor einen Standardwert setzen würden. Der Deserialisierer ignoriert den Konstruktor. Sie können jedoch eine Methode schreiben, die beim Deserialisierungsprozess automatisch aufgerufen wird (quasi als Ersatz für den Konstruktor), um den Standardwert zu setzen. Diese Methode muss dann lediglich mit einem der Callback-Attribute versehen werden.

Listing 3.3 und Listing 3.4 zeigen ein entsprechendes Beispiel für einen `OnDeserializing`-Aufruf.

```
using System.Runtime.Serialization;
namespace FirstConsoleService
{
    [DataContract(Namespace="http://addison-wesley.de")]
    [KnownType("AlternativeTypes")]
    public class Person:IExtensibleDataObject
    {
        static Type[] AlternativeTypes()
        {
            return new Type[] { typeof(PersonMitBand) };
        }

        [DataMember]
        public string Name { get; set; }
        [DataMember]
        public string Vorname { get; set; }
        [DataMember]
        public DateTime Geburtsdatum { get; set; }
        [DataMember(Order=2)]
        public string Geburtsort { get; set; }

      [OnDeserializing]
      private void setzeDefaultGeburtsort
         (StreamingContext context)
      {
          Geburtsort = "Liverpool";
      }

        #region IExtensibleDataObject Member
        public ExtensionDataObject ExtensionData {get; set;}
        #endregion
    }
}
```

Listing 3.3: Einsatz des Callback-Attributs »OnDeserializing« in C#

```
Imports System.Runtime.Serialization
<DataContract(Namespace:="http://addison-wesley.de"), _
KnownType("AlternativeTypes")> _
Public Class Person
    Implements IExtensibleDataObject

    Shared Function AlternativeTypes() As Type()
        Return New Type() {GetType(PersonMitBand)}
    End Function
```

```
    Private _vorName As String
    <DataMember()> Public Property Vorname() As String
        Get
            Return _vorName
        End Get
        Set(ByVal value As String)
            _vorName = value
        End Set
    End Property

    Private _name As String
    <DataMember()> Public Property Name() As String
        Get
            Return _name
        End Get
        Set(ByVal value As String)
            _name = value
        End Set
    End Property

    Private _geburtsdatum As DateTime
    <DataMember()> Public Property Geburtsdatum() As DateTime
        Get
            Return _geburtsdatum
        End Get
        Set(ByVal value As DateTime)
            _geburtsdatum = value
        End Set
    End Property

    Private _geburtsort As String
    <DataMember(Order:=2)> Public Property Geburtsort() As String
        Get
            Return _geburtsort
        End Get
        Set(ByVal value As String)
            _geburtsort = value
        End Set
    End Property

   <OnDeserializing()> _
   Private Sub setzeDefaultGeburtsort _
     (ByVal context As StreamingContext)
      Geburtsort = "Liverpool"
   End Sub

    Private _extensionData As ExtensionDataObject
    Public Property ExtensionData() As _
        System.Runtime.Serialization.ExtensionDataObject Implements _
```

```
        System.Runtime.Serialization.IExtensibleDataObject.ExtensionData
        Get
            Return _extensionData
        End Get
        Set(ByVal value As System.Runtime.Serialization.ExtensionDataObject)
            _extensionData = value
        End Set
    End Property
End Class
```

Listing 3.4: Einsatz des Callback-Attributs »OnDeserializing« in Visual Basic

Wichtig in diesem Beispiel ist auch die Tatsache, dass wir das `OnDeserializing`-Attribut verwenden und nicht `OnDeserialized`. Falls ein Client mit aktueller Datenversion ein Objekt dieses Typs zum Server zurückschickt, wird vor der Deserialisierung der Wert auf `Liverpool` gesetzt und anschließend bei der Deserialisierung auf den tatsächlich im Client vergebenen Wert. Hätten wir das `OnDeserialized`-Attribut verwendet, würde der am Client eingegebene Wert nach der Deserialisierung überschrieben.

3.2 XMLSerializer

Der `XMLSerializer` befindet sich im Namespace `System.Xml.Serialization` und war bereits seit Einführung des .NET Frameworks Teil der Basisklassenbibliothek `System.Xml.dll`. Der `XmlSerializer` ist im Übrigen auch der Standardserialisierer bei .NET-Webdiensten. Unter WCF können Sie auch diesen Serialisierer zur Datenübertragung verwenden. Im Gegensatz zum `DataContractSerializer` serialisiert er alle öffentlichen Eigenschaften einer Klasse, ohne dass explizit ein `DataMember`-Attribut gesetzt werden muss.

Mit dem `XMLSerializer` haben Sie wesentlich mehr Einfluss auf die Generierung des zu übertragenen XML-Infosets, jedoch geht das zu Lasten der Performance. In den allermeisten Fällen ist der Aufbau des zu übertragenen XML-Codes zweitrangig, sodass dieser Serialisierer im Vergleich zum Standardserialisierer eigentlich eher selten verwendet wird. Die Verwendung dieses Serialisierers ist vor allem bei der Migration von Webdiensten nach WCF zu empfehlen, um die bereits bestehenden zum `XmlSerializer` kompatiblen Typen wieder zu verwenden, oder bei der Erstellung von Anwendungen, die noch alte SOAP Standards unterstützen müssen.

3.2.1 Verwendung des XmlSerializers

Um den `XmlSerializer` zu verwenden, müssen Sie lediglich bei der Definition von `ServiceContract` das Attribut `XmlSerializerFormat` aus dem Namespace `System.ServiceModel` angeben.

Listing 3.5 und Listing 3.6 zeigen die entsprechende Service-Definitionen. Bei der Klasse Person muss danach kein DataContract- oder DataMember-Attribut mehr gesetzt werden.

```
using System.ServiceModel;
namespace FirstConsoleService
{
    [ServiceContract(Namespace="http://addison-wesley.de")]
   [XmlSerializerFormat]
    public interface IFirstService
    {
        [OperationContract]
        string SaySomething(string sayWhat);

        [OperationContract]
        int Add(int x, int y);

        [OperationContract]
        Person GetPerson(string vorname);

        [OperationContract]
        string SetPerson(Person p);
    }
}
```

Listing 3.5: Service-Definition mit XmlSerializer als Datenserialisierer in C#

```
Imports System.ServiceModel
<ServiceContract(Namespace:="http://addison-wesley.de"), _
XmlSerializerFormat()> Public Interface IFirstService
    <OperationContract()> _
    Function SaySomething(ByVal sayWhat As String) As String
    <OperationContract()> _
    Function Add(ByVal x As Integer, ByVal y As Integer) As Integer
    <OperationContract()> _
    Function GetPerson(ByVal vorname As String) As Person
    <OperationContract()> _
    Function SetPerson(ByVal p As Person) As String
End Interface
```

Listing 3.6: Service-Definition mit XmlSerializer als Datenserialisierer in Visual Basic

Wollen Sie bestimmte Operationen mit dem Standardserialisierer verwenden, so können Sie auf Operationsebene das Attribut DataContractFormat verwenden. Alternativ können Sie dieses Attribut auch nur für bestimmte Operationen setzen, um zu definieren, dass nicht alle Operationen mit dem XmlSerializer serialisiert werden sollen, sondern nur die mit diesem Attribut gekennzeichneten. In Listing 3.7 und Listing 3.8 wird nur die Operation SetPerson() mit dem XmlSerializer übertragen, die anderen Methoden verwenden den Standardserialisierer. Dann ist es natürlich wieder erforderlich, DataContract und das DataMember-Attribut zu setzen.

```
using System.ServiceModel;
namespace FirstConsoleService
{
    [ServiceContract(Namespace="http://addison-wesley.de")]
    public interface IFirstService
    {
        [OperationContract]
        string SaySomething(string sayWhat);

        [OperationContract]
        int Add(int x, int y);

        [OperationContract]
        Person GetPerson(string vorname);

        [OperationContract]
       [XmlSerializerFormat]
        string SetPerson(Person p);
    }
}
```

Listing 3.7: Service-Definition mit XmlSerializer als Datenserialisierer für eine Operation in C#

```
Imports System.ServiceModel
<ServiceContract(Namespace:="http://addison-wesley.de")> _
Public Interface IFirstService
    <OperationContract()> _
    Function SaySomething(ByVal sayWhat As String) As String
    <OperationContract()> _
    Function Add(ByVal x As Integer, ByVal y As Integer) As Integer
    <OperationContract()> _
    Function GetPerson(ByVal vorname As String) As Person
    <OperationContract(),XmlSerializerFormat()> _
    Function SetPerson(ByVal p As Person) As String
End Interface
```

Listing 3.8: Service-Definition mit XmlSerializer als Datenserialisierer für eine Operation in Visual Basic

! ! ! ACHTUNG

Probleme gibt es jedoch anschließend bei der Verwendung des KnownType*-Attributs. Bei einer ausschließlichen Verwendung von* XmlSerializer *werden die mit diesem Attribut bekannt gegebenen Klassen nicht am Client erkannt. Ebenso wird das* IExtensibleDataObject*-Interface ignoriert, sodass kein Roundtripping von neuen Datamembers mit dem* XmlSerializer *möglich ist.*

In den zu serialisierenden Klassen können Sie dann mit den Attributen `XmlAttribute` und `XmlElement` aus dem Namespace `System.Xml.Serialization` genau steuern, wie das XML-Infoset gebaut werden soll. Der folgende Codeausschnitt zeigt die Verwendung dieser Attribute in C#.

```
[XmlAttribute]
public string Name { get; set; }
[XmlElement]
public string Vorname { get; set; }
[XmlElement]
public DateTime Geburtsdatum { get; set; }
[XmlElement]
public string Geburtsort { get; set; }
```

! ! ! ACHTUNG

Bitte beachten Sie, dass der `XmlSerializer` *standardmäßig alle öffentlichen Members serialisiert, während der* `DataContractSerializer` *nur Members serialisiert, die mit dem Attribut* `DataMember` *versehen wird. Beachten Sie also bei der Änderung des Serialisierers, dass plötzlich für den Client nicht zugängliche Daten mit serialisiert werden.*

3.2.2 Definition des Styles der Nachricht

Genauso wie beim `DataContractSerializer` können Sie auch den Style der Nachricht vom Standardwert `Document` auf `RPC` ändern. Dazu steht Ihnen für diese Art der Serialisierung das `XmlSerializerFormat`-Attribut zur Verfügung. Dieses Attribut befindet sich ebenfalls im Namespace `System.ServiceModel`. Im Gegensatz zu `DataContractFormat` besitzt dieses Attribut eine weitere Eigenschaft `Use`.

Über die Eigenschaft `Use` kann die Form des serialisierten XML definiert werden. Der Standardwert ist `Literal`, und die Alternative dazu ist `Encoded`. `Encoded` ist dabei eine Altlast der SOAP-Spezifikation und wird für neue Dienste nicht mehr empfohlen. Dies ist wohl auch der Grund, warum der `DataContractSerializer` ausschließlich `Literal` unterstützt.

* * * TIPP

Es ist nur in begründeten Ausnahmefällen anzuraten, die `Use`*-Eigenschaft zu ändern.*

Listing 3.9 und Listing 3.10 zeigen die Änderung des Styles für den `XmlSerializer`.

```
using System.ServiceModel;
namespace FirstConsoleService
{
    [ServiceContract(Namespace="http://addison-wesley.de")]
    [XmlSerializerFormat(Style=OperationFormatStyle.Rpc,
```

```
                              Use=OperationFormatUse.Literal)]
    public interface IFirstService
    {
    }
}
```

Listing 3.9: Änderung des Styles in C#

```
Imports System.ServiceModel
<ServiceContract(Namespace:="http://addison-wesley.de"), _
XmlSerializerFormat(Style:=OperationFormatStyle.Rpc, _
Use:=OperationFormatUse.Literal)> _
Public Interface IFirstService
End Interface
```

Listing 3.10: Änderung des Styles in Visual Basic

3.3 NetDataContractSerializer

Der große Unterschied zwischen dem `DataContractSerializer` und dem `NetDataContractSerializer` besteht in der Tatsache, dass der `NetDataContractSerializer` zusätzliche .NET-Typinformationen, ähnlich wie der `BinaryFormatter` oder der `SoapFormatter`, mit serialisiert. Das bedeutet, dass dieser Serialisierer, wie der Name schon vermuten lässt, nicht interoperabel ist, sondern ausschließlich in reinen .NET-Szenarien eingesetzt werden kann. Er greift nicht auf den `DataContract`-Namen zu, sondern verwendet die vollständige .NET-Typinformation. Die Gemeinsamkeit zwischen den beiden Serialisierern besteht jedoch in der gemeinsamen Ableitung von der Basisklasse `XmlObjectSerializer`.

Der Vorteil dieses Serialisierers besteht darin, dass aufgrund der Serialisierung auch bei Typinformationen das `KnownType`-Attribut nicht verwendet werden muss, da bei abgeleiteten Typen das Objekt als Typ der Basisklasse erkannt wird. Eine Versionierung wird jedoch erschwert, da die Typnamen nicht verändert werden können. Ein Punkt, der mit dem `DataContractSerializer` über die `Name`-Eigenschaft gesteuert werden kann. Als weiterer Nachteil wird das entstehende XML-Dokument durch die komplette Typdefinition aufgebläht.

Zusätzlich ist es etwas aufwändiger, diesen Serialisierer zu verwenden. Musste man zur Verwendung des `XmlSerializer` lediglich ein Attribut setzen, erfordert die Verwendung des `NetDataContractSerializer` erheblich mehr Programmcode. Im Internet habe ich einige sehr unterschiedliche Quellen gefunden, wie dieser Serialisierer angesprochen werden kann. Der aus meiner Sicht beste Ansatz ist in einem Artikel von Aaron Skonnard auf der Webseite

http://www.pluralsight.com/community/blogs/aaron/archive/2006/04/21/22284.aspx

beschrieben. Dabei wird ein eigenes Attribut zur Nutzung dieses Serialisierers erstellt und im ServiceContract an die entsprechenden Methoden angehängt.

> > > HINWEIS
Auch wenn in reinen .NET-Umgebungen dieser Serialisierer eigentlich nur Vorteile gegenüber dem Standardserialisierer `DataContractSerializer` *bietet, scheue ich mich, diesen zu verwenden. In der MSDN wird dieser Serialisierer eigentlich so gut wie ignoriert und als Alternative nur der* `XmlSerializer` *erwähnt. Deswegen bin ich mir nicht sicher, welchen Stellenwert dieser Serialisierer für die nächsten Versionen von WCF besitzt. Microsoft und viele andere Quellen empfehlen, diesen Serialisierer nicht zu verwenden – allenfalls bei der Migration einer .NET Remoting-Applikation nach WCF.*

Da durch den `NetDataContractSerializer` jeder beliebige Framework-Typ durch die Übergabe der kompletten Typinformation serialisiert bzw. deserialisiert werden kann, eignet er sich auch für Denial Of Service-Attacken. Microsoft selbst beschreibt diesen Serialisierer als unsicheren Serialisierer, der nur in vertrauensvollen Umgebungen eingesetzt werden sollte.

3.4 MessageContracts

Wie bereits in Abschnitt 2.7.1 angesprochen, können Sie als Alternative zu einem `DataContract` auch einen `MessageContract` verwenden. Bei den zu serialisierenden Klassen spricht man dann von *Messagetypen*. Wenn Sie mit Messagetypen arbeiten, sollten Sie auf alle Fälle die Datentypen als `MessageContract` definieren. Dabei können Sie auch unterschiedliche Sicherheitseinstellungen für bestimmte Eigenschaften verwenden. Das `MessageContract`-Attribut befindet sich im `System.ServiceModel`-Namespace und nicht im `System.Runtime.Serialization`-Namespace wie das `DataContract`-Attribut.

! ! ! ACHTUNG
`MessageContracts` *können nur bei Operationen verwendet werden, bei denen es maximal einen Messagetyp als Parameter gibt und bei denen auch der Rückgabewert als Messagetyp definiert ist, oder es keinen Rückgabewert gibt. Eine fehlerhafte Verwendung des Attributs führt nicht zu einem Compiler-Fehler, sehr wohl aber zu einem Laufzeitfehler.*

Mit der Verwendung eines `MessageContract` sparen Sie sich unnötigen Overhead durch das Generieren und Auslesen des erstellten XML-Codes. Sie können dabei auch wesentlich mehr Einfluss auf die zu erzeugende Nachricht nehmen als bei der Verwendung des `DataContract`-Attributs.

> > > HINWEIS
>
> *In vielen Fällen kann es dem Entwickler egal sein, wie die SOAP-Nachricht generiert wird. In manchen Fällen – vor allem wenn es um Interoperabilität geht – ist es jedoch wichtig, genauen Einfluss nehmen zu können, wie die SOAP-Nachricht aufgebaut ist.*

In Abbildung 3.1 sehen Sie den Aufbau einer SOAP-Nachricht.

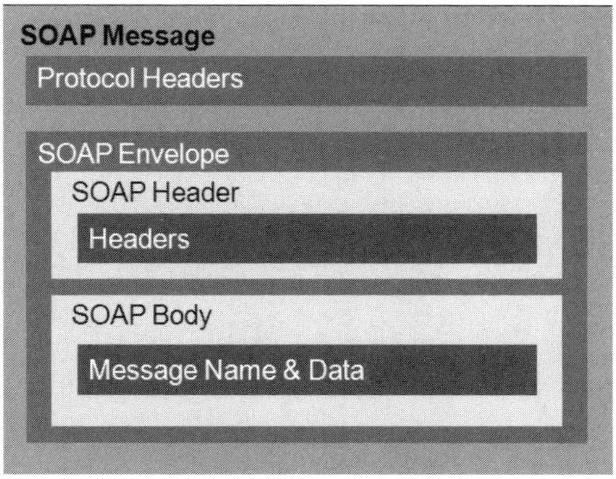

Abbildung 3.1: Aufbau einer SOAP-Nachricht

3.4.1 MessageContract-Attribute

Ähnlich wie das `DataContract`-Attribut besitzt auch das `MessageContract`-Attribut bestimmte Eigenschaften. Diese sind wiederum über den Konstruktor setzbar.

- **HasProtectionLevel**

  Eine boolesche Variable, die angibt, ob der Wert der Eigenschaft `ProtectionLevel` gleich `None` ist. Ist `ProtectionLevel` auf `None` gesetzt, so ist der Wert von `HasProtectionLevel false`, ansonsten ist er `true`. Diese Eigenschaft kann über den Konstruktor nicht gesetzt werden, da sie abhängig ist von der Eigenschaft `ProtectionLevel`.

- **IsWrapped**

  Eine boolesche Variable, die anzeigt, ob der Nachrichtentext ein Wrapper-Element besitzt. Der Standardwert ist `true`. Lautet der Wert `false`, so wird das Wrapper-Element unterdrückt.

- **ProtectionLevel**

  Damit können Sie einstellen, ob die Nachricht verschlüsselt oder signiert werden soll.

Mögliche Werte:

- None (Default)
- EncryptAndSign
- Sign

- **WrapperName**

  Setzt den Namen des Wrapper-Elements für die Nachricht (falls `isWrapped=true`).

- **WrapperNamespace**

  Setzt den Namespace des Nachrichten-Wrapper-Elements (falls `isWrapped=true`).

> > > HINWEIS

Werden bei einem Typ das `DataContract`- *und das* `MessageContract`-*Attribut gleichzeitig angegeben, so wird das* `DataContract`-*Attribut ignoriert.*

Die bislang mit dem `DataMember`-Attribut versehenen Eigenschaften können jetzt mit den Attributen `MessageHeader` oder `MessageBodyMember` versehen werden. Die Eigenschaften, die ein `MessageHeader`-Attribut besitzt, werden dabei im SOAP-Header der Nachricht übertragen, wobei es für jede solche Eigenschaft einen eigenen Header gibt. Die anderen Elemente werden im Body der Nachricht übertragen.

Auch das `MessageHeader`-Attribut besitzt im Konstruktor setzbare Eigenschaften.

- **Actor**

  Gibt den Empfänger des Nachrichten-Headers an. Standardwert ist ein leerer String.

- **IsReferenceParameter**

  Eine boolesche Variable, die anzeigt, ob dieser Header Referenzparameter eines Endpunktes enthält. Kann nur ausgelesen werden.

- **MustUnderstand**

  Eine boolesche Variable, die anzeigt, ob der Header ausgewertet werden muss. Kann der Client den Header nicht auswerten und steht die Eigenschaft auf `true`, so wird eine Ausnahme ausgelöst. Steht Sie auf `false`, wird die weitere Verarbeitung der Nachricht fortgesetzt.

- **Name**

  Setzt den Namen des Nachrichten-Headers. Achten Sie darauf, innerhalb von Vererbungsketten eindeutige Namen zu verwenden.

- **Namespace**

  Setzt den Namespace des Nachrichten-Headers.

- **ProtectionLevel**

  Damit können Sie einstellen, ob der Header verschlüsselt oder signiert werden soll.

  Mögliche Werte:

  - None (Default)
  - EncryptAndSign
  - Sign

- **Relay**

  Eine boolesche Variable, die anzeigt, ob der Header weitergeleitet werden soll. Nach der SOAP-1.1-Spezifikation ist diese Eigenschaft immer `false`.

Im Folgenden sehen Sie die Eigenschaften des `MessageBodyMember`-Attributs.

- **HasProtectionLevel**

  Eine boolesche Variable, die angibt ob der Wert der Eigenschaft `ProtectionLevel` gleich `None` ist. Ist `ProtectionLevel` auf `None` gesetzt, so ist der Wert von `HasProtectionLevel` `false`, ansonsten ist er `true`. Diese Eigenschaft kann über den Konstruktor nicht gesetzt werden, denn Sie ist abhängig von der Eigenschaft `ProtectionLevel`.

- **Name**

  Setzt den Namen des Elements.

- **Namespace**

  Setzt den Namenspace des Elements.

- **Order**

  Setzt die Reihenfolge, in der die Member innerhalb des SOAP-Bodys serialisiert werden sollen. Standardmäßig werden die Member alphabetisch serialisiert.

- **ProtectionLevel**

  Damit können Sie einstellen, ob die Nachricht verschlüsselt oder signiert werden soll.

  Mögliche Werte:

  - None (Default)
  - EncryptAndSign
  - Sign

* * * TIPP

Aus Performancegründen sollten Sie innerhalb Ihres MessageContracts nicht zu viele `MessageBodyMember`*-Elemente verwenden. Fassen Sie stattdessen diese einzelnen Member zu einem Typ zusammen, den Sie dann als einzigen* `MessageBodyMember` *Ihres Contracts definieren.*

Als Alternative zum `MessageHeader`-Attribut kann für Arrays auch das `MessageHeaderArray`-Attribut vergeben werden. Kennzeichnen Sie ein Array mit dem `MessageHeader`-Attribut, so wird das gesamte Array in einen Header serialisiert, während mit dem `MessagerHeaderArray`-Attribut jedes Element des Arrays unabhängig von den anderen Elementen serialisiert wird und jedes Element somit seinen eigenen Header besitzt. Bei der Erzeugung einer WSDL wird jedoch ein Array von Headern ignoriert.

Das `MessageHeaderArray`-Attribut besitzt dieselben Eigenschaften wie das `MessageHeader`-Attribut, von dem es tatsächlich auch erbt. Es kann nur für Arrays angewandt werden, nicht jedoch für Collections.

3.4.2 Beispiel

Die entsprechenden Klassendefinitionen in unserem Beispiel für die Message-Typen sind in Listing 3.11 und Listing 3.12 dargestellt.

```
using System.Runtime.Serialization;
using System.ServiceModel;
namespace FirstConsoleService
{
    [MessageContract]
    public class RequestType : IExtensibleDataObject
    {
        #region IExtensibleDataObject Member

        public ExtensionDataObject ExtensionData { get; set; }

        #endregion
    }

    [MessageContract]
    public class SaySomethingRequest : RequestType
    {
        [MessageBodyMember]
        public string SayWhat { get; set; }
    }

    [MessageContract]
    public class SaySomethingResponse
    {
        [MessageBodyMember]
```

```
        public string Result { get; set; }
    }

    [MessageContract]
    public class AddRequest : RequestType
    {
        [MessageBodyMember]
        public int X { get; set; }
        [MessageBodyMember]
        public int Y { get; set; }
    }

    [MessageContract]
    public class AddResponse
    {
        [MessageBodyMember]
        public int Result { get; set; }
    }

    [MessageContract]
    public class GetPersonRequest : RequestType
    {
        [MessageBodyMember]
        public string Vorname { get; set; }
    }

    [MessageContract]
    public class GetPersonResponse
    {
        [MessageBodyMember]
        public Person Result { get; set; }
    }


    [MessageContract]
    public class SetPersonRequest : RequestType
    {
        [MessageBodyMember]
        public Person Person { get; set; }
    }

    [MessageContract]
    public class SetPersonResponse
    {
        [MessageBodyMember]
        public string Result { get; set; }
    }
}
```

Listing 3.11: Message-Definition in C#

```
Imports System.Runtime.Serialization
Imports System.ServiceModel

<MessageContract()> Public Class RequestType
    Implements IExtensibleDataObject

    Private _extensionData As ExtensionDataObject
    Public Property ExtensionData() As _
        System.Runtime.Serialization.ExtensionDataObject Implements _
        System.Runtime.Serialization.IExtensibleDataObject.ExtensionData
        Get
            Return (_extensionData)
        End Get
        Set(ByVal value As System.Runtime.Serialization.ExtensionDataObject)
            _extensionData = value
        End Set
    End Property
End Class

<MessageContract()> Public Class SaySomethingRequest
    Inherits RequestType

    Private _sayWhat As String
    <MessageBodyMember()> _
    Public Property SayWhat() As String
        Get
            Return _sayWhat
        End Get
        Set(ByVal value As String)
            _sayWhat = value
        End Set
    End Property
End Class

<MessageContract()> Public Class SaySomethingResponse
    Private _result As String
    <MessageBodyMember()> _
    Public Property Result() As String
        Get
            Return _result
        End Get
        Set(ByVal value As String)
            _result = value
        End Set
    End Property
End Class

<MessageContract()> Public Class AddRequest
    Inherits RequestType
```

```
    Private _x As Integer
    <MessageBodyMember()> _
    Public Property X() As Integer
        Get
            Return _x
        End Get
        Set(ByVal value As Integer)
            _x = value
        End Set
    End Property

    Private _y As Integer
    <MessageBodyMember()> _
    Public Property Y() As Integer
        Get
            Return _y
        End Get
        Set(ByVal value As Integer)
            _y = value
        End Set
    End Property
End Class

<MessageContract()> Public Class AddResponse
    Private _result As Integer
    <MessageBodyMember()> _
    Public Property Result() As Integer
        Get
            Return _result
        End Get
        Set(ByVal value As Integer)
            _result = value
        End Set
    End Property
End Class

<MessageContract()> Public Class GetPersonRequest
    Inherits RequestType

    Private _vorname As String
    <MessageBodyMember()> _
    Public Property Vorname() As String
        Get
            Return _vorname
        End Get
        Set(ByVal value As String)
            _vorname = value
        End Set
    End Property
```

```
End Class

<MessageContract()> Public Class GetPersonResponse
    Private _result As Person
    <MessageBodyMember()> _
    Public Property Result() As Person
        Get
            Return _result
        End Get
        Set(ByVal value As Person)
            _result = value
        End Set
    End Property
End Class

<MessageContract()> Public Class SetPersonRequest
    Inherits RequestType

    Private _person As Person
    <MessageBodyMember()> _
    Public Property Person() As Person
        Get
            Return _person
        End Get
        Set(ByVal value As Person)
            _person = value
        End Set
    End Property
End Class

<MessageContract()> Public Class SetPersonResponse
    Private _result As String
    <MessageBodyMember()> _
    Public Property Result() As String
        Get
            Return _result
        End Get
        Set(ByVal value As String)
            _result = value
        End Set
    End Property
End Class
```

Listing 3.12: Message-Definition in Visual Basic

Die an die Message-Typen angepassten Service-Definitionen sind in Listing 3.13 und Listing 3.14 dargestellt.

```
using System.ServiceModel;
namespace FirstConsoleService
{
    [ServiceContract(Namespace="http://addison-wesley.de")]
    public interface IFirstService
    {
        [OperationContract]
        SaySomethingResponse SaySomething(SaySomethingRequest request);

        [OperationContract]
        AddResponse Add(AddRequest request);

        [OperationContract]
        GetPersonResponse GetPerson(GetPersonRequest request);

        [OperationContract]
        SetPersonResponse SetPerson(SetPersonRequest request);
    }
}
```

Listing 3.13: Service-Definition mit Message-Typen in C#

```
Imports System.ServiceModel

<ServiceContract(Namespace:="http://addison-wesley.de")> _
Public Interface IFirstService
    <OperationContract()> _
    Function SaySomething(ByVal request As SaySomethingRequest) _
             As SaySomethingResponse
    <OperationContract()> _
    Function Add(ByVal request As AddRequest) As AddResponse
    <OperationContract()> _
    Function GetPerson(ByVal request As GetPersonRequest) As GetPersonResponse
    <OperationContract()> _
    Function SetPerson(ByVal request As SetPersonRequest) As SetPersonResponse
End Interface
```

Listing 3.14: Service-Definition mit Message-Typen in Visual Basic

Der daraus resultierende Code für die Implementierung des `ServiceContract` ist in Listing 3.15 und Listing 3.16 dargestellt.

```
using System;
namespace FirstConsoleService
{
    public class FirstService : IFirstService
    {
        #region IFirstService Member
```

```
public SaySomethingResponse SaySomething(SaySomethingRequest request)
{
    return new SaySomethingResponse() { Result = request.SayWhat };
}

public AddResponse Add(AddRequest request)
{
    return new AddResponse() { Result = request.X + request.Y };
}

public SetPersonResponse SetPerson(SetPersonRequest request)
{
    return new SetPersonResponse() { Result = request.Person.Name };
}

public GetPersonResponse GetPerson(GetPersonRequest request)
{
    Person p = new Person();
    p.Geburtsort = "Liverpool";
    switch (request.Vorname.ToLower())
    {
        case "john':
            p.Name = "Lennon";
            p.Vorname = "John";
            p.Geburtsdatum = new DateTime(1940,10,9);
            break;
        case "paul':
            p.Name ="McCartney";
            p.Vorname = "Paul";
            p.Geburtsdatum = new DateTime(1942,6,18);
            break;
        case "george":
            p.Name = "Harrison";
            p.Vorname = "George";
            p.Geburtsdatum = new DateTime(1943, 2, 25);
            break;
        case "ringo":
            p.Name = "Starr";
            p.Vorname = "Ringo";
            p.Geburtsdatum = new DateTime(1940, 7, 7);
            break;

        default:
            p = new PersonMitBand();
            p.Name = "Nowhere Man";
            p.Vorname = request.Vorname;
            p.Geburtsdatum = new DateTime(1965, 5, 1);
            p.Geburtsort = "Liverpool";
            ((PersonMitBand)p).BandName = "Beatles";
```

```
                break;
            }
            return new GetPersonResponse() { Result = p };
        }
        #endregion
    }
}
```

Listing 3.15: Service-Implementierung mit Message-Typen in C#

```
Public Class FirstService
  Implements IFirstService

  Public Function Add(ByVal request As AddRequest) As AddResponse _
    Implements IFirstService.Add
      Return New AddResponse With {.Result = request.X + request.Y}
  End Function

  Public Function SaySomething(ByVal request As SaySomethingRequest) _
    As SaySomethingResponse Implements IFirstService.SaySomething
      Return New SaySomethingResponse With {.Result = request.SayWhat}
  End Function

  Public Function SetPerson(ByVal request As SetPersonRequest) _
    As SetPersonResponse Implements IFirstService.SetPerson
      Return New SetPersonResponse With {.Result = request.Person.Name}
  End Function

  Public Function GetPerson(ByVal request As GetPersonRequest) _
    As GetPersonResponse Implements IFirstService.GetPerson
      Dim p As New Person()
      p.Geburtsort = "Liverpool"
      Select Case request.Vorname.ToLower()
        Case "john"
          p.Name = "Lennon"
          p.Vorname = "John"
          p.Geburtsdatum = New DateTime(1940, 10, 9)
        Case "paul"
          p.Name = "McCartney"
          p.Vorname = "Paul"
          p.Geburtsdatum = New DateTime(1942, 6, 18)
        Case "george"
          p.Name = "Harrison"
          p.Vorname = "George"
          p.Geburtsdatum = New DateTime(1943, 2, 25)
        Case "ringo"
          p.Name = "Starr"
          p.Vorname = "Ringo"
          p.Geburtsdatum = New DateTime(1940, 7, 7)
```

```
        Case Else
          p = New PersonMitBand()
          p.Geburtsort = "Liverpool"
          p.Name = "Nowhere Man"
          p.Vorname = request.Vorname
          p.Geburtsdatum = New DateTime(1965, 5, 1)
          CType(p, PersonMitBand).BandName = "Beatles"
      End Select

      Return New GetPersonResponse With {.Result = p}
  End Function
End Class
```

Listing 3.16: Service-Implementierung mit Message-Typen in Visual Basic

Nach der Neuerstellung der Metadaten und der Proxy-Klasse für den Client müssen Sie den Code am Client noch, wie in Listing 3.17 und Listing 3.18 gezeigt, anpassen. Sie sehen, dass Sie dabei die Aufrufe genauso machen können wie ursprünglich in der ersten Version des Clients. Die erzeugte Proxy-Klasse löst die Message-Typen in entsprechende Parameter auf.

```
using System;
using addisonwesley.de;

namespace FirstClientService
{
    class Program
    {
        static void Main(string[] args)
        {
            FirstServiceClient proxy = new FirstServiceClient();
            Console.WriteLine(proxy.SaySomething("Hallo Leser"));
            Console.WriteLine(proxy.Add( 8,7).ToString());
            Person p = proxy.GetPerson("sepp");
            Console.WriteLine(proxy.SetPerson(p ));
            Console.WriteLine(p.Name + " " + p.Vorname + " " +
                    p.Geburtsdatum.ToShortDateString());
            Console.ReadLine();
        }
    }
}
```

Listing 3.17: Aufruf des Service mit Message-Typen in C#

```
Imports FirstClientService.addisonwesley.de
Module Module1
    Sub Main()
        Dim proxy As New FirstServiceClient
        Console.WriteLine(proxy.SaySomething("Hallo Leser"))
```

```
        Console.WriteLine(proxy.Add(8, 7).ToString())
        Dim p As Person = proxy.GetPerson("john")
        Console.WriteLine(proxy.SetPerson(p))
        Console.WriteLine(p.Name & " " & p.Vorname & " " & _
                          p.Geburtsdatum.ToShortDateString())
        Console.ReadLine()
    End Sub
End Module
```

Listing 3.18: Aufruf des Service mit Message-Typen in Visual Basic

Betrachten Sie sich die Proxy-Klasse etwas genauer. Sie erkennen, dass die übergebenen Parameter im Proxy zu entsprechenden Request-Typen (Message-Typen) zusammengebaut werden und danach der Aufruf an den Service mit der richtigen Signatur durchgeführt wird.

Als kleines Beispiel stellen Listing 3.19 und Listing 3.20 einen Ausschnitt aus der clientseitigen Proxy-Klasse dar, um die Umsetzung für die Methode `SaySomething()` zu illustrieren.

```
SaySomethingResponse IFirstService.SaySomething(SaySomethingRequest request)
{
  return base.Channel.SaySomething(request);
}

public string SaySomething(string SayWhat)
{
  SaySomethingRequest inValue = new SaySomethingRequest();
  inValue.SayWhat = SayWhat;
  SaySomethingResponse retVal = ((IFirstService)(this)).SaySomething(inValue);
  return retVal.Result;
}
```

Listing 3.19: Implementierung von Message-Typen im Proxy in C#

```
Function IFirstService_SaySomething(ByVal request As SaySomethingRequest) _
  As SaySomethingResponse Implements IFirstService.SaySomething
    Return MyBase.Channel.SaySomething(request)
End Function

Public Function SaySomething(ByVal SayWhat As String) As String
  Dim inValue As SaySomethingRequest = New SaySomethingRequest
  inValue.SayWhat = SayWhat
  Dim retVal As SaySomethingResponse = _
              CType(Me,IFirstService).SaySomething(inValue)
  Return retVal.Result
End Function
```

Listing 3.20: Implementierung von Message-Typen im Proxy in Visual Basic

! ! ! ACHTUNG

Das `KnownType`*-Attribut wird bei der Verwendung von* `MessageContract` *ignoriert. Falls Sie es benötigen, können Sie es an die Operation setzen, die den Message-Typ verwendet.* `MessageContract` *ist auch kompatibel mit dem* `XmlSerializer`.

3.4.3 ProtectionLevel von MessageContracts

Wie bereits erwähnt, können Sie sowohl dem `MessageContract`-, dem `MessageHeader`- als auch dem `MessageBodyMember`-Attribut einen Wert für `ProtectionLevel` zuweisen.

Die drei möglichen Werte dabei sind:

- **None** (Standardwert – weder Signatur noch Verschlüsselung)
- **Sign** (digitale Signatur)
- **EncryptAndSign** (digitale Signatur und Verschlüsselung)

Achten Sie bei Verwendung des Nichtstandardwertes unbedingt darauf, dass die Bindung und das Verhalten sauber definiert sind, und Sie die entsprechenden Schlüssel bereitstellen (mehr dazu in Kapitel 9, »Security«).

Die `ProtectionLevel`-Eigenschaft ist dabei für jeden Header unabhängig, jedoch sind die Elemente im `MessageBody` voneinander abhängig. Wird für nur ein einziges Element im Body der Wert beispielsweise auf `Sign` gesetzt, so wird der gesamte Body verschlüsselt, auch wenn alle anderen `MessageBodyMember`-Elemente den Wert `None` besitzen.

3.4.4 Versionierung von MessageContracts

Wird in einer neuen Version ein zusätzlicher Header mit eingebaut, den ein älterer Client nicht kennt, so wird dieser zusätzliche Header ignoriert. Wurde ein bestehender Header entfernt, so wird das entsprechende Attribut mit einem Defaultwert initialisiert. Es kommt also zu keinem Fehler. Sehr ähnlich ist es mit Elementen im `MessageBody`. Zusätzliche Elemente werden ignoriert, falls sie nicht bekannt sind. Fehlende Elemente werden mit einem Standardwert ausgestattet.

Die einzige Ausnahme besteht jedoch bei Headern, die das `MustUnderstand`-Attribut auf `true` gesetzt haben. Das bedeutet: Der Client muss diesen Header auswerten können, er kann ihn also nicht einfach ignorieren. In diesem Fall wird eine Ausnahme ausgelöst und die Nachricht nicht verarbeitet.

3.5 Alternative Austauschmöglichkeiten von Daten

Zusätzlich zu den bislang vorgestellten Szenarien gibt es noch zwei weitere Möglichkeiten, Daten zwischen dem Client und dem Server auszutauschen. Diese beiden Möglichkeiten sind

- die Verwendung von Streams,
- die Verwendung der Message-Klasse.

3.5.1 Nachrichten durch Streams beschreiben

Die `Stream`-Klasse aus dem Namespace `System.IO` kann auch für die Übertragung von Daten in WCF genutzt werden. Dies empfiehlt sich insbesondere beim Austausch von sehr großen Datenmengen innerhalb einer Nachricht. Falls Sie keine Streams verwenden, werden die zu übertragenden Daten komplett im Speicher gepuffert. Das kann bei der Übertragung von sehr großen Datenmengen sehr schnell zu Engpässen auf dem Server führen. Über Streams wird die Datenmenge in kleinen, gut verarbeitbaren Häppchen geladen.

! ! ! ACHTUNG

Der ASP.NET Development-Server unterstützt kein Streaming.

Einschränkungen

Streaming besitzt unter WCF einige Einschränkungen:

- Keine Unterstützung für digitale Signaturen

  Da die Daten nicht komplett im Speicher gehalten, sondern Stück für Stück gelesen werden, kann auch kein Hashwert über die Daten gebildet werden.

- Keine Verschlüsselung der Daten

  Eine Verschlüsselung verwendet digitale Signaturen, um sicherzustellen, dass eine Nachricht korrekt entschlüsselt wurde.

- Keine Unterstützung von Reliable Sessions

  Der Client puffert bei Reliable Sessions alle gesendeten Nachrichten, um sicherzustellen, dass er die Nachricht noch einmal absetzen kann, falls die Nachricht nicht korrekt übertragen werden konnte.

- Keine Unterstützung von Message Queues

  Message Queues unterstützen nur gepufferte Nachrichten.

- Unerwartetes Verhalten bei Sessions

  Bei bestimmten Einstellungen bezüglich Sessions kann es zu nicht erwarteten Timeouts beim Streaming von großen Datenmengen für andere, nicht am Streaming beteiligte Clients kommen.

Security funktioniert bei Streaming also nur über Transportsecurity und nicht über Messagesecurity. Somit ist ein Streaming auch nur für *BasicHttpBinding, NetTcpBinding* und *NetNamedPipeBinding* verfügbar.

! ! ! ACHTUNG

Bei der Verwendung von Streams müssen Sie darauf achten, dass Sie die Datendefinition mit dem Datentyp `Stream` *und keinesfalls mit einer von* `Stream` *abgeleiteten Klasse durchführen. Außerdem muss dieses Datenmember das einzige Element innerhalb des SOAP-Bodys sein. Andere zu übergebene Daten können mithilfe von* `MessageContract` *im SOAP-Header übertragen werden.*

Encodierung

Wenn Sie mit Streams arbeiten, stellt sich als Erstes die Frage nach dem Encodierer: Text oder binär. Binäre Encodierung empfiehlt sich auf alle Fälle bei großen binären Datenmengen wie Videos, Bildern und Ähnlichem. Innerhalb von XML werden diese Daten durch das Base64- Encoding umgewandelt. Dies erzeugt einen Overhead von etwa 33 Prozent gegenüber der normalen Datengröße.

Um diesen Overhead zu vermeiden, wurde der Standard *Message Transmission Optimization Mechanism* (*MTOM*) eingeführt, der die binären Daten ohne zusätzliche Encodierung als MIME-Sequenzen verpackt. MTOM bringt in der Regel Vorteile ab einer Größe von 1 kB für binäre Daten.

WCF bietet drei unterschiedliche Encodierer an, wobei Sie jederzeit WCF um eigene Encodierer erweitern können:

- **TextMessageEncodingBindingElement**

  Dieser Encoder wird für alle HTTP-basierten Bindings verwendet und bietet die größte Interoperabilität

- **MtomMessageEncodingBindingElement**

  Dies ist ein spezieller Textencodierer für binäre Daten. Der Service muss explizit konfiguriert werden, um diesen Encodierer zu verwenden. Konfigurieren Sie dafür das Attribut `MessageEncoding` des Binding-Elements mit dem Wert *Mtom*. Dieser Wert steht für *BasicHttpBinding* und *WSHttpBinding* zur Verfügung. Beachten Sie jedoch, dass danach alle Operationen dieses Endpunktes mit MTOM encodiert werden.

- **BinaryMessageEncodingBindingElement**

  Dieser Encoder wird für alle NET*-Bindings verwendet und bietet keine Interoperabilität außerhalb von WCF.

* * * TIPP

Vergessen Sie nicht, dass Sie die Möglichkeit haben, Ihren Dienst über verschiedene Endpunkte zu veröffentlichen. Zum Beispiel können ein Endpunkt mit binärer Codierung für die WCF-Clients und gleichzeitig ein zweiter Endpunkt für interoperable HTTP-Kommunikation verwendet werden.

Arten des Streamings

WCF unterstützt drei Arten von Streaming:

- **StreamedRequest**

  Streaming des Requests, Pufferung bei der Antwort

- **StreamedResponse**

  Pufferung des Requests, Streaming bei der Antwort

- **Streamed**

  Streaming des Requests und der Response

Dies sind die möglichen Werte für das Attribut `TransferMode`, das Sie über das `binding`-Element des Endpunktes definieren können. Der Standardwert dabei ist `Buffered`. Standardmäßig ist also kein Streaming aktiviert.

> > > HINWEIS

Sobald Ihre Operation mehr als einen Input-Parameter besitzt, der nicht vom Typ `Stream` *ist, wird automatisch in den* `Buffered`*-Modus umgeschaltet, völlig unabhängig von der Konfiguration des Endpunktes. Bei der Verwendung von* `MessageContract` *darf es nur ein einziges* `MessageBodyMember` *geben; alle zusätzlich benötigten Informationen müssen mittels* `MessageHeader` *übergeben werden.*

3.5.2 Nachrichten durch die Klasse »Message« beschreiben

Mit der Klasse `Message` aus dem Namespace `System.ServiceModel.Channels` erzielen Sie eine komplette Kontrolle über den Austausch der Nachrichten. Die Verwendung der `Message`-Klasse würde ich als sehr fortgeschrittenes Szenario betrachten, das man wohl in den wenigsten Fällen verwenden wird. Einer dieser Fälle könnte zum Beispiel sein, den Inhalt einer Datei direkt in eine Message zu serialisieren, ohne dafür eine .NET-Klasse zu instanziieren und zu serialisieren.

Verwenden der Message

Für das Verwenden der `Message`-Klasse gibt es einige Regeln, die den Regeln bei der Verwendung von `MessageContracts` sehr ähneln:

- Es gibt keine `out`- oder `ref`-Parameter.
- Es gibt maximal einen Input-Parameter. Dieser muss vom Typ `Message` oder von einem `MessageContract`-Typ sein
- Der Rückgabewert muss entweder `void` (in Visual Basic muss es eine `Sub` sein) oder vom Typ `Message` oder von einem `MessageContract`-Typ sein

Um zu demonstrieren, wie Sie die Klasse `Message` verwenden können, erweitere ich das Service-Interface unseres kleinen Beispiels um zwei Methoden, wie in Listing 3.21 und Listing 3.22 gezeigt. Vergessen Sie dazu bitte nicht, den Namespace `System.ServiceModel.Channels` zu importieren.

```
[OperationContract]
Message GetPersonAsMessage();

[OperationContract]
void SetPersonAsMessage(Message m);
```

Listing 3.21: Definition zweier Service-Methoden in C#, von denen eine die Klasse »Message« verwendet

```
<OperationContract()> Function GetPersonAsMessage() As Message
<OperationContract()> Sub SetPersonAsMessage(ByVal m As Message)
```

Listing 3.22: Definition zweier Service-Methoden in Visual Basic, von denen eine die Klasse »Message« verwendet

Erstellen einer Message

Zum Erstellen eines `Message`-Objekts steht Ihnen die statische Methode `CreateMessage()` zur Verfügung. Diese Methode stellt Überladungen zur Verfügung, sodass Sie eine Kombination der folgenden Parameter angeben können:

- **Version**

  Hier können Sie die zu verwendende SOAP-Version über die Enumeration `MessageVersion` angeben. Bei einer Angabe von `None` wird auf die Erstellung eines SOAP-Envelopes verzichtet, die Nachricht besteht danach nur aus dem SOAP-Body. Zumeist wollen Sie an dieser Stelle dieselbe Protokollversion wie die eingehende Nachricht haben. Dafür steht Ihnen über den aktuellen Kontext die Eigenschaft `OperationContext.Current.IncomingMessageVersion` zur Verfügung.

- **Action**

  Name der Operation

- **Fault**

  Ein `MessageFault`-Objekt, das einen SOAP-Fehler beschreibt, der während der Verarbeitung aufgetreten ist.

- **Body**

  Der tatsächliche Inhalt der Message. Der Typ kann dabei ein beliebiges Objekt (sofern dieses Objekt Teil des `DataContract` ist), ein Objekt vom Typ `XmlReader`, `XmlDictionaryReader` oder ein von der abstrakten Basisklasse `BodyWriter` abgeleitetes Objekt sein.

- **EnvelopeReader**

  Ein `XmlReader` oder ein `XmlDictionaryReader` zum Auslesen des SOAP-Envelopes

- **MaxSizeOfHeaders**

  Maximale Größe eines Headers in Byte. Sollten Sie mit unbekannten Clients kommunizieren, so setzen Sie diesen Wert auf einen vernünftigen Wert, um einer Denial Of Service-Attacke vorzubeugen.

- **Reason**

  Der Grund für einen SOAP-Fehler

- **Serializer**

  Ein `XmlObjectSerializer` zum Serialisieren der Nachricht

In den folgenden Listings sehen Sie, wie die erste Interface-Methode `GetPersonAsMessage()` implementiert wird. Dabei wird das Message-Objekt aus einem Personenobjekt heraus erzeugt. Als SOAP-Version wird dieselbe Version wie die eingehende Nachricht verwendet, und als SOAP-Action wird der String `http://addison-wesley.de/IFirstService/GetPersonAsMessageResponse` gesetzt.

```
public Message GetPersonAsMessage()
{
  Person p = new Person();
  p.Vorname = "John";
  p.Name = "Lennon";
  p.Geburtsdatum = new DateTime(1940,10,9);

  return Message.CreateMessage
    (OperationContext.Current.IncomingMessageVersion,
     "http://addison-wesley.de/IFirstService/GetPersonAsMessageResponse", p);
}
```

Listing 3.23: Erstellen einer Message aus einem Objekt in C#

```
Public Function GetPersonAsMessage() As Message _
  Implements IFirstService.GetPersonAsMessage

  Dim p As New Person()
  p.Vorname = "John"
  p.Name = "Lennon"
  p.Geburtsdatum = New DateTime(1940, 10, 9)

  Return Message.CreateMessage( _
    OperationContext.Current.IncomingMessageVersion, _
    "http://addison-wesley.de/IFirstService/GetPersonAsMessageResponse", p)
End Function
```

Listing 3.24: Erstellen einer Message aus einem Objekt in Visual Basic

Wenn Sie an dieser Stelle kein Objekt serialisieren wollen, verwenden Sie stattdessen einen `XmlReader` oder einen `XmlDictionaryReader`, die den Body entsprechend befüllen können. Auf diese Weise können Sie zum Beispiel den Inhalt einer Datei direkt in den Body der Nachricht schreiben.

Auslesen einer Nachricht

Zum Auslesen der generierten Nachricht gibt es drei Möglichkeiten:

- Schreiben der Nachricht

  Damit kann der Inhalt der Nachricht direkt mittels eines `XmlWriters` in eine Datei geschrieben werden.

- Lesen der Nachricht

  Mit der generischen Methode `GetBody()` kann man direkt auf ein typisiertes Objekt im Body zugreifen.

- Kopieren der Nachricht

  Damit kann die Message in einen Buffer kopiert werden, um diese zu einem späteren Zeitpunkt auszuwerten.

! ! ! ACHTUNG

Auf den Inhalt einer Nachricht kann nur ein einziges Mal zugegriffen werden. Sie können die Message nicht mehrfach auswerten. Unterlassen Sie deswegen beispielsweise Debug-Ausgaben, weil dann die weitere Verarbeitung der Nachricht nicht mehr gewährleistet ist.

Listing 3.25 und Listing 3.26 zeigen das Auslesen des Message-Objekts am Beispiel der zweiten zusätzlichen Service-Methode `SetPersonAsMessage()`. Dabei werden auch die Eigenschaften `IsEmpty` (leere Nachricht) und `IsFault` (fehlerhafte Nachricht) der Nachricht ausgewertet.

```
public void SetPersonAsMessage(Message m)
{
  if (!m.IsEmpty)
  {
    if (!m.IsFault)
    {
      Person p = m.GetBody<Person>();
      Console.WriteLine(p.Name);
    }
  }
}
```

Listing 3.25: Auslesen des Message-Objekts in C#

```
Public Sub SetPersonAsMessage(ByVal m As Message) _
       Implements IFirstService.SetPersonAsMessage
  If Not m.IsEmpty Then
    If Not m.IsFault Then
      Dim p As Person = m.GetBody(Of Person)()
      Console.WriteLine(p.Name)
    End If
  End If
End Sub
```

Listing 3.26: Auslesen des Message-Objekts in Visual Basic

Nachdem die Metadaten für den Client neu erstellt wurden, können Sie auf diese beiden Service-Methoden zugreifen.

Listing 3.27 und Listing 3.28 zeigen den angepassten Programmcode der Client-Anwendung.

```
using System;
using addisonwesley.de;
using System.ServiceModel.Channels;
using System.ServiceModel;

namespace FirstClientService
{
  class Program
  {
    static void Main(string[] args)
    {
      FirstServiceClient proxy = new FirstServiceClient();
      Console.WriteLine(proxy.SaySomething("Hallo Leser"));
      Console.WriteLine(proxy.Add(8, 7).ToString());
      Person p = proxy.GetPerson("john");
      Console.WriteLine(proxy.SetPerson(p));
      Console.WriteLine(p.Name + " " + p.Vorname + " " +
                        p.Geburtsdatum.ToShortDateString());
```

```
        Message m = proxy.GetPersonAsMessage();
        if (!m.IsEmpty)
        {
          if (!m.IsFault)
          {
            p = m.GetBody<Person>();
            Console.WriteLine(p.Name + " " + p.Vorname + " " +
                              p.Geburtsdatum.ToShortDateString());
          }
          else
          {
           Console.WriteLine("Fehler");
          }
        }
        else
        {
          Console.WriteLine("Leer");
        }
        proxy.SetPersonAsMessage(Message.CreateMessage(MessageVersion.Soap11,
          "http://addison-wesley.de/IFirstService/SetPersonAsMessage", p));
        Console.ReadLine();
      }
  }
}
```

Listing 3.27: Zugriff auf Message-Objekte aus der Client-Anwendung in C#

```
Imports FirstClientService.addisonwesley.de
Imports System.ServiceModel.Channels

Module Module1
  Sub Main()
    Dim proxy As New FirstServiceClient
    Console.WriteLine(proxy.SaySomething("Hallo Leser"))
    Console.WriteLine(proxy.Add(8, 7).ToString())
    Dim p As Person = proxy.GetPerson("john")
    Console.WriteLine(proxy.SetPerson(p))
    Console.WriteLine(p.Name & " " & p.Vorname & " " & _
                  p.Geburtsdatum.ToShortDateString())
    Dim m As Message = proxy.GetPersonAsMessage
    If Not m.IsEmpty Then
      If Not m.IsFault Then
        p = m.GetBody(Of Person)()
        Console.WriteLine(p.Name + " " + p.Vorname + " " + _
                       p.Geburtsdatum.ToShortDateString())
      Else
        Console.WriteLine("Fehler")
      End If
    Else
```

```
      Console.WriteLine("Leer")
    End If
    proxy.SetPersonAsMessage(Message.CreateMessage(MessageVersion.Soap11, _
      "http://addison-wesley.de/IFirstService/SetPersonAsMessage", p))
    Console.ReadLine()
  End Sub
End Module
```

Listing 3.28: Zugriff auf Message-Objekte aus der Client-Anwendung in Visual Basic

3.6 Besonderheiten bei der Datenserialisierung

Bei der Datenserialisierung ist noch auf einige Besonderheiten zu achten, die in diesem Abschnitt beschrieben werden.

3.6.1 Einschränkungen in einer nicht voll vertrauenswürdigen Umgebung

Falls die Datenserialisierung in einer Applikation ausgeführt wird, die nicht im `FullTrust`-Modus läuft, kann dies sehr schnell zu Problemen führen. Prinzipiell wird Datenserialisierung auch im `PartialTrust`-Modus unterstützt, jedoch müssen folgende Randbedingungen erfüllt sein:

- Es werden die Berechtigungssätze für `UnmanagedCode` und `SerialisierungsFormatter` benötigt. Dies ist wohl die größte Einschränkung. In einer `PartialTrust`-Umgebung `UnmanagedCode`-Permissions zu vergeben, öffnet Angreifern Tür und Tor und wird deswegen wohl eher selten zu finden sein.
- Die Serialisierung von schreibgeschützten Eigenschaften wird nicht unterstützt.
- Alle serialisierbaren Typen und Member müssen public sein.
- Die Serialisierung von Typen, die mit dem Attribut `Serializable` versehen sind oder das Interface `ISerializable` implementieren, wird nicht unterstützt.

Wenn Sie sich die Liste betrachten, werden Sie sehr schnell zu dem Schluss kommen, dass die Applikationen wohl `FullTrust`-Rechte haben sollten, ansonsten ist eine korrekte Ausführung der Serialisierung nicht gewährleistet.

3.6.2 Enumerationen

Wie bereits angesprochen, können Sie auch Enumerationen als Teil eines Datenvertrags definieren. Dafür verwenden Sie wiederum das `DataContract`-Attribut. Für die Enumerationswerte benutzen Sie das `EnumMember`-Attribut.

Listing 3.29 und Listing 3.30 zeigen eine entsprechende Enumeration als `DataContract`.

```
using System.Runtime.Serialization;
namespace FirstConsoleService
{
    [DataContract] public enum Instrumente
    {
        [EnumMember] Gitarre,
        [EnumMember] Schlagzeug,
        [EnumMember] Piano,
        [EnumMember] Bass
    }
}
```

Listing 3.29: Beispiel für einen DataContract einer Enumeration in C#

```
Imports System.Runtime.Serialization
<DataContract()> Public Enum Instrumente
    <EnumMember()> Gitarre
    <EnumMember()> Schlagzeug
    <EnumMember()> Piano
    <EnumMember()> Bass
End Enum
```

Listing 3.30: Beispiel für einen DataContract einer Enumeration mit Visual Basic

Wird ein Wert nicht als `EnumMember` markiert, kann dieser auch nicht verwendet werden. Bei der Serialisierung werden die hinter einer Enumeration liegenden numerischen Werte in den XML-Code geschrieben. Das Attribut `EnumMember` besitzt eine Eigenschaft, die über den Konstruktor gesetzt werden kann: die `Value`-Eigenschaft.

Sie könnten zum Beispiel anstelle von

```
[EnumMember] Schlagzeug
```

auch schreiben:

```
[EnumMember(Value="Drums")] Schlagzeug
```

Sofern Sie mithilfe von Attributen von `DataContract` keine Anpassungen vornehmen und alle Enumerationswerte ohne Anpassung serialisieren wollen, können Sie auch die Enumeration ohne jegliches Attribut verwenden. Man spricht dann von einer einfachen Enumeration.

Das Attribut `Flags` kann auch weiterhin für die zu serialisierende Enumeration verwendet werden. Beachten Sie jedoch, dass die Werte in diesem Fall stets eine Folge aufsteigender Zweierpotenzen (1, 2, 4, 8, 16, ...) bilden müssen.

! ! ! ACHTUNG

Entfernen Sie keine Enumerationselemente in späteren Versionen.

3.6.3 Collections

Wie bereits erwähnt, unterstützen Datenverträge auch Aufzählungsobjekte.

Dabei werden zwei wesentlich unterschiedliche Arten von Listen unterschieden:

- **List Collections**

  Hierzu zählen einfache Aufzählungsobjekte wie `ArrayList` oder `List`. Diese Objekte implementieren in der Regel das `IEnumerable`- oder das `IEnumerable<T>`-Interface.

- **Dictionary Collections**

  Hierzu zählen Aufzählungsobjekte, die ein Schlüssel-Werte-Paar unterstützen wie zum Beispiel `HashTable`, `SortedList` oder `Dictionary`. Diese Objekte implementieren das `IDictionary`-Interface oder dessen generische Variante.

! ! ! ACHTUNG

Es werden nur Collections unterstützt, die eine `Add()`-Methode sowie einen Default-Konstruktor implementieren. Die direkte Verwendung beispielsweise des Typs `Stack` (er besitzt anstelle der `Add()`-Methode die `Push()`-Methode) ist nur über einen Workaround möglich.

Wundern Sie sich nicht, dass bei der Verwendung von Collections auf dem Server und dem Client tatsächlich unterschiedliche Typen vorliegen können. WCF versucht, äquivalente Datentypen zu erstellen, um sich unnötige Definitionen zu ersparen und ein einheitliches XML-Schema für ähnliche Collections zu verwenden.

Eine auf dem Server definierte generische `List<int>` kann auf dem Client durchaus als ein Array von Integern dargestellt werden. Falls Sie auf dem Client dieselben Typen verwenden wollen, müssen Sie die gewünschten Typen in die Liste der sogenannten `ReferencedCollectionTypes` aufnehmen. Dies können Sie zum Beispiel mit dem Tool *svcutil* durch die Befehlszeilenparameter `/ct` (collectionType) und `/r` (reference) durchführen. Wenn Sie mehr zu diesem Thema lesen wollen, empfehle ich Ihnen einen Blick in die MSDN (*http://msdn.microsoft.com/en-us/library/aa347850.aspx*).

Eine Verschachtelung von Collections ist möglich. Sie können also auch Collections von Collections serialisieren.

3.7 XML-Schemata und DataContract-Klassen

Im Folgenden soll noch gezeigt werden, wie per Programmcode aus einer bestehenden Klasse, die Teil eines Datenvertrags ist, eine XML-Schemadatei beziehungsweise aus einer Schemadatei eine Klasse generiert werden kann.

> > > HINWEIS
>
> *Das* svcutil-*Tool stellt auch Funktionen für das Exportieren und Importieren von Schemata bereit.*

3.7.1 Exportieren einer Klasse

Um eine Klasse zu exportieren, benötigen Sie ein `XsdDataContractExporter`-Objekt. Diese Klasse finden Sie im Namespace `System.Runtime.Serialization`. Mit der `CanExport()`-Methode dieses Objekts können Sie überprüfen, ob es überhaupt möglich ist, für den angegebenen Typ eine Schemadatei zu erstellen. Anschließend kann das Schema mit der `Export()`-Methode exportiert werden.

Die `Export()`-Methode besitzt drei Überladungen, bei denen Sie einen konkreten Typ, eine Liste von Typen oder eine Liste von Assemblies angeben können. Bei der Liste von Assemblies werden dabei alle Typen, die innerhalb der angegebenen Assemblies definiert sind, exportiert.

Anschließend können Sie mit der `Schemas()`-Methode der `Schemas`-Eigenschaft alle exportierten `XmlSchema` durchlaufen und diese als *xsd*-Datei abspeichern.

Listing 3.31 und Listing 3.32 zeigen den Export der Personen-Klasse aus unserem Beispielprojekt in eine Datei mit dem Namen *Person.xsd*.

```
using System;
using System.Runtime.Serialization;
using System.Xml.Schema;
using System.IO;
namespace FirstConsoleService
{
  class Program
  {
    static void Main(string[] args)
    {
      //Exportieren in ein XML Schema
      XsdDataContractExporter exporter = new XsdDataContractExporter();
      if (exporter.CanExport(typeof(Person)))
      {
        exporter.Export(typeof(Person));
        foreach (XmlSchema schema in exporter.Schemas.Schemas
                                    ("http://addison-wesley.de"))
```

```
        {
           FileStream fs = new FileStream("Person.xsd", FileMode.Create);
           schema.Write(fs);
           fs.Close();
        }
      }
      Console.ReadLine();
    }
  }
}
```

Listing 3.31: Export einer Klasse in ein XML-Schema in C#

```
Imports System.Runtime.Serialization
Imports System.Xml.Schema
Imports System.IO
Module Module1
  Sub Main()
    'Exportieren in ein XML Schema
    Dim exporter As New XsdDataContractExporter()
    If exporter.CanExport(GetType(Person)) Then
       exporter.Export(GetType(Person))
       For Each schema As XmlSchema In exporter.Schemas.Schemas _
                                 ("http://addison-wesley.de")
         Dim fs As New FileStream("Person.xsd", FileMode.Create)
         schema.Write(fs)
         fs.Close()
       Next
     End If
     Console.ReadLine()
  End Sub
End Module
```

Listing 3.32: Export einer Klasse in ein XML-Schema in Visual Basic

Im folgenden Listing 3.33 sehen Sie noch die exportierte *xsd*-Datei.

```
<?xml version="1.0"?>
<xs:schema xmlns:tns="http://addison-wesley.de" elementFormDefault="qualified"
  targetNamespace=http://addison-wesley.de
  xmlns:xs="http://www.w3.org/2001/XMLSchema">
  <xs:complexType name="Person">
    <xs:sequence>
      <xs:element minOccurs="0" name="Geburtsdatum" type="xs:dateTime" />
      <xs:element minOccurs="0" name="Name" nillable="true"
                  type="xs:string" />
      <xs:element minOccurs="0" name="Vorname" nillable="true"
                  type="xs:string" />
      <xs:element minOccurs="0" name="Geburtsort" nillable="true"
                  type="xs:string" />
```

```
    </xs:sequence>
  </xs:complexType>
  <xs:element name="Person" nillable="true" type="tns:Person" />
  <xs:complexType name="PersonMitBand">
    <xs:complexContent mixed="false">
      <xs:extension base="tns:Person">
        <xs:sequence>
          <xs:element minOccurs="0" name="BandName" nillable="true"
                      type="xs:string" />
        </xs:sequence>
      </xs:extension>
    </xs:complexContent>
  </xs:complexType>
  <xs:element name="PersonMitBand" nillable="true" type="tns:PersonMitBand" />
</xs:schema>
```

Listing 3.33: Erzeugte XML-Schemadatei

Wie Sie sehen, wurde auch der vererbte Typ `PersonMitBand` in das Schema mit aufgenommen. Weitere Angaben zu `KnownTypes` können über die Exportoptionen des `XsdDataContractExporter`-Objekts gesetzt werden.

3.7.2 Importieren eines XML-Schemas

Nachdem wir nun eine Klasse in ein Schema exportiert haben, wollen wir versuchen, im nächsten Schritt dieses Schema wieder zu importieren und daraus eine Klasse erstellen lassen.

Das Importieren funktioniert dabei ähnlich wie das Exportieren. Anstatt eines `XsdDataContractExporter` benötigen Sie jedoch einen `XsdDataContractImporter`. Das gerade erstelle `XmlSchema` kann man einem `XmlSchemaSet` hinzufügen, das man mit dem `XsdDataContractImporter` importiert. Mit einem `CSharpCodeProvider` bzw. einem `VBCodeProvider` kann man dann die entsprechenden Code-Klassen erstellen.

In Listing 3.34 und Listing 3.35 sehen Sie den entsprechenden Importvorgang.

```
using System;
using System.Runtime.Serialization;
using System.Xml.Schema;
using System.IO;
using Microsoft.CSharp;

namespace FirstConsoleService
{
  class Program
  {
    static void Main(string[] args)
    {
```

```
      //Importieren in ein XML Schema
      XmlSchemaSet schemas = new XmlSchemaSet();
      CSharpCodeProvider provider = new CSharpCodeProvider();

      FileStream inputfs = new FileStream("Person.xsd", FileMode.Open);
      schemas.Add(XmlSchema.Read(inputfs,null));
      inputfs.Close();
      XsdDataContractImporter importer = new XsdDataContractImporter();
      if (importer.CanImport(schemas))
      {
        importer.Import(schemas);
        StreamWriter writer = new StreamWriter("Person.generated.cs");
        provider.GenerateCodeFromCompileUnit(importer.CodeCompileUnit, writer,
                                             null);
        writer.Close();
      }
      Console.ReadLine();
    }
  }
}
```

Listing 3.34: Importieren eines xsd-Schemas in C#

```
Imports System.Runtime.Serialization
Imports System.Xml.Schema
Imports System.IO
Module Module1
  Sub Main()
    'Importieren in ein XML Schema
    Dim schemas As New XmlSchemaSet()
    Dim provider As New VBCodeProvider()

    Dim inputfs As New FileStream("Person.xsd", FileMode.Open)
    schemas.Add(XmlSchema.Read(inputfs, Nothing))
    inputfs.Close()
    Dim importer As New XsdDataContractImporter()
    If (importer.CanImport(schemas)) Then
      importer.Import(schemas)
      Dim writer As New StreamWriter("Person.generated.vb")
      provider.GenerateCodeFromCompileUnit(importer.CodeCompileUnit, writer, _
                                           Nothing)
      writer.Close()
    End If
    Console.ReadLine()
  End Sub
End Module
```

Listing 3.35: Importieren eines xsd-Schemas in Visual Basic

Auch beim Importvorgang können Sie wieder Optionen setzen, um zum Beispiel den Gültigkeitsbereich oder den Namespace der Klasse anzupassen. Sie können außerdem das `Serializable`-Attribut der Klasse hinzufügen oder die Unterstützung für die Datenbindung durch Implementierung des `INotifyPropertyChanged`-Interface über die Importoptionen steuern.

Der nachfolgende Codeausschnitt erzeugt eine Importoption für die Datenbindung in C#

```
ImportOptions options = new ImportOptions();
options.EnableDataBinding=true;
importer.Options = options;
```

beziehungsweise in Visual Basic:

```
Dim options As New ImportOptions()
options.EnableDataBinding = True
importer.Options = options
```

Diese Codezeilen müssen natürlich vor dem Aufruf der `Import()`-Methode ausgeführt werden.

Listing 3.36 und Listing 3.37 zeigen einen Ausschnitt aus den erzeugten Codedateien in C# bzw. Visual Basic.

```
[assembly: System.Runtime.Serialization.ContractNamespaceAttribute
("http://addison-wesley.de", ClrNamespace="addisonwesley.de")]
namespace addisonwesley.de
{
 using System.Runtime.Serialization;

 [System.Diagnostics.DebuggerStepThroughAttribute()]
 [System.CodeDom.Compiler.GeneratedCodeAttribute
        ("System.Runtime.Serialization", "3.0.0.0")]
 [System.Runtime.Serialization.DataContractAttribute(Name="Person",
                            Namespace="http://addison-wesley.de")]
 [System.Runtime.Serialization.KnownTypeAttribute(
                              typeof(addisonwesley.de.PersonMitBand))]
 public partial class Person : object,
                        System.Runtime.Serialization.IExtensibleDataObject,
                        System.ComponentModel.INotifyPropertyChanged
 {
   private System.Runtime.Serialization.ExtensionDataObject
           extensionDataField;
   private System.DateTime GeburtsdatumField;
   private string NameField;
   private string VornameField;
   private string GeburtsortField;

   public System.Runtime.Serialization.ExtensionDataObject ExtensionData
```

```
    {
      get { return this.extensionDataField; }
      set { this.extensionDataField = value; }
    }

    [System.Runtime.Serialization.DataMemberAttribute()]
    public System.DateTime Geburtsdatum
    {
      get { return this.GeburtsdatumField; }
      set
      {
        if ((this.GeburtsdatumField.Equals(value) != true))
        {
           this.GeburtsdatumField = value;
           this.RaisePropertyChanged("Geburtsdatum");
         }
      }
    }

    //weitere Properties ausgeblendet
    public event System.ComponentModel.PropertyChangedEventHandler
                 PropertyChanged;

    protected void RaisePropertyChanged(string propertyName)
    {
      System.ComponentModel.PropertyChangedEventHandler propertyChanged =
                           this.PropertyChanged;
      if ((propertyChanged != null))
      {
        propertyChanged(this, new
            System.ComponentModel.PropertyChangedEventArgs(propertyName));
      }
    }
}

[System.Diagnostics.DebuggerStepThroughAttribute()]
[System.CodeDom.Compiler.GeneratedCodeAttribute
                          ("System.Runtime.Serialization", "3.0.0.0")]
[System.Runtime.Serialization.DataContractAttribute(Name="PersonMitBand",
                          Namespace="http://addison-wesley.de")]
public partial class PersonMitBand : addisonwesley.de.Person
{
    private string BandNameField;

    [System.Runtime.Serialization.DataMemberAttribute()]
    public string BandName
    {
      get { return this.BandNameField; }
      set
```

```
      {
        if ((object.ReferenceEquals(this.BandNameField, value) != true))
        {
          this.BandNameField = value;
          this.RaisePropertyChanged("BandName");
        }
      }
    }
  }
}
```

Listing 3.36: Ausschnitt der erzeugten Code-Datei »Person.generated.cs«

```
Imports System.Runtime.Serialization
<Assembly: System.Runtime.Serialization.ContractNamespaceAttribute _
    ("http://addison-wesley.de", ClrNamespace:="addisonwesley.de")>

Namespace addisonwesley.de

  <System.Diagnostics.DebuggerStepThroughAttribute(),  _
   System.CodeDom.Compiler.GeneratedCodeAttribute _
                      ("System.Runtime.Serialization", "3.0.0.0"),  _
   System.Runtime.Serialization.DataContractAttribute(Name:="Person", _
                      [Namespace]:="http://addison-wesley.de"),  _
   System.Runtime.Serialization.KnownTypeAttribute( _
     GetType(addisonwesley.de.PersonMitBand))>  _
   Partial Public Class Person
     Inherits Object
     Implements System.Runtime.Serialization.IExtensibleDataObject,
                System.ComponentModel.INotifyPropertyChanged

     Private extensionDataField As _
             System.Runtime.Serialization.ExtensionDataObject
     Private GeburtsdatumField As Date
     Private NameField As String
     Private VornameField As String
     Private GeburtsortField As String

     Public Property ExtensionData() As _
       System.Runtime.Serialization.ExtensionDataObject Implements _
       System.Runtime.Serialization.IExtensibleDataObject.ExtensionData
       Get
         Return Me.extensionDataField
       End Get
       Set
         Me.extensionDataField = value
       End Set
     End Property
```

```
  <System.Runtime.Serialization.DataMemberAttribute()> _
  Public Property Geburtsdatum() As Date
    Get
      Return Me.GeburtsdatumField
    End Get
    Set
      If (Me.GeburtsdatumField.Equals(value) <> true) Then
          Me.GeburtsdatumField = value
          Me.RaisePropertyChanged("Geburtsdatum")
      End If
    End Set
  End Property

  'weitere Properties ausgeblendet
  Public Event PropertyChanged As _
         System.ComponentModel.PropertyChangedEventHandler Implements _
         System.ComponentModel.INotifyPropertyChanged.PropertyChanged

  Protected Sub RaisePropertyChanged(ByVal propertyName As String)
    Dim propertyChanged As _
      System.ComponentModel.PropertyChangedEventHandler = _
      Me.PropertyChangedEvent
    If (Not (propertyChanged) Is Nothing) Then
      propertyChanged(Me, New _
        System.ComponentModel.PropertyChangedEventArgs(propertyName))
    End If
  End Sub
End Class

<System.Diagnostics.DebuggerStepThroughAttribute(), _
 System.CodeDom.Compiler.GeneratedCodeAttribute _
                      ("System.Runtime.Serialization", "3.0.0.0"), _
 System.Runtime.Serialization.DataContractAttribute( _
       Name:="PersonMitBand", [Namespace]:="http://addison-wesley.de")> _
 Partial Public Class PersonMitBand
     Inherits addisonwesley.de.Person

 Private BandNameField As String

 <System.Runtime.Serialization.DataMemberAttribute()> _
 Public Property BandName() As String
   Get
     Return Me.BandNameField
   End Get
   Set
     If (Object.ReferenceEquals(Me.BandNameField, value) <> true) Then
        Me.BandNameField = value
        Me.RaisePropertyChanged("BandName")
     End If
```

```
      End Set
    End Property
  End Class
End Namespace
```

Listing 3.37: Ausschnitt der erzeugten Code-Datei »Person.generated.vb«

> > > HINWEIS

Beim Importieren von Collections kann über die Importparameter auch der Typ der zu verwendenden Collection definiert werden. Verwenden Sie dazu die Eigenschaft `ReferencedCollectionTypes` *der Importoptionen.*

3.8 Sicherheitsüberlegungen

Gerade bei Services ist es sehr wichtig, großes Augenmerk auf die Sicherheit zu legen. Da ein Service unter Umständen auch von unbekannten Clients aufgerufen werden kann, ist er somit ein Kandidat für Attacken. Prinzipiell sind beim Austausch von Daten drei mögliche Angriffe zu befürchten:

- **Denial of Service**

  Durch die Übergabe von sehr großen Datenmengen kann der Service sehr viele Ressourcen zum Auswerten dieser großen Datenmengen verschwenden und somit unter Umständen zum Absturz des Dienstes führen. Damit können die legitimen Anfragen nicht mehr bedient werden.

- **Ausführung von schadhaftem Code**

  Durch die Übergabe falscher Daten kann Code ausgeführt werden, der nicht beabsichtigt wurde.

- **Information Disclosure**

  Nicht authorisierte Clients könnten mehr Informationen erhalten, als sie berechtigt sind zu sehen.

Beachten Sie deswegen bitte folgende Überlegungen bei der Erstellung Ihres Dienstes:

- Allokieren Sie nicht Speicher in Abhängigkeit von einem Inputparameter.
- Überprüfen Sie sämtliche Inputparameter, die eine aufwändige Berechnung nach sich ziehen, auf plausible Werte hin.
- Vergessen Sie nicht, dass der `XmlSerializer` alle Daten-Member serialisiert. Der `DataContractSerializer` jedoch nur solche, die mit dem `DataMember`-Attribut gekennzeichnet sind. Eine Umstellung des Serialisierers könnte plötzlich Daten zum Client schicken, die dieser eigentlich nicht erhalten soll.

- Verwenden Sie Quotas, um die Menge an Daten zu limitieren, die bei einem Request übergeben werden. Diese Quotas sind über die Bindung des Endpunktes einzustellen. Wird mehr übergeben, als die Quota zulässt, wird eine abfangbare `QuotaExceededException` ausgelöst. Arbeiten Sie nicht mit Quotas, kommt es unter Umständen zu einer nicht abfangbaren `OutOfMemoryException`, die Ihren Dienst zum Absturz bringt.
  - Dabei sollten Sie in folgenden Szenarien folgende Werte festlegen:

    Kein Streaming und keine binäre Codierung:
    - MaxReceivedMessageSize
    - MaxBytesPerRead
    - MaxDepth

    Kein Streaming und binäre Codierung:
    - MaxReceivedMessageSize
    - MaxSessionSize
    - Alle ReaderQuotas

    Streaming und keine binäre Codierung:
    - MaxBufferSize
    - Alle ReaderQuotas

    Streaming und binäre Codierung:
    - MaxBufferSize
    - MaxSessionSize
    - Alle ReaderQuotas

  Wenn Sie sich bei einer Einstellung nicht sicher sind, welchen Wert Sie setzen sollen, so setzen Sie lieber einen sicheren Wert als gar keinen.
- Setzen Sie Timeouts korrekt und verwenden Sie niemals synchrone Lese- und Schreibvorgänge bei der Arbeit mit Streams.
- Versuchen Sie, innerhalb eines Service Streaming und Buffering von Daten zu vermeiden. Die Quotas gelten jeweils für den gesamten Service und erfordern für die unterschiedlichen Programmiermodelle unterschiedliche Einstellungen.
- Wenn Sie direkt mit dem Message-Objekt arbeiten, verwenden Sie keinen herkömmlichen `XmlReader`, sondern erstellen Sie mittels der statischen Methoden `CreateTextReader()`, `CreateMtomReader()` oder `CreateBinaryReader()` des `XmlDictionaryReader`

einen spezifischen Reader, der die Quotas aus WCF ausliest. Der mit der statischen Methode `Create()` erstellte herkömmliche `XmlReader` ignoriert diese Einstellungen.

- Achten Sie darauf, dass die Auflistung der `KnownTypes` auch nur die wirklich benötigten Typen enthält.
- Verwenden Sie das `OnDeserialized`-Attribut (siehe Abschnitt 3.1.3), um eine Callback-Methode zu implementieren, innerhalb derer Sie die Plausibilität von voneinander abhängigen Eigenschaften sicherstellen und so das Objekt in einen konsistenten Zustand laden.

Zusätzliche Informationen zum Thema »Sicherheit beim Datentransfer« finden Sie unter *http://msdn.microsoft.com/en-us/library/ms733135.aspx*.

4 Fehlerbehandlung

Prinzipiell kann jede Operation außer einer *One-Way* Message mit zwei unterschiedlichen Response-Nachrichten auf einen Request antworten. Die eine ist die normal definierte Response-Nachricht, die zweite ist eine Fehlernachricht. Mit dieser Fehlernachricht wollen wir uns in diesem Kapitel genauer beschäftigen.

4.1 FaultException

Wir nehmen an, dass wir in unserer Beispielanwendung in der Methode `GetPerson()` eine Ausnahme werfen wollen, falls ein leerer String übergeben wird.

Dazu fügen wir in der Methode `GetPerson()` innerhalb von C# folgenden zusätzlichen Zweig ein:

```
case "":
   throw new Exception("Ungültiger Vorname");
```

Beziehungsweise in Visual Basic:

```
Case ""
   Throw New Exception("Ungültiger Vorname")
```

Fügen Sie bitte noch in die Client-Anwendung eine Ausnahmebehandlung mittels eines `Try…Catch`-Blocks ein.

Wenn Sie jetzt das Projekt wieder starten und »Ungültiger Vorname« am Client als Fehlermeldung erwarten, wenn Sie an die Methode einen leeren String übergeben, werden Sie leider enttäuscht sein. In Abbildung 4.1 sehen Sie eine aussagelose Fehlermeldung, die am Client erscheint und uns nicht wirklich auf das Problem hinweist.

Eine aussagekräftigere Fehlermeldung kann man durch die Übertragung einer speziellen generischen Klasse zum Client erhalten. Mittels der generischen `FaultException<T>`-Klasse aus dem Namespace `System.ServiceModel` haben wir ein Exception-Objekt zur Verfügung, mit dem wir unsere Ausnahmemeldungen über Datenserialisierung zum Client übertragen können.

Wir können eine Instanz der `FaultException<T>`-Klasse erzeugen, indem wir einen generischen Typ angeben, der eine Fehlermeldung aufnehmen kann, die dann am Client ausgegeben wird. Dazu definieren wir uns zuerst einen Typ `GetPersonFault` mit einer einzigen Property `Message`.

Markieren Sie bitte die Klasse mit dem `DataContract`-Attribut und die Property `Message` mit dem `DataMember`-Attribut, sodass die Serialisierung funktioniert und der Typ auch am Client bekannt gemacht werden kann. Die fertige neue Klasse sehen Sie in Listing 4.1 und Listing 4.2.

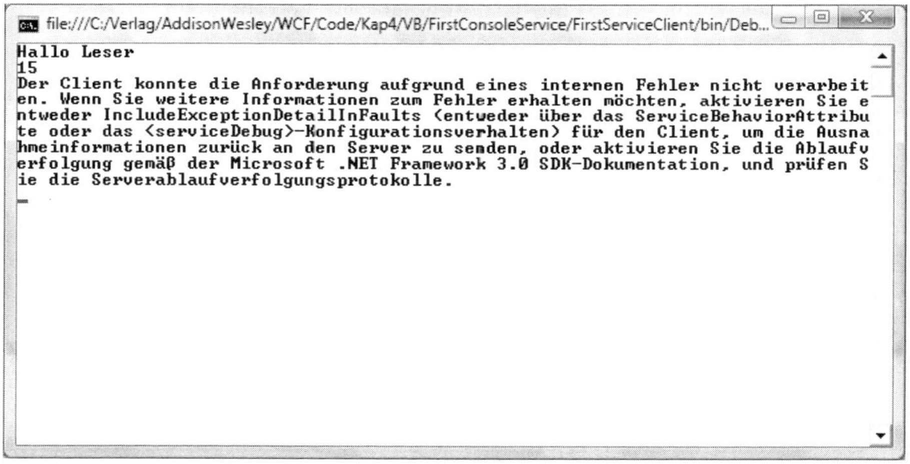

Abbildung 4.1: Eine aussagelose Fehlermeldung am Client

```
using System.Runtime.Serialization;
namespace FirstConsoleService
{
  [DataContract(Namespace = "http://addison-wesley.de")]
  public class GetPersonFault
  {
    [DataMember]
    public string Message { get; set; }
  }
}
```

Listing 4.1: Die Klasse »GetPersonFault« in C#

```
Imports System.Runtime.Serialization
<DataContract(Namespace:="http://addison-wesley.de")> _
Public Class GetPersonFault

    Private _message As String
    <DataMember()> _
    Public Property Message() As String
        Get
            Return _message
        End Get
        Set(ByVal value As String)
            _message = value
        End Set
    End Property
End Class
```

Listing 4.2: Die Klasse »GetPersonFault« in Visual Basic

An der Stelle, an der wir die Ausnahme auslösen, müssen wir erneut eine kleine Codeanpassung durchführen.

Ändern Sie dazu in der Server-Anwendung im gerade hinzugefügten Zweig in der Methode `GetPerson()` das Werfen der Exception wie folgt:

Im Falle von C#:

```
case "":
  throw new FaultException<GetPersonFault>
    (new GetPersonFault() {Message = "Ungültiger Vorname"});
```

Beziehungsweise in Visual Basic:

```
Case ""
  Throw New FaultException(Of GetPersonFault) _
    (New GetPersonFault() With {.Message = "Ungültiger Vorname"})
```

Sie lösen jetzt an dieser Stelle eine generische `FaultException` des Typs `GetPersonFault` aus und übergeben dabei dem Konstruktor der Klasse `FaultException` eine neue Instanz der Klasse `GetPersonFault`. An diese neue Instanz wird mittels der vereinfachten Objektinitialisierung der String »Ungültiger Vorname« für die Eigenschaft `Message` übergeben.

4.2 FaultContract

Damit der Datenvertrag der Klasse `GetPersonFault` auch am Client bekannt ist, muss nun nur noch der Operation `GetPerson()` im Interface ein `FaultContract`-Attribut hinzugefügt werden. Somit wird die Klasse `GetPersonFault` Bestandteil des Vertrags und ist somit auch am Client bekannt.

Ändern Sie dazu im Interface `IFirstService` die Definition der Methode `GetPerson()` wie folgt ab.

Für C#:

```
[OperationContract]
[FaultContract(typeof(GetPersonFault))]
Person GetPerson(string vorname);
```

Beziehungsweise in Visual Basic:

```
<OperationContract(), _
 FaultContract(GetType(GetPersonFault))> _
Function GetPerson(ByVal vorname As String) As Person
```

Sie sehen das zusätzliche Attribut `FaultContract`. Diesem Attribut wird dabei im Konstruktor der Typ der Klasse übergeben, in der die tatsächliche Fehlermeldung steht. Wenn Sie das Programm nun erneut laufen lassen, ändert sich die Fehlermeldung in eine weitere aussagelose Meldung, die wie folgt lautet: »Der Ersteller dieses Fehlers hat keinen Grund angegeben.«

Am Server haben wir jetzt alle notwendigen Vorkehrungen getroffen. Wir erstellen mit dem *svcutil*-Tool ein weiteres Mal die Proxy-Klasse für den Client.

Um die neue `FaultException` auf dem Client auswerten zu können, müssen wir dort jetzt noch den Fehlerbehandlungscode anpassen. Fügen Sie dazu einen weiteren Catch-Zweig hinzu. Listing 4.3 und Listing 4.4 zeigen den gesamten Code der Client-Anwendung.

```
using System;
using addisonwesley.de;
using System.ServiceModel;

namespace FirstClientService
{
  class Program
  {
    static void Main(string[] args)
    {
       try
       {
         FirstServiceClient proxy = new FirstServiceClient();
         Console.WriteLine(proxy.SaySomething("Hallo Leser"));
         Console.WriteLine(proxy.Add(8, 7).ToString());
         Person p = proxy.GetPerson("");
         Console.WriteLine(proxy.SetPerson(p));
         Console.WriteLine(p.Name + " " + p.Vorname + " " +
                          p.Geburtsdatum.ToShortDateString());
       }
       catch (FaultException<GetPersonFault> ex)
```

```
        {
          Console.WriteLine(ex.Detail.Message);
        }
        catch (Exception ex)
        {
          Console.WriteLine(ex.Message);
        }
        finally
        {
          Console.ReadLine();
        }
      }
  }
}
```

Listing 4.3: Fehlerbehandlung im Client in C#

```
Imports FirstClientService.addisonwesley.de
Imports System.ServiceModel

Module Module1
  Sub Main()
    Try
      Dim proxy As New FirstServiceClient
      Console.WriteLine(proxy.SaySomething("Hallo Leser"))
      Console.WriteLine(proxy.Add(8, 7).ToString())
      Dim p As Person = proxy.GetPerson("")
      Console.WriteLine(proxy.SetPerson(p))
      Console.WriteLine(p.Name & " " & p.Vorname & " " & _
                        p.Geburtsdatum.ToShortDateString())
    Catch ex As FaultException(Of GetPersonFault)
      Console.WriteLine(ex.Detail.Message)
    Catch ex As Exception
      Console.WriteLine(ex.Message)
    Finally
      Console.ReadLine()
    End Try
  End Sub
End Module
```

Listing 4.4: Fehlerbehandlung im Client in Visual Basic

Über die Eigenschaft `Detail` des `FaultException`-Objekts haben wir Zugriff auf die Klasse `GetPersonFault` und können auf alle öffentlichen Members (in diesem Fall haben wir nur die Eigenschaft `Message`) zugreifen.

Wenn Sie jetzt das Projekt erneut starten und einen leeren Vornamen übergeben, sehen Sie, dass die erwartet Fehlermeldung »Ungültiger Vorname« in der Client-Anwendung ausgegeben wird.

! ! ! ACHTUNG

Typen, die über einen `FaultContract` *definiert sind, können nicht mit dem* `XmlSerializer` *verwendet werden. Sie müssen hingegen zwingend mit dem* `DataContractSerializer` *verwendet werden.*

5 Hosting

Ein WCF-Service muss in einer Laufzeitumgebung gehostet werden. Services können dabei in jedem Windows-Prozess ausgeführt werden, der Managed Code unterstützt. Die Hosting-Umgebung führt den Service aus und stellt ihn für Client-Anwendungen zur Verfügung, damit diese den Service konsumieren können. Eine Schlüsselrolle spielt dabei die Klasse `ServiceHost`, die im nächsten Abschnitt genauer erläutert wird. `ServiceHost` vereinheitlicht die verschiedenen Hosting-Umgebungen, sodass bei der Entwicklung eines Service nicht auf eine spezifische Hosting-Umgebung Rücksicht genommen werden muss. Für alle Hosting-Umgebungen existiert ein einheitliches Programmiermodell. Grundsätzlich gibt es vier Möglichkeiten, einen WCF-Service in Windows zu hosten:

- Selfhosting
- Als Windows-Dienst
- Im Internet Information Server IIS ab Version 5.1
- Unter Windows Vista mit IIS 7.0 und Windows Process Activation Service (WAS)

Die Hosting-Umgebungen unterscheiden sich in diversen Merkmalen wie dem verwendeten Betriebssystem und den unterstützen Transportprotokollen voneinander. Ein wichtiges Merkmal ist auch die Art und Weise, wie und von wem der Service gestartet wird und wie die Lebensdauer des Service gesteuert wird. Dazu gehört auch die Ausführungssicherheit durch einen automatischen Neustart bei einem Fehler in der Ausführung des Service.

Wählen Sie die Hosting-Umgebung aus, die am besten den Anforderungen des Service entspricht. Die folgende Tabelle gibt Ihnen einen Überblick über die Unterschiede der verschiedenen Hosting-Umgebungen.

Host	**Windows-Plattform**	**Unterstützte Protokolle**	**Aktivierung und Lebensdauer bestimmt durch**	**Neustart bei einem Fehler**
Selfhosting	XP, Server 2003, Vista, Server 2008	HTTP, TCP, Named Pipes, MSMQ	Entwickler	Nein
Windows-Dienst	XP, Server 2003, Vista, Server 2008	HTTP, TCP, Named Pipes, MSMQ	Betriebssystem	Ja
IIS ab 5.1	XP, Server 2003, Vista, Server 2008	Nur HTTP	IIS-Laufzeit	Ja
IIS 7.0 + WAS	Vista, Server 2008	HTTP, TCP, Named Pipes, MSMQ	IIS und WAS	Ja

Tabelle 5.1: Die verschiedenen Hosting-Optionen im Überblick

Für das Testen der verschiedenen Hosting-Umgebungen wird übrigens wieder der Service `Geometry` aus dem ersten Kapitel verwendet.

5.1 Die ServiceHost-Klasse

Ein Service ist selbst nicht lauffähig, sondern muss von einer Hosting-Umgebung ausgeführt werden. Die Hauptaufgabe einer Hosting-Umgebung ist, einen Windows-Prozess mit einer Instanz der Klasse `ServiceHost` in einer Anwendungsdomäne für einen Service bereitzustellen. Die Klasse `ServiceHost` ist ein generischer Host und das »Herzstück« beim Hosting eines Service. Die `ServiceHost`-Klasse beseitigt alle technologischen Unterschiede. Der Entwickler kann sich damit vollständig auf die Anwendungslogik des Service konzentrieren, ohne auf eine spezifische Hosting-Umgebung achten zu müssen. Methodenaufrufe und Nachrichtenverarbeitung sind somit unabhängig von der Hosting-Umgebung. Der `ServiceHost`-Klasse ist es egal, wer wo und wie eine Instanz erstellt. Für jeden Service muss eine eigene Instanz der `ServiceHost`-Klasse erstellt werden. Der Host-Prozess ist dafür verantwortlich, die Instanz der `ServiceHost`-Klasse zur Laufzeit zu erstellen und den Host zu öffnen, damit Client-Anwendungen den Service nutzen können.

Jede `ServiceHost`-Instanz ist vom Typ eines bestimmten ServiceContracts. Die `ServiceHost`-Instanz benötigt Informationen zu allen Endpunkten, über die eine Client-Anwendung mit dem Service kommunizieren kann. Normalerweise werden die Endpunkte in der Anwendungskonfigurationsdatei definiert. Zur Laufzeit sucht sich die

ServiceHost-Instanz die für den Service passenden Endpunkte anhand des Namens des Service-Typs.

```
<service name="FirstService.Geometry">
    <endpoint
        address="http://localhost:1234/Geometry"
        binding="basicHttpBinding"
        contract="FirstService.IGeometry" />
</service>
```

Wird die ServiceHost-Instanz per Code erstellt, ist es außerdem möglich, die Definition der Endpunkte im Code mit anzugeben:

```
using (ServiceHost host = new ServiceHost(typeof(Geometry)))
{
    host.AddServiceEndpoint(typeof(IGeometry), basicHttpBinding,
    "http://localhost:1234/Geometry");
    host.Open();
    ...
}
```

Oder in Visual Basic:

```
Using host As New ServiceHost(GetType(Geometry))
    host.AddServiceEndpoint(GetType(IGeometry), basicHttpBinding, _
    "http://localhost:1234/Geometry")
    host.Open()
    ...
End Using
```

Die Ausführung der ServiceHost-Instanz erfolgt in einer eigenen Anwendungsdomäne, wobei in einem einzigen Hosting-Prozess mehrere Anwendungsdomänen enthalten sein können. Aufgabe einer Anwendungsdomäne ist es, Aufgaben zu isolieren, die den Hosting-Prozess zum Absturz bringen könnten. Wenn der Zustand der Anwendungsdomäne, in der ein Service ausgeführt wird, instabil wird, kann die Anwendungsdomäne ohne Auswirkungen auf den gesamten Hosting-Prozess entladen werden. Tritt also bei der Ausführung eines Service ein Fehler auf, stürzt die Hosting-Anwendung nicht ab und kann den Service erneut starten. Dies ist wichtig, da ein Hosting-Prozess normalerweise über einen längeren Zeitraum ohne Neustart ausgeführt werden soll.

Um einen Service zu starten und für Client-Anwendungen verfügbar zu machen, muss die Methode Open() der ServiceHost-Instanz aufgerufen werden. Je nach Hosting-Umgebung sind Sie selbst für das Aufrufen der Methode zuständig, oder der Service wird von der Hosting-Umgebung automatisch gestartet. Die Methode Open() erstellt für jeden definierten Endpunkt einen Kanal-Listener, um eingehende Anfragen abzufangen und zur Verarbeitung an das Service-Modell weiterzuleiten. Sobald der Service nicht mehr benötigt wird, kann die Methode Close() aufgerufen werden, um alle

Ressourcen wieder freizugeben. Falls gerade die Anfrage eines Clients verarbeitet, wird diese Anfrage zuerst fertig verarbeitet, bevor die `ServiceHost`-Instanz endgültig freigegeben wird. Lediglich neue Anfragen werden zu diesem Zeitpunkt nicht mehr angenommen.

5.2 Selfhosting

Selfhosting bedeutet, dass der Entwickler eine eigene .NET-Anwendung erstellt, die eine Instanz der `ServiceHost`-Klasse erzeugt. Dabei kann es sich sowohl um eine Konsolen- als auch um eine Windows-Anwendung handeln. Die Vorteile von Selfhosting eines Service sind:

- Problemlose Verwendung, da nur wenige Zeilen Code geschrieben werden müssen, um den Service zu hosten.
- Es wird keinerlei weitere Infrastruktur benötigt, die konfiguriert und installiert werden muss.
- Einfache Möglichkeiten der Bereitstellung des Service durch Weitergabe wie XCopy oder ClickOnce.
- Einfaches Debuggen des Service, da der Debugger direkt in der Hosting-Umgebung ausgeführt werden kann.
- Das Hosting in einer Windows-Anwendung ist die einzige Möglichkeit, eine grafische Benutzeroberfläche für eine Host-Anwendung zu erstellen.

Es gibt aber auch einige entscheidende Nachteile beim Selfhosting, die gegen eine Verwendung in produktiven Unternehmensszenarien sprechen:

- Der Service ist nur erreichbar, sofern die Hosting-Anwendung explizit gestartet wird.
- Der Entwickler ist selbst dafür verantwortlich, den Host-Prozess zu verwalten und bei einem Fehler auch wieder neu zu starten.
- Es stehen keine Hosting- und Verwaltungsfeatures wie Security zur Verfügung.

Somit eignet sich das Selfhosting hervorragend zum einfachen Testen des Service und für Peer-to-Peer-Anwendungen auf Basis von Services. Selfhosting sollte aber nicht für Unternehmensanwendungen verwendet werden, bei denen mehrere Client-Anwendungen den Service nutzen sollen, und dieser immer verfügbar sein muss.

Das Erstellen einer Selfhosting-Anwendung ist denkbar einfach. Es wird zuerst eine Instanz der `ServiceHost`-Klasse erstellt, die einem ServiceContract zugeordnet wird. Der Instanz der `ServiceHost`-Klasse werden eine Adresse und ein Binding für die Kommunikation des Service mit einem Client mitgeteilt. Diese Angaben erfolgen in der

Konfigurationsdatei der Hosting-Anwendung. Durch den Aufruf der Methode Open() wird anschließend ein Kanal-Listener erstellt, der auf Anfragen von Clients wartet. Die Hosting-Anwendung des Service muss ausgeführt werden, noch bevor ein Client den Service nutzen kann. Sobald der Service nicht mehr benötigt wird, wird der Host mit der Methode Close()beendet, um den Kanalstapel und alle Ressourcen freizugeben. Das folgende Listing zeigt die Definition einer einfachen Hosting-Anwendung für den Service Geometry.

```
class Program
{
    static void Main(string[] args)
    {
        using (ServiceHost selfHost = new ServiceHost(typeof(Geometry)))
        {
            selfHost.Open();
            Console.WriteLine("Service ist bereit.");
            Console.ReadLine();
        }
    }
}
```

Listing 5.1: Selfhosting eines Service in C#

```
Module Module1
    Sub Main()
        Using selfHost As New ServiceHost(GetType(Geometry))
            selfHost.Open()
            Console.WriteLine("Service ist bereit.")
            Console.ReadLine()
        End Using
    End Sub
End Module
```

Listing 5.2: Selfhosting eines Service in Visual Basic

Ein ausführliches Beispiel für das Selfhosting eines Service finden Sie im ersten Kapitel.

5.3 Windows-Dienst

Ein WCF-Service kann als Windows-Dienst gehostet werden. Der Hosting-Code ist wie beim Selfhosting Bestandteil des Anwendungscodes. Der Hosting-Prozess hat allerdings keine Benutzeroberfläche und wird nicht von der Anwendung selbst, sondern von dem Dienststeuerungs-Manager (Service Control Manager) ausgeführt. Der Dienststeuerungs-Manager ist integraler Bestandteil aller Windows-Betriebssysteme.

Die Lebensdauer des Hosting-Prozesses und damit die Lebensdauer des Service wird vom Betriebssystem kontrolliert und kann automatisch mit dem Start des Betriebssystems oder manuell gestartet, angehalten, beendet sowie im Falle eines Fehlers automatisch wieder neu gestartet werden. Dies garantiert einen sicheren und robusten Service mit langer Laufzeit. Der entscheidende Vorteil ist jedoch, dass ein WCF-Servcie als Windows-Dienst alle verfügbaren Transportprotokolle nutzen kann und nicht wie bei IIS bis Version 6.0 auf das HTTP-Protokoll beschränkt ist. Wollen Sie einen Service unter Windows XP oder Windows Server 2003 mit dem wesentlich effizienteren TCP-Protokoll im Intranet zur Verfügung stellen, ist das Hosten als Windows-Dienst die beste Wahl.

Die Host-Anwendung muss von der Basisklasse `ServiceBase` aus dem Namespace `System.ServiceProcess` abgeleitet werden, um als Windows-Dienst gehostet werden zu können. In `ServiceBase` sind einige Eigenschaften definiert, mit deren Hilfe Einstellungen für den Windows-Dienst vorgenommen werden können. So legt zum Beispiel die Eigenschaft `AutoLog` fest, dass alle Start- und Stop-Ereignisse automatisch im Ereignisprotokoll des Betriebssystems protokolliert werden. Die Eigenschaft ist standardmäßig auf `true` gesetzt und protokolliert somit die Vorgänge ohne weiteres Zutun. In der Basisklasse `ServiceBase` sind außerdem mehrere Methoden definiert, von denen auf jeden Fall die Methoden `OnStart()` und `OnStop()` überschrieben werden müssen, um festzulegen, was beim Starten und Beenden des Windows-Dienstes passieren soll. Außerdem sollte eine Installer-Klasse über eine Ableitung der Klasse `Installer` implementiert werden, damit der Service bequem mit dem Tool *Installutil.exe* als Windows-Dienst installiert werden kann.

5.3.1 Windows-Dienst-Host für Services erstellen

Am einfachsten lässt sich eine Host-Anwendung für Services erstellen, indem Sie die von Visual Studio bereitgestellte Vorlage für den *Windows-Dienst* verwenden, wie in Abbildung 5.1 gezeigt. Es wird ein Projekt mit zwei Dateien generiert. Die Datei *Service1.cs* enthält die Implementierung des Windows-Dienstes, während die Datei *Program.cs* den Windows-Dienst instanziiert und hostet.

Als Erstes sollten Sie die Klasse `Service1` sinnvoll benennen. Wenn Sie den Namen *Service1.cs* im Projektmappen-Explorer in *GeometryServiceHost.cs* umbenennen, erscheint ein Dialogfeld, das nachfragt, ob Sie alle Verweise auf `Service1` entsprechend umbenennen wollen. Dieses Dialogfeld sollten Sie mit *Ja* bestätigen. Fügen Sie außerdem je einen Verweis zu der Assembly *System.ServiceModel.dll* und der Assembly *FirstService.dll* aus Kapitel 1, »Überblick«, hinzu, die den ServiceContract `IGeometry` und die Implementierung des Service `Geometry` enthält.

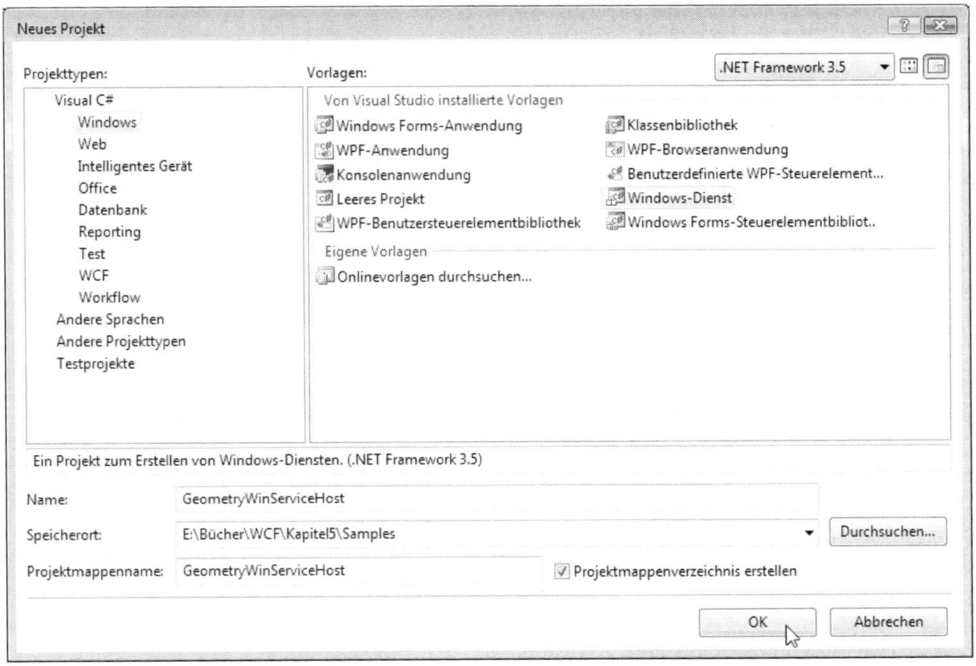

Abbildung 5.1: Erstellen eines neuen Windows-Dienstes

Die grundlegende Funktionalität eines Windows-Dienstes wird durch die Basisklasse `ServiceBase` bereitgestellt. Sie können die Eigenschaften je nach Bedarf im Konstruktor der Klasse ändern und den Windows-Dienst damit anpassen. Auf jeden Fall müssen Sie aber der Eigenschaft `ServiceName` einen sinnvollen Namen für den Windows-Dienst geben.

```
using System;
using System.ServiceProcess;
using System.ServiceModel;
using FirstService;

namespace GeometryWinServiceHost
{
    public partial class GeometryServiceHost : ServiceBase
    {
        public GeometryServiceHost()
        {
            InitializeComponent();

            this.ServiceName = "GeometryWinServiceHost";
        }
```

```
        protected override void OnStart(string[] args)
        {
        }

        protected override void OnStop()
        {
        }
    }
}
```

Listing 5.3: Grundgerüst der Hosting-Klasse in C#

```
Imports System.ServiceModel
Imports FirstService

Public Class GeometryServiceHost

    Sub New()
        InitializeComponent(
        Me.ServiceName = "GeometryWinServiceHost"
     End Sub

     Protected Overrides Sub OnStart(ByVal args() As String)
     End Sub

     Protected Overrides Sub OnStop()
     End Sub

End Class
```

Listing 5.4: Grundgerüst der Hosting-Klasse in Visual Basic

Statt die Eigenschaften der Windows-Dienst-Klasse im Konstruktor anzugeben, können Sie die Klasse in Visual Studio auch in der Entwurfsansicht öffnen. Dann ist es möglich, die in der Basisklasse `ServiceBase` definierten Eigenschaften im Eigenschaftenfenster festzulegen, so wie in Abbildung 5.2 gezeigt.

Jetzt können Sie den Service Host implementieren. Erstellen Sie dazu zunächst ein Feld `sh` vom Typ `ServiceHost`. Anschließend können Sie die Methoden `OnStart()` und `OnStop()` überschreiben, um festzulegen, was beim Starten und Stoppen des Windows-Service passieren soll. Bei `OnStart()` wird eine neue Instanz der Klasse `ServiceHost` vom Typ `Geometry` erstellt; anschließend wird der Service Host mit der `Open()`-Methode geöffnet, um Anfragen von Client-Anwendungen entgegennehmen zu können. Mit `OnStop()` wird die `ServiceHost`-Instanz wieder geschlossen, um alle Ressourcen freizugeben.

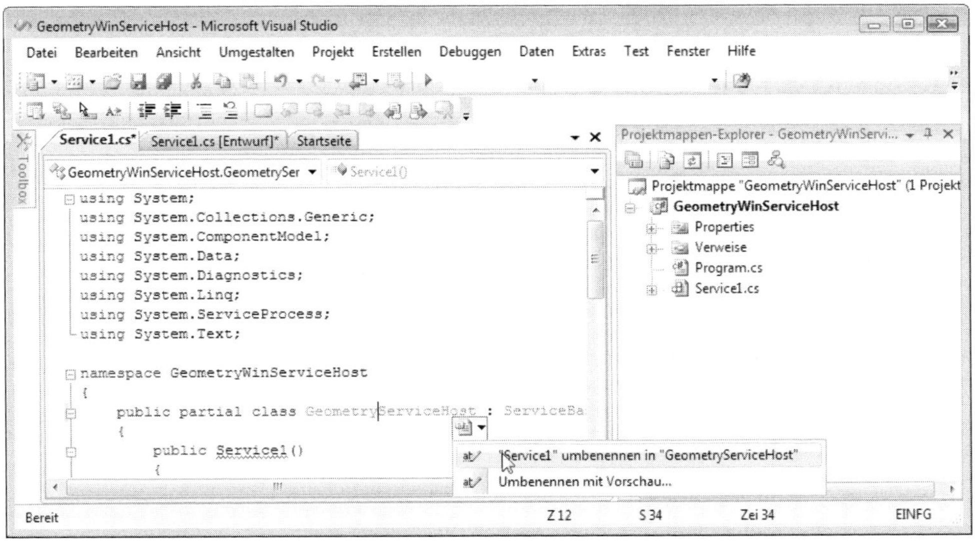

Abbildung 5.2: Festlegen der Eigenschaften im Eigenschaftenfenster

```
namespace GeometryWinServiceHost
{
    public partial class GeometryServiceHost : ServiceBase
    {
        private ServiceHost sh;

        public GeometryServiceHost()
        {
            InitializeComponent();

            this.ServiceName = "GeometryWinServiceHost";
        }

        protected override void OnStart(string[] args)
        {
            sh = new ServiceHost(typeof(Geometry));
            sh.Open();
        }

        protected override void OnStop()
        {
            if (sh != null)
            {
                sh.Close();
                sh = null;
            }
```

```
        }
    }
}
```

Listing 5.5: Überschreiben von »OnStart« und »OnStop« in C#

```
Public Class GeometryServiceHost
    Private sh As ServiceHost

    Sub New()
        InitializeComponent(
        Me.ServiceName = "GeometryWinServiceHost"
    End Sub

    Protected Overrides Sub OnStart(ByVal args() As String)
        sh = New ServiceHost(GetType(Geometry))
        sh.Open()
    End Sub

    Protected Overrides Sub OnStop()
        If sh IsNot Nothing Then
            sh.Close()
            sh = Nothing
        End If
    End Sub

End Class
```

Listing 5.6: Überschreiben von »OnStart« und »OnStop« in Visual Basic

Fehlerbehandlung des Service Hosts

Während der Laufzeit des Service können Fehler auftreten. Um auf diese Fehler zu reagieren, können Sie auf das Faulted-Ereignis der ServiceHost-Instanz reagieren. Dazu muss zunächst ein neuer EventHandler-Delegate erzeugt und dem Faulted-Ereignis übergeben werden.

```
protected override void OnStart(string[] args)
{
    sh = new ServiceHost(typeof(Geometry));
    sh.Open();

    sh.Faulted += new EventHandler(sh_Faulted);
}
```

Oder in Visual Basic:

```
Protected Overrides Sub OnStart(ByVal args() As String)
    sh = New ServiceHost(GetType(Geometry))
    sh.Open()

    AddHandler sh.Faulted, AddressOf sh_Faulted
End Sub
```

Dann können Sie die passende Ereignisbehandlungsmethode erstellen, deren Name mit dem Argument des Event-Handlers übereinstimmen muss. In dem folgenden Beispiel wird ein Eintrag im Ereignisprotokoll des Betriebssystems vorgenommen, bevor der Service gestoppt wird. Das notwendige `EventLog`-Objekt wird dabei von der Basisklasse `ServiceBase` bereitgestellt.

```
void sh_Faulted(object sender, EventArgs e)
{
    string errorMessage = "Fehler zur Laufzeit des Services Geometry. " +
    "Der Windows-Dienst wird beendet.";

    this.EventLog.WriteEntry(errorMessage,
    System.Diagnostics.EventLogEntryType.Error);

    this.Stop();
}
```

Listing 5.7: Ereignisbehandlungsroutine für das Faulted-Ereignis in C#

```
Private Sub sh_Faulted(ByVal sender as Object, ByVal e As EventArgs)

    Dim errorMessage As String ="Fehler zur Laufzeit des Services Geometry." _
            & " Der Windows-Dienst wird beendet."

    EventLog.WriteEntry(errorMessage, _
                        System.Diagnostics.EventLogEntryType.Error)

    Me.Stop()
End Sub
```

Listing 5.8: Ereignisbehandlungsroutine für das Faulted-Ereignis in Visual Basic

Konfiguration des Service

Um die Vorteile des Hostings als Windows-Dienst zu nutzen, wird der Service in diesem Beispiel mit dem TCP-Protokoll verfügbar gemacht. Er garantiert somit eine effiziente Kommunikation zwischen Client-Anwendungen und dem Service im Intranet. Der Endpunkt verwendet *netTcpBinding*; passend dazu wird ein Metadaten-Endpunkt mit *mexTcpBinding* definiert. Die Basisadresse beginnt dementsprechend mit *net.tcp://* und verwendet den `localhost`.

```
<configuration>
  <system.serviceModel>
    <behaviors>
      <serviceBehaviors>
        <behavior name="GeometryMeta">
          <serviceMetadata />
        </behavior>
      </serviceBehaviors>
    </behaviors>
    <services>
      <service
        behaviorConfiguration="GeometryMeta"
        name="FirstService.Geometry">
        <endpoint
            address="GeometryService"
            binding="netTcpBinding"
            contract="FirstService.IGeometry" />
        <endpoint
            address="Mex"
            binding="mexTcpBinding"
            contract="IMetadataExchange" />
        <host>
          <baseAddresses>
            <add baseAddress="net.tcp://localhost:1234" />
          </baseAddresses>
        </host>
      </service>
    </services>
  </system.serviceModel>
</configuration>
```

Listing 5.9: Konfigurationsdatei für die Host-Anwendung des Service

5.3.2 Installieren des Windows-Dienstes

Um die Host-Anwendung weiterzugeben und bequem als Windows-Dienst installieren zu können, ist es sinnvoll – jedoch nicht notwendig –, dem Host-Projekt eine Installer-Klasse hinzuzufügen. Dann kann die Host-Anwendung mit dem Installationstool *installutil.exe* installiert und als Windows-Dienst registriert werden.

Installer-Klasse erstellen

Fügen Sie im Projektmappen-Explorer ein neues Element *Installerklasse* hinzu. Im Konstruktor der Klasse werden zuerst je eine Instanz der `ServiceProcessInstaller`-Klasse und der `ServiceInstaller`-Klasse erstellt. Legen Sie dann mit der Eigenschaft `Account` der `ServiceProcessInstaller`-Instanz den Typ des Kontos fest, unter dem die Dienstanwendung ausgeführt wird, und mit der Eigenschaft `StartType` der `ServiceInstaller`-

Instanz, wie und zu welchem Zeitpunkt der Windows-Dienst gestartet werden soll. Die Eigenschaft `DisplayName` legt den Namen fest, der für den Windows-Dienst im Dienststeuerungs-Manager (siehe Abbildung 5.8) angezeigt wird. Die Eigenschaft `ServiceName` der `ServiceInstaller`-Instanz muss mit der Eigenschaft `ServiceName` der von `ServiceBase` abgeleiteten Host-Klasse übereinstimmen.

```
using System;
using System.ComponentModel;
using System.Configuration.Install;
using System.ServiceProcess;

namespace GeometryWinServiceHost
{
    [RunInstaller(true)]
    public partial class ServiceHostInstaller : Installer
    {
        public ServiceHostInstaller()
        {
            InitializeComponent();

            ServiceProcessInstaller processInstaller =
            new ServiceProcessInstaller();
            ServiceInstaller serviceInstaller = new ServiceInstaller();

            processInstaller.Account = ServiceAccount.NetworkService;
            serviceInstaller.StartType = ServiceStartMode.Automatic;
            serviceInstaller.DisplayName = "GeometryServiceHost";
            serviceInstaller.ServiceName = "GeometryWinServiceHost";

            Installers.Add(processInstaller);
            Installers.Add(serviceInstaller);
        }
    }
}
```

Listing 5.10: Installer-Klasse der Host-Anwendung in C#

```
Imports System.ComponentModel
Imports System.Configuration.Install
Imports System.ServiceProcess

Public Class ServiceHostInstaller

    Public Sub New()

        InitializeComponent();

        Dim processInstaller As New ServiceProcessInstaller()
        Dim serviceInstaller As New ServiceInstaller()
```

```
        processInstaller.Account = ServiceAccount.NetworkService
        serviceInstaller.StartType = ServiceStartMode.Automatic
        serviceInstaller.DisplayName = "GeometryServiceHost"
        serviceInstaller.ServiceName = "GeometryWinServiceHost"

        Installers.Add(processInstaller)
        Installers.Add(serviceInstaller)
    End Sub

End Class
```

Listing 5.11: Installer-Klasse der Host-Anwendung in Visual Basic

Abschließend können Sie das gesamte Projekt kompilieren, um die erzeugte Datei *GeometryWinServiceHost.exe* zu verteilen und zu installieren.

Installer-Klasse generieren

Noch einfacher ist es, sich die passende Installer-Klasse von Visual Studio generieren zu lassen. Dazu müssen Sie wie in Abbildung 5.3 die Klasse des Windows-Dienstes in der Entwurfsansicht öffnen und dann mit einem Rechtsklick im Kontextmenü *Installer hinzufügen* wählen.

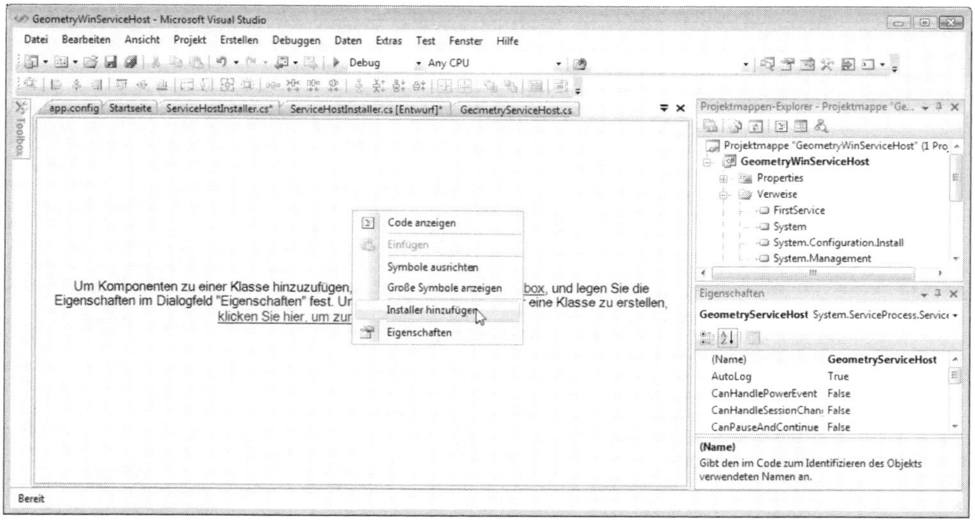

Abbildung 5.3: Installer-Klasse generieren mit Visual Studio

Dem Projekt wird eine neue Klasse *ProjectInstaller.cs* hinzugefügt, diese neue Klasse besitzt in der Entwurfsansicht zwei Steuerelemente. Ein Steuerelement repräsentiert eine Instanz der `ServiceProcessInstaller`-Klasse, das andere eine Instanz der `ServiceInstaller`-Klasse. Sie müssen jetzt lediglich die Eigenschaften `Account`, `StartType`, `DisplayName` und `ServiceName` im Eigenschaftenfenster auf die gewünschten Werte setzen – fertig ist die Installer-Klasse!

Installation mit dem Installer-Tool

Der soeben erstellte Windows-Dienst kann mit der Installer-Klasse nicht direkt ausgeführt werden: Er muss nun mit dem Befehlszeilentool *installutil.exe* explizit installiert werden, um den Windows-Dienst dem Dienststeuerungs-Manager hinzuzufügen. Das Installationstool kann unter anderem zum Ausführen von Datenbank-Skripten und zum Installieren von Windows-Diensten verwendet werden – oder allgemeiner für jede Komponente, die das `RunInstaller`-Attribut besitzt und von der `Installer`-Basisklasse abgeleitet wurde.

Um das Installationstool auszuführen, müssen Sie die Visual Studio-Eingabeaufforderung als Administrator starten. Als Argument muss lediglich die Assembly mit der Installer-Klasse angegeben werden.

```
installutil Pfad\GeometryWinServiceHost.exe
```

Daraufhin wird mittels Reflexion nach allen Installer-Klassen in der angegebenen Assembly gesucht, bei denen das `RunInstaller`-Attribut auf den Wert `true` gesetzt ist. Die Installation wird dann in Form einer Transaktion durchgeführt, wie in Abbildung 5.4 zu sehen.

Im Ordner der Assembly werden nach der Installation zwei neue Dateien hinzugefügt: Die Datei *assemblyname.InstallLog* enthält Informationen über den Installationsverlauf, während die Datei *assemblyname.InstallState* Informationen, die zum Deinstallieren des Windows-Dienstes benötigt werden, enthält. Wollen Sie einen Windows-Dienst wieder deinstallieren, so können Sie ebenfalls das Installationstool dafür verwenden. Geben Sie einfach den optionalen Parameter `/u` ein.

```
installutil /u Pfad\GeometryWinServiceHost.exe
```

Abbildung 5.4: Installation des Windows-Dienstes

5.3.3 Installation mit einem Setup-Projekt

Soll die Installation des Service als Windows-Dienst häufiger stattfinden und auch weitergegeben werden, so ist es bequemer, ein eigenes Setup-Projekt zu erstellen. Dann muss der Windows-Dienst nicht mehr mit dem Installationstool auf der Befehlszeile installiert werden. Es wird stattdessen lediglich das Setup ausgeführt, um den Windows-Dienst zu installieren und zum Dienstssteuerungs-Manager hinzuzufügen. Fügen Sie hierzu ein neues Setup-Projekt zum bestehenden `GeometryWinServiceHost`-Projekt hinzu. Geben Sie dem neuen Projekt den Namen `GeometryServiceSetup`. Es befinden sich anschließend zwei Projekte im Projektmappen-Explorer, wie in Abbildung 5.6 gezeigt. Im nächsten Schritt öffnen Sie im Projektmappen-Explorer mit einem Rechtsklick das Kontextmenü und wählen *Hinzufügen • Projektausgabe…* . Es erscheint das Dialogfeld *Projektausgabegruppe hinzufügen* aus Abbildung 5.5. Wählen Sie im Drop-Down-Feld das Projekt `GeometryWinServiceHost` aus und aktivieren Sie *Primäre Ausgabe* und bestätigen Sie mit *OK*.

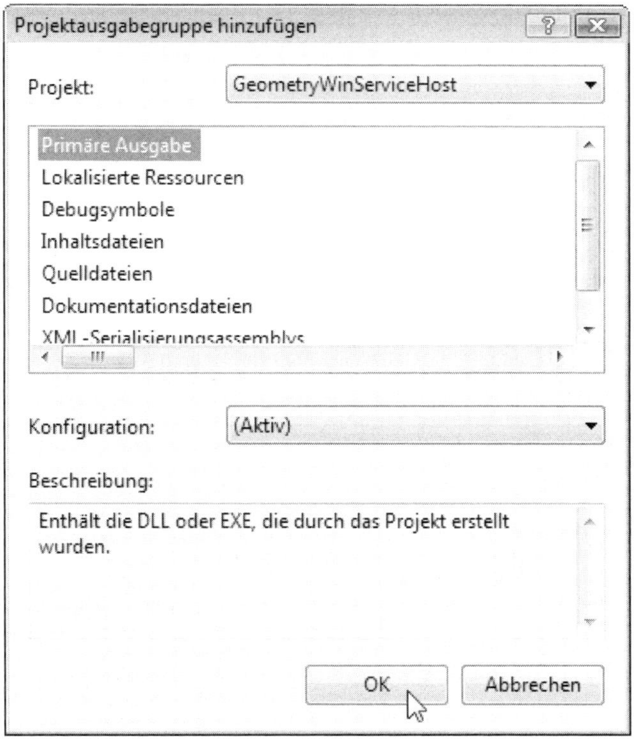

Abbildung 5.5: Host-Anwendung zum Setup-Projekt hinzufügen

Mit einem weiteren Rechtsklick im Projektmappen-Explorer gehen Sie zuerst auf *Ansicht • Benutzerdefinierte Aktionen*. Daraufhin erscheint im Hauptfenster ein Knotenpunkt *Benutzerdefinierte Aktionen*. Mit einem Rechtsklick auf den Knoten können Sie nun eine neue *Benutzerdefinierte Aktion hinzufügen...*, wie in Abbildung 5.6 zu sehen.

Es erscheint das Dialogfeld *Element im Projekt auswählen*. Gehen Sie im Drop-Down-Feld zu *Anwendungsordner* und bestätigen mit *OK*, wie in Abbildung 5.7 zu sehen.

Anschließend wird bei allen vier Knotenpunkten *Installieren*, *Commit ausführen*, *Rollback* und *Deinstallieren* die primäre Ausgabe von `GeometryWinServiceHost` hinzugefügt. Jetzt müssen Sie das Setup-Projekt nur noch erstellen. Damit kann der Hosting-Service bequem weitergegeben und ohne Befehlszeilenaufruf installiert werden.

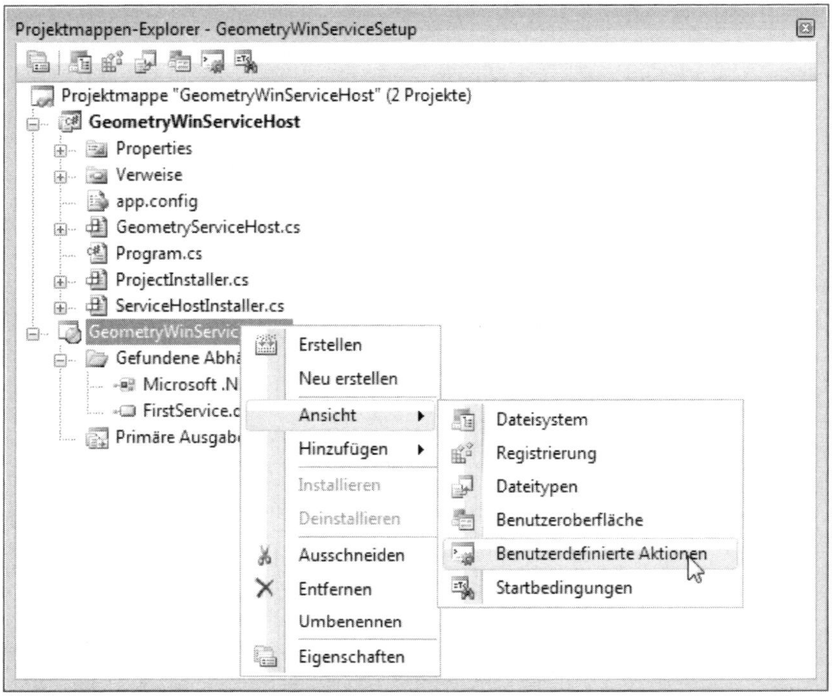

Abbildung 5.6: Hinzufügen einer benutzerdefinierten Aktion

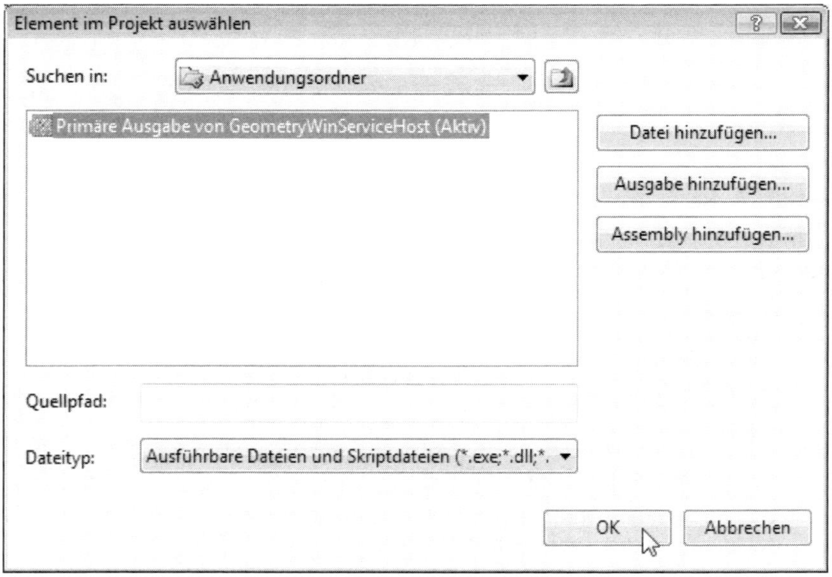

Abbildung 5.7: Element für eine benutzerdefinierte Aktion bestimmen

5.3.4 Den Windows-Dienst testen

Normalerweise wird der Windows-Dienst erst beim nächsten Neustart des Betriebssystems automatisch gestartet. Um den Service sofort nutzen zu können, müssen Sie den Windows-Dienst deshalb explizit starten. Öffnen Sie dazu die Systemsteuerung in Windows und gehen Sie zu *Verwaltung • Dienste*. Es öffnet sich die grafische Verwaltungsoberfläche des Dienststeuerungs-Managers, in der Sie auf der rechten Seite in einem Listenfeld alle installierten Windows-Dienste finden. Suchen Sie den Windows-Dienst `GeometryServiceHost` und wählen Sie den Eintrag aus. Jetzt können Sie den Windows-Dienst explizit mit einem Klick starten, wie in Abbildung 5.8 zu sehen.

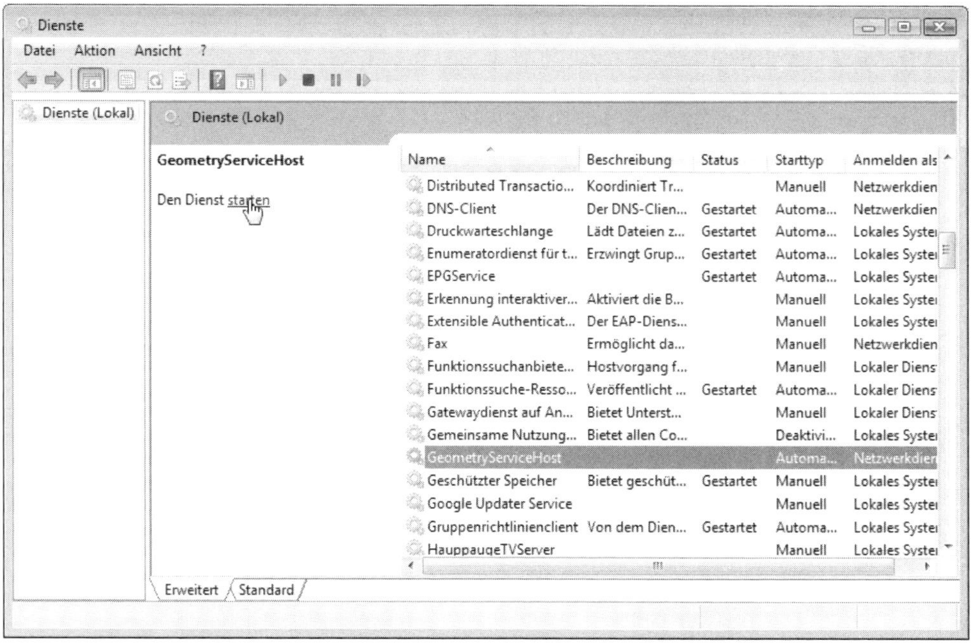

Abbildung 5.8: Explizites Starten des Windows-Dienstes

Um den Service zu testen, benötigen Sie noch eine passende Client-Anwendung. Generieren Sie dazu zunächst mit dem Befehlszeilentool *ServiceModel Metadata Utility Tool* (*Svcutil.exe*) eine Proxy-Klasse und die passende Konfigurationsdatei, wie Sie es bereits im ersten Kapitel gelernt haben. Übergeben Sie als Parameter die TCP-Adresse des Service.

```
svcutil net.tcp://localhost:1234
```

Nun können Sie eine neue Anwendung erstellen und die beiden generierten Dateien hinzufügen, um die Funktionen des Service zu nutzen.

5.3.5 Verwalten eines Windows-Dienstes

Ist ein Windows-Dienst installiert, so können Sie über die grafische Oberfläche des Dienststeuerungs-Managers zahlreiche Einstellungen vornehmen. Öffnen Sie mit einem Rechtsklick das Kontextmenü des Windows-Dienstes und gehen Sie zum Eintrag *Eigenschaften*. Es erscheint ein Dialogfeld mit mehreren Registerkarten. Auf der ersten Registerkarte in Abbildung 5.9 können Sie beispielsweise den Starttyp verändern und den Windows-Dienst explizit starten oder beenden. Auf der Registerkarte *Wiederherstellen* legen Sie fest, was im Falle eines Fehlers geschehen soll. Standardmäßig wird der Windows-Dienst neu gestartet.

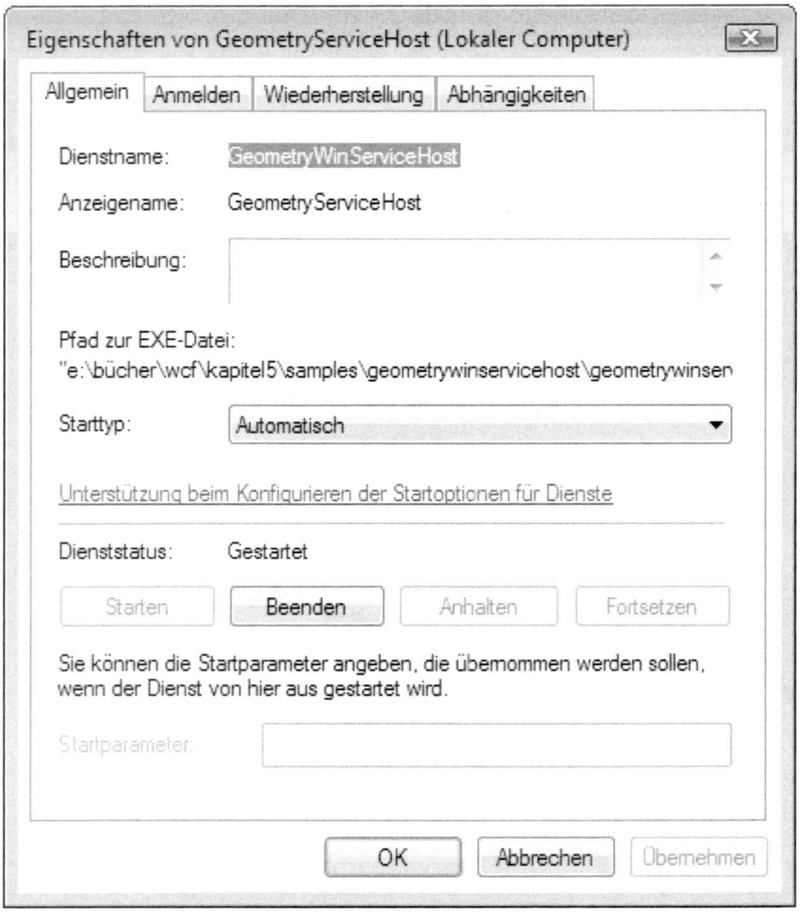

Abbildung 5.9: Dialogfeld »Eigenschaften« eines Windows-Dienstes

Als Nächstes werden wir das Hosting mit den Internet Information Services genau unter die Lupe genommen.

5.4 Hosting mit IIS und WAS

Für das Hosting von WCF-Services, die stets verfügbar und weitgehend skalierbar sein müssen, bietet sich das Hosting mit den Internet Information Services an. Dabei ist kein Code für das Hosting des Service erforderlich. Der Webserver übernimmt das Laden der Bibliotheken und stellt den Service für Client-Anwendungen zur Verfügung. Hauptvorteil ist die sogenannte nachrichtenbasierte Aktivierung. Dabei wird der Host-Prozess bei der ersten Anfrage eines Clients automatisch gestartet. Der Webserver ist für die Lebensdauer des Host-Prozesses verantwortlich. Falls ein Service nicht genutzt wird, wird der Hosting-Prozess nach einer bestimmten Zeitspanne von den IIS beendet und bei Bedarf ebenfalls automatisch wieder neu gestartet. Diese Vorgehensweise ist sehr ressourcensparend. Auf diese Weise können viele Services auf einem Webserver gehostet werden. Ein weiterer Vorteil ist die zentralisierte Konfiguration und Verwaltung durch Administrationstools. Ohne Änderungen an dem Code können Optionen für das Hosting mit dem Internetinformationsdienste-Manager gesteuert werden. Dieser ist unter *Systemsteuerung* • *Verwaltung* zu finden.

Die Host-Anwendungen werden zusammen mit ASP.NET-Anwendungen in Sites organisiert. Ein Webserver hat also mindestens eine definierte Site, wobei sich die Standard-Website *Default Web Site* nennt. Eine Site kann mehrere Anwendungen beherbergen, und jede Anwendung kann einen oder mehrere WCF-Services verfügbar machen. Das Hosting von WCF-Services beherrscht Internet Information Services seit der Version 5.1, die mit Windows XP ausgeliefert wird. Genau wie IIS 6.0, der mit Windows Server 2003 ausgeliefert wird, ist die Kommunikation auf das HTTP-Transportprotokoll beschränkt. Mit Windows Vista und Windows Server 2008 wird der neue IIS 7.0 ausgeliefert. Dieser verwendet zwar standardmäßig ebenfalls das HTTP-Protokoll, kann aber mithilfe der Windows Process Activation Services (WAS) auch andere Transportprotokolle zur Kommunikation nutzen.

5.4.1 Registrierung von Windows Communication Foundation

Bevor ein Windows Communication Foundation-Service mit den Internet Information Services gehostet werden kann, muss WCF bei IIS registriert werden. Normalerweise erfolgt die Registrierung automatisch mit der Installation des .NET Frameworks 3.0 oder 3.5. Wird Internet Information Services jedoch erst nachträglich installiert, so muss die Registrierung manuell vorgenommen werden.

Bei IIS 5.1 und IIS 6.0 wird dazu das Befehlszeilentool *ServiceModelReg.exe* verwendet. Dazu müssen Sie in der Eingabeaufforderung die folgende Anweisung eingeben:

```
ServiceModelReg.exe /i /x
```

Wird IIS 7.0 unter Windows Vista verwendet, so müssen zusätzliche Komponenten installiert werden. Gehen Sie dazu zu *Systemsteuerung* • *Programme und Funktionen* •

Windows-Funktionen ein- oder ausschalten • *Microsoft .NET Framework 3.0* und schalten Sie die Funktion *Windows Communication Foundation HTTP Activation* ein, so wie in Abbildung 5.10 gezeigt.

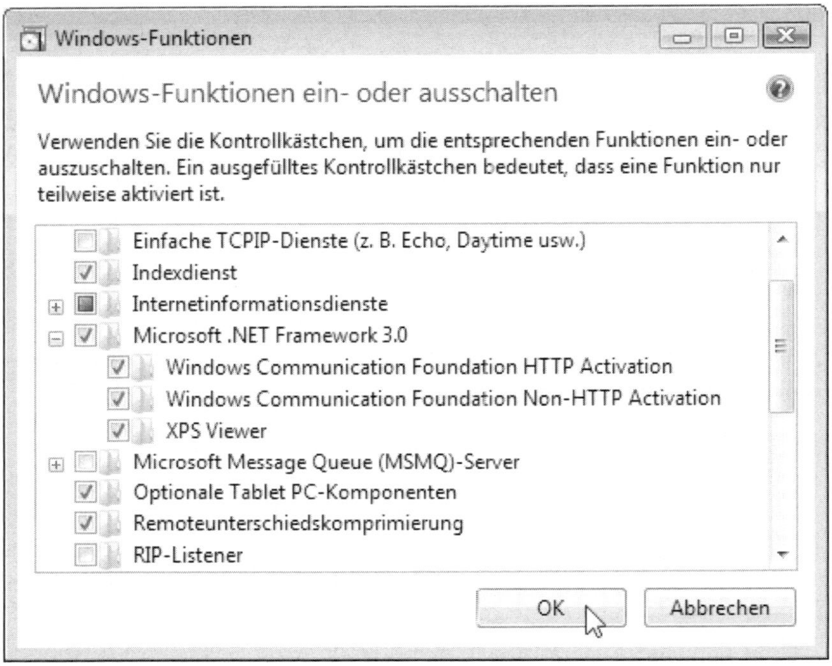

Abbildung 5.10: WCF aktivieren unter Windows Vista

Vergewissern Sie sich dann noch, dass der Internet Information Server gestartet ist. Dazu müssen Sie den Internetinformationsdienste-Manager über *Systemsteuerung* • *Verwaltung* öffnen (siehe Abbildung 5.11). Wählen Sie auf der rechten Seite den Knotenpunkt *Default Web Site* aus und starten Sie diesen – falls notwendig – im rechten Abschnitt des Dialogfeldes.

Somit ist IIS bereit für das erste Hosting-Projekt.

5.4.2 Erstellen einer WCF-Service-Website

Erstellen Sie in Visual Studio eine neue Website mit der Vorlage *WCF-Dienst* (siehe Abbildung 5.12). Als Benutzer von Windows Vista müssen Sie dabei Visual Studio explizit als Administrator über das Startmenü öffnen. Wählen Sie dann im Dialogfeld als Speicherort das HTTP-Protokoll aus. Die Adresse muss mit *http://localhost/* beginnen, da keine spezielle Website in IIS definiert wurde.

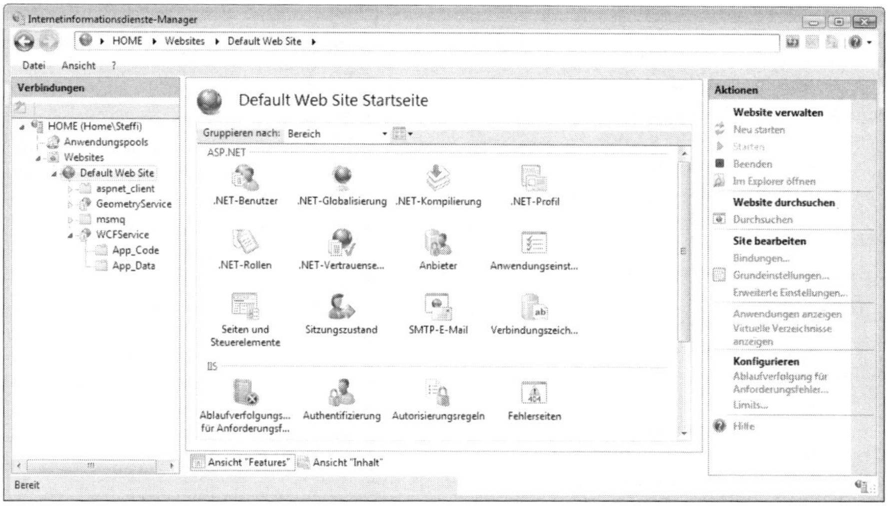

Abbildung 5.11: Internetinformationsdienste-Manager in IIS 7.0

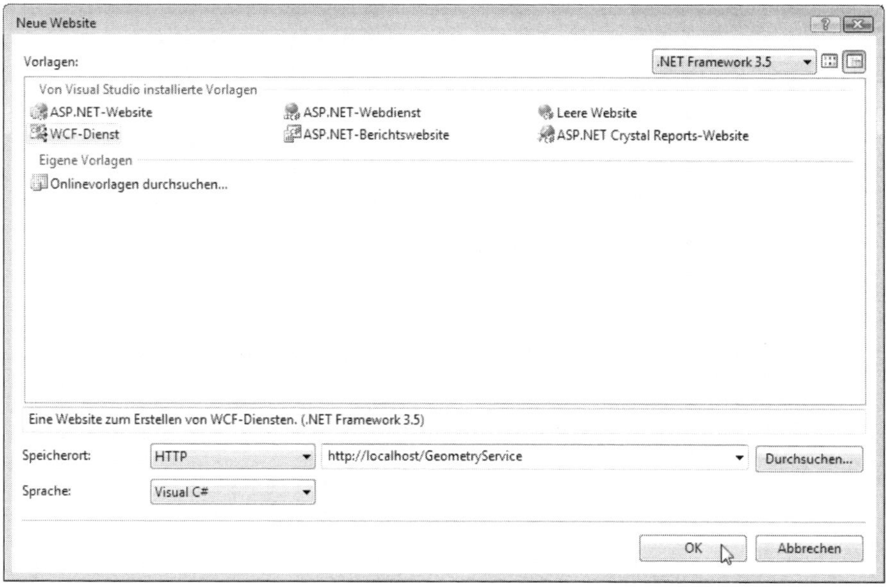

Abbildung 5.12: Erstellen einer neuen WCF-Service-Website

Auf den Speicherort der Dateien haben Sie keinen weiteren direkten Einfluss. Die Visual Studio-Solution-Datei *GeometryService.sln* zum Öffnen des Projekts in Visual Studio wird in dem Ordner *GeometryService* im Projektverzeichnis *VisualStudio2008/ Projects* abgelegt. Das Projekt selbst wird im Hauptverzeichnis von IIS erstellt. Man unterscheidet an dieser Stelle zwischen dem physischen und dem virtuellen Verzeichnis. Das virtuelle Verzeichnis haben Sie im Dialogfeld mit *http://localhost/GeometryService* definiert. Um ein anderes Hauptverzeichnis als `localhost` zu verwenden, müssten Sie eine neue Website im Internetinformationsdienste-Manager erstellen. Die eigentlichen Projektdateien werden im physischen Verzeichnis *C:\inetpub\wwwroot\GeometryService* abgelegt. Entfernen Sie jetzt im Projektmappen-Explorer die beiden Dateien *Service.cs* und *IService.cs* aus dem Ordner *App_Code*.

Wir haben bereits eine Bibliothek `FirstService`, in der sich die Klasse `Geometry` und der ServiceContract `IGeometry` befinden. Fügen Sie nun im Projektmappen-Explorer einen Verweis auf die Assembly *FirstService.dll* hinzu. Passen Sie dann die Datei *Service.svc* an und benennen Sie diese in *GeometryService.svc* um. Öffnen Sie die Datei und passen Sie die enthaltene `@ServiceHost`-Direktive wie folgt an:

```
<%@ ServiceHost Language="C#" Debug="true" Service="FirstService.Geometry" %>
```

Falls Sie mit Visual Basic arbeiten, setzen Sie bitte das `Language`-Attribut auf den Wert `VB`.

Statt einer Datei *app.config* wird als Konfigurationsdatei für das Hosting mit IIS eine *Web.config*-Datei verwendet. Ersetzen Sie zuletzt die *Web.config*-Datei durch das folgende XML-Dokument:

```
<system.serviceModel>
  <services>
    <service
      name="FirstService.Geometry"
      behaviorConfiguration="ServiceBehavior">
      <endpoint
        address=""
        binding="basicHttpBinding"
        contract="IGeometry">
      </endpoint>
      <endpoint
        address="mex"
        binding="mexHttpBinding"
        contract="IMetadataExchange"/>
    </service>
  </services>
  <behaviors>
    <serviceBehaviors>
      <behavior name="ServiceBehavior">
        <serviceMetadata httpGetEnabled="true"/>
      </behavior>
    </serviceBehaviors>
  </behaviors>
</system.serviceModel>
```

Listing 5.12: Web.config-Datei der WCF-Service-Website

Da beim Hosting mit IIS 5.1 und 6.0 nur das HTTP-Protokoll unterstützt wird, dürfen Sie nur die folgenden Bindings verwenden:

- *BasicHttpBinding*
- *WSHttpBinding*
- *WSDualHttpBinding*
- *WSFederationHttpBinding*
- *WebHttpBinding*
- *WS2007HttpBinding*
- *WS2007FederationHttpBinding*

Fertig ist das erste Hosting mit IIS! Sie können ein erstes Ergebnis sehen, indem Sie den Browser mit der folgenden Adresse aufrufen:

```
http://localhost/GeometryService/GeometryService.svc
```

Es werden die bereits in Kapitel 1, »Überblick«, vorgestellten Service-Informationen im Browser angezeigt, wie in Abbildung 5.13 zu sehen ist. Jetzt könnten Sie das *Service-Model Metadata Utility Tool* verwenden, eine Proxy-Klasse generieren und eine Client-Anwendung dazu erstellen.

Abbildung 5.13: Service-Informationen im Browser

5.4.3 Die @ServiceHost-Direktive

Beim Selfhosting und beim Hosting mit einem Windows-Dienst müssen Sie selbst dafür sorgen, dass eine Instanz der ServiceHost-Klasse für jeden Service erstellt wird. Beim Hosting mit IIS wird Ihnen diese Aufgabe abgenommen. Dafür muss IIS aber den Typ des Service kennen, für den eine ServiceHost-Instanz erstellt wird. In einem Hosting-Projekt für IIS befindet sich für jeden Service eine *Svc*-Datei (special content file). Diese besteht im einfachsten Fall aus genau einem Element – der @ServiceHost-Direktive – und definiert einen Web-Endpunkt. Das wichtigste Attribut Service gibt dabei den Typ des Service an, von dem eine ServiceHost-Instanz von IIS erstellt werden soll.

Es gibt verschiedene Möglichkeiten, den ServiceContract und die Klasse mit der Implementierung des Service zu übergeben. Die einfachste, aber auch am wenigsten flexible Variante ist, beide Definitionen in der *Svc*-Datei selbst zu erstellen. Dies wird im folgenden Listing gezeigt. Mit dem Attribut Language wird die Sprache angegeben, mit der die beiden Definitionen erstellt werden.

```
<% @ServiceHost Language="C#" Debug="true" Service="MyService" %>

using System;
using System.ServiceModel;

[ServiceContract()]
public interface IMyService
{
...
}

public class MyService : IMyService
{
...
}
```

Listing 5.13: Inline-Service-Definition in der Svc-Datei in C#

```
<% @ServiceHost Language="VB" Debug="true" Service="MyService" %>

Imports System.ServiceModel

<ServiceContract()> _
Public Interface IMyService

End Interface

Public Class MyService
    Implements IMyService

End Class
```

Listing 5.14: Inline-Service-Definition in der Svc-Datei in Visual Basic

Befinden sich der ServiceContract und die Implementierung in der *Svc*-Datei, so sind diese nur schlecht wieder zu verwenden. Deshalb ist es besser, die Definitionen von der *Svc*-Datei zu trennen. Sie können die Definition des ServiceContracts und der Implementierung in zwei Dateien vornehmen, die in dem Anwendungsordner *App_Code* hinterlegt sind, wie das bei der Vorlage für die Website *WCF-Dienst* der Fall ist. Dann muss die `@ServiceHost`-Direktive zusätzlich mit einem Attribut `CodeBehind` versehen werden, durch das der Pfad zu der Implementierung des Service angegeben wird

```
<% @ServiceHost Debug="true" Service="MyService" CodeBehind="~/App_Code/
MyService.cs" %>
```

Die Pfadangabe im `CodeBehind`-Attribut beginnt mit einer Tilde ~. Die Tilde legt den relativen Pfad zum Projekt fest. In der Praxis wird aber meistens eine eigene Bibliothek für die Service-Definitionen erstellt, wie das auch in unserem Beispiel mit der Datei *FirstService.dll* der Fall ist. In diesem Fall ist das `CodeBehind`-Attribut nicht erforderlich. Es wird lediglich der Namespace mit der Service-Implementierung im `Service`-Attribut angegeben.

```
<% @ServiceHost Debug="true" Service="Namespace.MyService" %>
```

Die Datei »Web.config« und die Basisadresse des Service

Die Einträge in der Konfigurationsdatei *Web.config* stimmen bis auf eine Ausnahme mit den Einträgen in einer *app.config*-Datei überein. Was die Basisadresse des Service betrifft, gibt es beim Hosting mit IIS einen wesentlichen Unterschied zum Selfhosting sowie zum Hosting mit einem Windows-Dienst: Sie dürfen keine Basisadresse in der Datei *Web.config* definieren.

Stattdessen entspricht die Basisadresse eines Service immer der Adresse der zugehörigen *Svc*-Datei. Die in der Konfigurationsdatei *Web.config* angegebenen Adressen müssen stets relative Adressen sein. Bei absoluten Adressangaben kann es zu Fehlern kommen. Normalerweise bleibt das Element `address` deshalb leer. Werden allerdings mehrere Endpunkte für einen Service definiert, so können Sie auch eine relative Adresse angeben. Befindet sich die *Svc*-Datei zum Beispiel unter der Adresse *http://localhost/MyService.svc*, und wird als relative Adresse eines Endpunktes `Service1` festgelegt, so lautet die vollständige qualifizierte Adresse *http://localhost/MyService.svc/Service1*.

5.4.4 Nachrichtenbasierte Aktivierung

Wird ein WCF-Service mit Selfhosting oder Hosting mit einem Windows-Dienst für Client-Anwendungen zur Verfügung gestellt, so ist der Entwickler selbst dafür verantwortlich, eine Instanz der `ServiceHost`-Klasse zu erstellen. Der Host muss zuerst explizit mit der `Open()`-Methode gestartet werden, bevor ein Client mit dem Service kommunizieren kann. Wird der Service nicht mehr benötigt, muss dieser ebenfalls explizit mit der Methode `Close()` wieder geschlossen werden, um alle Ressourcen freizugeben.

Beim Hosting mit den Internet Information Services und dem Windows Process Activation Service (WAS) ist die Hosting-Umgebung für das Erstellen der `ServiceHost`-Instanz sowie das Öffnen und Schließen zuständig. Es können auch Anfragen von Client-Anwendungen entgegengenommen werden, noch bevor eine `ServiceHost`-Instanz existiert. Beim Hosting mit IIS und WAS findet eine nachrichtenbasierte Aktivierung des Service statt. Das bedeutet, dass mit der ersten Anfrage eines Clients der Service automatisch gestartet wird, also die Instanz des Service Hosts erst bei Bedarf erzeugt wird. So können sehr viele Services auf einem Server zur Verfügung gestellt werden, ohne dass alle gleichzeitig geöffnet sind und Ressourcen benötigen.

Anfragen einer Client-Anwendung werden von dem Web-Endpunkt, also der *Svc*-Datei, entgegengenommen. Das funktioniert auch, falls noch keine Instanz von `ServiceHost` existiert. Erhält der Web-Endpunkt die Anfrage, wird diese an das WCF-Service-Modell weitergeleitet. Das Service-Modell sucht nach der passenden `@ServiceHost`-Direktive, holt sich die Einstellungen des Service aus der Konfigurationsdatei *Web.config* und erstellt mit diesen Angaben automatisch eine neue Instanz von `ServiceHost`. Anschließend wird ebenfalls automatisch die `Open()`-Methode aufgerufen. Die Anfrage wird daraufhin zu einem neu erstellten Kanal-Listener weitergeleitet, der die Kommunikation zwischen Client und Service regelt.

Kommen weitere Anfragen von Client-Anwendungen, und gibt es bereits eine Instanz von `ServiceHost`, so muss keine neue Instanz von `ServiceHost` erstellt werden: Es kann die bereits bestehende Instanz verwendet werden. Wird ein Service für einen bestimmten Zeitraum nicht benötigt, also von keiner Client-Anwendung angesprochen, kann IIS diesen inaktiven Service nach einem festgelegten Timeout stoppen. Bei einer erneuten Anfrage eines Clients wird der Service automatisch wieder neu gestartet. Auf diese Weise geht die Hosting-Umgebung effizient mit Ressourcen um. Damit ein Service immer für die Anfrage von Clients zur Verfügung steht, ist die Hosting-Umgebung in der Lage, den Service auf seine Verfügbarkeit hin zu prüfen. Können bestehende Host-Prozesse eine neue Anfrage eines Clients nicht verarbeiten, kann automatisch ein neuer Host-Prozess gestartet werden.

Ein weiterer Vorteil des Hostings mit IIS und WAS besteht darin, dass Änderungen an der Service-Implementierung oder in der Datei *Web.config* nicht zu einem Neustart des Service führen. Wird eine Änderung entdeckt, so wird eine neue `ServiceHost`-Instanz parallel zu einer bereits bestehenden Instanz erstellt. Die alte `ServiceHost`-Instanz bleibt jedoch noch erhalten, falls Client-Anwendungen mit dieser kommunizieren. Alle neuen Anfragen werden zu der neuen `ServiceHost`-Instanz weitergeleitet. Die alte Instanz wird später automatisch geschlossen.

5.4.5 IIS 7.0 und Windows Process Activation Service

Der Windows Process Activation Service (WAS) ist ein Prozessaktivierungs-Mechanismus, der die Internet Information Services 7.0 erweitert und mit Windows Vista und Windows Server 2008 ausgeliefert wird. WAS erweitert IIS 7.0 um die Möglichkeit, für das Hosting von Anwendungen andere Transportprotokolle als HTTP zu nutzen. Dazu entkoppelt WAS die Prozessaktivierung von IIS. Es stehen aber weiterhin alle Hosting-Features von IIS zur Verfügung.

Installation und Konfiguration von WAS

Bevor der Windows Process Activation Service verwendet werden kann, müssen einige Windows-Funktionen installiert werden. Öffnen Sie dazu das Dialogfeld *Windows-Funktionen ein- oder ausschalten* über *Systemsteuerung • Programme und Funktionen.*

Auf jeden Fall muss der Windows-Prozessaktivierungsdienst installiert werden, so wie in Abbildung 5.14 gezeigt.

Abbildung 5.14: Windows-Prozessaktivierungsdienst installieren

Hiermit wird lediglich WAS installiert. Es gibt jedoch noch keine Unterstützung für WCF-Services oder ASP.NET-Anwendungen. Dazu müssen Sie alle in der Abbildung 5.15 gezeigten Windows-Funktionen einschalten. Selbst wenn Sie keine ASP.NET-Anwendung hosten wollen, muss ASP.NET aktiviert sein.

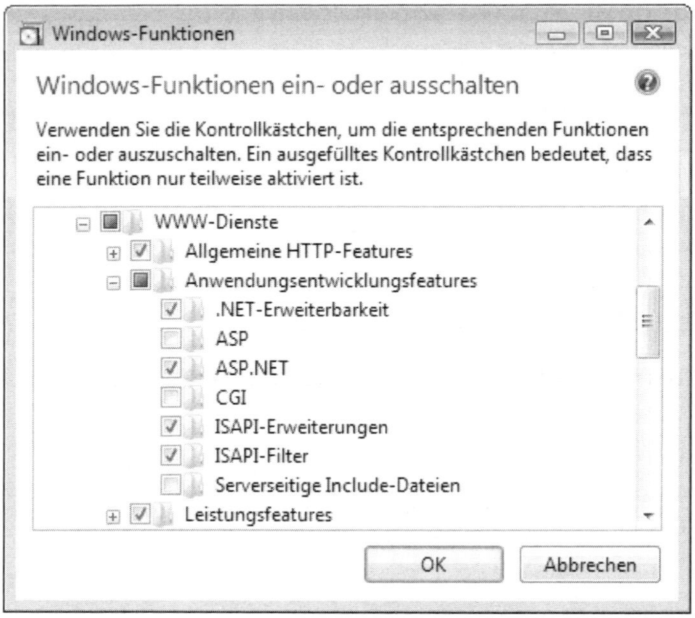

Abbildung 5.15: WCF-Unterstützung installieren

Außerdem müssen Sie noch die Aktivierung von Nicht-HTTP-Protokollen installieren, wie in Abbildung 5.10 zu sehen ist.

Einrichten der Kommunikation mit Nicht-HTTP-Protokollen

Die Installation von WAS und der anderen erforderlichen Komponenten reicht jedoch noch nicht aus, um einen Service unter anderen Transportprotokollen verfügbar zu machen. Für jede Website müssen die gewünschten Protokolle als Binding hinzugefügt werden. Außerdem müssen die Protokolle für jede Anwendung der Website explizit aktiviert werden. Für beide Vorgänge liefert IIS 7.0 das Konfigurationstool *Appcmd.exe* mit, das sich im Ordner *C:\Windows\System32\inetsrv* befindet. Sie können das Tool verwenden, indem Sie die Eingabeaufforderung als Administrator starten.

Um das Beispiel `GeometryService` für die Kommunikation mit dem TCP-Protokoll einzurichten, müssen Sie zuerst der Standardwebsite, auf der sich der `GeometryService` befindet, eine Netzwerkprotokollbindung hinzufügen Navigieren Sie dazu in der Eingabeaufforderung zu dem Ordner des Tools und geben Sie dann die folgende Anweisung ein:

```
Appcmd set site "Default Web Site"
-+bindings.[protocol='net.tcp', bindingInformation='808:*']
```

Damit wird auf der Standardwebsite das TCP-Protokoll aktiviert und der Standard-Port 808 für jeden beliebigen Host-Namen überwacht. Ähnlich lautet die Anweisung, um die Kommunikation über Named Pipes zu aktivieren. Jedoch darf hier keine Port-Nummer angegeben werden.

```
Appcmd set site "Default Web Site"
-+bindings.[protocol='net.pipe', bindingInformation=':*']
```

Jetzt muss das TCP-Protokoll noch auf der Anwendungsebene aktiviert werden. Diese Einstellung muss für jede Anwendung getrennt vorgenommen werden.

```
Appcmd set app "Default Web Site/GeometryService" /enabledProtocols:net.tcp
```

Sollen das HTTP- und das TCP-Protokoll unterstützt werden, müssen Sie Folgendes eingeben:

```
Appcmd set app "Default Web Site/GeometryService" /enabledProtocols:http,net.tcp
```

Wie in Abbildung 5.16 zu sehen, wird zuerst das `site`-Objekt der Standardwebsite geändert und anschließend das `application`-Objekt der Anwendung.

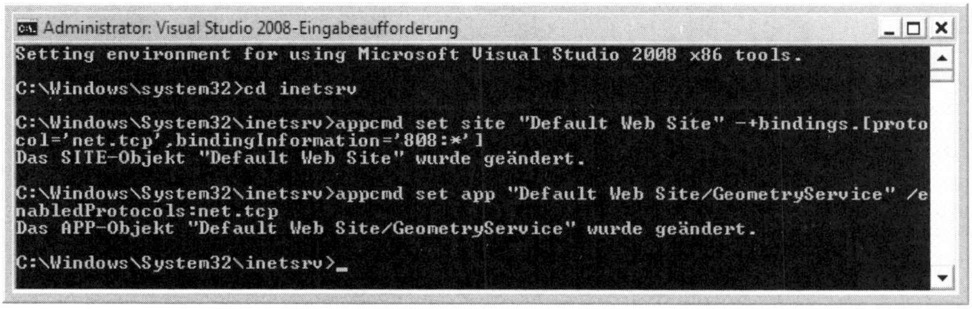

Abbildung 5.16: Einrichten von TCP für einen WCF-Service

Die Einträge werden in der Konfigurationsdatei *applicationHost.config* für IIS 7.0 und WAS vorgenommen. Sie befindet sich im Ordner *C:\Windows\System32\inetsrv\config*. Für jedes aktivierte Protokoll wird ein neues `binding`-Element hinzugefügt, und für jede Anwendung gibt es eine kommaseparierte Liste aller aktivierten Protokolle.

```
<sites>
    <site name="Default Web Site" id="1">
        <application path="/">
            <virtualDirectory path="/"
              physicalPath="%SystemDrive%\inetpub\wwwroot" />
        </application>
        <application path="/GeometryService" enabledProtocols="http,net.tcp">
            <virtualDirectory path="/"
              physicalPath="C:\inetpub\wwwroot\GeometryService" />
```

```
        </application>
        <bindings>
            <binding protocol="http" bindingInformation="*:80:" />
            <binding protocol="net.tcp" bindingInformation="808:*" />
        </bindings>
    </site>
    ...
</sites>
```

Listing 5.15: Element sites in der Datei »applicationHost.config«

Sie können die Bindung und die verfügbar gemachten Protokolle auch ohne das Konfigurationstool *Appcmd* direkt in der Konfigurationsdatei einstellen. Dazu müssen Sie den Editor als Administrator starten und die Konfigurationsdatei im Editor öffnen. Sie können dann das XML-Dokument bearbeiten.

Um ein Protokoll wieder aus der Liste der aktivierten Protokolle für eine Anwendung zu entfernen, wird der bereits bekannte Befehl verwendet. Um zum Beispiel `GeometryService` nur noch für HTTP zur Verfügung zu stellen, wird die bisherige Liste der Protokolle einfach wie folgt überschrieben:

```
Appcmd set app "Default Web Site/GeometryService" /enabledProtocols:http
```

Soll das Binding für die Website wieder entfernt werden, rufen Sie einen ähnlichen Befehl wie für die Aktivierung des Bindings auf, indem aus dem Plus-Zeichen ein Minus-Zeichen wird:

```
Appcmd set site "Default Web Site"
--bindings.[protocol='net.tcp', bindingInformation='808:*']
```

Konfiguration des WCF-Service für Nicht-HTTP-Protokolle

Damit der Service tatsächlich auch per TCP-Protokoll verwendet werden kann, müssen Sie noch die Konfiguration des Service ändern und Endpunkte für TCP hinzufügen. Erweitern Sie die Konfigurationsdatei einfach wie folgt:

```
<system.serviceModel>
  <services>
    <service
      name="FirstService.Geometry"
      behaviorConfiguration="ServiceBehavior">
      <endpoint
        address=""
        binding="basicHttpBinding"
        contract="IGeometry">
      </endpoint>
      <endpoint
        address=""
        binding="netTcpBinding"
```

```
          contract="IGeometry">
        </endpoint>
        <endpoint
          address="mex"
          binding="mexHttpBinding"
          contract="IMetadataExchange"/>
        <endpoint
          address="mex"
          binding="mexTcpBinding"
          contract="IMetadataExchange"/>
      </service>
    </services>
    <behaviors>
      <serviceBehaviors>
        <behavior name="ServiceBehavior">
          <serviceMetadata httpGetEnabled="true"/>
        </behavior>
      </serviceBehaviors>
    </behaviors>
  </system.serviceModel>
```

Listing 5.16: Konfigurationsdatei für die Kommunikation über HTTP und TCP

Nachdem der Service über einen TCP-Endpunkt verfügt und außerdem ein MEX-Endpunkt für TCP verfügbar ist, können Sie das *ServiceModel Metadata Utility Tool* verwenden, um eine Proxy-Klasse zu generieren und in einer Client-Anwendung zu verwenden.

5.4.6 ASP.NET-Kompatibilitätsmodus

WCF-Services können parallel mit ASP.NET oder im ASP.NET-Kompatibilitätsmodus gehostet werden. In diesem Fall kann ein Service alle Features der ASP.NET-Webanwendungsplattform nutzen. WCF-Services und ASPX-Websites sowie ASMX-WebServices können in beiden Fällen in einer gemeinsamen Anwendungsdomäne gehostet werden. Standard ist der parallele Modus. Anfragen an einen WCF-Service werden von der ASP.NET-Laufzeit in einem eigenen HTTP-Modul verarbeitet, das die ASP.NET-Laufzeit erweitert. Das Modul erstellt einen `ServiceHost` und leitet die Anfrage zur weiteren Bearbeitung an das WCF-Service-Modell weiter.

Der große Vorteil des parallelen Modus besteht darin, dass sich WCF-Services unabhängig von der Hosting-Umgebung und dem Transport konsistent verhalten. Sie können also ohne Änderungen im Code eine andere Hosting-Umgebung wählen und zumindest mit IIS 7.0 ein anderes Transportprotokoll als HTTP verwenden. ASPX-Websites und ASMX-Webservices können die ASP.NET-Features übrigens voll nutzen, auch wenn sich diese in derselben Anwendungsdomäne befinden. Im ASP.NET-Kompatibilitätsmodus durchläuft die Anforderung eines Clients die gesamte ASP.NET-

Pipeline, die auch ein ASMX-Webservice durchläuft. Die Anfrage wird also zuerst von ASP.NET verarbeitet, bevor das WCF-Service-Modell die Anfrage weiter verarbeitet.

Im ASP.NET-Kompatibilitätsmodus ist der Transport auf das HTTP-Protokoll beschränkt. Dafür können viele HTTP-spezifische Features von ASP.NET verwendet werden wie:

- dateibasierte und URL-Autorisierung
- SessionState
- Caching
- Profile
- Lokalisierung
- HttpContext und HTTP-Modul
- ASP.NET-Identitätswechsel

Das Service-Modell stellt aber eine noch größere Auswahl an Features zur Autorisierung und Authentifizierung bereit, die besser für eine serviceorientierte Umgebung geeignet sind. Für viele der ASP.NET-Features gibt es in der Windows Communication Foundation eine Entsprechung, die unabhängig von der Hosting-Umgebung und dem Transportprotokoll ist. Die nachfolgende Tabelle zeigt dies.

ASP.NET-Feature	WCF-Umsetzung
dateibasierte und URL-Autorisierung	ServiceAuthorizationBehavior
HttpContext	OperationContext
HTTP-Module	IDispatcherMessageInspector
ASP.NET-Identitätswechsel	WCF-Identitätswechsel

Tabelle 5.2: ASP.NET-Features und ihre Entsprechungen in WCF

Soll ein bestehender ASMX-WebService in einen WCF-Service umgewandelt werden, und sollen Teile des Codes ASP.NET-spezifische Features verwenden, dann kann der WCF-Service, den ASP.NET-Kompatibilitätsmodus verwenden, anstatt diese Funktionen völlig neu zu implementieren. Ansonsten sollten Sie von der Verwendung des ASP.NET-Kompatibilitätsmodus nach Möglichkeit absehen. Um den ASP.NET-Kompatibilitätsmodus anzuwenden, müssen Sie eine Einstellung in der Konfigurationsdatei vornehmen. Fügen Sie innerhalb des `system.serviceModel`-Elements die folgende Anweisung ein:

```
<system.serviceModel>
    <serviceHostingEnvironment aspNetCompatibilityEnabled="true" />
</system.serviceModel>
```

Für jeden ServiceContract können Sie angeben, ob ein Service den ASP.NET-Kompatibilitätsmodus unterstützen darf. Dazu wird das Attribut `AspNetCompatibilityRequirements` vor die Definition des ServiceContracts gesetzt.

```
[AspNetCompatibilityRequirements(RequirementsMode =
AspNetCompatibilityRequirementsMode.Required)]
public class Service : IService
{
...
}
```

Oder in Visual Basic:

```
<AspNetCompatibilityRequirements(RequirementsMode := _
AspNetCompatibilityRequirementsMode.Required)> _
Public Class Service
    Implements IService
    ...
End Class
```

Es wird einer der drei Werte `Required`, `Allowed` oder `NotAllowed` von der `AspNetCompatiblityRequirementsMode`-Enumeration für die Eigenschaft `RequirementsMode` gesetzt. Die Einstellung `Required` legt fest, dass der Service im ASP.NET-Kompatibilitätsmodus ausgeführt werden muss. `Allowed` gibt an, dass die Ausführung im ASP.NET-Kompatibilitätsmodus erfolgen darf, aber nicht muss. `NotAllowed` verbietet die Ausführung des Service im ASP.NET-Kompatibilitätsmodus. Die folgende Tabelle zeigt, wie sich die Einstellungen auf die Aktivierung des Service auswirken.

aspNetCompatibilityEnabled	AspNetCompatiblityRequirementsMode	Aktivierung
`true`	`Required`	erfolgreich
`true`	`Allowed`	erfolgreich
`true`	`NotAllowed`	Fehler
`false`	`Required`	Fehler
`false`	`Allowed`	erfolgreich
`false`	`NotAllowed`	erfolgreich

Tabelle 5.3: Auswirkung des AspNetCompatiblityRequirementsMode

6 Sessions

Prinzipiell spricht man bei Services immer von zustandslosen Diensten, jedoch gibt es auch Szenarien, bei denen man zustandsbehaftete Dienste benötigt. Deswegen wollen wir uns in diesem Abschnitt etwas der Zustandsverwaltung, den Sessions, widmen. Zwei weitere Punkte, die in sehr engem Zusammenhang mit Sessions stehen, nämlich die Instanzierung der Service-Klassen sowie Concurrency, werden ebenfalls in diesem Kapitel erläutert.

6.1 Überblick

Unter Sessions versteht man allgemein, dass alle Nachrichten, die zwischen zwei Endpunkten ausgetauscht werden, zusammengehören und im selben Kontext behandelt werden. Es wird dafür ein Session basierter Kanal geöffnet, über den alle zu dieser Session gehörenden Nachrichten übertragen werden. Durch das Beenden der Session wird auch dieser Kanal wieder geschlossen. Somit ist eine Session nicht abhängig von der Lebenszeit eines Clients, sondern von der Lebenszeit des Session basierten Kanals zwischen diesen beiden Endpunkten.

Ein Client kann dabei einen Session basierten Kanal durch dem expliziten Aufruf der `Open()`-Methode des clientseitigen Proxy-Objekts öffnen, oder dem Aufruf einer Methode die eine Session initialisieren kann. Das clientseitige Proxyobjekt entspricht dabei dem Kanalobjekt.

Zum Schließen des Session basierten Kanals kann der Client explizit die Methode `Close()` des Kanalobjekts oder eine Methode, die eine Session terminieren kann, aufrufen.

Sessions müssen von der aufrufenden Applikation initialisiert und auch wieder terminiert werden. Das heißt, eine Session wird vom Client initiiert und auch wieder beendet. Die entsprechenden Objekte werden dabei auf dem Server im Speicher gehalten. Somit wird auch der Zustand innerhalb dieser Objekte gehalten. Alle Aufrufe eines Clients, der eine Session initiiert hat, werden somit vom gleichen Serverobjekt behandelt. Es gibt kein eigenes Serverobjekt, in dem Zustandsdaten gespeichert werden. Auf dem Server werden die Nachrichten einer Session dabei in der Reihenfolge abgearbeitet, in der sie eintreffen.

! ! ! ACHTUNG

Auch wenn die Begrifflichkeit identisch ist: WCF Sessions funktionieren ganz anders als ASP.NET-Sessions. ASP.NET-Sessions werden am Server gebildet und besitzen einen eigenen Datenspeicher, zwei Aspekte, die bei WCF-Sessions nicht der Fall sind.

Bei der Definition eines ServiceContract kann man dem Attribut als benannten Parameter einen `SessionMode` angeben. Die möglichen Werte hierfür sind:

- **Allowed**

  Dieser Wert besagt, dass Sessions von diesem Contract unterstützt werden, falls das zugrunde liegende Binding Sessions unterstützt. Dieser Wert ist auch der Standardwert, falls keine Angaben gemacht werden.

- **NotAllowed**

  Dieser Wert besagt, dass dieser Contract kein Binding unterstützt, welches Sessions initialisiert.

- **Required**

  Dieser Wert besagt, dass der Contract zwingend Sessions erfordert. Unterstützt das Binding keine Sessions, wird ein Laufzeitfehler ausgelöst.

Auf der Ebene des `OperationContract` kann man dem Attribut als benannte Parameter angeben, ob diese Operation eine Session starten (`IsInitiating`) oder beenden (`IsTerminating`) kann. Die Standardwerte für diese beiden Attribute sind `true` für `IsInitiating` und `false` für `IsTerminating`.

Listing 6.1 und Listing 6.2 zeigen einen ServiceContract mit den entsprechenden Attributen. Innerhalb des Contracts werden eine Methode `Add()` definiert, die eine Session startet, und eine Methode `EndCalculation()`, die eine Session beenden kann, definiert. `Add()` muss also zwingend vor `EndCalculation()`aufgerufen werden, da der Contract zwingend eine Session erfordert (`SessionMode=Required`).

```
using System.ServiceModel;
namespace SessionService
{
  [ServiceContract(Namespace="http://addison-wesley.de",
                   SessionMode=SessionMode.Required)]
  public interface ISessionService
  {
    [OperationContract(IsInitiating=true,IsTerminating=false,
                       IsOneWay=true)]
     void Add(int i);
    [OperationContract(IsInitiating=false, IsTerminating=true)]
     int EndCalculation();
  }
}
```

Listing 6.1: Service-Definition eines Contracts, der Sessions verlangt in C#

```
Imports System.ServiceModel
<ServiceContract(Namespace:="http://addison-wesley.de", _
                 SessionMode:=SessionMode.Required)> _
Public Interface ISessionService
  <OperationContract(IsInitiating:=True, IsTerminating:=False, _
                     IsOneWay:=True)> _
   Sub Add(ByVal i As Integer)
  <OperationContract(IsInitiating:=False, IsTerminating:=True)> _
   Function EndCalculation() As Integer
End Interface
```

Listing 6.2: Service-Definition eines Contracts, der Sessions verlangt in Visual Basic

In engem Zusammenhang mit Session steht das Instanzierungsverhalten von Services. Mittels des `ServiceBehavior`-Attributs kann man einen Wert für den `InstanceContextMode` angeben.

Tabelle 6.1 zeigt die Bedeutung der möglichen Werte für `InstanceContextMode`.

InstanceContextMode	Bedeutung
PerCall	Ein neuer *InstanceContext* und somit auch ein Service-Objekt werden bei jedem Client-Request angelegt.
PerSession	Ein neuer *InstanceContext* und somit auch ein Service-Objekt werden bei jeder neuen Session eines Clients angelegt. Die Lebenszeit des Contexts ist dabei abhängig von der Session.
Single	Ein *InstanceContext* und somit auch nur ein Service-Objekt bedienen sämtliche Client-Anfragen.

Tabelle 6.1: Bedeutung der möglichen Werte für InstanceContextMode

Listing 6.3 und Listing 6.4 zeigen die Implementierung des `ISessionService`-Interface in der Klasse `SessionService` mit dem entsprechenden Instanzierungs-Context `PerSession`.

```
using System.ServiceModel;
namespace SessionService
{
    [ServiceBehavior(InstanceContextMode= InstanceContextMode.PerSession)]
    public class SessionService:ISessionService
    {
        #region ISessionService Member
        private int result;
        public void Add(int i)
        {
            result += i;
        }

        public int EndCalculation()
        {
            return result;
        }
        #endregion
    }
}
```

Listing 6.3: Implementierung des SessionService in C#

```
Imports System.ServiceModel
<ServiceBehavior(InstanceContextMode:=InstanceContextMode.PerSession)> _
Public Class SessionService
    Implements ISessionService

    Private result As Integer
    Public Sub Add(ByVal i As Integer) Implements ISessionService.Add
        result = result + i
    End Sub

    Public Function EndCalculation() As Integer _
           Implements ISessionService.EndCalculation
        Return result
    End Function
End Class
```

Listing 6.4: Implementierung des SessionService in Visual Basic

* * * TIPP

Sollte Ihre Service-Implementierung eine sehr aufwändige Konstruktorlogik besitzen, so können Sie die entsprechende Klasse bereits in der Host-Anwendung instanziieren, damit der erste Client-Aufruf performanter ausgeführt wird. Jedoch ist es zwingend erforderlich, den `InstanceContextMode` *dann auf* `Single` *zu stellen, damit alle Clients mit dieser bereits erstellten Klasse arbeiten. Man spricht dann vom sogenannten* Singleton-Pattern.

Neben der Instanziierung der Server-Objekte ist auch das Verhalten bei einem gleichzeitigen Zugriff auf Server-Objekte sehr eng mit Sessions verbunden.

Über den `ConcurrencyMode` kann dabei festgelegt werden, wie viele Threads gleichzeitig innerhalb eines *InstanceContext* beziehungsweise im Ganzen erlaubt sind. Der `ConcurrencyMode` kann dabei als weiterer benannter Parameter des `ServiceBehavior`-Attributs angegeben werden.

Tabelle 6.2 zeigt die Bedeutung der möglichen `ConcurrencyModes`.

ConcurrencyMode	**Bedeutung**
Single	Auf einen *InstanceContext* kann maximal ein Thread gleichzeitig zugreifen. Die restlichen Threads werden blockiert. Das ist auch der Standardwert für den `ConcurrencyMode`.
Multiple	Auf einen *InstanceContext* können parallel mehrere Threads zugreifen. Der Service muss natürlich Thread sicher implementiert sein.
Reentrant	Ein *InstanceContext* bearbeitet gleichzeitig einen Thread, akzeptiert aber wiederkehrende Aufrufe von WCF-Clients.

Tabelle 6.2: Bedeutung der möglichen ConcurrencyModes

! ! ! ACHTUNG

Wenn Sie den Standardwert ändern, sind Sie selbst dafür verantwortlich, dass Ihr Service Thread sicher ist. Überlegen Sie sich also gut, ob Sie den entsprechenden Wert ändern wollen.

6.2 Erste Session-Anwendung

Aufbauend auf dem Contract und der Implementierung aus Abschnitt 6.1 erstellen wir wiederum in einer Konsolenanwendung das Binding und die Konfiguration für diesen Dienst. Als Binding habe ich dazu ein *wsDualHttpBinding* ausgewählt, da ich die Anwendung im Laufe dieses Kapitels noch etwas erweitern und auch Rückrufe in die Anwendung implementieren möchte. Ein reines *BasicHttpBinding* hätte an dieser Stelle jedoch nicht ausgereicht, da dieses Binding keine Sessions unterstützt. Außerdem habe ich auch wieder ein `ServiceBehavior` zum Veröffentlichen der Metadaten definiert. Vergessen Sie nicht, einen Verweis auf die Assembly `System.ServiceModel` zu setzen.

Das folgende Listing zeigt die serverseitige Applikationskonfigurationsdatei.

```
<?xml version="1.0" encoding="utf-8" ?>
<configuration>
  <system.serviceModel>
    <behaviors>
      <serviceBehaviors>
        <behavior name="MetaDatenBehavior">
          <serviceMetadata httpGetEnabled="true"
                httpGetUrl="http://localhost:8898/SessionServiceMeta" />
        </behavior>
      </serviceBehaviors>
    </behaviors>
    <services>
      <service name="SessionService.SessionService"
               behaviorConfiguration="MetaDatenBehavior">
        <endpoint address="http://localhost:8888/SessionService"
               binding="wsDualHttpBinding"
                  bindingConfiguration=""
                  contract="SessionService.ISessionService" />
      </service>
    </services>
  </system.serviceModel>
</configuration>
```

Listing 6.5: Konfigurationsdatei des SessionService-Dienstes

Die `Main()`-Routine der Konsolenanwendung wird ähnlich wie in den vorangegangenen Beispielen mit dem Code zum Öffnen des `ServiceHost` ausgestattet, wie Sie in Listing 6.6 und Listing 6.7 sehen.

```
using System;
using System.ServiceModel;
namespace SessionService
{
  class Program
  {
    static void Main(string[] args)
    {
      using (ServiceHost sh = new ServiceHost(typeof(SessionService)))
      {
        sh.Open();
        Console.WriteLine("Session Service bereit!");
        Console.ReadLine();
      }
    }
  }
}
```

Listing 6.6: Main()-Routine des SessionServiceserver in C#

```
Imports System.ServiceModel
Module Module1
  Sub Main()
    Using sh As New ServiceHost(GetType(SessionService))
      sh.Open()
      Console.WriteLine("Session Service bereit!")
      Console.ReadLine()
    End Using
  End Sub
End Module
```

Listing 6.7: Main()-Routine des SessionServiceserver in Visual Basic

Nun können wir wieder die Metadaten für den Client erstellen und in einer weiteren Konsolenanwendung den Dienst testen.

Das folgende Listing zeigt dabei den Programmcode der `Main()`-Routine des Clients.

```
using System;
namespace ClientSessionService
{
  class Program
  {
    static void Main(string[] args)
    {
       SessionServiceClient proxy = new SessionServiceClient();
       proxy.Add(5);
       proxy.Add(5);
       proxy.Add(5);
       proxy.Add(5);
       Console.WriteLine(proxy.EndCalculation().ToString());
       Console.ReadLine();
    }
  }
}
```

Listing 6.8: Main()-Routine am Client in C#

```
Module Module1
  Sub Main()
    Dim proxy As New SessionServiceClient()
    proxy.Add(5)
    proxy.Add(5)
    proxy.Add(5)
    proxy.Add(5)
    Console.WriteLine(proxy.EndCalculation().ToString())
    Console.ReadLine()
  End Sub
End Module
```

Listing 6.9: Main()-Routine am Client in Visual Basic

Wenn Sie die Anwendung jetzt testen, werden Sie feststellen, dass die Variable `result` am Server tatsächlich addiert wird. Als Ergebnis wird 20 ausgegeben. Der Server hat also den Zustand der Variablen gehalten.

Interessant ist nun die Frage, was passiert, wenn nach der `EndCalculation()`-Methode noch einmal die Funktion `Add()` aufgerufen wird. Tatsächlich wurde der zugrunde liegende Session basierte Kanal bereits geschlossen. Die Ausführung des Programms wird mit einer `InvalidOperationException` unterbrochen. Als Fehlermeldung wird dabei *Dieser Kanal kann keine weiteren Nachrichten mehr senden, weil der IsTerminating-Vorgang »EndCalculation« bereits aufgerufen wurde* ausgegeben.

Einen Versuch, den Kanal mit der `Open()`-Methode erneut zu öffnen, schlägt ebenso fehl, da das Kanalobjekt bereits verworfen wurde. Die einzige Möglichkeit, eine neue Additionsreihe zu starten, besteht darin, den Client-Proxy mit der Anweisung

```
proxy = new SessionServiceClient();
```

neu zu instanziieren.

* * * TIPP

Sie können auch eine Initialisierungsmethode schreiben, in der Werte für eine Session vorbelegt oder auch übergeben werden. Sind andere Aufrufe von dieser Methode abhängig, so sollte diese Methode die einzige sein, die das Attribut `IsInitiating` *mit dem Wert* `true` *besitzt. Alle anderen Operatoren sollten* `IsInitiating` *auf* `false` *stehen haben. Somit ist gewährleistet, dass diese Methode bei einer Einstellung* `SessionMode.Required` *als Erste aufgerufen werden muss. Sie können jedoch nicht verhindern, dass diese Methode öfters aufgerufen wird, was dem Verhalten eines Konstruktors entsprechen würde.*

6.3 Duplex-Kommunikation

Im Beispiel in Abschnitt 6.2 wurde die `Add()`-Methode als `OneWay`-Operation definiert. Genauso gut hätten wir diese Methode auch als Funktion definieren können, die das aktuelle Zwischenergebnis zurückgibt. Ich möchte Ihnen an dieser Stelle jedoch eine Alternative zeigen, bei der das Zwischenergebnis als Callback an den Client gesendet wird. Das heißt: Nach der Berechnung ruft der Server eine Funktion am Client auf, um das neue Zwischenergebnis an den Client zu senden. Aus diesem Grunde haben wir als Binding auch das *wsDualHttpBinding* gewählt, weil auf diese Weise eine Kommunikation in beide Richtungen, eine sogenannte Duplex-Kommunikation, möglich ist.

6.3.1 CallbackContract

Damit der Server einen Rückruf zum Client machen kann, muss er natürlich wissen, welche Schnittstellen der Client dafür anbietet. Dies wird durch ein Interface auf dem Server definiert, das der Client implementieren muss. Das ist der sogenannte *Callback-Contract*, der als Attribut dem ServiceContract bekannt gegeben wird.

Dazu füge ich dem Projekt die Interface-Definition aus Listing 6.10 und Listing 6.11 hinzu.

```
using System.ServiceModel;
namespace SessionService
{
    public interface ICallbackContract
    {
        [OperationContract(IsOneWay=true)]
        void SetValue(int i);
    }
}
```

Listing 6.10: Definition eines Callback-Interface in C#

```
Imports System.ServiceModel
Public Interface ICallbackContract
    <OperationContract(IsOneWay:=True)> _
    Sub SetValue(ByVal i As Integer)
End Interface
```

Listing 6.11: Definition eines Callback-Interface in Visual Basic

Beachten Sie, dass die Methoden dieses Interface zwar mit dem Attribut `OperationContract` versehen sind, das Interface jedoch nicht mit dem Attribut `ServiceContract` versehen wurde. Damit es jedoch Teil des Vertrags zwischen Server und Client wird, muss dieses Interface noch als `CallbackContract` beim ursprünglichen `ServiceContract` definiert werden.

Passen Sie dazu das `ServiceContract`-Attribut des Interface `ISessionService` wie folgt für C# an:

```
[ServiceContract(Namespace="http://addison-wesley.de",
                 SessionMode=SessionMode.Required,
                 CallbackContract=typeof(ICallbackContract))]
public interface ISessionService
```

Entsprechend in Visual Basic:

```
<ServiceContract(Namespace:="http://addison-wesley.de", _
                 SessionMode:=SessionMode.Required, _
                 CallbackContract:=GetType(ICallbackContract))> _
Public Interface ISessionService
```

Nachdem Sie die Metadaten neu generiert haben, können Sie dieses Interface nun am Client implementieren. Dazu müssen wir jedoch unseren Client etwas umbauen, denn in Visual Basic liegt unsere Logik in einem Modul, in C# dagegen in einer statischen Methode. Ein Modul kann kein Interface implementieren. In C# haben wir das Problem, dass wir keine Instanz der Klasse `Program` haben, sondern nur den Aufruf der statischen `Main()`-Methode. Somit lagern wir die Logik in eine Methode `Start()` innerhalb einer Klasse `Starter` aus und implementieren darin das Interface `ISessionServiceCallback` (dieser Name wurde beim Generieren der Proxy-Klasse vergeben). Dadurch dass wir jetzt einen `CallbackContract` besitzen, müssen wir beim Instanziieren unseres Kanalobjektes noch den `InstanceContext` des Objekts mit übergeben, das das entsprechende Interface implementiert. Listing 6.12 und Listing 6.13 zeigen das entsprechende Client-Programm.

```
using System;
using System.ServiceModel;
namespace ClientSessionService
{
  class Program
  {
    static void Main(string[] args)
    {
      Starter s = new Starter();
      s.Start();
      Console.ReadLine();
    }
  }

  public class Starter:ISessionServiceCallback
  {
    public void Start()
    {
      InstanceContext context = new InstanceContext(this);
      SessionServiceClient proxy = new SessionServiceClient(context);
      proxy.Add(5);
      proxy.Add(5);
      proxy.Add(5);
      proxy.Add(5);
      Console.WriteLine(proxy.EndCalculation().ToString());

      proxy = new SessionServiceClient(context);
      proxy.Add(5);
      Console.WriteLine(proxy.EndCalculation().ToString());
    }

    #region ISessionServiceCallback Member
    public void SetValue(int i)
    {
```

```
        Console.WriteLine("Neues Ergebnis: " + i.ToString());
    }
    #endregion
  }
}
```

Listing 6.12: Client-Programm mit implemenierten ICallbackContract-Interface in C#

```
Imports System.ServiceModel
Module Module1
  Sub Main()
    Dim s As New Starter
    s.Start()
    Console.ReadLine()
  End Sub
End Module

Public Class Starter
  Implements ISessionServiceCallback

  Public Sub Start()
    Dim context As New InstanceContext(Me)
    Dim proxy As New SessionServiceClient(context)
    proxy.Add(5)
    proxy.Add(5)
    proxy.Add(5)
    proxy.Add(5)
    Console.WriteLine(proxy.EndCalculation().ToString())

    proxy = New SessionServiceClient(context)
    proxy.Add(5)
    Console.WriteLine(proxy.EndCalculation().ToString())
  End Sub

  Public Sub SetValue(ByVal i As Integer) _
          Implements ISessionServiceCallback.SetValue
    Console.WriteLine("Neues Ergebnis: " & i.ToString())
  End Sub
End Class
```

Listing 6.13: Client-Programm mit implemenierten ICallbackContract-Interface in Visual Basic

6.3.2 Callback durchführen

Nun fehlt uns nur noch der Rückruf aus dem Server. Hier muss zuerst festgestellt werden, über welchen Kanal der Rückruf durchgeführt werden kann. Dazu steht uns die generische Methode `GetCallbackChannel<T>()` des aktuellen `OperationContext` zur Verfügung. Dadurch dass der Client beim Instanziieren des Kanalobjekts jetzt seinen Context mit übergibt, kann er am Server mittels dieser Methode identifiziert werden.

Passen Sie dazu die Methode `Add()` wie folgt an.

```
public void Add(int i)
{
  result += i;
  ICallbackContract callback =
          OperationContext.Current.GetCallbackChannel<ICallbackContract>();
  callback.SetValue(result);
}
```

Listing 6.14: Add()-Methode mit Rückruf in C#

```
Public Sub Add(ByVal i As Integer) Implements ISessionService.Add
  result = result + i
  Dim callback As ICallbackContract = _
      OperationContext.Current.GetCallbackChannel(Of ICallbackContract)()
  callback.SetValue(result)
End Sub
```

Listing 6.15: Add()-Methode mit Rückruf in Visual Basic

Wenn Sie das Programm jetzt wieder starten, sehen Sie, dass am Client durch die Rückrufmethode nun auch die Zwischenergebnisse angezeigt werden. Siehe Abbildung 6.1.

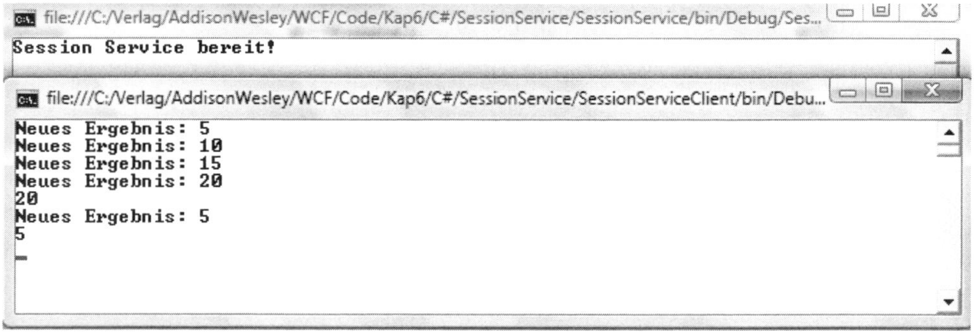

Abbildung 6.1: Ausgabe des Programms mit Zwischenergebnissen

6.3.3 Broadcasts – Callbacks an mehrere Clients senden

Manchmal steht man auch vor der Anforderung, dass alle Clients über eine bestimmte Aktion eines Clients informiert werden müssen. Man muss also nicht nur einen Rückruf an den gerade aktiven Client, sondern einen Rückruf an alle Clients durchführen.

Bei dieser Anforderung kommt man an einer Registrierungsfunktion nicht vorbei. Innerhalb dieser Registrierungsfunktion können sich Clients für Callbacks registrieren. Diese Funktion muss also vor allen anderen Methoden aufgerufen werden.

Passen Sie dazu ihre Service-Interface-Definition, wie in Listing 6.16 und Listing 6.17 dargestellt, an.

```
using System.ServiceModel;
namespace SessionService
{
  [ServiceContract(Namespace="http://addison-wesley.de",
                   SessionMode=SessionMode.Required,
                   CallbackContract=typeof(ICallbackContract))]
  public interface ISessionService
  {
    [OperationContract(IsInitiating = true, IsTerminating = false,
                       IsOneWay = true)]
     void Register(string name);
    [OperationContract(IsInitiating=false,IsTerminating=false,
                       IsOneWay=true)]
     void Add(int i);
    [OperationContract(IsInitiating=false, IsTerminating=true)]
     int EndCalculation();
  }
}
```

Listing 6.16: Angepasster ServiceContract in C#

```
Imports System.ServiceModel
<ServiceContract(Namespace:="http://addison-wesley.de", _
                 SessionMode:=SessionMode.Required, _
                 CallbackContract:=GetType(ICallbackContract))> _
Public Interface ISessionService
  <OperationContract(IsInitiating:=True, IsTerminating:=False, _
                     IsOneWay:=True)> _
   Sub Register(ByVal name As String)
  <OperationContract(IsInitiating:=False, IsTerminating:=False, _
                     IsOneWay:=True)> _
   Sub Add(ByVal i As Integer)
  <OperationContract(IsInitiating:=False, IsTerminating:=True)> _
   Function EndCalculation() As Integer
End Interface
```

Listing 6.17: Angepasster ServiceContract in Visual Basic

In der Klasse `SessionService`, die den Dienst implementiert, müssen mehrere Änderungen vorgenommen werden. Zum einen benötigen wir eine Variable `name`, die den Registrierungsnamen speichert. Als zweites benötigen wir eine generische Liste, in der wir den `CallbackContext` der registrierten Clients speichern. Da wir diese Liste in jeder Instanz von `SessionService` benötigen, muss diese Variable statisch sein. Auch wenn es in diesem Beispiel wenig Sinn macht, sollten wir die `result`-Variable ebenfalls statisch setzen, damit wir das Hochzählen von unterschiedlichen Clients erkennen können.

In der Methode Register() speichern wir den Namen in der klassenweiten name-Variablen und fügen den CallbackContext der generischen Liste hinzu. In der Add()-Methode durchlaufen wir die generische Liste und rufen für jeden registrierten Client die SetValue()-Methode einmal auf. Da wir auch den Namen des aktiven Clients mitgeben wollen, ändern wir den Typ des Übergabeparameters der Methode SetValue() im ICallbackContract-Interface von Integer auf String. Mit Hilfe der Methode EndCalculation() entfernen wir schließlich den CallbackContext wieder aus der generischen Liste.

Listing 6.18 und Listing 6.19 zeigen die angepasste Service-Definition.

```
using System.ServiceModel;
using System.Collections.Generic;

namespace SessionService
{
  [ServiceBehavior(InstanceContextMode = InstanceContextMode.PerSession)]
  public class SessionService : ISessionService
  {
    #region ISessionService Member
    private static int result;
   private static List<ICallbackContract> callbackList =
           new List<ICallbackContract>();
    private string name;
    public void Add(int i)
    {
      result += i;
     foreach (ICallbackContract callback in callbackList)
     {
       callback.SetValue(name + " berechnet " +
                         result.ToString());
     }
    }

    public int EndCalculation()
    {
      ICallbackContract callback =
         OperationContext.Current.GetCallbackChannel
         <ICallbackContract>();
      callbackList.Remove(callback);
      return result;
    }

    public void Register(string name)
    {
      this.name = name;
     ICallbackContract callback =
        OperationContext.Current.GetCallbackChannel
        <ICallbackContract>();
```

```
      //Verhindert Mehrfachregistrierung, falls die Register-Methode mehrfach
      //aufgerufen wird
      if (!callbackList.Contains(callback))
      {
        callbackList.Add(callback);
      }
    }
    #endregion
  }
}
```

Listing 6.18: Angepasste Service-Definition in C#

```
Imports System.ServiceModel
Imports System.Collections.Generic
<ServiceBehavior(InstanceContextMode:=InstanceContextMode.PerSession)> _
Public Class SessionService
  Implements ISessionService

  Private Shared result As Integer
  Private Shared callbackList As _
                New List(Of ICallbackContract)()
  Private name As String

  Public Sub Add(ByVal i As Integer) Implements ISessionService.Add
    result = result + i

    For Each callback As ICallbackContract In callbackList
      callback.SetValue(name + " berechnet " & _
                        result.ToString())
    Next
  End Sub

  Public Function EndCalculation() As Integer _
         Implements ISessionService.EndCalculation
    Dim callback As ICallbackContract = _
        OperationContext.Current.GetCallbackChannel _
        (Of ICallbackContract)()
    callbackList.Remove(callback)
    Return result
  End Function

  Public Sub Register(ByVal name As String) _
           Implements ISessionService.Register
    Me.name = name
    Dim callback As ICallbackContract = _
        OperationContext.Current.GetCallbackChannel _
        (Of ICallbackContract)()
    'Verhindert Mehrfachregistrierung, falls die Register-Methode mehrfach
```

```
    'aufgerufen wird
    If Not callbackList.Contains(callback) Then
      callbackList.Add(callback)
    End If
  End Sub
End Class
```

Listing 6.19: Angepasste Service-Definition in Visual Basic

Nach der Neuerstellung der Metadaten sind im Client nur noch geringe Anpassungen notwendig. Zum einen muss die Signatur der Methode `SetValue()` angepasst werden, da der Übergabeparameter von `Integer` auf `String` geändert wurde.

Vor den `Add()`-Methoden muss noch die `Register()`-Methode aufgerufen werden. Vor dem Aufruf der Session terminierenden Methode `EndCalculation()` habe ich noch eine Methode `Console.ReadLine()`, gesetzt um das Testen mit mehreren Clients zu vereinfachen.

Nachfolgend ist die angepasste `Starter`-Klasse am Client dargestellt.

```
public class Starter:ISessionServiceCallback
{
  public void Start()
  {
    InstanceContext context = new InstanceContext(this);
    SessionServiceClient proxy = new SessionServiceClient(context);
    Console.Write("Bitte geben Sie Ihrer Namen ein:");
    string name = Console.ReadLine();
    proxy.Register(name);
    proxy.Add(5);
    proxy.Add(5);
    proxy.Add(5);
    proxy.Add(5);
    Console.ReadLine();
    Console.WriteLine(proxy.EndCalculation().ToString());
  }

  #region ISessionServiceCallback Member

  public void SetValue(string message)
  {
    Console.WriteLine(message);
  }
  #endregion
}
```

Listing 6.20: Angepasster Client in C#

```
Public Class Starter
  Implements ISessionServiceCallback

  Public Sub Start()
    Dim context As New InstanceContext(Me)
    Dim proxy As New SessionServiceClient(context)
    Console.Write("Bitte geben Sie Ihren Namen ein:")
    Dim name As String = Console.ReadLine()
    proxy.Register(name)
    proxy.Add(5)
    proxy.Add(5)
    proxy.Add(5)
    proxy.Add(5)
    Console.ReadLine()
    Console.WriteLine(proxy.EndCalculation().ToString())
  End Sub

  Public Sub SetValue(ByVal message As String) _
         Implements ISessionServiceCallback.SetValue
    Console.WriteLine(message)
  End Sub
End Class
```

Listing 6.21: Angepasster Client in Visual Basic

Abbildung 6.2 zeigt die Ausgabe des angepassten Programms.

Abbildung 6.2: Ausgabe des Programmes mit Zwischenergebnissen von mehreren Clients

6.4 Reliable Session

In vielen Szenarien benötigt man sichere und zuverlässige Verbindungen, also Verbindungen, bei denen sichergestellt ist, dass die gesendeten Nachrichten auch korrekt am anderen Endpunkt ankommen. Unabhängig davon, ob es Verbindungsprobleme gibt. Es muss ebenso gewährleistet sein, dass eine Nachricht nochmals verschickt wird, falls sie nicht korrekt zugestellt werden konnte. Außerdem muss sichergestellt werden, dass die Nachricht nur ein einziges Mal und nicht mehrfach gesendet wird.

Innerhalb von WCF gibt es zwei Möglichkeiten, sichere Verbindungen zu implementieren:

- **Reliable Sessions**

  Reliable Sessions in WCF basieren auf dem *WS-ReliableMessaging*-Protokoll. Dabei werden die gesendeten Nachrichten im Speicher gehalten, um bei einem Übertragungsfehler die exakte Nachricht nochmals zu versenden. Sie bieten in etwa dieselbe Funktionalität für SOAP-Nachrichten, die TCP zum Senden von Paketen bereitstellt, sind jedoch unabhängig vom Übertragungsprotokoll. Die Gewähr, dass die Nachrichten in derselben Reihenfolge empfangen werden, in der sie gesendet wurden ,ist eine optionale Einstellung für Reliable Sessions.

- **Queues**

  Queues in WCF setzen auf Microsoft Message Queuing auf. Mehr dazu in Kapitel 8, »Queues in WCF«.

Reliable Session basiert dabei auf Session basierten Kanälen, welche die entsprechende Funktionalität bereitstellen. Dabei gibt es keine lose Koppelung zwischen den Endpunkten, wie es zum Beispiel bei MSMQ der Fall ist.

Folgende Bindings unterstützen Reliable Sessions:

- *WsHttpBinding*
- *WsDualHttpBinding*
- *WsFederationHttpBinding*
- *NetTcpBinding*

Von diesen vier Bindings sind Reliable Sessions jedoch nur bei dem in unserem Beispiel verwendeten *WsDualHttpBinding* standardmäßig aktiviert. Bei allen anderen Bindings muss dieses Feature noch über die Konfiguration aktiviert werden. Die Konfiguration können Sie am besten mit dem WCF-Konfigurationseditor vornehmen.

Abbildung 6.3 zeigt, wie Sie innerhalb des Editors für das *WsHttpBinding* die entsprechende Einstellung vornehmen. Die Eigenschaft `Ordered` gibt dabei an, ob gewährleistet werden soll, dass die Nachrichten in der richtigen Reihenfolge ankommen.

In der Konfigurationsdatei wurde durch diese Einstellung der folgende Eintrag hinzugefügt, der in Listing 6.22 dargestellt ist.

```
<bindings>
  <wsHttpBinding>
    <binding name="NewBinding0">
      <reliableSession enabled="true" />
    </binding>
  </wsHttpBinding>
</bindings>
```

Listing 6.22: Konfigurationseinstellung für Reliable Sessions

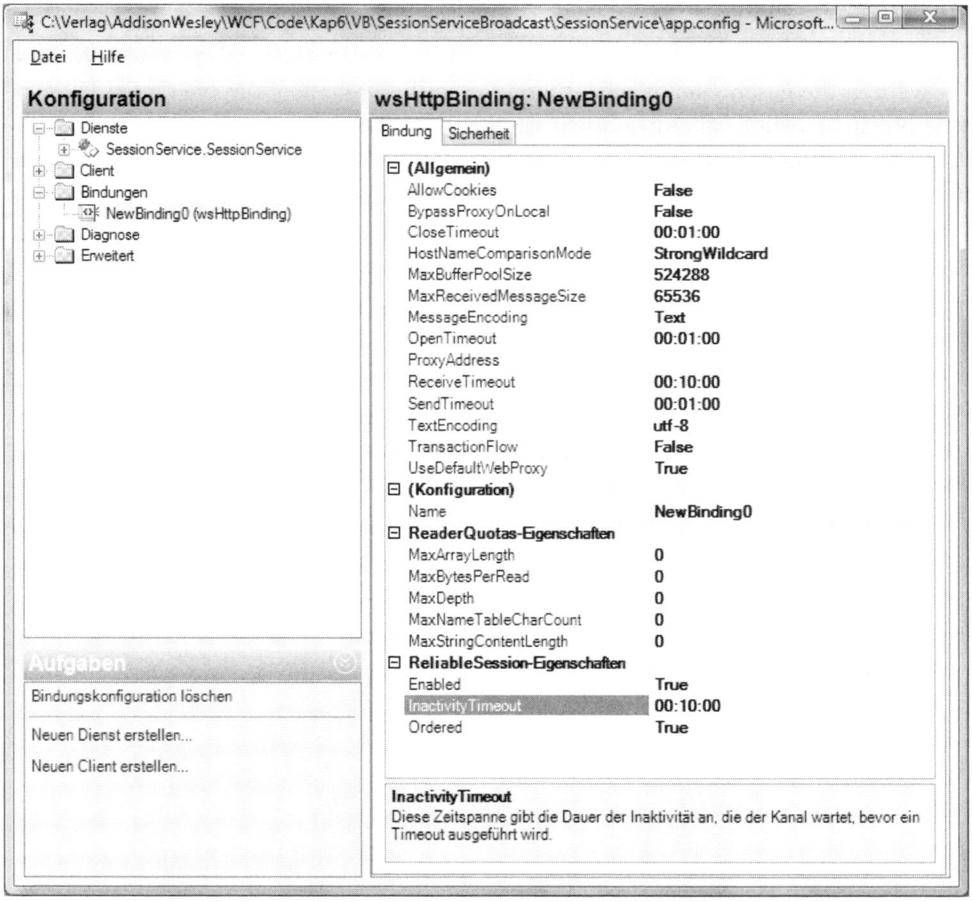

Abbildung 6.3: Einstellungen für Reliable Sessions

Reliable Sessions sollten eingesetzt werden, wenn zwischen den Endpunkten Vermittler geschaltet sind, wie zum Beispiel Proxies oder SOAP-Router, wenn die Verbindung nicht konstant aufrecht erhalten werden kann, oder falls Sie Sessions über das HTTP-Protokoll verwenden. Bei einer Übertragung über TCP sollte in den meisten Fällen das Transportprotokoll für die sichere Übertragung der Nachrichten sorgen. Sollten Sie Nachrichten übertragen wollen, bei denen ein Endpunkt über einen längeren Zeitraum auch inaktiv sein kann, dann sollten Sie anstelle von Reliable Sessions besser Queues verwenden.

7 Transaktionen

Unter einer Transaktion versteht man eine Reihe von zusammengehörigen Operationen, die als eine atomare und unzertrennbare Einheit ausgeführt werden müssen. Dabei zählt das Alles-oder-Nichts-Prinzip: Entweder werden alle Operationen ausgeführt oder keine. Das bedeutet für den Fall, dass auch nur eine einzige Operation nicht erfolgreich durchgeführt werden kann, dass der Zustand vor dem Beginn der Transaktion wieder hergestellt werden muss.

WCF unterstützt dabei das *WS-AT-Protokoll* (AT = Atomic Transaction) für verteilte Anwendungen zwischen interoperablen Services sowie *OLE Transactions* für verteilte Anwendungen, die keine Interoperabilität benötigen.

7.1 ACID-Prinzip

Transaktionen müssen dem sogenannten *ACID*-Prinzip entsprechen. Dieses Prinzip erfordert:

- **A**tomicity

  Entweder werden alle Operationen durchgeführt oder keine. Schlägt eine Operation fehl, werden auch alle bereits durchgeführten Operationen wieder zurückgenommen.

- **C**onsistency

  Eine Transaktion überführt einen konsistenten Datenbestand wieder in einen konsistenten Datenbestand. Während der Transaktion kann zwischenzeitlich ein inkonsistenter Zustand vorliegen. Der Abschluss der Transaktion gewährleistet jedoch wieder einen konsistenten Datenbestand.

- Isolation

  Transaktionen sind isoliert. Das bedeutet, dass beispielsweise inkonsistente Zwischenstände nicht außerhalb der Transaktion sichtbar sind. Transkationen können auch keinen Einfluss auf andere noch nicht abgeschlossene Transaktionen haben.

- Durability

  Ist eine Transaktion einmal bestätigt, so ist das Ergebnis der Transaktion dauerhaft.

WCF-Transaktionen unterstützten das ACID-Prinzip.

7.2 Überblick

Innerhalb von WCF können Einstellungen zu Transaktionen sowohl im `ServiceBehaviorAttribute` wie auch im `OperationBehaviorAttribute` gesetzt werden.

7.2.1 ServiceBehavior

Die Eigenschaften, die über das `ServiceBehaviorAttribute` gesetzt werden können, sind `TransactionAutoCompleteOnSessionClose`, `ReleaseServiceInstanceOnTransactionComplete`, `TransactionIsolationLevel` und `TransactionTimeout`.

Dabei können Sie über die boolesche Eigenschaft `TransactionAutoCompleteOnSessionClose` einstellen, dass eine noch nicht abgeschlossene Transaktion beim ordentlichen Schließen einer Session – die Session wurde also nicht aufgrund von Netzwerk- oder anderen Problemen geschlossen – ebenso erfolgreich abgeschlossen wird. Steht der Wert auf `false` – was auch dem Standardwert entspricht –, wird die komplette offene Transaktion beim Schließen der Session zurückgesetzt.

Mit der Eigenschaft `ReleaseServiceInstanceOnTransactionComplete` können Sie festlegen, dass die zugrundeliegende Instanz des Service-Objekts bei einem erfolgreichen Anschluss einer Transaktion verworfen wird, sodass der nächste Aufruf an eine neue Instanz des Service-Objekts geht. Damit können keine Reste von vorhergehenden Transaktionen Einfluss auf neue Transaktionen nehmen. Der Standardwert für diese boolesche Eigenschaft lautet `true`.

> > > HINWEIS

Sollte der `ConcurrencyMode` *des Service einen Wert ungleich* `Single` *haben, so wird ein Konfigurationsfehler ausgeworfen, falls der Wert für* `ReleaseServiceInstanceOnTransactionComplete` *auf* `true` *steht.*

Die Eigenschaft `TransactionIsolationLevel` gibt den Isolations-Level der Transaktion an. Als Werte stehen folgende `IsolationLevel`-Werte zur Verfügung:

- **Unspecified**

  Dies ist der Standardwert. Er legt fest, dass Aktualisierungs- oder Einfügevorgänge erst möglich sind, wenn die Transaktion abgeschlossen ist.

- **Chaos**

  Diese Einstellung legt fest, dass die ausstehenden Änderungen von höher isolierten Transaktionen nicht überschrieben werden können.

- **ReadUncommitted**

  Diese Einstellung legt fest, dass flüchtige Daten während der Transaktion gelesen und geändert werden können.

- **ReadCommitted**

  Diese Einstellung legt fest, dass flüchtige Daten während der Transaktion nicht gelesen werden, jedoch geändert werden können.

- **RepeatableRead**

  Diese Einstellung gibt an, dass flüchtige Daten während der Transaktion gelesen, aber nicht geändert werden können. Neue Daten können jedoch während der Transaktion hinzugefügt werden.

- **Serializable**

  Diese Einstellung legt fest, dass flüchtige Daten zwar gelesen, aber nicht geändert werden können. Ebenso können während der Transaktion keine neuen Daten hinzugefügt werden.

- **Snapshot**

  Diese Einstellung gibt an, dass flüchtige Daten gelesen werden können. Werden in einer Transaktion Daten geändert, so wird überprüft, ob die Daten nach dem ersten Lesen von einer anderen Transaktion geändert wurden. Werden die Daten aktualisiert, so wird ein Fehler ausgelöst. Eine Transaktion kann dann den zuvor übernommenen Wert der Daten abrufen.

Falls bereits eine Transaktion ausgeführt wird, muss der `IsolationLevel` der Einstellung der bereits gestarteten Transaktion entsprechen. Andernfalls wird eine Ausnahme ausgelöst, sofern nicht der Wert auf `Unspecified` gesetzt ist. Wird eine Transaktion gestartet, entspricht dieser Wert dem `Isolationlevel` der neuen Transaktion.

Über die Eigenschaft `TransactionTimeout` kann schließlich noch eingestellt werden, innerhalb welcher Zeit eine Transaktion komplettiert werden muss. Sobald dieser Timeout überschritten wird, wird die Transaktion abgebrochen.

7.2.2 OperationBehavior

Die Eigenschaften, die über das `OperationBehaviorAttribute` gesetzt werden können, sind `TransactionScopeRequired` und `TransactionAutoComplete`.

`TransactionScopeRequired` bestimmt, ob eine Operation an einer Transaktion teilnehmen muss. Der Standardwert für diese boolesche Eigenschaft ist `false`. Wird der Wert auf `true` gesetzt, so nimmt die Operation an einer bestehenden Transaktion teil. Existiert keine bestehende Transaktion, so wird automatisch eine neue Transaktion gestartet.

`TransactionAutoComplete` bestimmt, dass die Transaktion bei einem erfolgreichen Abschluss der Operation ebenso erfolgreich abgeschlossen wird. Ist der Wert auf `false` gesetzt, so bleibt die Transaktion innerhalb des Service-Objekts offen, bis eine Methode aufgerufen wird, bei der dieser Wert auf `true` steht. Alternativ kann programmtechnisch durch den Aufruf der Methode `SetTransactionComplete()` von `OperationContext` die Transaktion beendet werden.

7.2.3 TransactionFlow

Mit dem `TransactionFlow`-Attribut steht ein weiteres Attribut zur Verfügung, mit dem Einstellungen hinsichtlich Transaktionen auf Operationsebene gemacht werden können. Dabei ist dieses Attribut das einzige, das die Steuerung der Transaktion dem Client überlässt. Alle anderen Attribute beziehen sich auf Transaktionen innerhalb einer Service-Operation.

Das Attribut besitzt eine einzige Eigenschaft `Transactions`, die durch die `TransactionFlowOption`-Enumeration definiert werden kann. Die möglichen Werte hierfür sind:

- **Allowed**

  Eine Transaktion kann vorhanden sein, muss aber nicht.

- **NotAllowed**

  Es darf keine Transaktion vorhanden sein.

- **Mandatory**

  Eine Transaktion muss vorhanden sein.

! ! ! ACHTUNG

Wird eine Einstellung ungleich `NotAllowed` *ausgewählt, so darf die Methode keinesfalls als* `OneWay`*-Methode gekennzeichnet werden.*

Über die Konfiguration für das entsprechende Binding kann auch eingestellt werden, ob `TransactionFlow` aktiviert ist. Ist über das Binding `TransactionFlow` deaktiviert, und hat bei einer Operation `TransactionFlowOption` den Wert `Mandatory`, so wird beim Starten des Service eine Ausnahme geworfen.

Ebenso kann in der Binding-Konfiguration das `TransactionFlowProtocoll` gewählt werden. Dabei gibt es die Möglichkeit, das interoperable `WS-AtomicTransaction`-Protokoll bzw. das proprietäre `OleTransaction`-Protokoll zu wählen.

Die Einstellungen für `TransactionFlowOption` können sich von Operation zu Operation unterscheiden. Die Einstellung für `TransactionFlowProtocol` ist dagegen für alle Operationen eines Endpunktes gleich.

Abbildung 7.1 zeigt die entsprechenden Einstellungsmöglichkeiten für das Binding im WCF-Konfigurationseditor.

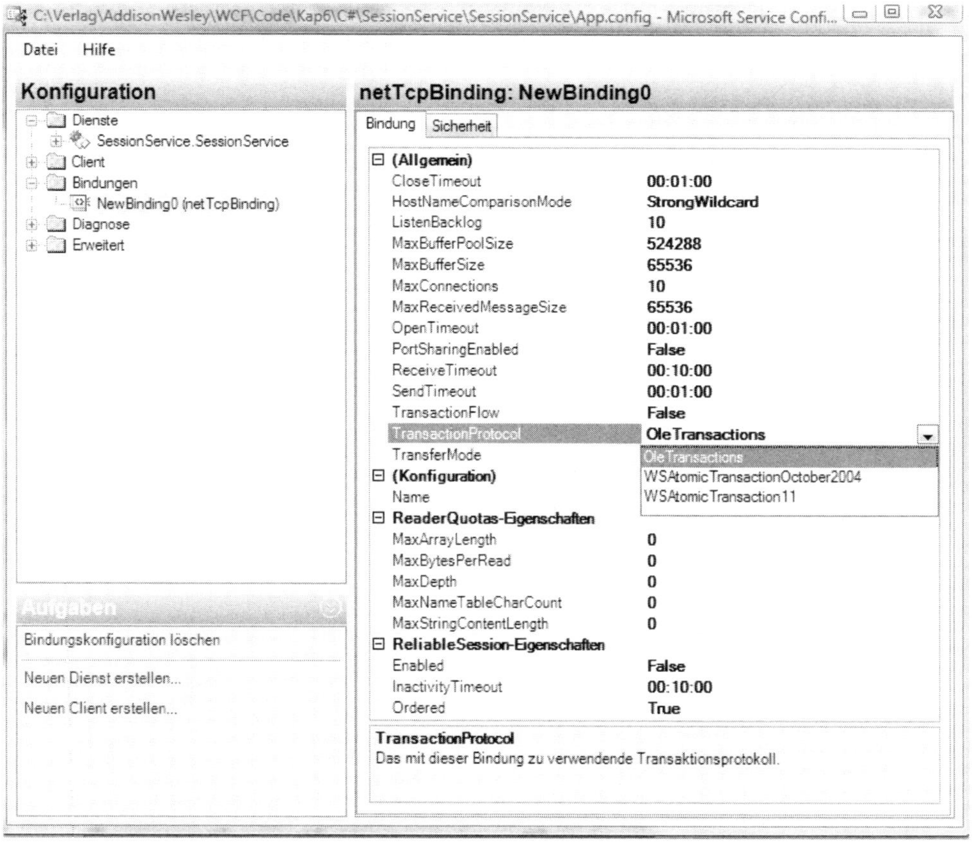

Abbildung 7.1: Einstellungen zu TransactionFlow und TransactionProtocol für ein Binding

7.2.4 Migration von COM+-Transaktionen

Wenn Sie eine bestehende COM+-Applikation mit `EnterpriseServices`-Transaktionen nach WCF migrieren wollen, so sollten Sie die Einstellungen aus Tabelle 7.1 verwenden.

COM+-Einstellung	TransactionFlow-Option	TransactionScopeRequired	TransactionFlow auf Binding-Ebene
RequiresNew	NotAllowed	True	False
Required	Allowed	True	True
Supported	Allowed	True	True
NotSupported		False	False
Disabled		False	False

Tabelle 7.1: Einstellungen bei der Migration von COM+-Applikationen

7.2.5 Bindings

Folgende Bindings unterstützen Transaktionen:

- *WSHttpBinding*
- *WSDualHttpBinding*
- *WSFederationHttpBinding*
- *MsmqIntegrationBinding*
- *NetMsmgBinding*
- *NetNamedPipeBinding*
- *NetTcpBinding*

8 Queues in WCF

Queues innerhalb der Windows Communication Foundation werden auf der Basis von Microsoft Message Queuing (MSMQ) als Transportprotokoll aufgebaut. Dabei sind die kommunizierenden Applikationen nur lose miteinander gekoppelt. Der Sender muss nicht wissen, ob der Empfänger gerade aktiv ist. Durch diese lose Koppelung sind auch Ausfälle bei den kommunizierenden Anwendungen eher selten. Damit wird die Verfügbarkeit und Zuverlässigkeit der Anwendung deutlich erhöht. Durch das Einstellen der Nachrichten in eine Warteschlange kann auch ein Dienstendpunkt nicht mit Anfragen von unterschiedlichen Clients überflutet werden. Die Nachrichten werden später aus der Warteschlange heraus abgearbeitet.

WCF stellt dafür das *NetMsmqBinding* sowie für die Integration von bestehenden MSMQ-Applikationen das *MsmqIntegrationBinding* zur Verfügung.

8.1 Queuing-Konzepte

Als Erstes will ich Ihnen hier einen kleinen Überblick über grundlegende Queuing-Konzepte geben.

Zuerst sollten wir uns darüber im Klaren sein, dass wir bei den bislang gezeigten Beispielen eine Koppelung zwischen der Serverkomponente und dem Client hatten. Über die Protokolle HTTP und TCP kommunizierten beide Endpunkte miteinander. Beim Ausfall des Servers kommt es auch in der Client-Anwendung zu Fehlern, da die Nachrichten vom Server nicht mehr verarbeitet werden können.

Warteschlangen-Anwendungen heben diese Koppelung auf und isolieren die beiden Endpunkte voneinander. Der Client kann problemlos weiterlaufen, auch dann, wenn die Serverkomponente nicht aktiv oder verfügbar ist.

Dabei liefern Queues selbst bei Kommunikations- oder Netzwerkproblemen eine sichere und zuverlässige Datenübertragung. Bei Warteschlangen kommunizieren die beiden Kommunikationspartner nicht direkt miteinander, sondern eben über Queues. Dabei steht dem Client sowie dem Server je ein Queue Manager zur Verfügung, der sich um eine sichere Übertragung der Nachrichten kümmert. Die Warteschlangen-Manager (Queue Manager) werden als externe Dienste vom System implementiert und verwenden dabei sichere Transportprotokolle.

Ein Client sendet bei einer Queuing-Applikation seine Nachrichten an eine lokale *Transmission Queue*. Der für diese Transmission Queue zuständige Queue Manager versucht, diese Nachricht an die *Target Queue* zu übermitteln. Die Clientanwendung adressiert dabei die Nachricht mit der tatsächlichen Target Queue. Ob diese dabei auf demselben Rechner vorhanden ist oder auf einem anderen Rechner innerhalb des Netzwerks, ist dabei bedeutungslos. Der Service horcht mittels eines *Listeners* auf die Target Queue, ob Nachrichten für ihn vorhanden sind, und arbeitet diese ab. Für die sichere Übertragung der Nachrichten ist dabei der jeweilige Warteschlangen-Manager zuständig. Auch wenn der Server wegen Netzwerkproblemen nicht erreichbar ist, sorgt der Warteschlangen-Manager dafür, dass die Nachricht bei einer Wiederverbindung zum Server übertragen wird. Kann über einen längeren Zeitraum keine Verbindung hergestellt werden, und muss der Warteschlangen-Dienst am Client oder der gesamte Client heruntergefahren werden, so werden die Nachrichten aus der Warteschlange in einem eigenen Speicher auf der Platte abgespeichert, sodass diese nach einem Wiederstarten des Dienstes erneut bereitstehen.

Abbildung 8.1 illustriert das Warteschlangen-Konzept.

Durch dieses Konzept können beim Abarbeiten von Nachrichten durchaus auch längere Wartezeiten entstehen. Wenn Sie Transaktionen verwenden wollen, würden diese unter Umständen für einen sehr langen Zeitraum geöffnet sein. Deswegen arbeitet man bei transaktionalen Warteschlangen mit zwei Transaktionsobjekten: einem auf dem Client und einem zweiten auf dem Server. Sobald auf dem Client die Transaktion abgeschlossen ist, wird die Nachricht in die Transmission Queue eingestellt. Wird die Nachricht auf dem Server verarbeitet, so wird Sie bei einem auftretenden Fehler zurück in die Target Queue gestellt.

Dennoch kann es passieren, dass eine Nachricht niemals oder zumindest über einen sehr langen Zeitraum nicht von der Transmission Queue in die Target Queue übertragen werden kann. Einer Nachricht kann eine Lebenszeit mitgegeben werden. Wird diese Lebenszeit ohne erfolgreiche Übertragung überschritten, so wird die Nachricht in eine *Dead-Letter Queue* übertragen.

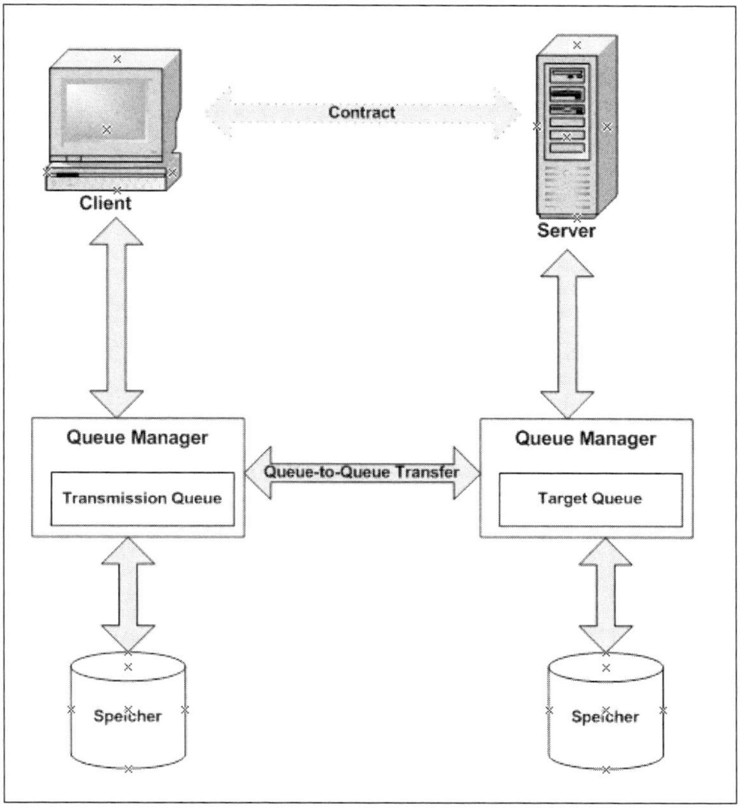

Abbildung 8.1: Konzept einer Warteschlangen-Anwendung

MSMQ bietet jeweils eine systemweite Dead-Letter Queue sowohl für transaktionale Warteschlangen als auch für nichttransaktionale Warteschlangen. Sie können auch für die Applikationen eine eigene Dead-Letter Queue definieren, in der dann nur diejenigen Nachrichten enthalten sind, die für die entsprechende Applikation gedacht waren.

> > > HINWEIS

Falls Sie innerhalb einer MSMQ-Applikation Sessions verwenden, laufen alle Operationen einer Session innerhalb einer Transaktion. Seien Sie sich darüber bewusst, dass alle Operationen dieser Session in die Dead-Letter Queue eingestellt werden, falls nur eine einzige Operation innerhalb dieser Session nicht in der vorgegebenen Zeit durchgeführt wird. Die Transaktion wird zurückgesetzt; und auch bereits verarbeitete Operationen landen in der Dead-Letter Queue.

Genauso gut ist es möglich, dass eine Nachricht zwar in die Target Queue übertragen wurde, jedoch die Verarbeitung der Nachricht vom Service wiederholt fehlschlägt. Solche Nachrichten werden in eine *Poison Message Queue* eingestellt.

8.2 Binding-Einstellungen für Queue-Anwendungen in WCF

Innerhalb von WCF stehen wie bereits angesprochen zwei vordefinierte Bindungen für Warteschlangen zur Verfügung. *NetMsmqBinding* für WCF-Applikationen sowie *MsmqIntegrationBinding* zur Integration von bestehenden MSMQ-Applikationen. Dabei kapseln diese Bindings die internen Implementierungen, die beim Schreiben von Warteschlangen-Applikationen zu berücksichtigen sind. Das bedeutet: Sie können – bis auf einige kleine Einschränkungen, auf die wir gleich eingehen – Warteschlangen-Applikationen genauso schreiben wie andere verteilte Anwendungen. Die gesamte Komplexität, die bei der Übertragung der Nachrichten eigentlich zu beachten ist, wird von den Bindings von der Implementierung der Logik gekapselt.

Die angesprochenen Einschränkungen für eine WCF-Warteschlangen-Applikation sind folgende:

- Alle Operationen müssen als One-Way-Methoden gekennzeichnet sein, da die beiden Bindings keine Duplex-Kommunikation unterstützen.
- Außer der Binding-Konfiguration muss zusätzlich auch MSMQ konfiguriert werden.

In diesem Abschnitt wollen wir uns die entsprechenden Einstellungen für diese Bindings anschauen.

Microsoft Message Queues ist dabei eine optionale Dienstkomponente von Windows, die zur Übertragung von Nachrichten das native MSMQ-Protokoll oder das *SOAP Reliable Message Protocol* (*SRMP*) verwendet. MSMQ bietet dabei transaktionale sowie nichttransaktionale Warteschlangen.

! ! ! ACHTUNG

Bei der Verwendung einer nichttransaktionalen Warteschlange können Nachrichten auch verloren gehen.

8.2.1 NetMsmqBinding

Die beiden wichtigsten Eigenschaften für dieses Binding sind:

- **ExactlyOnce**

  Ist diese boolesche Eigenschaft auf `true` (Standardwert) gesetzt, dann gewährleistet MSMQ, dass die Nachricht genau ein einziges Mal übertragen wird. Ist eine Übertragung nicht möglich, so wird die Nachricht in die Dead-Letter Queue übertragen. Ist der Wert `false`, so wird nur ein Übertragungsversuch durchgeführt. Die Nachricht wird verworfen oder kann optional auch in die Dead-Letter Queue übertragen werden. `ExactlyOnce` erfordert bei der Aktivierung eine transaktionale Warteschlange. Ist `ExactlyOnce` deaktiviert und die Eigenschaft `Durable` auf `false` gesetzt, wird zwingend eine nichttransaktionale Warteschlange benötigt.

- **Durable**

  Ist diese boolesche Eigenschaft auf `true` (Standardwert) gesetzt, dann wird die Nachricht dauerhaft gespeichert. Somit ist gewährleistet, dass die Nachricht nach einem Neustart des MSMQ-Dienstes weiterhin zur Verfügung steht und übertragen werden kann. Ist der Wert `false` und wird der MSMQ-Dienst vor einer Übertragung gestoppt, so geht die Nachricht verloren.

* * * TIPP

Der Standardwert für diese beiden Eigenschaften ist `true`. *Das führt jedoch zu einem gewissen Overhead. Falls Ihre Applikation hochperformant sein soll, setzen Sie die beiden Eigenschaften auf* `false` *und verwenden eine nichttransaktionale Warteschlange.*

Welche Dead-Letter Queue verwendet wird, können Sie über die Eigenschaft `DeadLetterQueue` einstellen. Die möglichen Werte hierfür sind:

- **None**

  Es wird keine Dead-Letter Queue verwendet.

- **System**

  Es wird in Abhängigkeit von der Warteschlange die systemweite transaktionale oder nichttransaktionale Dead-Letter Queue verwendet.

- **Custom**

  Es wird eine applikationsspezifische Dead-Letter Queue verwendet, die über die Eigenschaft `CustomDeadLetterQueue` adressiert werden muss. (Dies ist nur unter Windows Vista möglich.)

Konfigurationsmöglichkeiten in Bezug auf die Poison Message Queue bieten folgende Eigenschaften:

- **ReceiveRetryCount**

  Gibt die Anzahl der sofortigen Wiederholungsversuche an.

- **MaxRetryCycles**

  Gibt die Anzahl -1 der maximalen Wiederholungszyklen an.(Wird nur von Windows Vista ausgewertet.) Es gibt also insgesamt (`ReceiveRetryCount` +1) * (`MaxRetryCycles` + 1) Zustellversuche.

- **RetryCycleDelay**

  Gibt die Zeitspanne zwischen den Zyklen an

- **ReceiveErrorHandling**

  Ein Enumerationswert, der angibt, wie mit einer nicht zustellbaren Nachricht verfahren werden soll. Mögliche Werte hierbei sind `Fault`, `Drop`, `Reject` und `Move`. Die Einstellung `Fault` löst einen Fehler aus, und durch `Drop` wird die Nachricht unverarbeitet gelöscht. `Reject` und `Move` sind nur unter Windows Vista verfügbar, wobei `Reject` die Nachricht in die Dead-Letter Queue und `Move` die Nachricht in eine spezielle Poison Message Queue verschiebt, die später abgearbeitet werden kann. `Move` ist die empfohlene Einstellung unter Windows Vista. Für die Vorgängersysteme sollten Sie `Fault` einstellen.

Über die Eigenschaft `QueueTransferProtocol` kann das entsprechende gewünschte Übertragungsprotokoll ausgewählt werden (`Native`, `SRMP` oder `SRMP Secure`). SRMP wird insbesondere eingesetzt, wenn Nachrichten über HTTP versendet werden.

Abbildung 8.2 zeigt die Einstellungsmöglichkeiten für das *NetMsmqBinding* im WCF-Konfigurationseditor.

Außerdem können in Bezug auf Sicherheit noch weitere Einstellungen vorgenommen werden. Die beiden wichtigsten sind dabei `MsmqAuthenticationMode` und `MsmqProtectionLevel`.

Abbildung 8.3 zeigt die entsprechende Eingabemöglichkeit im Konfigurationseditor.

Sie suchen vermutlich nach der Einstellungsmöglichkeit, ob es sich um eine transaktionale oder nichttransaktionale Warteschlange handelt. Dies ist jedoch eine Konfigurationseinstellung bei der Erstellung einer Warteschlange in der Computerverwaltung, wie in Abbildung 8.4 gezeigt.

8.2.2 MsmqIntegrationBinding

Alle besprochenen Einstellungsmöglichkeiten zählen auch für das *MsmqIntegrationBinding*. Dieses Binding wird ausschließlich zum Zugriff auf bestehende, nicht mit WCF entwickelte MSMQ-Applikationen benötigt.

Jedoch besitzt dieses Binding noch eine zusätzliche Einschränkung gegenüber dem *NetMsmqBinding*. Jede Operation darf nur einen einzigen Parameter besitzen. Dieser muss vom Typ `MsmqMessage` sein.

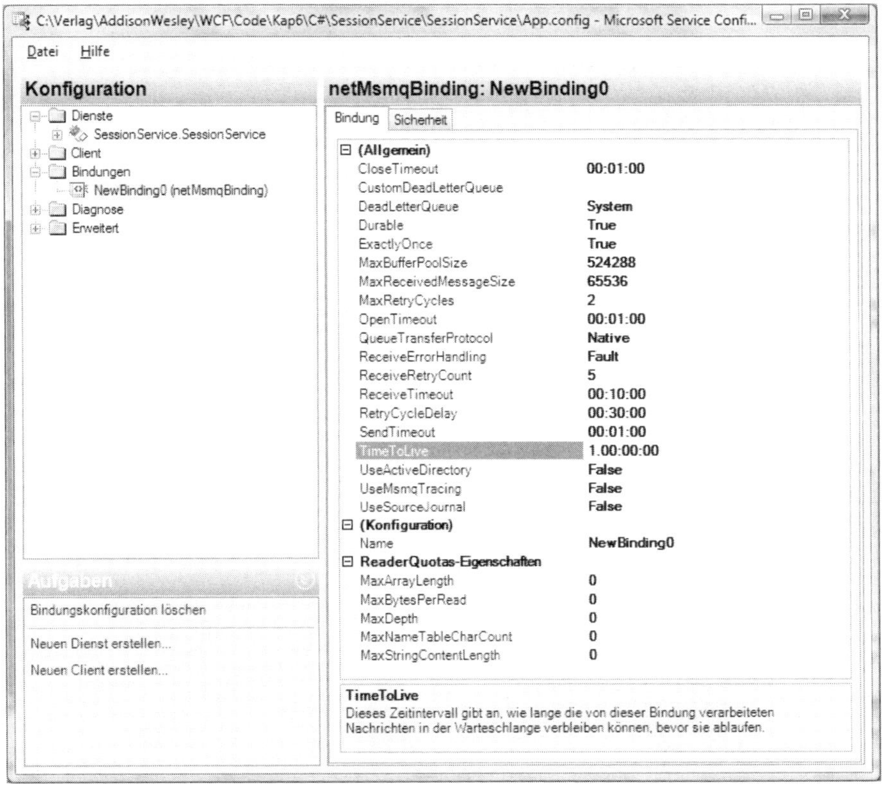

Abbildung 8.2: Konfigurationsmöglichkeiten für das NetMsmqBinding

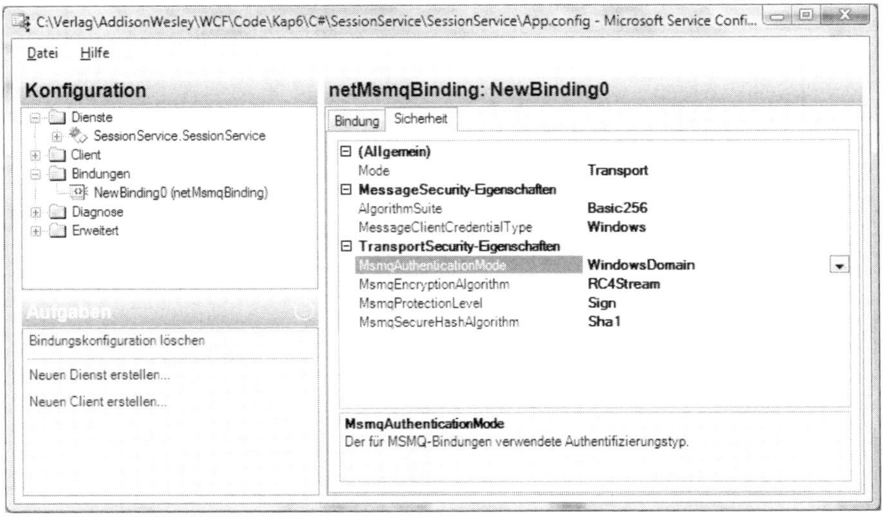

Abbildung 8.3: Sicherheitseinstellungen für das NetMsmqBinding

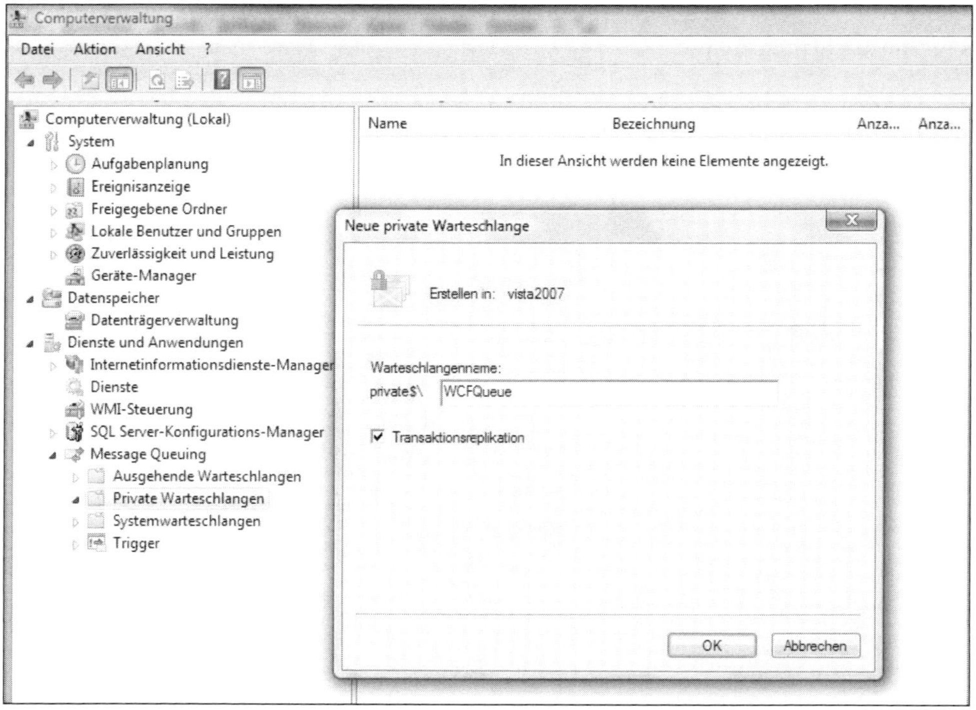

Abbildung 8.4: Anlegen einer transakionalen Warteschlange

8.2.3 Adressierung der Target Queue

Im Gegensatz zu den HTTP- und TCP-basierten Bindings, die eine URI zur Adressierung verwenden, sind die Adressen in MSMQ nicht auf URI basierend, sondern besitzen einen anderen Aufbau.

Dabei müssen Sie beachten, dass es private und öffentliche Warteschlangen gibt. Öffentliche Warteschlangen sind jedoch nur verfügbar, wenn sich der Computer innerhalb einer Domäne befindet und die Active Directory-Integration in MSMQ installiert ist. Beim Zugriff auf öffentliche Warteschlangen müssen Sie auch im Binding die Eigenschaft `UseActiveDirectory` auf `true` setzen.

Der Aufbau der Adresse setzt sich dabei wie folgt zusammen:

```
net.msmq://<Name des Servers>/[private/]<Name der Queue>
```

Für die in Abbildung Abbildung 8.4 angelegte private Warteschlange würde die Adresse wie folgt aussehen:

```
net.msmq://vista2007/private/WCFQueue
```

Diese Adresse verwendet letztendlich der Dienst als Listener URI, um Nachrichten aus der Warteschlange zu lesen.

Bei der Verwendung von *MsmqIntegrationBinding* muss die Adressierung im MSMQ-Formatnamen erfolgen. Im Beispiel von eben würde dies wie folgt aussehen:

```
DIRECT=OS:vista2007\private$\WCFQueue
```

Bei der Verwendung des SRMP-Protokolls jedoch wie folgt:

```
DIRECT=http://vista2007/private$/WCFQueue
```

Und für eine öffentliche Warteschlange:

```
PUBLIC=GUID
```

Hierbei steht GUID für die GUID der öffentlichen Warteschlange.

8.3 MSMQ-Beispielanwendung

Nun haben wir genügend Theorie und Grundlagen zu MSMQ und wollen jetzt das Thema mit einem Beispiel abrunden. Wir verwenden wiederum eine Projektmappe mit zwei Konsolenanwendungen für den Service und den Client. Als Warteschlange verwenden wir die in Abbildung 8.4 angelegte private transaktionale Warteschlange `WCFQueue`. Vergessen Sie nicht, in beiden Projekten einen Verweis auf die Bibliothek `System.ServiceModel` zu setzen.

8.3.1 Serveranwendung

Dabei ist die Funktionalität des Service sehr eingeschränkt, denn es soll wirklich nur um die Demonstration des Queuings gehen.

Zunächst definieren wir wie gewohnt einen `ServiceContrat` innerhalb eines Interface, wie in Listing 8.1 und Listing 8.2 dargestellt.

```
using System.ServiceModel;
namespace MSMQServer
{
    [ServiceContract(Namespace="http://addison-wesley.de")]
    public interface IMsmqService
    {
        [OperationContract(IsOneWay=true)]
        void DoSomething(string message);
    }
}
```

Listing 8.1: ServiceContract für unseren MsmqService in C#

```
Imports System.ServiceModel
<ServiceContract(Namespace:="http://addison-wesley.de")> _
Public Interface IMsmqService
    <OperationContract(IsOneWay:=True)> _
    Sub DoSomething(ByVal message As String)
End Interface
```

Listing 8.2: ServiceContract für unseren MsmqService in Visual Basic

Die einzige Operation ist als OneWay-Methode gekennzeichnet. Dies bedeutet, wie bereits angesprochen, eine Einschränkung für Message Queue-Operationen.

> > > HINWEIS

Als Parameter wurde in dem Beispiel der Einfachheit halber ein String verwendet. Sie können hier natürlich auch eigene komplexe Typen verwenden, die Sie mit dem `DataContract`*-Attribut versehen müssen.*

Im zweiten Schritt implementieren wir das Interface in unsere Service-Klasse `MsmqService`, wie in Listing 8.3 und Listing 8.4 dargestellt.

```
using System;
using System.ServiceModel;
namespace MSMQServer
{
  public class MsmqService:IMsmqService
  {
    [OperationBehavior(TransactionScopeRequired=true,
                       TransactionAutoComplete=true)]
    public void DoSomething(string message)
    {
       Console.WriteLine("Nachricht: " + message + " wurde verarbeitet!");
    }
  }
}
```

Listing 8.3: Implementierung der Service-Klasse in C#

```
Imports System.ServiceModel
Public Class MsmqService
  Implements IMsmqService

  <OperationBehavior(TransactionScopeRequired:=True, _
                     TransactionAutoComplete:=True)> _
  Public Sub DoSomething(ByVal message As String) Implements _
            IMsmqService.DoSomething
```

```
    Console.WriteLine("Nachricht: " & message & " wurde verarbeitet!")
  End Sub
End Class
```

Listing 8.4: Implementierung der Service-Klasse in Visual Basic

Da wir eine transaktionale Warteschlange angelegt haben, geben wir über das `OperationBehavior` an, dass eine Transaktion benötigt und die Transaktion nach der Ausführung der Operation abgeschlossen wird.

Als Nächstes konfigurieren wir das Binding. Fügen Sie dazu eine applikationsspezifische Konfigurationsdatei dem Projekt hinzu und öffnen Sie diese mit dem WCF-Konfigurationseditor. Wählen Sie wie gewohnt den Service-Typ und den Service-Contract aus.

Im folgenden Dialog (siehe Abbildung 8.5) wählen Sie als Kommunikationsmodus MSMQ aus.

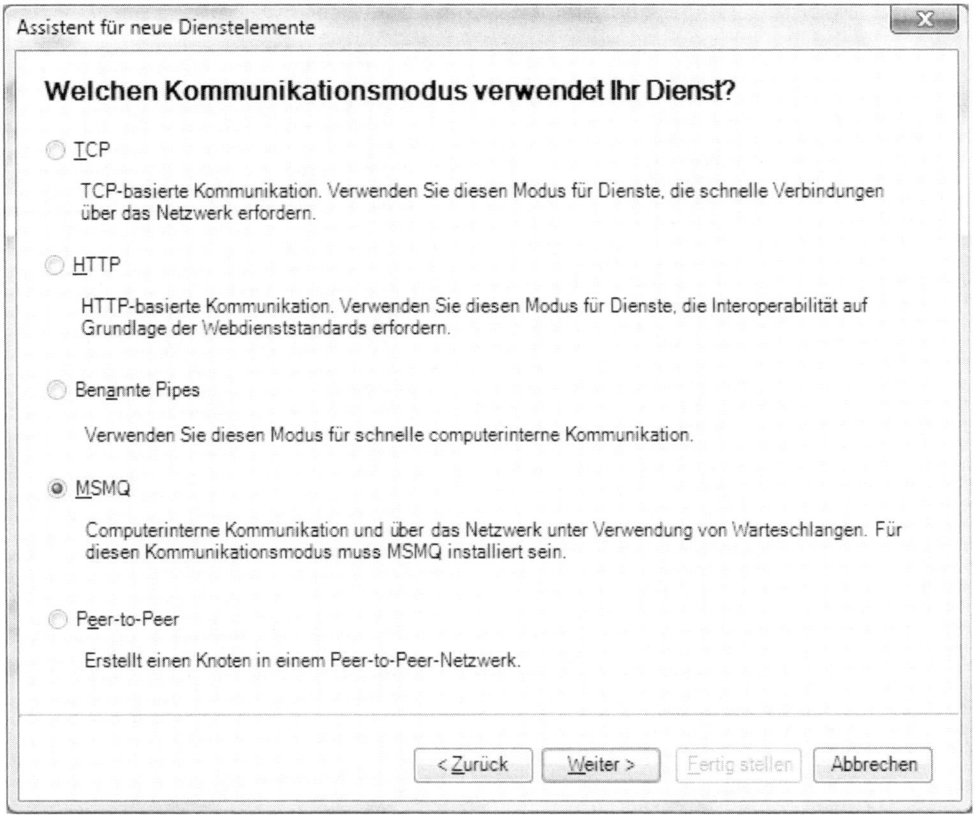

Abbildung 8.5: Auswahl des Kommunikationsmodus

Im nächsten Dialog (Abbildung 8.6) können Sie zwischen WCF-CLIENTS und MSQM-ANWENDUNGEN auswählen. Bei der Wahl von WCF-CLIENTS wird das *NetMsmqBinding* gewählt, im anderen Fall entscheiden Sie sich für das *MsmqIntegrationBinding*. Wir wählen für unser Beispiel WCF-CLIENTS.

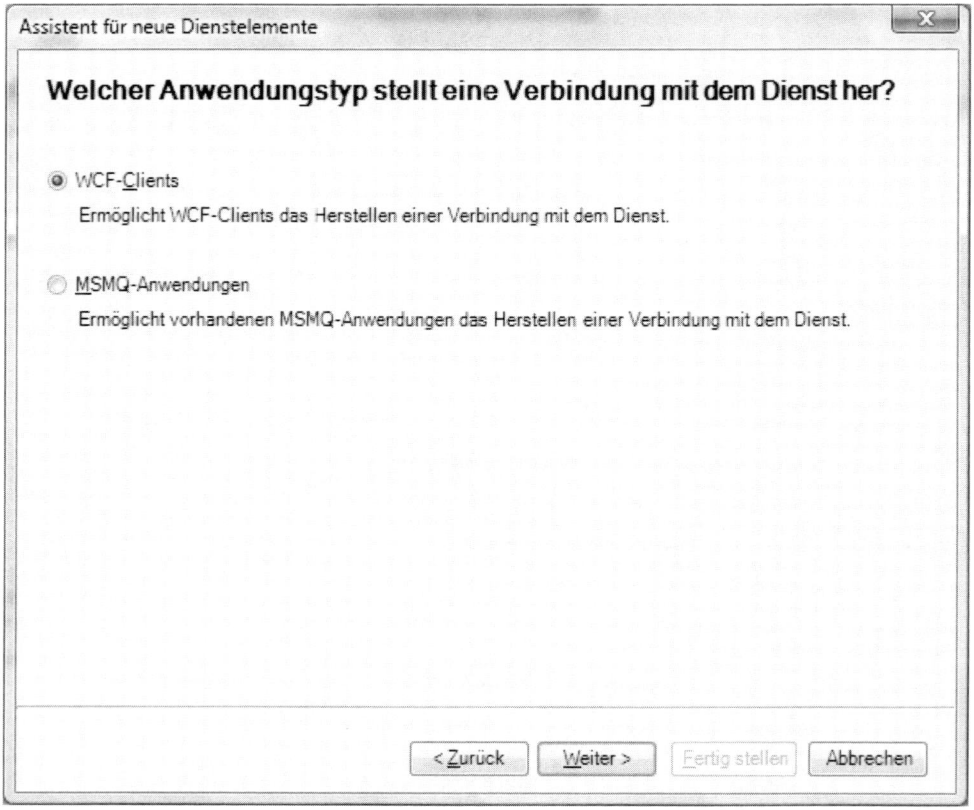

Abbildung 8.6: Auswahl des exakten MsmqBindings

Geben Sie schließlich noch die Adresse der Warteschlange, wie in Abbildung 8.7 dargestellt, an.

Für weitere Einstellungen hinsichtlich des *NetMsmqBinding* können Sie den Dialog, wie in Abbildung 8.2 dargestellt, verwenden. Wir geben uns aber mit den Standardeinstellungen zufrieden und führen keine weiteren allgemeinen Konfigurationseinstellungen mehr durch.

Jedoch müssen wir in puncto Sicherheit noch eine Kleinigkeit machen. Ich vermute, dass die meisten Leser die Active Directory-Integration nicht installiert haben, sodass wir den Authentifizierungsmodus und den `MsmqProtectionLevel` noch (wie in Abbildung 8.8 gezeigt) auf `None` setzen müssen.

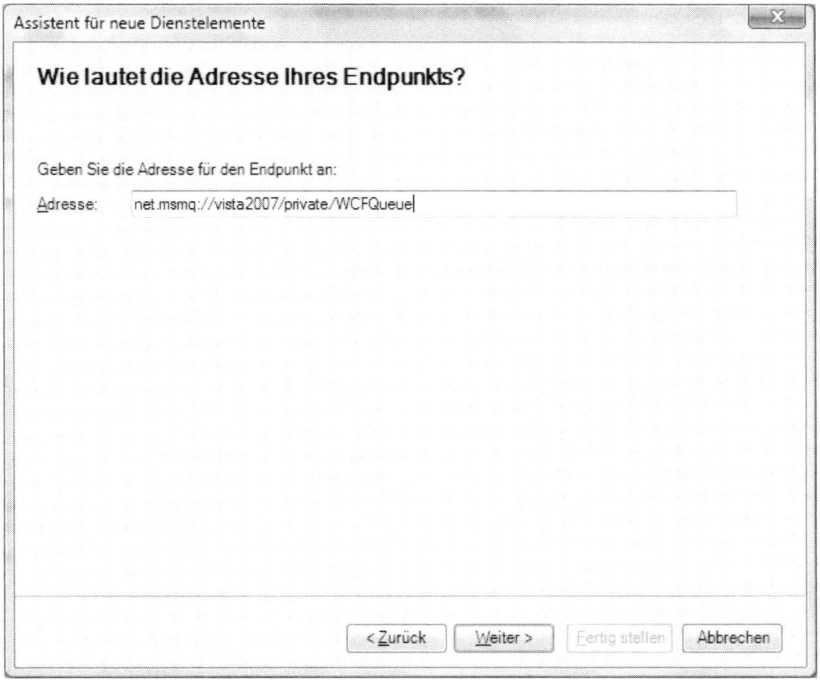

Abbildung 8.7: Adressangabe für den MsmqService

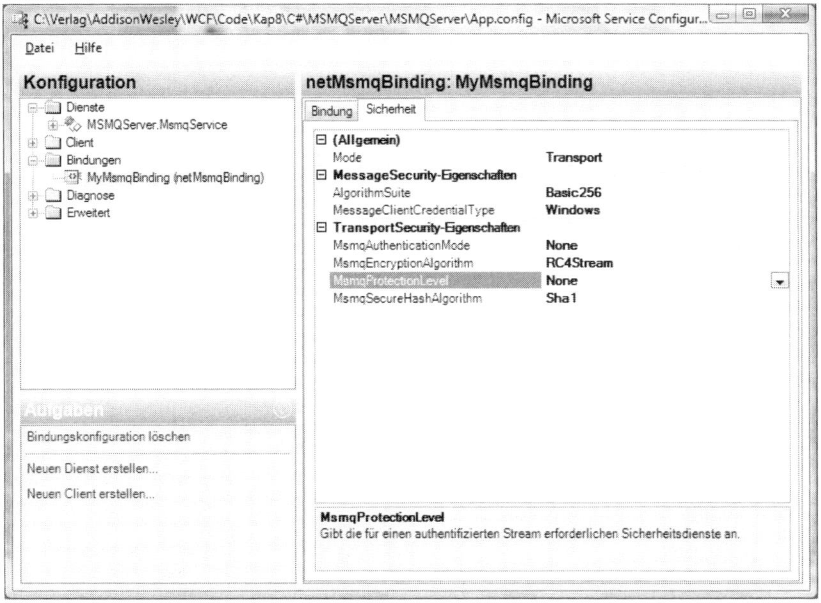

Abbildung 8.8: Sicherheitseinstellungen für das Binding

Listing 8.5 zeigt die entsprechende Konfigurationsdatei.

```
<?xml version="1.0" encoding="utf-8" ?>
<configuration>
  <system.serviceModel>
    <bindings>
      <netMsmqBinding>
        <binding name="MyMsmqBinding">
          <security>
            <transport msmqAuthenticationMode="None"
                       msmqProtectionLevel="None" />
          </security>
        </binding>
      </netMsmqBinding>
    </bindings>
    <services>
      <service name="MSMQServer.MsmqService">
        <endpoint address="net.msmq://vista2007/private/WCFQueue"
                  binding="netMsmqBinding"
                  bindingConfiguration="MyMsmqBinding"
                  contract="MSMQServer.IMsmqService" />
      </service>
    </services>
  </system.serviceModel>
</configuration>
```

Listing 8.5: Konfiguration für die MSMQ-Service-Anwendung

Jetzt fehlt nur noch die `Main()`-Routine, in der wir den Service Host öffnen. Listing 8.6 und Listing 8.7 zeigen den entsprechenden Code.

```
using System;
using System.ServiceModel;
namespace MSMQServer
{
  class Program
  {
    static void Main(string[] args)
    {
      using (ServiceHost sh = new ServiceHost(typeof(MsmqService)))
      {
        sh.Open();
        Console.WriteLine("Msmq-Service bereit!");
        Console.ReadLine();
      }
    }
  }
}
```

Listing 8.6: Main()-Routine in C#

```
Imports System.ServiceModel
Module Module1
  Sub Main()
    Using sh As New ServiceHost(GetType(MsmqService))
      sh.Open()
      Console.WriteLine("Msmq-Service bereit!")
      Console.ReadLine()
    End Using
  End Sub
End Module
```

Listing 8.7: Main()-Routine in Visual Basic

Um den Client einfach zu erstellen, fügen Sie dem Dienst, wie bereits mehrfach durchgeführt, ein `servcieMetadaten`-Behavior hinzu, um die Veröffentlichung der Metadaten zu ermöglichen.

8.3.2 Clientanwendung

Nachdem wir mit dem Tool *svcutil* die Konfigurationsdatei und den Client-Proxy erstellt haben, muss nur noch die `Main()`-Routine mit Leben gefüllt werden.

```
using System;
namespace MSMQClient
{
  class Program
  {
    static void Main(string[] args)
    {
      MsmqServiceClient proxy = new MsmqServiceClient();
      for (int i = 0; i < 100; i++)
      {
        proxy.DoSomething("Nachricht" + i.ToString());
        Console.WriteLine("Nachricht" + i.ToString() + " wurde abgeschickt");
      }
      Console.ReadLine();
    }
  }
}
```

Listing 8.8: Main()-Routine am Client in C#

```
Module Module1
  Sub Main()
    Dim proxy As New MsmqServiceClient()
    For i As Integer = 0 To 100
      proxy.DoSomething("Nachricht" & i.ToString())
      Console.WriteLine("Nachricht" & i.ToString() & " wurde abgeschickt")
```

```
    Next
    Console.ReadLine()
  End Sub
End Module
```

Listing 8.9: Main()-Routine am Client in Visual Basic

Im Gegensatz zu den bisherigen Applikationen können Sie jetzt auch den Client starten, ohne dass die Serveranwendung gestartet ist.

In der Konsole sehen Sie, dass die Nachrichten verschickt werden. Wenn Sie nochmals in die Computerverwaltung wechseln, sehen sie, dass sich die private Warteschlange befüllt hat (siehe Abbildung 8.9). Starten Sie später die Serveranwendung, erkennen Sie in den Konsolenausgaben, dass die Nachrichten abgearbeitet und aus der Warteschlange entfernt werden.

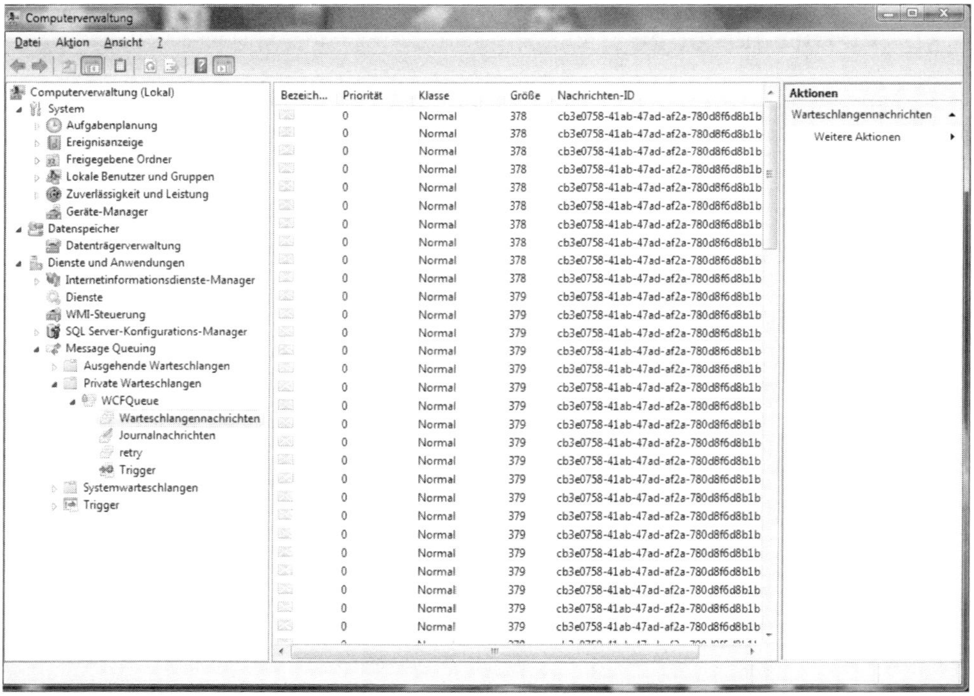

Abbildung 8.9: Befüllte Warteschlange in der Computerverwaltung

8.3.3 Zugriff auf die Dead-Letter Queue

Interessant sollte auch noch ein kleines Beispiel sein, wie Sie auf die Dead-Letter Queue zugreifen können um festzustellen, welche Nachrichten nicht übertragen werden konnten.

Dazu müssen wir aber zunächst einmal Einträge in diese Queue bringen. Das geht aber ganz einfach. Öffnen Sie die Datei *app.config* der Client-Applikation und setzen Sie den Wert `timeToLive` innerhalb der Binding-Konfiguration auf einen sehr kleinen Wert: beispielsweise auf zwei Sekunden (`00:00:02`). Starten Sie dann lediglich den Client, damit die Nachrichten generiert werden. Jedoch nicht die Serveranwendung. Nach zwei Sekunden haben wir schon eine befüllte Dead-Letter Queue, so wie in Abbildung 8.10 zu sehen. Da wir eine transaktionale Warteschlange haben, finden wir unsere Nachrichten wieder in der SYSTEMWARTESCHLANGE UNZUSTELLBARE TRANSAKTIONSNACHRICHTEN.

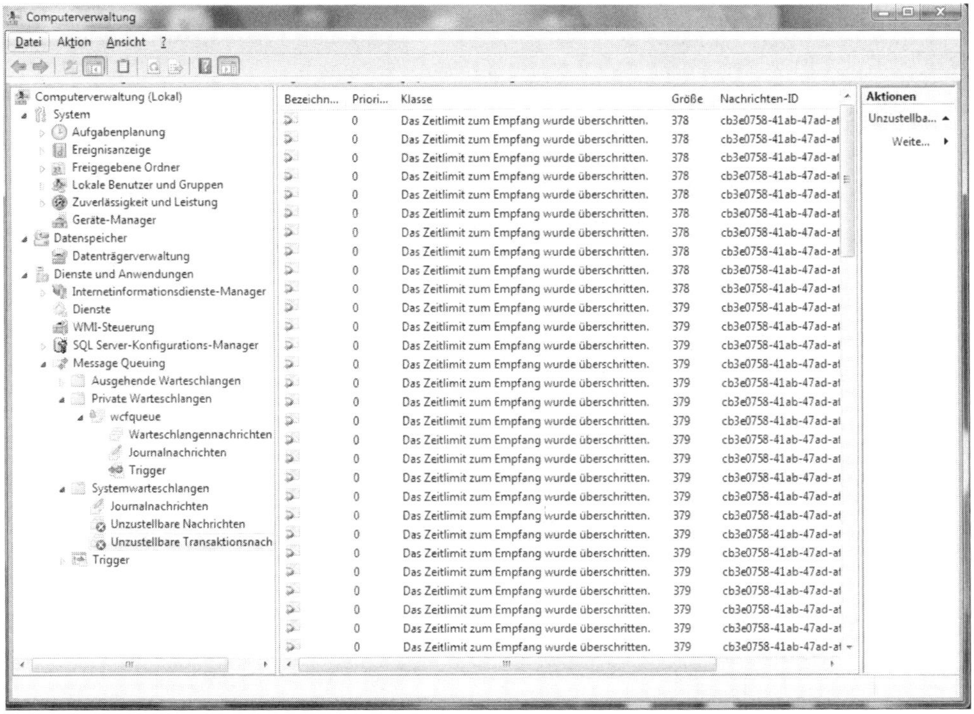

Abbildung 8.10: Befüllte systemweite transaktionale Dead-Letter-Warteschlange

In unserer Serviceanwendung ändern wir zuerst die Adresse des Endpunktes, sodass wir aus der Dead-Letter Queue die Einträge auslesen.

Die Adresse der systemweiten transaktionalen Dead-Letter Queue hat dabei folgenden Aufbau:

net.msmq://servername/system$;DeadXact

Hingegen besitzt die systemweite nichttransaktionale Dead-Letter-Queue folgenden Aufbau:

net.msmq://servername/system$;Deadletter

In unserem Beispiel sieht die Endpunkt-Konfiguration des Service nun wie folgt aus:

```
<endpoint address="net.msmq://vista2007/system$;DeadXact"
      binding="netMsmqBinding"
           bindingConfiguration="MyMsmqBinding"
           contract="MSMQServer.IMsmqService" />
```

Die Methode `DoSomething()` verändern wir (wie in Listing 8.10 und Listing 8.11 dargestellt), um den Status und den Grund, warum die Nachricht in die Dead-Letter-Queue hinzugefügt wurde, zu sehen.

Um auf die Klasse `MsmqMessageProperty` direkt zugreifen zu können, müssen Sie noch den Namespace `System.ServcieModel.Channels` importieren.

```
[OperationBehavior(TransactionScopeRequired = true,
                   TransactionAutoComplete = true)]
public void DoSomething(string message)
{
  MsmqMessageProperty prop =
      OperationContext.Current.IncomingMessageProperties
      [MsmqMessageProperty.Name] as MsmqMessageProperty;
  Console.WriteLine("Nachricht: " + message +
     " wurde nicht verarbeitet! Status: " +
     prop.DeliveryStatus.ToString() + " Grund: " +
     prop.DeliveryFailure.ToString());
}
```

Listing 8.10: Auslesen der Dead-Letter Queue in C#

```
<OperationBehavior(TransactionScopeRequired:=True, _
                   TransactionAutoComplete:=True)> _
Public Sub DoSomething(ByVal message As String) _
       Implements IMsmqService.DoSomething
  Dim prop As MsmqMessageProperty = _
      CType(OperationContext.Current.IncomingMessageProperties
            (MsmqMessageProperty.Name), MsmqMessageProperty)
  Console.WriteLine("Nachricht: " & message & _
     " wurde nicht verarbeitet! Status: " & prop.DeliveryStatus.ToString() & _
     " Grund: " & prop.DeliveryFailure.ToString())
End Sub
```

Listing 8.11: Auslesen der Dead-Letter Queue in Visual Basic

Und damit keine Synchronisierungsprobleme auftreten und unser Service prinzipiell von mehreren Endpunkten lesen kann (`AddressFilterMode.Any`), fügen wir noch folgendes `ServiceBehavior` unserer Klasse hinzu.

```
[ServiceBehavior(InstanceContextMode = InstanceContextMode.Single,
                 ConcurrencyMode = ConcurrencyMode.Single,
                 AddressFilterMode = AddressFilterMode.Any)]
public class MsmqService:IMsmqService
```

Listing 8.12: Erweitertes ServiceBehavior in C#

```
<ServiceBehavior(InstanceContextMode:=InstanceContextMode.Single, _
                 ConcurrencyMode:=ConcurrencyMode.Single, _
                 AddressFilterMode:=AddressFilterMode.Any)> _
Public Class MsmqService
    Implements IMsmqService
```

Listing 8.13: Erweitertes ServiceBehavior in Visual Basic

Abbildung 8.11 zeigt die Ausgabe der Servicenawendung nach der Abarbeitung der Dead-Letter Queue.

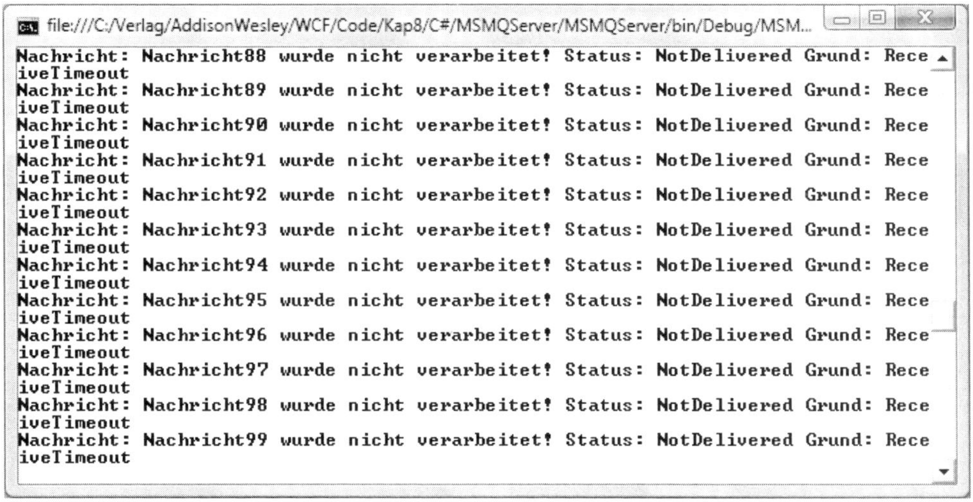

Abbildung 8.11: Abarbeitung der Dead-Letter Queue

* * * TIPP

Sehr ähnlich verhält sich auch der Zugriff auf die Poison Message Queue. Der Zugriff auf die Posion Message Queue geschieht dabei über die herkömmliche Adresse mit dem Zusatz `;poison`. *In unserem Beispiel also mittels:* `address="net.msmq://vista2007/private/WCFQueue;poison"`

9 Security

Normalerweise werden WCF-Services mit dem Ziel entwickelt, ihre Funktionalität anderen Benutzern in einem Netzwerk zur Verfügung zu stellen. Spätestens wenn die Nachrichten den Rechner verlassen, auf dem der Service gehostet wird, also sie ihre Reise durch das Netzwerk antreten, gibt es eine Reihe potentieller Gefahren für die Nachrichten.

- Man-in-the-Middle-Angriff: Fälschen von Nachrichten durch Abfangen der Nachrichten während der Kommunikation und Weiterleiten der gefälschten Nachricht
- Abhören von Nachrichten während der Übermittlung der Daten über das Netzwerk, um an vertrauliche Informationen zu gelangen
- Fälschen der Identität des Service. Damit gibt der Client vertrauliche Daten an einen falschen Service weiter.
- Spoofing: Vortäuschen einer rechtmäßigen Benutzeridentität, um unerlaubt Zugriff auf die Operationen des Service zu erhalten, um den Service zu manipulieren oder vertrauliche Daten auszuspionieren.

Das Ziel der Implementierung von Security ist es, diese Risiken weitgehend zu eliminieren. Einen hundertprozentigen Schutz gibt es aber niemals! Um dennoch einen höchstmöglichen Schutz zu gewährleisten, hat die Windows Communication Foundation zahlreiche Sicherheitskonzepte integriert, wie in Abbildung 9.1 im Überblick gezeigt.

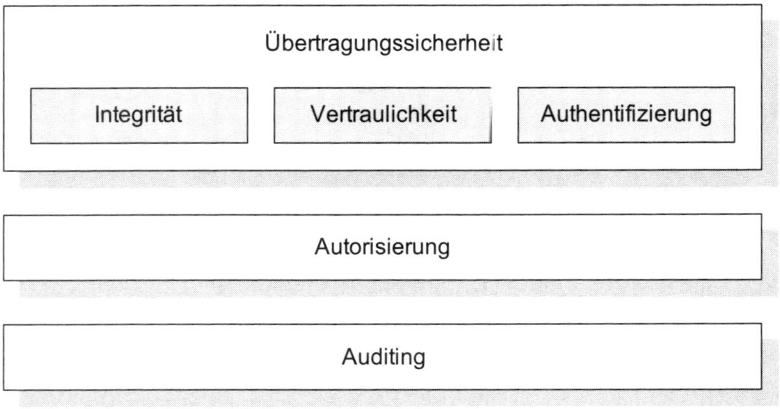

Abbildung 9.1: Übersicht der Sicherheitskomponenten von WCF

Übertragungssicherheit: Das wichtigstes Element einer Sicherheitsstrategie ist das Sichern der Nachrichten bei der Übertragung zwischen Client und Service. Die Sicherung kann dabei entweder auf der Transportebene oder auf der Nachrichtenebene realisiert werden (siehe Abbildung 9.2). Ziel der Übertragungssicherheit sind Integrität und Vertraulichkeit der Nachrichten sowie die Authentifizierung der Clients.

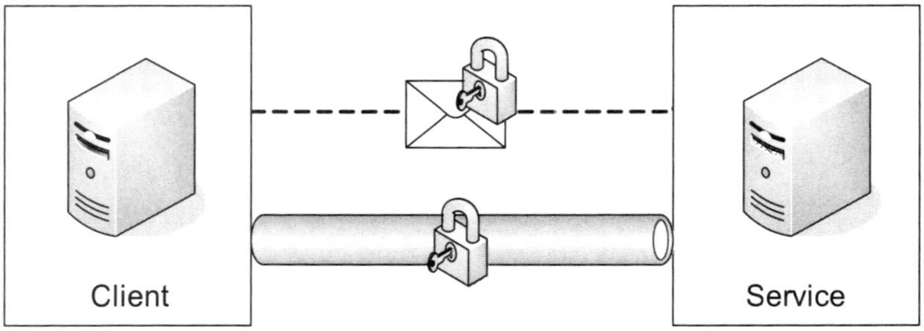

Abbildung 9.2: Sicherheit auf Transport- oder Nachrichtenebene

Integrität: Die Integrität von Nachrichten ist gewährleistet, wenn diese vollständig und unverändert an den Empfänger übertragen worden sind. Das wird normalerweise durch das Erstellen einer Prüfsumme (Hash-Code) erreicht, welche in verschlüsselter Form der Nachricht hinzugefügt wird. Nur wenn der Empfänger der Nachricht denselben Hash-Code ermittelt, ist die Nachricht während der Übertragung von Dritten nicht böswillig geändert worden.

Vertraulichkeit: Ein weiteres wichtiges Ziel der Übertragungssicherheit ist die Vertraulichkeit der Nachrichten. Durch Verschlüsselung der Nachrichten oder des Transportkanals wird verhindert, dass Unbefugte im Netz den Inhalt ausspähen können, um so an vertrauliche Daten zu kommen.

Authentifizierung: Die Authentifizierung stellt sicher, dass der Kommunikationspartner auch derjenige ist, für den er sich ausgibt. Dazu wird die vorgegebene Identität des Kommunikationspartners überprüft, indem Anmeldeinformationen, die sogenannten Credentials mit der Nachricht geschickt werden (siehe Abbildung 9.3). Der Nachweis der Identität erfolgt dabei unter anderem durch Wissen (Benutzername und Passwort) oder Besitz (Zertifikat).

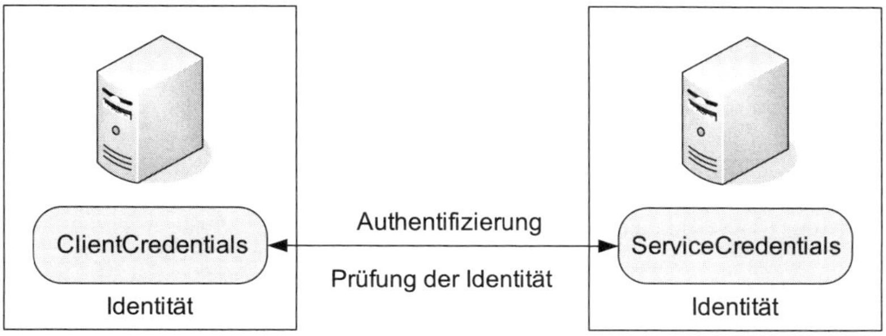

Abbildung 9.3: Authentifizierung durch Prüfen der Identität

Autorisierung: Nicht jede Methode darf von jedem Benutzer ausgeführt werden. Hat der Benutzer durch eine Authentifizierung seine Identität nachgewiesen, so wird er einer Benutzerrolle zugeordnet. Für jede einzelne Methode des Service kann festgelegt werden, welche Benutzerrolle diese Funktion nutzen darf, also für die Nutzung autorisiert ist.

Auditing: Zu guter Letzt stellt Windows Communication Foundation Möglichkeiten bereit, Angriffe auf einen Service durch Protokollieren von Sicherheitsereignissen im Ereignisprotokoll zu überwachen.

9.1 Übertragungssicherheit

Bei der Nutzung eines Service werden Nachrichten zwischen Clients und dem Service ausgetauscht. Dabei müssen die Integrität und Vertraulichkeit gewahrt und eine Möglichkeit zur Authentifizierung bereitgestellt werden. Die Übertragungssicherheit wird dabei entweder auf der Transportebene oder auf der Nachrichtenebene bereitgestellt.

9.1.1 Sicherheit auf Transportebene

Bei der Sicherheit auf Transportebene werden Mechanismen für Integrität, Vertraulichkeit und Authentifizierung vom Transportprotokoll bereitgestellt. Das Signieren und Verschlüsseln erfolgt immer für die gesamte Nachricht. Durch die große Verbreitung und Verfügbarkeit auf zahlreichen Plattformen ist eine relativ hohe Interoperabilität gewährleistet. Das gewählte Transportprotokoll bestimmt die Art der Signierung und Verschlüsselung und außerdem den Typ der Anmeldeinformationen für die Authentifizierung des Clients. Die Anmeldeinformationen werden als Teil der Nachricht mit verschlüsselt und versendet. Die Authentifizierung kann somit erst nach dem Entschlüsseln der Nachricht erfolgen.

Sicherheit auf Transportebene wird vom Endpunkt des Clients zum Endpunkt des Service gewährleistet, eine sogenannte Punkt-zu-Punkt-Verbindung, wie in Abbildung 9.4 gezeigt. Die Nachricht wird zwar in einem Netzwerk von vielen Rechnern bis zum endgültigen Empfänger weitergereicht, es ist jedoch kein sogenannter Vermittler möglich, der Teile der Informationen in der Nachricht und den Sicherheitseinstellungen auswerten soll. Nur der Empfänger auf der anderen Seite ist in der Lage, die Nachricht zu entschlüsseln und somit zu lesen.

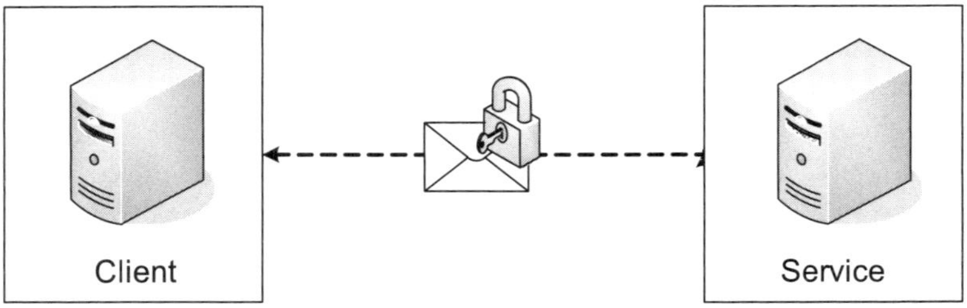

Abbildung 9.4: Übermittlung mit einer Punkt-zu-Punkt-Verbindung

Bei der Kommunikation über das HTTP-Protokoll wird das Secure Socket Layer-Protokoll, kurz SSL, zur Absicherung verwendet. Man spricht dann auch von HTTPS. Die Hosting-Umgebung von dem Service muss mit SSL-Zertifikaten konfiguriert werden. Der Service kann vom Client anhand des SSL-Zertifikats authentifiziert werden. Ein Vorteil bei der Verwendung von HTTPS ist die Möglichkeit zur Beschleunigung und Entlastung der CPU durch spezielle Hardware, welche das Verschlüsseln und Entschlüsseln der Nachrichten übernimmt.

Erfolgt die Kommunikation über das TCP-Protokoll im Intranet, kann die Nachricht mithilfe des Nachfolgers von SSL, dem Transport Layer Security-Protokoll (TLS) auf Transportebene abgesichert werden. Durch eine binäre Codierung der Nachricht ist TLS äußerst performant; und im Gegensatz zu HTTPS wird Sicherheit für TCP vom Betriebssystem bereitgestellt und muss nicht extra konfiguriert werden. Die Verwendung von NamedPipes ist von Haus aus relativ sicher, da keine Übertragung der Nachricht über ein Netzwerk, sondern nur lokal zwischen zwei Prozessen auf demselben Rechner erfolgt. Dennoch bietet auch das NamedPipe-Protokoll die Möglichkeit der Sicherheit auf Transportebene, damit nicht andere Prozesse die Nachricht abfangen und somit an vertrauliche Daten kommen können. Ebenso kann natürlich auch das MSMQ-Protokoll auf Transportebene abgesichert werden.

9.1.2 Sicherheit auf Nachrichtenebene

Im Gegensatz zur Sicherheit auf Transportebene, wo das Transportprotokoll für das Signieren und Verschlüsseln der Nachricht zuständig ist, muss bei der Sicherheit auf Nachrichtenebene die WCF-Laufzeitumgebung das Signieren, Verschlüsseln und Authentifizieren übernehmen. Es können somit auch nicht gesicherte Transportkanäle für die Kommunikation verwendet werden, und die Sicherheitseinstellungen sind unabhängig von einem bestimmten Transportprotokoll. Das Signieren, Verschlüsseln und Authentifizieren erfolgt mithilfe der WS-* Security-Spezifikationen, die eine große Palette an unterschiedlichen Möglichkeiten für Anmeldeinformationen und andere Sicherheitseinstellungen bereitstellen. Da es sich um interoperable Standards handelt, ist Sicherheit auf Nachrichtenebene somit weitaus flexibler als Sicherheit auf Transportebene. Es können hierbei vorhandene wohlbekannte Sicherheitslösungen wie Kerberos oder X.509 zur Authentifizierung verwendet werden.

Im Gegensatz zur Sicherheit auf Transportebene, bei der die gesamte SOAP-Nachricht inklusive Header verschlüsselt und signiert wird, wird bei der Sicherheit auf Nachrichtenebene nur der Nachrichtentext, also der eigentliche Inhalt, verschlüsselt und signiert. Der SOAP-Header bleibt lesbar und ist beliebig erweiterbar. Außerdem ist es möglich, statt der gesamten Nachricht nur Teile der Nachricht zu sichern. Bei der Lösung komplexerer Problemstellungen müssen Nachrichten manchmal über einen oder mehrere SOAP-Vermittler zum Service weitergeleitet werden, die dabei verschiedene Aktionen mit den Nachrichten ausführen.

- Zwischenspeichernde SOAP-Vermittler können eine zwischengespeicherte Nachricht zurückgeben, um die Belastung des Service zu verringern.
- Lastausgleichende SOAP-Vermittler können Nachrichten an einen von mehreren in Frage kommenden Services weiterleiten.
- SOAP-Vermittler zur Schemaüberprüfung leiten Nachrichten nur dann weiter, wenn die Nachricht dem Schema des Contracts und anderen Protokollen vollständig entspricht.
- SOAP-Router können als Schnittstelle zwischen dem Internet und dem internen Netzwerk den direkten Zugriff auf die Endpunkte der Services kapseln.

Eine sichere Übertragung auf Transportebene funktioniert nur bei einer Punkt-zu Punkt-Verbindung. Wird die Nachricht von einem oder mehreren SOAP-Vermittlern weitergeleitet, ist die Nachricht an sich nicht mehr geschützt. Client-Authentifizierungsinformationen sind außerdem nur für den ersten SOAP-Vermittler verfügbar und müssen von diesem explizit an weitere SOAP-Vermittler oder den Service weitergeleitet werden. Bei der Sicherheit auf Nachrichtenebene spielt die Anzahl der SOAP-Vermittler keine Rolle, da die Sicherheitsinformationen nicht in der Nachricht gekapselt vorliegen, sondern im SOAP-Header enthalten sind und somit von einem SOAP-Vermittler gelesen werden können. Man spricht dann von einer Ende-zu-Ende-Verbindung, wie in Abbildung 9.5 dargestellt.

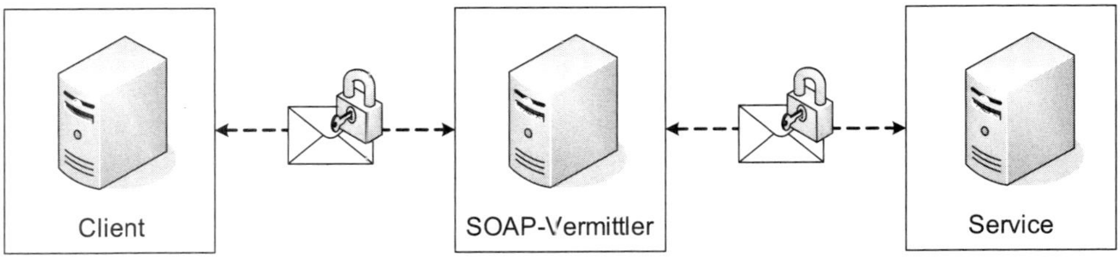

Abbildung 9.5: Übermittlung mit einer Ende-zu-Ende-Verbindung

Mit der Sicherheit auf Nachrichtenebene wird eine viel höhere Flexibilität erreicht. So kann zum Beispiel ein Teil der Nachricht für dazwischen liegende SOAP-Vermittler lesbar gemacht werden. Da die Nachricht signiert ist, kann der Inhalt vom SOAP-Vermittler nicht verändert werden.

9.1.3 Vorteile und Nachteile im Überblick

Welche Art der Sicherung die beste ist, hängt vom konkreten Anwendungsfall ab. Es lässt sich daher keine pauschale Aussage treffen. Standardmäßig verwenden zwar die drei *WS...Bindings* die Sicherheit auf Nachrichtenebene, während die *Net...Bindings* und *MsmqIntegrationBinding* standardmäßig die Sicherheit auf Transportebene verwenden. Jedoch kann für jeden Endpunkt diese Voreinstellung geändert werden. Die folgende Tabelle soll Ihnen einen Überblick über die Vor- und Nachteile der beiden Sicherungsarten geben und Ihnen somit die Auswahl erleichtern.

Sicherheit auf Transportebene	Sicherheit auf Nachrichtenebene
Sicherheit nur bei Punkt-zu-Punkt-Verbindung	Sicherheit auch bei Ende-zu-Ende-Verbindung
Gute Performance Hardwarebeschleunigung möglich	Schlechtere Performance
Gute Interoperabilität, da nur das Transportprotokoll unterstützt werden muss.	Schlechtere Interoperabilität, da die Unterstützung der WS-* Standards erforderlich ist.
Integrität und Vertraulichkeit werden durch die Wahl des Transportprotokolls bestimmt.	Integrität und Vertraulichkeit werden durch die WS-*Standards bestimmt.
Anmeldeinformationen werden mit der Nachricht weitergeleitet.	Anmeldeinformationen befinden sich im SOAP-Header der Nachricht.

Tabelle 9.1: Gegenüberstellung von Transport- und Nachrichtensicherheit

Sicherheit auf Transportebene	Sicherheit auf Nachrichtenebene
Eingeschränkte und nicht erweiterbare Gruppe von Anmeldeinformationen.	Beliebig erweiterbare Gruppe von Anmeldeinformationen.
	Bereits vorhandene Sicherheitslösungen können integriert werden.
Die Nachricht wird immer als Ganzes signiert und verschlüsselt.	Es ist möglich, nur einzelne Teile der Nachricht zu signieren und zu verschlüsseln.
Ein Streaming der Nachrichten ist möglich.	Kein Streaming der Nachrichten möglich.

Tabelle 9.1: Gegenüberstellung von Transport- und Nachrichtensicherheit (Fortsetzung)

9.1.4 Implementieren von Übertragungssicherheit

Der erste Schritt zum Implementieren von Security besteht in der Definition von Endpunkten und deren Bindings. Die Auswahl des Bindings beeinflusst die Sicherungsmöglichkeiten eines Service. Jedes Binding besitzt eine Vielzahl verschiedener Parameter für Sicherheitseinstellungen, aber nicht jedes Binding unterstützt alle Sicherheitskonzepte.

Die meisten Bindings bis auf *BasicHttpBinding* und *WebHttpBinding* haben bereits einen standardmäßigen Satz an Sicherheitseinstellungen, der Schutz für die meisten Szenarien bietet. Weitere Einstellungen der Bindings für die Sicherheit des Service lassen sich über die Konfigurationsdatei oder per Code festlegen.

Für einen Service können mehrere Endpunkte mit unterschiedlichen Bindings und somit unterschiedlichen Sicherheitsanforderungen definiert werden. So können Sie einen Endpunkt für die Kommunikation über TCP im Intranet festlegen, der die Security Features von Windows verwendet, während ein weiterer Endpunkt für die Kommunikation über HTTP im Internet zuständig ist und interoperable Standards wie HTTPS auf der Transportebene oder die WS-* Standards auf der Nachrichtenebene verwendet.

Sicherheitsmodi

Um die Art der Übertragungssicherheit festzulegen, stehen nicht nur die Sicherheit auf Transportebene oder auf Nachrichtenebene zur Verfügung. Insgesamt kennt WCF sechs verschiedene Sicherheitsmodi, die in der folgenden Tabelle erklärt werden.

Nr.	Sicherheitsmodus	Beschreibung
1	`None`	Weder auf der Transportebene noch auf der Nachrichtenebene wird Sicherheit bereitgestellt. Die Sicherheitsfunktionen sind deaktiviert. Es gibt somit keine Integrität und Vertraulichkeit der Nachricht; eine Client-Authentifizierung ist nicht möglich. Deshalb sollte dieser Modus nur in Ausnahmefällen oder zum Testen des Service verwendet werden.
2	`Transport`	Bei der Sicherheit auf Transportebene werden Integrität, Vertraulichkeit und Authentifizierung durch das Transportprotokoll bereitgestellt.
3	`Message`	Bei der Sicherheit auf der Nachrichtenebene werden die SOAP-Nachrichten gemäß der WS-Security Standards geschützt und sind für die Authentifizierung zuständig.
4	`TransportWith MessageCredentials`	Integrität und Vertraulichkeit der Nachrichten werden mit Transportsicherheit gewährleistet, während die Client-Authentifizierung über Nachrichtensicherheit realisiert wird. Dabei werden die Leistungsvorteile der Nachrichtensicherheit mit dem Vorteil komplexer Anmeldeinformationen auf Nachrichtenebene kombiniert. Allerdings ist die Sicherheit nur von Endpunkt zu Endpunkt gegeben; es können keine SOAP-Vermittler verwendet werden.
5	`Transport CredentialOnly`	Die Client-Authentifizierung wird auf der Transportebene realisiert. Es gibt aber keine Integrität und Vertraulichkeit der Nachrichten. Deshalb ist dieser Modus nur für Umgebungen geeignet, in denen die Übertragungssicherheit mit anderen Mitteln wie dem Internet Protocol Security (IPSec zur Verschlüsselung und zum Filtern von Port-Nummern) sichergestellt werden kann.
6	`Both`	Dieser Sicherheitsmodus kann nur für das *NetMsmqBinding* verwendet werden. Es werden sowohl MSMSQ-Transportsicherheit als auch SOAP-Nachrichtensicherheit angewendet, um maximale Sicherheit zu erzielen. Allerdings geht dieser Modus zu Lasten der Leistung.

Tabelle 9.2: Übersicht der verfügbaren Sicherheitmodi

Nicht für jedes Binding stehen dabei alle Sicherheitsmodi zur Verfügung. Die folgende Tabelle liefert eine Übersicht, welches Binding welche Sicherheitsmodi beherrscht und welcher Sicherheitsmodus als Standard voreingestellt ist. Die Sicherheitsmodus-Nr. entspricht der Nummerierung der Modi aus Tabelle 9.2.

	Sicherheitsmodus-Nr.					
Binding	**1**	**2**	**3**	**4**	**5**	**6**
BasicHttpBinding	**S**	j	j	j	j	n
WSHttpBinding	j	j	**S**	j	n	n
WSDualHttpBinding	j	n	**S**	n	n	n

Tabelle 9.3: Bindings und Sicherheitsmodi, j = ja, n = nein, S = Standard

	Sicherheitsmodus-Nr.					
Binding	**1**	**2**	**3**	**4**	**5**	**6**
WSFederationHttpBinding	j	n	**S**	j	n	n
NetTcpBinding	j	**S**	j	j	n	n
NetPeerTcpBinding	j	**S**	j	j	n	n
NetNamedPipeBinding	j	**S**	n	n	n	n
NetMsmqBinding	j	**S**	j	n	n	j
MsmqIntegrationBinding	j	**S**	n	n	n	n
WebHttpBinding	**S**	j	n	n	j	n

Tabelle 9.3: Bindings und Sicherheitsmodi, j = ja, n = nein, S = Standard (Fortsetzung)

Um einen anderen Sicherheitsmodus als den Standard für das Binding eines Endpunktes in der Konfigurationsdatei festzulegen, müssen Sie im Abschnitt *Bindings* eine Bindungskonfiguration erstellen. Diese muss mit dem Typ des Bindings des Endpunktes übereinstimmen, den Sie anpassen wollen. Auf der zweiten Registerkarte *Security* können Sie den Modus auf einen anderen Sicherheitsmodus als den Standard setzen, wie die Abbildung 9.6 zeigt. Anschließend müssen Sie die Bindungskonfiguration für das Binding des Endpunktes angeben, um die getroffenen Einstellungen zu aktivieren.

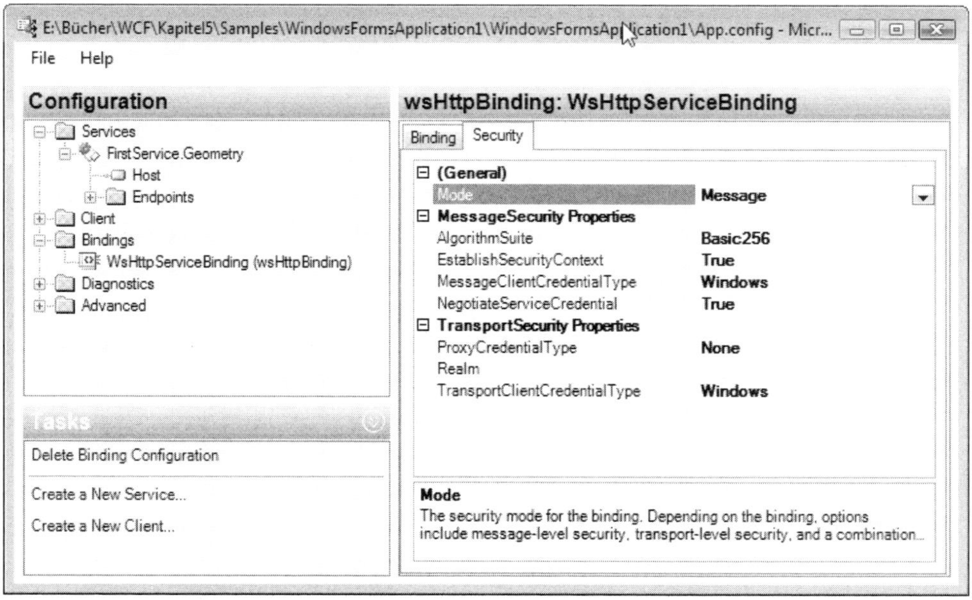

Abbildung 9.6: Sicherheitseinstellungen für ein Binding festlegen

Nach dem Speichern der Konfiguration finden Sie die folgenden Abschnitte in der Konfigurationsdatei. Sie können die Einstellungen alternativ auch direkt in der Konfigurationsdatei vornehmen. Im Abschnitt security einer Bindungskonfiguration wird mit dem Attribut mode der verwendete Sicherheitsmodus festgelegt.

```
<bindings>
    <wsHttpBinding>
        <binding name="WsHttpServiceBinding">
            <security mode="TransportWithMessageCredential" />
        </binding>
    </wsHttpBinding>
</bindings>
<services>
    <service name="FirstService.Geometry'>
        <endpoint
            address="http://localhost:1234"
            binding="wsHttpBinding"
            bindingConfiguration="WsHttpServiceBinding"
            contract="FirstService.IGeometry" />
    </service>
</services>
```

Listing 9.1: Sicherheitseinstellungen in der Konfigurationsdatei

Alternativ können Sie die Sicherheitseinstellungen im Code vornehmen. Jede Binding-Klasse besitzt eine Eigenschaft Security zum Festlegen von Sicherheitseinstellungen.

```
WSHttpBinding binding = new WSHttpBinding();
binding.Security.Mode = SecurityMode.TransportWithMessageCredential;
```

in C# oder wie folgt in Visual Basic:

```
Dim binding As New WSHttpBinding()
binding.Security.Mode = SecurityMode.TransportWithMessageCredential
```

Die verschiedenen Bindings unterstützen unterschiedliche Sicherheitsmodi. Damit bei der Definition per Code kein nicht unterstützter Sicherheitsmodus angegeben werden kann, stellt WCF mehrere SecurityMode-Enumerationen zur Verfügung.

Binding	Enumeration
BasicHttpBinding	BasicHttpSecurityMode
WSHttpBinding	SecurityMode
WSDualHttpBinding	WSDualHttpSecurityMode
WSFederationHttpBinding	WSFederationHttpSecurityMode
NetTpcBinding	SecurityMode

Tabelle 9.4: Bindings und passende SecurityMode-Enumerationen

Binding	Enumeration
NetPeerTcpBinding	`SecurityMode`
NetNamedPipeBinding	`NetNamedPipeSecurityMode`
NetMsmqBinding	`NetMsmqSecurityMode`
MsmqIntegrationBinding	`MsmqIntegrationSecurityMode`
WebHttpBinding	`WebHttpSecurityMode`

Tabelle 9.4: Bindings und passende SecurityMode-Enumerationen (Fortsetzung)

Ist für das Binding der Sicherheitsmodus `Transport`, `TransportWithMessageCredentials`, `TransportCredentialOnly` oder `Both` angegeben worden, kann innerhalb des Abschnitts `security` ein Element `transport` mit spezifischen Sicherheitseinstellungen angegeben werden. Ist als Sicherheitsmodus `Message` oder `TransportWithMessageCredentials` angegeben, so gibt es Einstellmöglichkeiten im Abschnitt `message`. Geben Sie Einstellungen im falschen Abschnitt ein, werden diese einfach ignoriert.

```
<security mode="Transport" />
   <transport ...  />
</security>
```

Schutzebenen

Standardmäßig wird jede Nachricht signiert und verschlüsselt, um Vertraulichkeit und Integrität zu gewährleisten, wenn für den Endpunkt Sicherheit auf Transportebene oder Sicherheit auf Nachrichtenebene festegelegt worden ist. Die Sicherheitseinstellungen für Endpunkte werden über das Binding der Endpunkte festgelegt. Das Binding legt über den eingestellten Sicherheitsmodus lediglich fest, ob Sicherheit durch Signieren und Verschlüsseln der Nachricht erfolgen soll. Mithilfe der Schutzebenen kann eine genauere Steuerung dieser Vorgänge erreicht werden. In der `ProtectionLevel`-Enumeration sind drei grundlegende Ebenen zum Schutz einer Nachricht festgelegt.

ProtectionLevel	Beschreibung
None	Es findet nur eine Authentifizierung der Kommunikationspartner statt. Die Daten werden weder signiert noch verschlüsselt.
Sign	Die Daten werden nur signiert, um die Integrität sicherzustellen. Der Inhalt kann somit nicht verändert, aber dennoch gelesen werden. Diese Einstellung sorgt zwar für eine bessere Leistung, sollte aber nicht für wichtige vertrauliche Daten verwendet werden.
EncryptAndSign	Die Daten werden sowohl verschlüsselt als auch signiert, um die Vertraulichkeit und Integrität sicherzustellen und somit ein maximales Maß an Sicherheit zu erhalten. Diese Einstellung ist der Standard, sofern Sicherheit für den Endpunkt gefordert ist.

Tabelle 9.5: Einstellungen für die ProtectionLevel-Eigenschaft

Sicherheit auf Transportebene

Wird eine Nachricht mit Sicherheit auf Transportebene geschützt, so ist das Transportprotokoll für die Sicherung zuständig. Bis auf das *NetMsmqBinding*, dessen `ProtectionLevel`-Eigenschaft standardmäßig auf `Sign` gesetzt ist, sind alle anderen Bindings standardmäßig auf den Wert `EncryptAndSign` gesetzt. Für *NetTpcBinding*, *NetNamedPipeBinding* und *NetMsmqBinding* kann die Schutzebene auch auf einen anderen Wert als den Standard gesetzt werden. Die Einstellung kann dabei in der Konfigurationsdatei oder auch per Code erfolgen.

```
<bindings>
    <netTcpBinding>
        <binding name="NetTcpServiceBinding">
            <security mode="TransportWithMessageCredential">
                <transport protectionLevel="Sign" />
            </security>
        </binding>
    </netTcpBinding>
</bindings>
```

Listing 9.2: Festlegen des ProtectionLevels in der Konfigurationsdatei

```
NetTcpBinding bindingTcp = new NetTcpBinding();
bindingTcp.Security.Transport.ProtectionLevel =
System.Net.Security.ProtectionLevel.Sign;

NetNamedPipeBinding bindingNamedPipes = new NetNamedPipeBinding();
bindingNamedPipes.Security.Transport.ProtectionLevel =
System.Net.Security.ProtectionLevel.Sign;

NetMsmqBinding bindingMsmq = new NetMsmqBinding();
bindingMsmq.Security.Transport.MsmqProtectionLevel =
System.Net.Security.ProtectionLevel.EncryptAndSign;
```

Listing 9.3: Festlegen des ProtectionLevels per Code in C#

```
Dim bindingTcp As New NetTcpBinding()
bindingTcp.Security.Transport.ProtectionLevel = _
           System.Net.Security.ProtectionLevel.Sign

Dim bindingNamedPipes As New NetNamedPipeBinding()
bindingNamedPipes.Security.Transport.ProtectionLevel = _
           System.Net.Security.ProtectionLevel.Sign

Dim bindingMsmq As New NetMsmqBinding()
bindingMsmq.Security.Transport.MsmqProtectionLevel = _
            System.Net.Security.ProtectionLevel.EncryptAndSign
```

Listing 9.4: Festlegen des ProtectionLevels per Code in Visual Basic

Festlegen einer Schutzebene für Contracts

Sowohl das ServiceContract-Attribut als auch die Attribute OperationContract, FaultContract und MessageContract besitzen jeweils eine Eigenschaft ProtectionLevel, um die Schutzebene für den jeweiligen Contract zu steuern. Bei der Sicherheit auf Nachrichtenebene können somit unterschiedliche Teile einer Nachricht mit unterschiedlichen Schutzebenen versehen werden. So können zum Beispiel Teile der Nachricht signiert und verschlüsselt werden, während andere Teile der Nachricht nur signiert und nicht verschlüsselt werden. Bei der Sicherheit auf Transportebene haben unterschiedliche Schutzebenen keine Auswirkung, da immer die gesamte Nachricht als Einheit geschützt wird.

Die Festlegung von ProtectionLevel für Contracts bestimmt außerdem die Mindestanforderungen, die eine Bindung unterstützen muss. Somit kann ein Mindestmaß an Schutz für sensible Daten erzwungen werden. Die Mindestanforderung bedeutet, dass zwar ein höherwertiger Schutz, keinesfalls aber ein niederwertigerer angewendet werden darf. Sofern mindestens ein Contract für die ProtectionLevel-Eigenschaft den Wert Sign oder EncryptAndSign festlegt, so wird eine Exception ausgelöst, wenn das verwendete Binding die Einstellung None für den SecurityMode verwendet.

```
[ServiceContract(ProtectionLevel = ProtectionLevel.Sign)]
public interface IGeometry
{
    [OperationContract(ProtectionLevel = ProtectionLevel.Sign)]
    double CircleArea(double radius);

    [OperationContract]
    double RectangleArea(double sideX, double sideY);
}


[MessageContract(ProtectionLevel = ProtectionLevel.EncryptAndSign)]
public class Person
{
    [MessageBodyMember(ProtectionLevel = ProtectionLevel.EncryptAndSign)]
    public string PersonID;

    [MessageHeader(ProtectionLevel = ProtectionLevel.Sign)]
    public string PersonName;
}
```

Listing 9.5: Festelegen der ProtectionLevel für die Contracts in C#

```
<ServiceContract(ProtectionLevel := ProtectionLevel.Sign)> _
Public Interface IGeometry

    <OperationContract(ProtectionLevel := ProtectionLevel.Sign)> _
    Function CircleArea(radius As Double) As Double
```

```
    <OperationContract> _
    Function RectangleArea(sideX As Double, sideY As Double) As Double
End Interface

<MessageContract(ProtectionLevel := ProtectionLevel.EncryptAndSign)> _
Public Class Person

    <MessageBodyMember(ProtectionLevel := ProtectionLevel.EncryptAndSign)> _
    Public PersonID As String

    <MessageHeader(ProtectionLevel := ProtectionLevel.Sign)> _
    Public PersonName As String
End Class
```

Listing 9.6: Festelegen der ProtectionLevel für die Contracts in Visual Basic

Die Einstellungen der `ProtectionLevel`-Eigenschaften der verschiedenen Contracts verfügen über eine hierarchische Struktur, wie in Abbildung 9.7 gezeigt. Wird für einen in der Hierarchie höheren Contract eine Schutzebene festgelegt, so wird diese als Standardeinstellung für alle engeren Bereiche verwendet. Wird allerdings in einem in der Hierarchie untergeordneten Contract eine andere Schutzebene angegeben, dann wirkt sich diese auf den engeren Bereich mit allen untergeordneten Contracts aus.

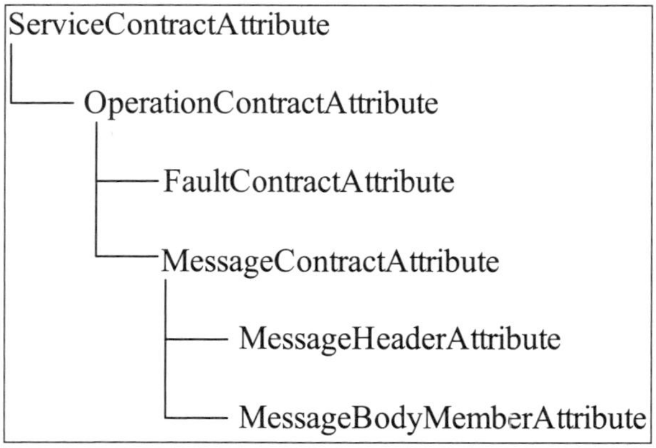

Abbildung 9.7: Hierarchie der Attribute für die ProtectionLevel-Eigenschaft

Wird also die `ProtectionLevel`-Eigenschaft für den `ServiceContract` auf `EncryptAndSign` gesetzt, so wird diese Schutzebene als Standardeinstellung für alle Contracts verwendet. Wird jedoch die `ProtectionLevel`-Eigenschaft für einen `OperationContract` auf `None` gesetzt, so wirkt sich die auf den `FaultContract` und den `MessageContract` für diese Operation, nicht jedoch auf andere Operationen des Service aus.

9.2 Signaturen, Schlüssel und Zertifikate

In einer serviceorientierten Architektur werden Nachrichten zwischen Client-Anwendungen und einem Service ausgetauscht. Eines der wichtigsten Ziele ist dabei die sichere Übertragung der Nachrichten. Daher wird jede Nachricht vor der Übertragung standardmäßig signiert und verschlüsselt, sofern Sicherheit auf Transportebene oder Sicherheit auf Nachrichtenebene aktiviert ist. Die Sicherheit ist also ein Kernpunkt in verteilten Systemen. Dieser Abschnitt soll Ihnen dabei helfen, wichtige Elemente der sicheren Übertragung von Nachrichten zu verstehen. Deshalb werden die Zusammenhänge von Signaturen und Verschlüsselung sowie Zertifikate etwas näher unter die Lupe genommen. Mit dem Thema Security bereits vertraute Entwickler können diesen Abschnitt auch überspringen, da nur wenige WCF-spezifische Mechanismen erklärt werden.

9.2.1 Digitale Signaturen

Ein wichtiges Ziel der Sicherheit von Nachrichten ist deren Integrität. Es muss sichergestellt werden, dass kein Dritter während der Übermittlung den Inhalt der Nachricht verändert. Dazu wird eine spezielle Funktion, die sogenannte Hash-Funktion, auf die gesamte Nachricht angewendet. Die Hash-Funktion erzeugt einen Hash-Wert, oft als digitale Signatur oder auch als Prüfsumme oder Fingerabdruck bezeichnet. Der Hash-Wert einer Nachricht hat eine feste Länge; der Speicherbedarf des Hash-Wertes ist deutlich geringer als die Größe der Nachricht. Die Windows Communication Foundation verwendet den SHA-Algorithmus zum Erstellen der digitalen Signatur, also des Hash-Wertes. Als Erstes ruft der Sender der Nachricht eine Hash-Funktion auf und schickt die Nachricht gemeinsam mit dem errechneten Hash-Wert an den Empfänger. Dieser verwendet dieselbe Hash-Funktion und berechnet nochmals den Hash-Wert der erhaltenen Nachricht. Sind der gesendete Hash-Wert und der neu berechnete Hash-Wert identisch, so hat niemand die Nachricht manipuliert. Die Integrität der Nachricht ist sichergestellt (siehe Abbildung 9.8).

Eine gute Hash-Funktion sollte die folgenden Merkmale aufweisen:

- Der Hash-Wert sollte die Nachricht im Idealfall eindeutig identifizieren. Selbst ähnliche Nachrichten sollten möglichst unterschiedliche Hash-Werte liefern, während für identische Nachrichten immer derselbe Hash-Wert erzeugt werden muss.
- Hash-Funktionen funktionieren nur in eine Richtung. Es ist daher nicht möglich, den Inhalt der Nachricht aus dem Hash-Wert zu rekonstruieren.
- Die Hash-Funktion sollte sehr effizient sein, sodass sich der Hash-Wert schnell berechnen lässt.

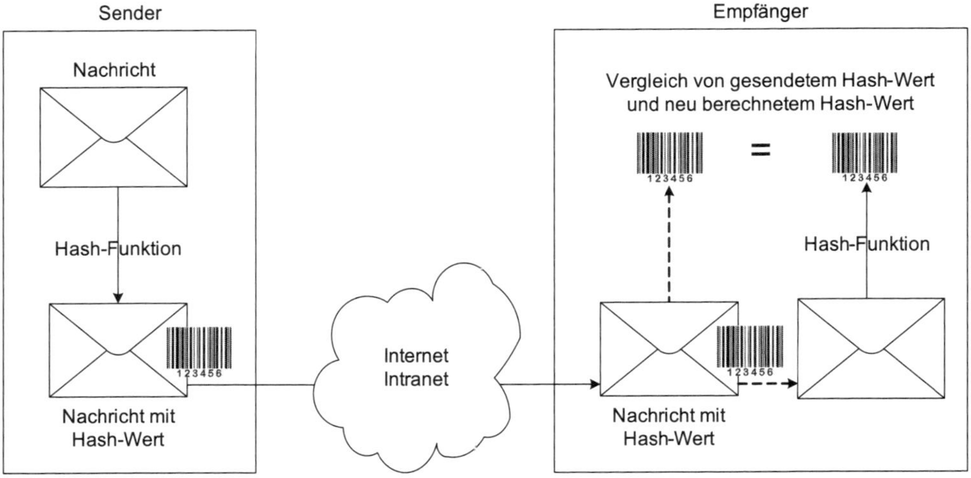

Abbildung 9.8: Funktionsweise der digitalen Signatur einer Nachricht

Unverschlüsselte Nachrichten und Hash-Werte sollten nicht zusammen über einen unsicheren Transportweg versendet werden, da es sonst möglich wäre, Rückschlüsse auf den verwendeten Algorithmus der Hash-Funktion zu ziehen und den Hash-Wert und/oder die Nachricht zu manipulieren. Daher werden der Hash-Wert und meistens auch die Nachricht zusätzlich noch verschlüsselt.

9.2.2 Verschlüsselung

Ein weiteres Entwurfsziel einer sicheren Übertragung von Nachrichten ist die Gewährleistung von Vertraulichkeit. Sollte es einem Dritten gelingen, die Nachricht auf dem Weg vom Sender zum Empfänger abzufangen, so sollte dennoch gewährleistet sein, dass dieser die Nachricht nicht lesen und somit an vertrauliche Informationen gelangen kann. Deshalb werden Nachrichten meistens verschlüsselt. Bei der Verschlüsselung von Nachrichten wird ein Algorithmus angewendet, der mithilfe eines eindeutigen Schlüssels die Nachricht in eine nicht mehr leserliche Zeichenfolge umwandelt. Je länger der Schlüssel dafür ist, umso mehr Variationen sind möglich und umso schwieriger ist es, die Nachricht ohne den passenden Schlüssel zu entziffern.

Symmetrische Schlüssel

Bei der Verschlüsselung mit einem symmetrischen Schlüssel verwenden beide Kommunikationspartner denselben Schlüssel zum Ver- und Entschlüsseln einer Nachricht. Die Windows Communication Foundation verwendet dazu den AES-Algorithmus – auch als Rijndael bezeichnet – oder den Triple-DES-Algorithmus. Zunächst wird die Nachricht vom Sender verschlüsselt, und erst anschließend wird die verschlüsselte

Nachricht zum Empfänger geschickt. Dieser verwendet dann denselben Schlüssel, um die Nachricht zu entschlüsseln (siehe Abbildung 9.9).

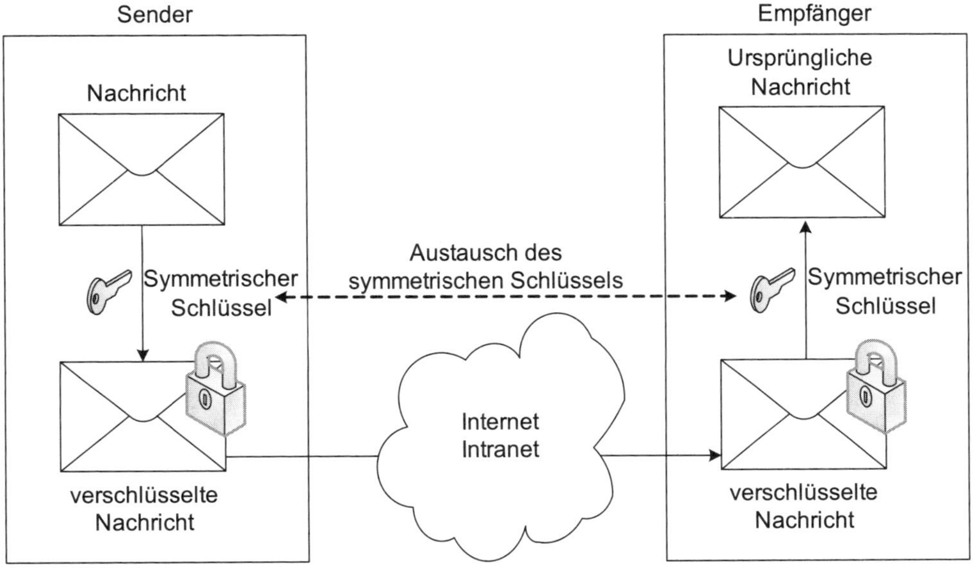

Abbildung 9.9: Symmetrische Verschlüsselung

Die Verschlüsselung mit einem symmetrischen Schlüssel ist dafür ausgelegt, große Mengen von Daten äußerst effizient zu ver- und entschlüsseln. Der große Nachteil dieses Verfahrens ist offensichtlich: Es ist hierbei erforderlich, dass beide Kommunikationspartner in Besitz des Schlüssels sind. Deshalb muss der Schlüssel vorab irgendwie auf sicherem Wege ausgetauscht werden. Gelangt ein Dritter dennoch in den Besitz des symmetrischen Schlüssels, kann dieser die Nachricht leicht entschlüsseln und so an vertrauliche Daten kommen.

Asymmetrische Schlüssel

Bei der asymmetrischen Verschlüsselung gibt es immer ein Paar sich ergänzender Schlüssel mit einer gemeinsamen mathematischen Basis. Nur der Empfänger besitzt beide Schlüssel – den nur ihm bekannten privaten Schlüssel (private key) sowie einen öffentlichen Schlüssel (public key), der für einen oder mehrere Kommunikationspartner veröffentlicht wird. Der große Vorteil gegenüber der symmetrischen Verschlüsselung besteht hierbei darin, dass einer der beiden Schlüssel zur Verschlüsselung der Nachricht verwendet wird und diese nur mit dem zweiten Schlüssel wieder entschlüsselt werden kann. Wird eine Nachricht vom Sender mit dem öffentlichen Schlüssel verschlüsselt, dann ist nur der Inhaber des privaten Schlüssels, also der Empfänger der

Nachricht, in der Lage, diese zu entschlüsseln. Nicht einmal der Sender selbst, der die Nachricht verschlüsselt hat, ist in der Lage, diese wieder zu entschlüsseln, da er nicht in Besitz des dazu notwendigen privaten Schlüssels ist (siehe Abbildung 9.10).

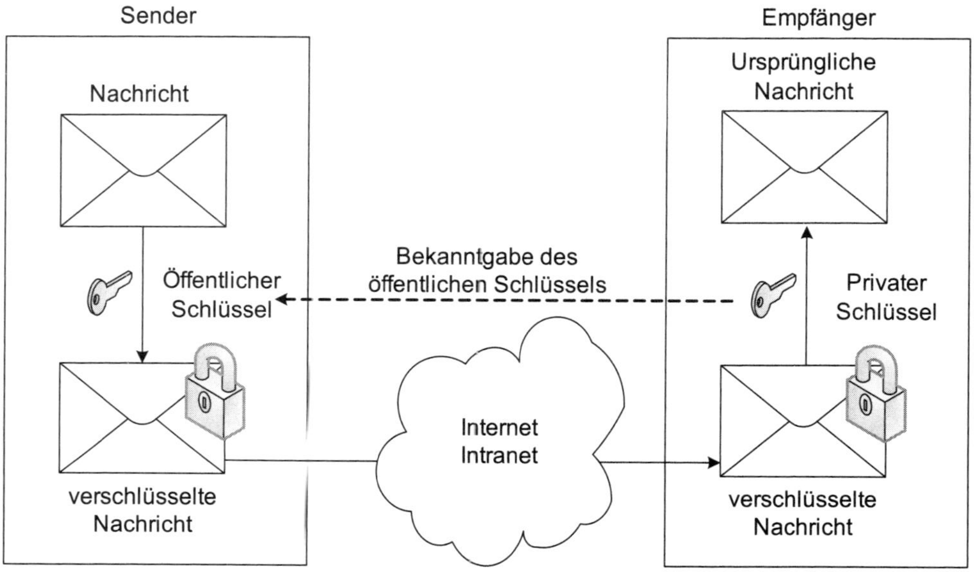

Abbildung 9.10: Asymmetrische Verschlüsselung

Angreifer, die an den öffentlichen Schlüssel gekommen sind, können die Nachricht nicht entschlüsseln, da ja nur der Empfänger in Besitz des privaten Schlüssels ist. Aus dem öffentlichen Schlüssel ist es außerdem nicht möglich, den privaten Schlüssel abzuleiten, um so die Nachricht zu entschlüsseln. Da der private Schlüssel zur Entschlüsselung nicht versendet wird, ist die asymmetrische Verschlüsselung somit weitaus sicherer und flexibler als die symmetrische Verschlüsselung. Will der Empfänger dem Sender eine Antwort auf seine Nachricht zukommen lassen, so kann er die Antwort mit seinem privaten Schlüssel verschlüsseln. Der Sender kann die Antwort dann mit dem öffentlichen Schlüssel wieder entschlüsseln. Da aber meist mehrere Sender in Besitz des öffentlichen Schlüssels sind, ist die Antwort nicht wirklich sicher und sollte daher keine sensiblen Daten beinhalten. Damit die Antwort-Nachricht mit sensiblen Daten sicher verschickt werden kann, muss der Sender ebenfalls in Besitz eines asymmetrischen Schlüsselpaares sein oder bei Bedarf eines erzeugen. Der Empfänger erhält dann den öffentlichen Schlüssel des Senders, um die Antwort-Nachricht mit diesem zu verschlüsseln. Somit ist nur der Sender in der Lage, die Antwort wieder zu entschlüsseln.

Die asymmetrische Verschlüsselung bietet zwar ein sehr hohes Maß an Sicherheit, allerdings stellt die lange Rechenzeit für das Verschlüsseln und Entschlüsseln der Nachricht einen Nachteil dar. Asymmetrische Schlüssel sind etwa um den Faktor 1000 langsamer als symmetrische Schlüssel, benötigen also bis zu 1000-mal mehr Rechenzeit. Deshalb wird meistens ein hybrides Verfahren angewendet, welches die Vorteile der verschiedenen Verfahren kombiniert. Die asymmetrische Verschlüsselung wird dann nicht benutzt, um die gesamte Nachricht zu verschlüsseln, sondern dient nur für den sicheren Transport eines symmetrischen Schlüssels, der für die Verschlüsselung der Nachricht verwendet wird, und für den sicheren Transport des Hash-Wertes.

9.2.3 Hybride Verfahren

In der Praxis wird meistens eine Kombination aus digitaler Signatur und beiden Verschlüsselungsverfahren verwendet. Zunächst wird ein Hash-Wert der Nachricht erzeugt. Anschließend generiert der Sender einen individuellen symmetrischen Schlüssel, auch als Session Key bezeichnet, und verschlüsselt mit diesem die Nachricht. Der symmetrische Schlüssel und der Hash-Wert werden dann mit dem öffentlichen Schlüssel des Empfängers verschlüsselt und zusammen mit der verschlüsselten Nachricht übertragen. Kommt die Nachricht beim Empfänger an, wird dieser seinen privaten Schlüssel verwenden, um an den symmetrischen Schlüssel und den Hash-Wert zu kommen. Jetzt kann der Empfänger die Nachricht mit dem symmetrischen Schlüssel wieder entschlüsseln. Zum Schluss wird die Hash-Funktion aufgerufen und ein Hash-Wert der entschlüsselten Nachricht erzeugt. Sind der neu berechnete Hash-Wert und der gesendete Hash-Wert identisch, ist die Integrität der Nachricht sichergestellt (siehe Abbildung 9.11).

9.2.4 Algorithmus-Suiten

Bei der Sicherheit auf Transportebene ist das Transportprotokoll für die Auswahl der notwendigen Algorithmen zuständig. Bei der Sicherheit auf Nachrichtenebene kann jedoch mit der Eigenschaft `AlgorithmSuite` festgelegt werden, welche Algorithmen zum Signieren und Verschlüsseln der Nachricht verwendet werden sollen. Die Einstellung kann entweder in der Konfigurationsdatei oder per Code erfolgen.

```
<bindings>
    <wsHttpBinding>
        <binding name="WsHttpServiceBinding">
            <security mode="Message">
                <message algorithmSuite="Basic256Sha256Rsa15" />
            </security>
        </binding>
    </wsHttpBinding>
</bindings>
```

Listing 9.7: Festlegen der AlgorithmSuite in der Konfigurationsdatei

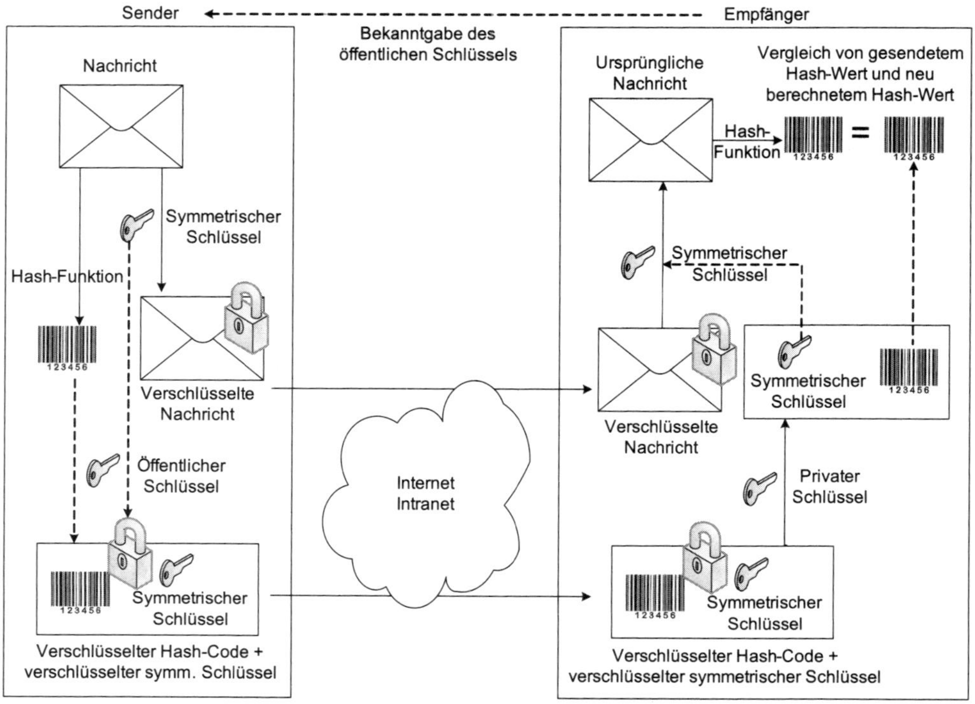

Abbildung 9.11: Hybrides Verfahren zur Sicherung von Nachrichten

```
WSHttpBinding binding = new WSHttpBinding();
binding.Security.Mode = SecurityMode.Message;
binding.Security.Message.AlgorithmSuite =
System.ServiceModel.Security.SecurityAlgorithmSuite.Basic256Sha256Rsa15;
```

Listing 9.8: Festlegen der AlgorithmSuite-Eigenschaft per Code in C#

```
Dim binding As New WSHttpBinding()
binding.Security.Mode = SecurityMode.Message
binding.Security.Message.AlgorithmSuite = _
System.ServiceModel.Security.SecurityAlgorithmSuite.Basic256Sha256Rsa15
```

Listing 9.9: Festlegen der AlgorithmSuite-Eigenschaft per Code in Visual Basic

Die Eigenschaft `AlgorithmSuite` legt eine Kombination von maximal drei verschiedenen Algorithmen fest.

- Für die Verschlüsselung der Nachricht wird entweder der Advanced Encryption Standard (AES) mit Schlüssellängen von 128, 192 oder 256 Bit verwendet oder der Triple-DES-Algorithmus mit192 Bit.

- Der Key Wrap-Algorithmus RSA ist ein asymmetrischer Schlüssel und dient zum sicheren Transport des symmetrischen Schlüssels.
- Zur Signatur der Nachricht kann der Secure Hash-Algorithmus (SHA) angewendet werden.

Die verschiedenen Algorithmen lassen sich mit der `AlgorithmSuite`-Eigenschaft nicht getrennt einstellen. Es gibt eine Reihe vordefinierter Kombinationen.

Algorithmus-Suite	**Nachrichten-verschlüsselung**	**Key Wrap-Algorithmus**	**Signatur-Digest**
Basic128 (Standard)	AES-128		
Basic128Rsa15	AES-128	RSA15	
Basic128Sha256	AES-128		SHA256
Basic128Sha256Rsa15	AES-128	RSA15	SHA256
Basic192	AES-192		
Basic192Rsa15	AES-192	RSA15	
Basic192Sha256	AES-192		SHA256
Basic192Sha256Rsa15	AES-192	RSA15	SHA256
Basic256	AES-256		
Basic256Rsa15	AES-256	RSA15	
Basic256Sha256	AES-256		SHA256
Basic256Sha256Rsa15	AES-256	RSA15	SHA256
TripleDes	Triple-DES-192		
TripleDesRsa15	Triple-DES-192	RSA15	
TripleDesSha256	Triple-DES-192		SHA256
TripleDesSha256Rsa15	Triple-DES-192	RSA15	SHA256

Tabelle 9.6: Übersicht über die Algorithmus-Suiten

9.2.5 Kerberos

Eine Möglichkeit, Schlüssel auf sicherem Wege auszutauschen, ist Kerberos. Ein Kerberos-Dienst befindet sich auf einem zentralen Server und verwaltet die symmetrischen Schlüssel aller registrierten Benutzer und sorgt für deren Authentifizierung. Will ein Sender eine sichere Nachricht an einen Service schicken, so muss sich dieser zuerst an dem Kerberos-Server mit seinem Passwort anmelden und ihm mitteilen, mit welchem Benutzer er kommunizieren will. Er erhält dann von Kerberos ein sogenanntes Ticket. Etwas vereinfacht kann man sagen, Kerberos generiert einen zufälligen Session Key und verschlüsselt diesen mit dem Schlüssel des Senders. Nach einer Prüfung des Ticket

Granting Service wird derselbe Schlüssel ein weiteres Mal mit dem Schlüssel des Empfängers verschlüsselt. Der Sender erhält beide verschlüsselten Session Keys. Den einen kann der Sender mit seinem eigenen Schlüssel entschlüsseln und dazu verwenden, eine Nachricht an den Sender mit dem Session Key zu verschlüsseln. An den Empfänger wird sowohl die verschlüsselte Nachricht als auch der mit seinem eigenen Schlüssel verschlüsselte Session Key geschickt. Der Empfänger kann den Session Key entschlüsseln und anschließend die Nachricht damit entschlüsseln (siehe Abbildung 9.12).

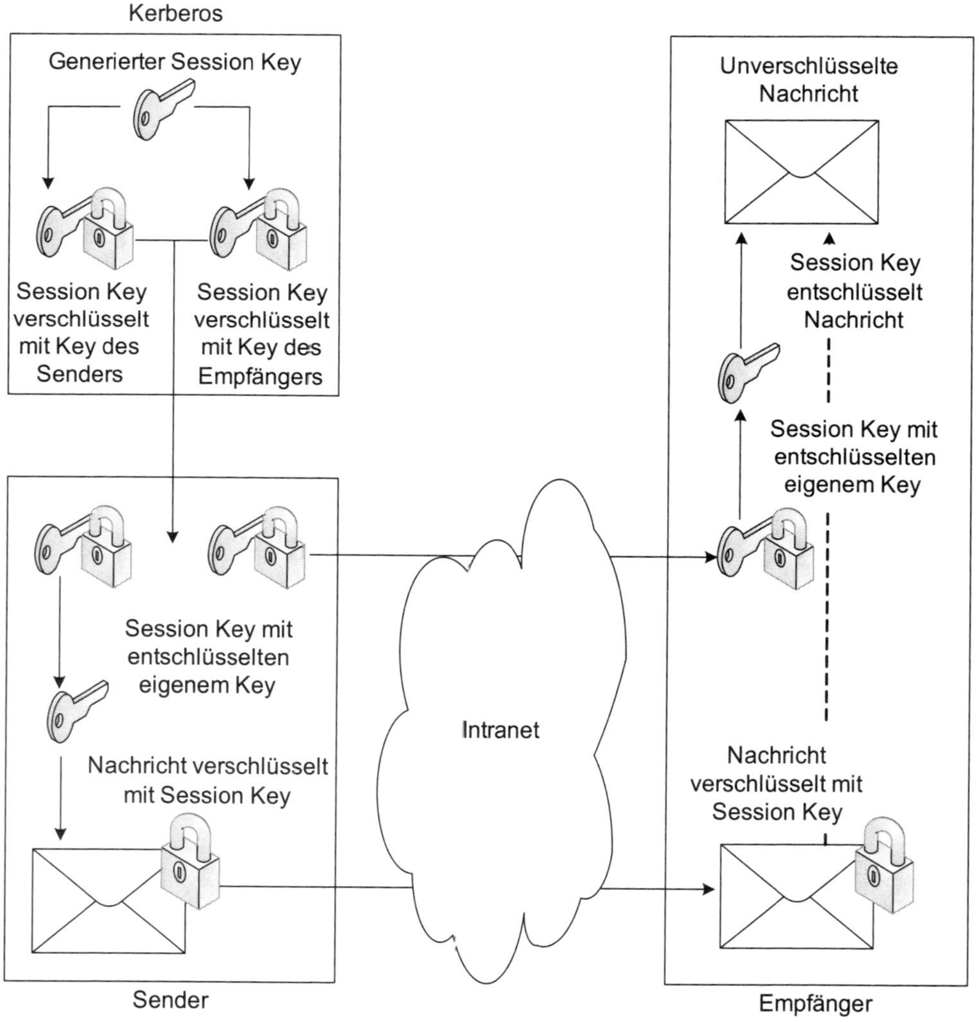

Abbildung 9.12: Vereinfacht dargestellte Funktionsweise von Kerberos

Das Kerberos-Protokoll ist eine standardisierte Spezifikation, um die Benutzer einer Domäne zu authentifizieren. Kerberos kann daher auch für Internet Services genutzt werden, um eine Überprüfung der Benutzer durchzuführen. Dies setzt allerdings voraus, dass die Client-Anwendungen das Kerberos-Protokoll unterstützen.

9.2.6 Public Key Infrastructure und Zertifikate

Auch der Einsatz der sehr sicheren asymmetrischen Verschlüsselung hat eine Schwachstelle. Nur wenn der öffentliche Schlüssel tatsächlich von dem Empfänger stammt, ist die Verschlüsselung sicher. Angreifer könnten einen eigenen öffentlichen Schlüssel als den öffentlichen Schlüssel des gewünschten Empfängers ausgeben, und die Nachricht würde dann mit diesem öffentlichen Schlüssel verschlüsselt werden. Da der Angreifer den passenden privaten Schlüssel zu dem gefälschten öffentlichen Schlüssel besitzt, ist er in der Lage, die Nachricht abzufangen und zu entschlüsseln, um so an sensible Daten zu gelangen. Um eine wirklich sichere Übertragung der Nachrichten zu gewährleisten, ist es also erforderlich, dass der Sender den öffentlichen Schlüssel des Empfängers und keine Fälschung verwendet. Hier kommen die Public Key Infrastructure (PKI) und Zertifikate ins Spiel.

Die Aufgabe eines Zertifikats ist es, die Zugehörigkeit eines öffentlichen Schlüssels zu einer bestimmten Person nachzuweisen. In der Windows Communication Foundation werden Zertifikate hauptsächlich dazu verwendet, um Clients und Services zu authentifizieren. Könnte sich jeder seine eigenen Zertifikate ausstellen, wäre dies wertlos. Deshalb werden Zertifikate immer von einer vertrauenswürdigen und unabhängigen Instanz, der Zertifizierungsstelle, ausgestellt. Zusammen mit weiteren Diensten wie einem Verzeichnisdienst für Zertifikate sowie Zertifikatspeicher zum Verwalten der Zertifikate werden alle Elemente zusammen als Public Key Infrastructure bezeichnet.

Übersicht

Um eine wirklich sichere Übertragung von Nachrichten zu gewährleisten, muss der Empfänger ein Zertifikat bei einer vertrauenswürdigen Zertifizierungsstelle beantragen. Nachdem die Zertifizierungsstelle die Identität des Empfängers geprüft hat, stellt sie ein Zertifikat aus, das einen öffentlichen Schlüssel und weitere Informationen wie die Identität des Zertifikatinhabers enthält. Das Zertifikat wird signiert, und der Hash-Wert wird mit dem privaten Schlüssel der Zertifizierungsstelle verschlüsselt. Der Empfänger, also der rechtmäßige Inhaber des Zertifikats, erhält neben dem verschlüsselten Zertifikat den zugehörigen privaten Schlüssel, der das Gegenstück zu dem öffentlichen Schlüssel des Zertifikats ist, und die gemeinsam ein asymmetrisches Schlüsselpaar bilden. Jetzt kann der Empfänger sein Zertifikat an alle Kommunikationspartner verteilen, die ihm auf sicherem Wege eine Nachricht zukommen lassen wollen, oder das Zertifikat in einem Verzeichnisdienst für Zertifikate veröffentlichen. Ist ein Sender in Besitz des Zertifikats eines Empfängers, so kann der Sender das Zertifikat mit dem öffentlichen Schlüssel der Zertifizierungsstelle entschlüsseln und die Identität des Zertifikatsinhabers prüfen. Nach erfolgreicher Prüfung der Identität kann der mit dem Zertifikat mitgelieferte öffentliche Schlüssel dann bedenkenlos dazu verwendet werden, eine sichere Nachricht an den Empfänger zu senden. In Abbildung 9.13 ist dies vereinfacht dargestellt.

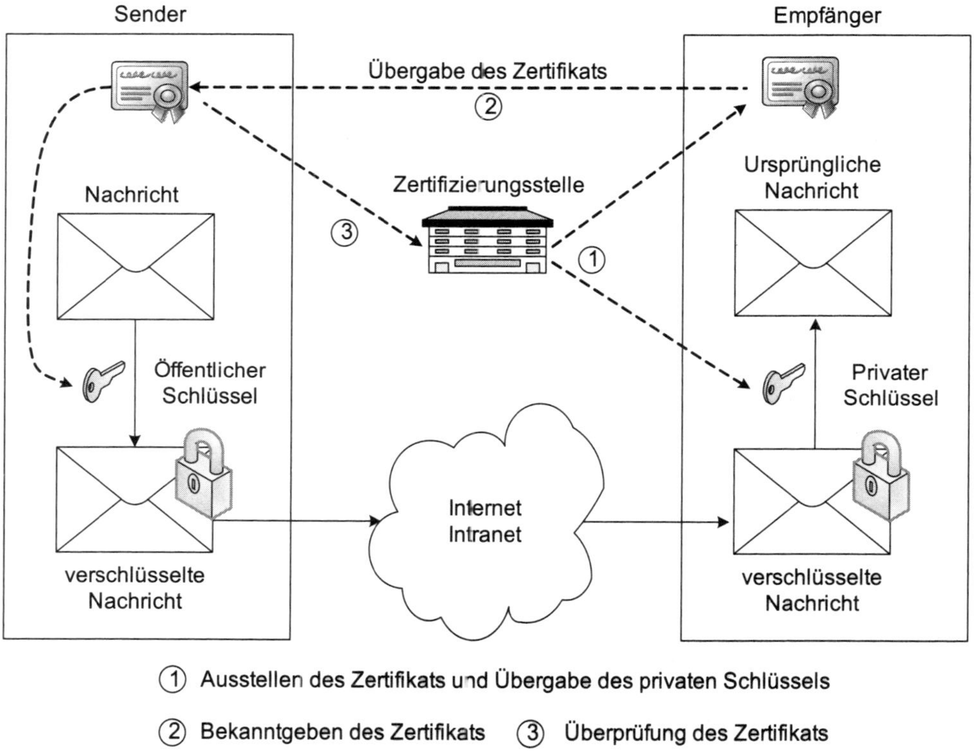

Abbildung 9.13: Funktionsweise von Zertifikaten und einer PKI

Digitale Zertifikate

Ein Zertifikat ist die Bestätigung einer vertrauenswürdigen Instanz, dass ein öffentlicher Schlüssel zu einer bestimmten Person oder Firma gehört. Das digitale Zertifikat ist signiert und wird mit dem privaten Schlüssel der Zertifizierungsstelle verschlüsselt, um deren Authentität und Integrität zu gewährleisten. In der Windows Communication Foundation werden Zertifikate gemäß dem X.509-Standard verwendet. X.509 ist ein Standard der Internationalen Fernmeldeunion ITU und auf allen Plattformen verfügbar. Der X.509-Standard legt fest, welche Informationen gespeichert werden und definiert das Format zum Speichern der Informationen.

Zertifikate beinhalten außer dem öffentlichen Schlüssel unter anderem auch noch die folgenden Informationen:

- Die Identität des Ausstellers des Zertifikats, also der Zertifizierungsstelle (Issuer)
- Die Identität des Zertifikat- und Schlüsselinhabers mit Informationen wie dem Namen
- Eine Version und eine eindeutige Seriennummer, die von der Zertifizierungsstelle vergeben wird
- Die Gültigkeitsdauer des Zertifikats mit einem Startdatum und einem Enddatum. Das Zertifikat ist nur innerhalb des festgelegten Zeitraumes gültig. Ist die Gültigkeitsdauer des Zertifikats abgelaufen, muss ein neues Zertifikat beantragt werden.
- Den zugelassene Verwendungszweck des Zertifikats. So gibt es Zertifikate, die ausschließlich zur Client- oder zur Server-Authentifizierung verwendet werden dürfen, während andere Zertifikate eine Reihe weiterer Aufgaben erfüllen dürfen.
- Den Algorithmus, der von der Zertifizierungsstelle verwendet wurde, um das Zertifikat zu signieren.

Die Informationen für ein Zertifikat können über das Dialogfeld für Zertifikate abgefragt werden (siehe Abbildung 9.14). Dies lässt sich am einfachsten über den Zertifikatspeicher ereichen.

Zertifizierungsstellen

Die Aufgabe einer Zertifizierungsstelle, auch als Certification Authority (CA) bezeichnet, ist die zuverlässige Zuordnung eines öffentlichen Schlüssels zu einer Person. Um ein zertifiziertes Schlüsselpaar zu erhalten, muss ein Antrag bei einer Zertifizierungsstelle gestellt werden. Diese prüft die Identität des Antragstellers und registriert diesen. Dann wird ein neues asymmetrisches Schlüsselpaar generiert, das dem Antragsteller zugeordnet wird. Die Zertifizierungsstelle erstellt daraufhin ein Zertifikat, das den öffentlichen Schlüssel, die Identität des Antragstellers und weitere wichtige Informationen enthält. Zum Schutz des Zertifikats wird dieses von der Zertifizierungsstelle signiert; der Hash-Wert wird mit dem privaten Schlüssel der Zertifizierungsstelle verschlüsselt. Da jeder den öffentlichen Schlüssel der Zertifizierungsstelle erfahren kann (siehe Zertifikatketten), kann somit auch jeder den Hash-Wert wieder entschlüsseln und so das Zertifikat auf seine Integrität hin prüfen.

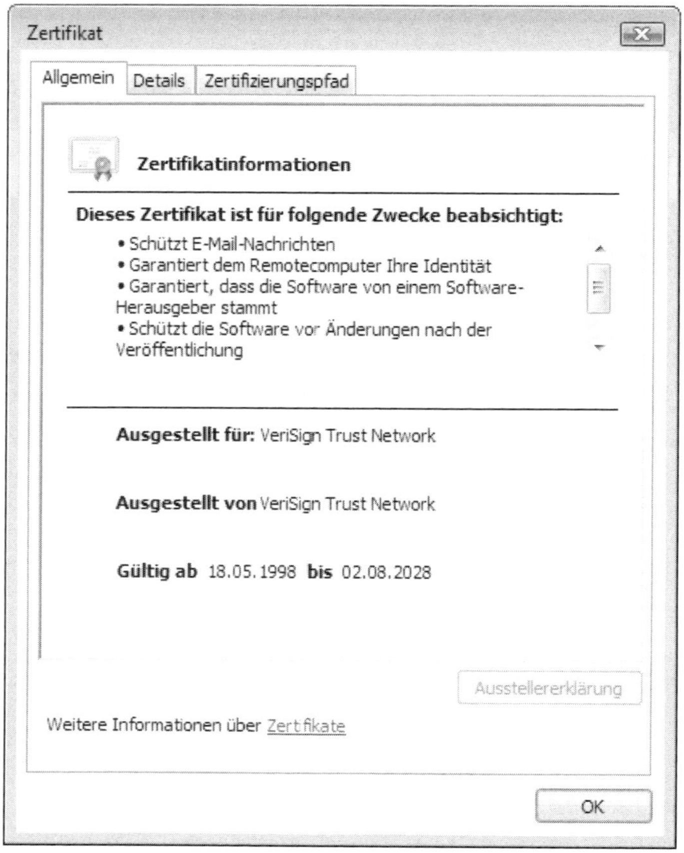

Abbildung 9.14: Informationen zu einem Zertifikat

Der Antragsteller erhält neben dem digitalen Zertifikat, das den öffentlichen Schlüssel enthält, noch den dazu passenden privaten Schlüssel, der nur ihm bekannt ist. Jetzt kann der Antragsteller einem beliebigen Kommunikationspartner sein Zertifikat zukommen lassen. Stuft ein Kommunikationspartner die Zertifizierungsstelle als vertrauenswürdig ein, so kann er sich darauf verlassen, dass das von der Zertifizierungsstelle ausgestellte Zertifikat die korrekte Identität für den öffentlichen Schlüssel nachweist. Einer sicheren Übermittlung von Nachrichten steht nun nichts mehr im Weg.

Zertifizierungsstellen lassen sich in zwei Gruppen unterteilen:

- Öffentliche Zertifizierungsstellen sind normalerweise Drittanbieter wie VeriSign, GeoTrust oder auch die Deutsche Telekom, um nur einige zu nennen. Jedermann kann sich dort sein eigenes Zertifikat ausstellen lassen.
- Zertifizierungsstellen innerhalb eines Unternehmens oder einer Organisation stellen lediglich Zertifikate innerhalb der Organisation aus.

Um sich von der Identität des Antragstellers zu überzeugen und diesem Vertrauenswürdigkeit zu bestätigen, legt jede Zertifizierungsstelle eigene Richtlinien fest. Je nach den Richtlinien haben unterschiedliche Zertifizierungsstellen somit einen unterschiedlichen Sicherheitsgrad. So reicht bei manchen öffentlichen Zertifizierungsstellen eine gültige E-Mail-Adresse aus, während andere Stellen das persönliche Erscheinen und die Vorlage eines gültigen Personalausweises verlangen. Innerhalb eines Unternehmens kommen immer häufiger Organisationszertifizierungsstellen zum Einsatz, die für alle Windows Server-Produkte verfügbar und in das Active Directory integriert sind. Somit ist es möglich, vertrauenswürdige Zertifikate für das Intranet einer Organisation zu erstellen. Der große Vorteil dabei ist, dass nicht mehr alle Mitglieder einer Domäne einzeln verwaltet werden müssen. Stattdessen wird allen Mitgliedern ein Zertifikat ausgestellt, und die Mitglieder werden automatisch als vertrauenswürdig eingestuft. Das bedeutet in vielen Fällen einen geringeren Verwaltungsaufwand.

Die Organisationszertifizierungsstellen können auch im Internet zur Verfügung gestellt werden. Kommunikationspartner können dann die Zertifizierungsstelle als vertrauenswürdig einstufen, womit alle von der Zertifizierungsstelle ausgestellten Zertifikate automatisch als vertrauenswürdig eingestuft werden. Organisationszertifizierungsstellen können entweder allen im Active Directory registrierten Personen automatisch ein Zertifikat ausstellen oder aktiv angefordert werden. Dazu gibt es einen Zertifikatsanforderungs-Assistenten, der als Snap-in der Management-Konsole (siehe Zertifikatspeicher) in Windows Server-Produkten verfügbar ist. Oder die Anforderung erfolgt über eine eigene Webseite. Um die Identität des Antragstellers zu überprüfen, werden dabei die im Active Directory verfügbaren Informationen genutzt.

Zertifikatsperrliste

Eine Zertifikatsperrliste, auch als Certificate Revocation List (CRL) bekannt, ist eine Liste von Zertifikaten, die nicht länger verwendet werden sollen, deren Gültigkeitsdauer aber noch nicht abgelaufen ist. In der Liste sind die Seriennummern der gesperrten Zertifikate angegeben sowie der Grund für die Sperrung. Eine Sperrung ist zum Beispiel erforderlich, wenn der private Schlüssel in falsche Hände gelangt oder sich die Identität des Antragstellers geändert hat. Jede Zertifizierungsstelle veröffentlicht ihre eigene Sperrliste mit von ihr ausgestellten Zertifikaten, die gesperrt worden sind. Sperrlisten von Organisationszertifizierungsstellen werden im Active Directory sowie in einem freigegebenen Verzeichnis veröffentlicht. Das Dokument wird von der Zertifizierungsstelle signiert, und der Hash-Wert wird mit dem privaten Schlüssel der Zertifizierungsstelle verschlüsselt.

Gesperrte Zertifikate bleiben so lange in der Sperrliste, bis ihre Gültigkeitsdauer abgelaufen ist. Dann kann der Eintrag aus der Liste entfernt werden, da das Zertifikat ab diesem Zeitpunkt ungültig ist. Somit wird vermieden, dass die Sperrliste unnötig groß wird. Zertifikatsperrlisten besitzen ein Ablaufdatum. Dieses sollte keinen zu langen Zeitraum überbrücken, damit die Sperrliste öfters geladen werden muss. Da ein Benutzer nicht immer die gerade aktuelle Version der Sperrliste besitzt, kann es vorkommen, dass ein Zertifikat gesperrt ist, obwohl es sich nicht in der lokal vorhandenen Sperrliste befindet. Abhilfe schafft hier die immer häufiger angewendete Online-Abfrage zum aktuellen Status eines Zertifikats, wobei ein spezielles Protokoll, das Online Certificate Status-Protokoll, zum Einsatz kommt. Statt die gesamte Sperrliste zu übermitteln, wird ein Zertifikat auf seinen Status hin geprüft und Auskunft darüber erteilt, ob das Zertifikat gültig oder gesperrt ist.

Zertifikatketten

Zertifizierungsstellen schützen von ihnen ausgestellte Zertifikate, indem das Zertifikat signiert und der Hash-Wert anschließend mit dem öffentlichen Schlüssel der Zertifizierungsstelle gesichert wird. Um das Zertifikat zu prüfen, muss der öffentliche Schlüssel der Zertifizierungsstelle verwendet werden. Damit der öffentliche Schlüssel der Zertifizierungsstelle sicher ist, wird der Schlüssel mit dem Zertifikat der Zertifizierungsstelle veröffentlicht. – Und wer garantiert die Echtheit dieses Zertifikats? Dies wird von einer übergeordneten Zertifizierungsstelle sichergestellt, die das Zertifikat mit ihrem privaten Schlüssel sichert. Um den passenden öffentlichen Schlüssel zu sichern, wird dafür wieder ein Zertifikat verwendet, das von einer übergeordneten Zertifizierungsstelle bestätigt wird und so weiter. Daraus ergibt sich eine Hierarchie von Zertifizierungsstellen, die sogenannte Zertifikatkette oder auch Zertifizierungspfad.

Am Anfang einer jeden Zertifikatkette steht das Wurzelzertifikat (Root Certificate) der sogenannten Stammzertifizierungsstelle. Da es für Stammzertifizierungsstellen keine übergeordnete Zertifizierungsstelle gibt, signieren sich Wurzelzertifikate mit ihrem eigenen privaten Schlüssel selbst. Auf die Echtheit des letzten Zertifikats in der Kette, das Wurzelzertifikat, müssen sich die Kommunikationspartner allerdings ohne weitere Prüfung verlassen (siehe Abbildung 9.15).

Zertifikate, die von einem als vertrauenswürdig eingestuften Zertifikat signiert werden, gelten automatisch ebenfalls als vertrauenswürdig. Wird die Stammzertifizierungsstelle als vertrauenswürdig eingestuft und sind in der Zertifikatkette keine anderen Zertifikate abgelaufen oder gesperrt, wird das letzte Zertifikat einer Kette als vertrauenswürdig angesehen. Der Zertifizierungspfad für ein Zertifikat lässt sich am einfachsten über das Dialogfeld für Zertifikate abfragen, wie in Abbildung 9.16 dargestellt.

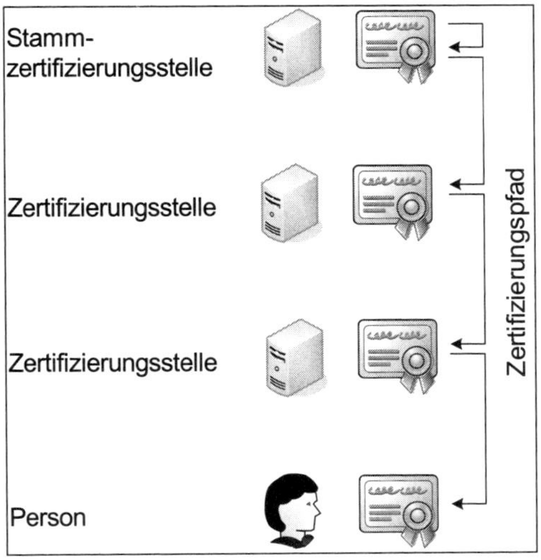

Abbildung 9.15: Zertifikatkette

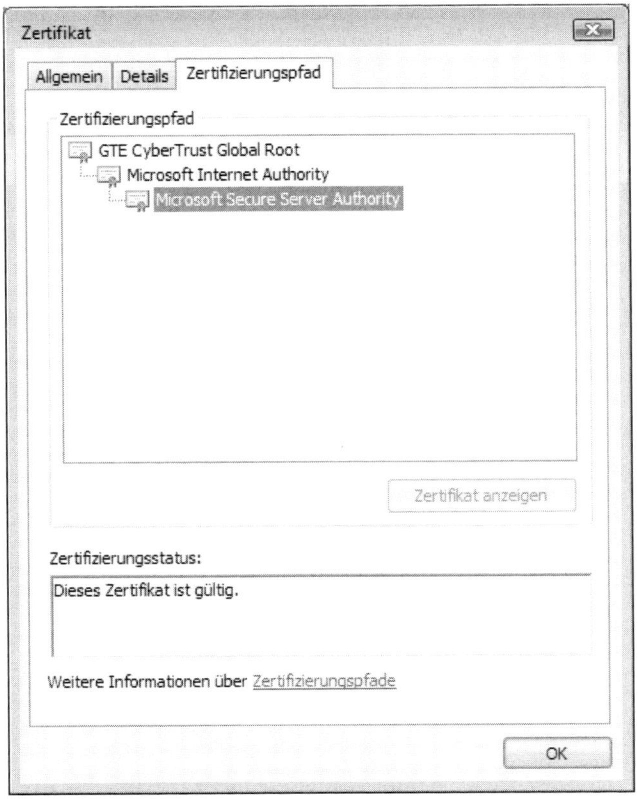

Abbildung 9.16: Anzeigen des Zertifizierungspfades

Zertifikatspeicher

Zertifikate können zwar direkt auf der Festplatte gespeichert werden. Windows stellt jedoch einen sicheren Speicherort für Zertifikate und einen eigenen Dienst zum Speichern und Verwalten der Zertifikate zur Verfügung.

Es gibt zwei Typen von Zertifikatspeichern, die von der Windows Communication Foundation genutzt werden.

- *Aktueller Benutzer*: Für jeden Benutzer existiert ein eigener Zertifikatspeicher, in dem sich unter anderem die Zertifikate für die Client-Authentifizierung befinden.
- *Lokaler Computer*: Für den Computer existiert ein Zertifikatspeicher, auf den alle Benutzer zugreifen können, und in dem sich die Zertifikate für die Authentifizierung der WCF-Services befinden.

Administratoren können beide Bereiche betrachten, während Benutzer ohne Administratorrechte nur den Bereich des aktuellen Benutzers anzeigen können. Jeder Zertifikatspeicher enthält zahlreiche untergeordnete Speicherbereiche, von denen die folgenden zwei für die Windows Communication Foundation die wichtigste Rolle spielen:

- *Vertrauenswürdige Stammzertifizierungsstellen*: Hier sind alle Wurzelzertifikate enthalten, mit deren Hilfe sich Zertifizierungsketten bilden lassen. Alle Zertifikate in diesem Ordner gelten implizit als vertrauenswürdig. Deshalb sollten hier nur Zertifikate abgelegt werden, für die uneingeschränktes Vertrauen besteht.
- *Eigene Zertifikate*: In diesem Ordner befinden sich die Zertifikate einzelner Personen, die sich am Ende einer Zertifizierungskette befinden. Auch selbst erstellte Zertifikate werden in diesem Ordner abgelegt.

Die Oberfläche für den Dienst zur Verwaltung von Zertifikaten kann über die Microsoft Management Console erreicht werden. Geben Sie dazu einfach in der Eingabeaufforderung `mmc` oder `mmc.exe` ein; es erscheint das Fenster von Abbildung 9.17.

Der Dienst zur Verwaltung von Zertifikaten ist ein Snap-in von MMC. Gehen Sie auf *Datei – Snap-In hinzufügen/entfernen*; es öffnet sich das Fenster wie Abbildung 9.18 zeigt.

Suchen Sie in der Liste auf der linken Seite den Eintrag *Zertifikate* und klicken Sie auf die Schaltfläche *Hinzufügen*. Wählen Sie *Eigenes Benutzerkonto* für die Zertifikatverwaltung des aktuellen Benutzers oder *Computerkonto* für die Zertifikatverwaltung des Computers, falls Sie Administratorrechte besitzen. Auf der linken Seite wird der Zertifikatspeicher angezeigt, und im mittleren Abschnitt sind alle Speicherbereiche des ausgewählten Zertifikatspeichers zu finden (siehe Abbildung 9.19).

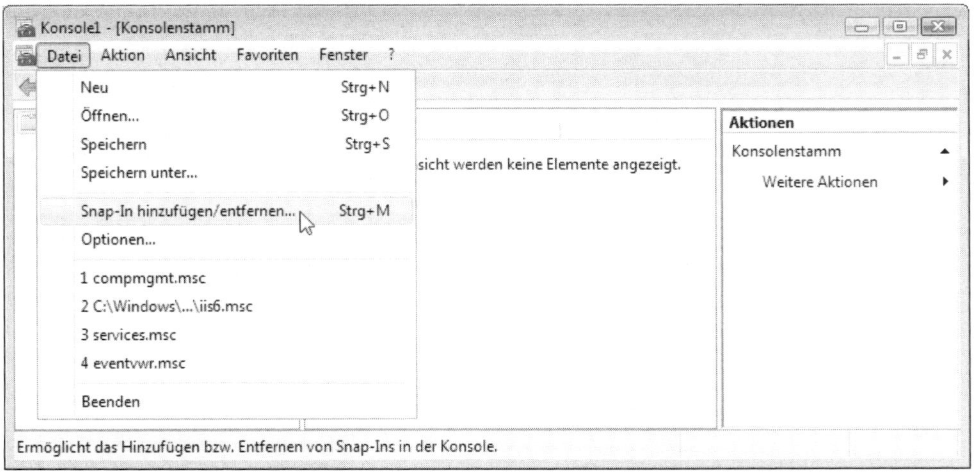

Abbildung 9.17: Oberfläche der Microsoft Management Console

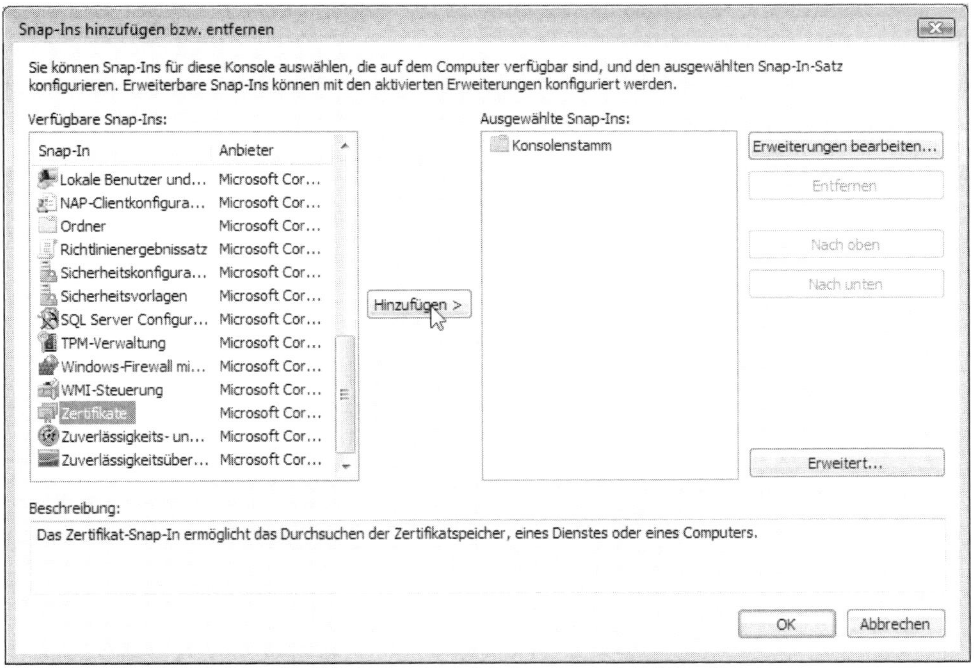

Abbildung 9.18: Das Dialogfeld Snap-Ins hinzufügen bzw. entfernen

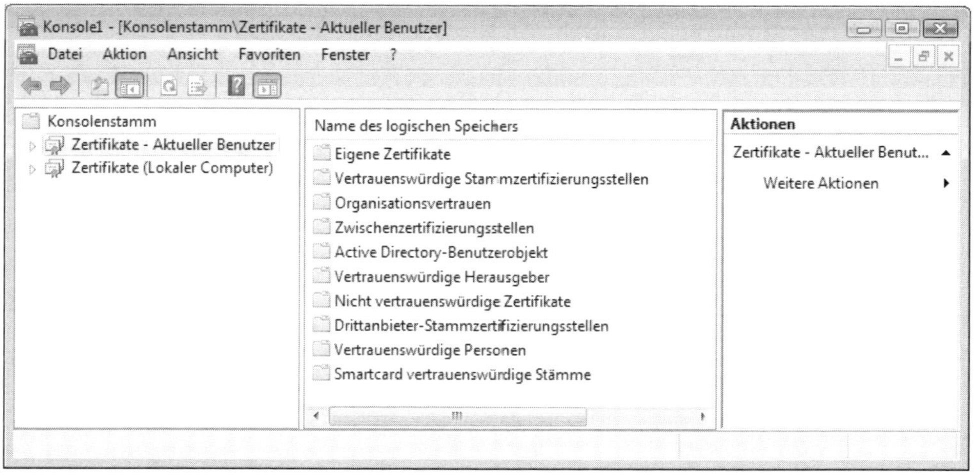

Abbildung 9.19: Zertifikatspeicher mit allen Speicherbereichen

Für die in den Zertifikatspeichern enthaltenen Zertifikate gibt es mehrere mögliche Quellen:

- Mit der Installation von Windows werden in jedem Zertifikatspeicher eine Reihe bekannter und besonders vertrauenswürdiger Zertifikate abgelegt.
- Bei der Installation, beim Abrufen von E-Mails oder auch beim Aufrufen eines Service wird ein Zertifikat explizit akzeptiert.
- Es wird ein Zertifikat bei einer Zertifizierungsstelle angefordert.
- Erstellen eigener Zertifikate

> > > HINWEIS

Damit Sie nicht jedes Mal wieder das Snap-in hinzufügen müssen, können Sie die Konfiguration auch abspeichern und beim nächsten Start einfach aufrufen. Gehen Sie zu Datei • Speichern unter... *und geben Sie* Zertifikate.msc *als Dateiname an. Beim nächsten Start können Sie dann in der Eingabeaufforderung die Zertifikatverwaltung durch Eingeben von* Zertifikate.msc *erneut starten.*

Testzertifikate erstellen

Um eine zertifikatbasierte Umgebung von WCF zu testen, kann man X.509-Testzertifikate erstellen, die den realen Bedingungen entsprechen. Das .NET Framework stellt zu diesem Zweck das Tool *MakeCert.exe* bereit. Da Zertifikate immer von einer Stammzertifizierungsstelle erstellt werden, ist es sinnvoll, genau die folgende Vorgehensweise zu simulieren: Der erste Schritt besteht darin, ein selbstsigniertes Zertifikat zu erstellen und im Speicherbereich *Vertrauenswürdige Stammzertifizierungsstellen* abzulegen. Starten Sie die Visual Studio-Eingabeaufforderung als Administrator und rufen Sie das

Tool *MakeCert.exe* auf. Geben Sie dann den nachfolgenden Befehl zum Erstellen eines selbstsignierten Zertifikats, das in der Datei `TempCA.cer` gespeichert wird (siehe auch Abbildung 9.21) und den Namen `TempCA` erhält:

```
makecert -n "CN=TempCA" -r -sv TempCA.pvk TempCA.cer
```

Es erscheint ein Dialogfeld, in dem Sie ein Kennwort eingeben müssen, um den privaten Schlüssel zu schützen (siehe Abbildung 9.20). – Fertig ist das Wurzelzertifikat!

Abbildung 9.20: Kennwort für den privaten Schlüssel definieren

Der nächste Schritt besteht darin, ein neues Zertifikat zu erstellen, das von dem soeben erstellen Wurzelzertifikat signiert wird. Geben Sie dazu in der Eingabeaufforderung die folgende Anweisung ein (siehe auch Abbildung 9.21):

```
makecert -n "CN=SignedByTempCA" -sk SignedByTempCA -iv TempCA.pvk
-ic TempCA.cer SignedByTempCA.cer -sr currentuser -ss My -pe
```

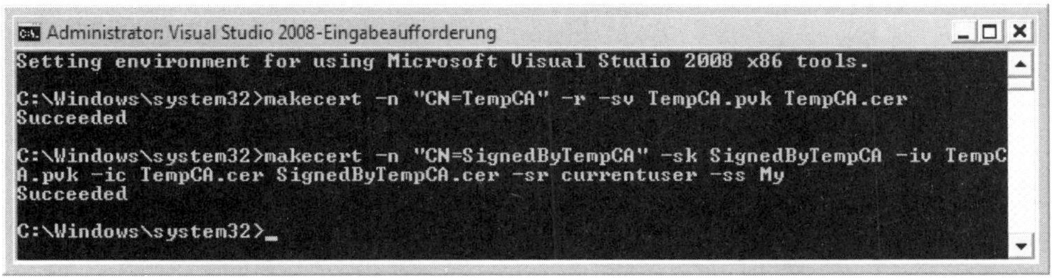

Abbildung 9.21: Verwenden des Tools MakeCert.exe

Zum besseren Verständnis von *MakeCert* finden Sie in der folgenden Tabelle die verwendeten Optionen, um das Erstellen der Zertifikate zu beeinflussen.

Schalter	Beschreibung
`-n`	Legt den Zertifikatnamen des Antragstellers fest. Üblicherweise wird dieser mit »CN=Name« angegeben (CN = Common Name).
`-r`	Das Zertifikat signiert sich selbst.
`-pe`	Markiert den privaten Schlüssel als exportierbar.
`-sv`	Legt die Datei für den privaten Schlüssel fest. Die Datei sollte die Endung *.pvk* erhalten.
`-sk`	Legt den Namen für den Schlüsselcontainer des privaten Schlüssels fest.
`-iv`	Gibt den Dateinamen des privaten Schlüssels an, mit dem das Zertifikat signiert werden soll.
`-ic`	Gibt den Dateinamen des Zertifikats an, das Herausgeber des neuen Zertifikats sein soll (Zertifikat der Zertifizierungsstelle).
`-sr`	Gibt den Zertifikatspeicher an, in dem das Zertifikat gespeichert werden soll. Es existieren zwei mögliche Werte: `currentuser` ist der Standard und legt das Zertifikat im Speicher *Aktueller Benutzer* ab. `localmachine` legt das Zertifikat im Speicher *Lokaler Computer* ab.
`-ss`	Gibt den Speicherort in dem Zertifikatspeicher an. `My` legt das Zertifikat im Ordner *Eigene Zertifikate* ab.
`-b`	Legt das Anfangsdatum der Gültigkeitsdauer fest. Standardwert ist das Erstellungsdatum. Die Angabe muss im amerikanischen Datumsformat erfolgen. `-b 01/01/2008`
`-e`	Legt das Enddatum der Gültigkeitsdauer fest. Standardwert ist der 31.12.2039. `-e 01/31/2008`

Listing 9.10: Die wichtigsten Optionen von MakeCert

Das zuletzt erstelle Zertifikat befindet sich bereits im richtigen Speicher. Nur das selbstsignierte Wurzelzertifikat muss noch in den Speicher für Stammzertifizierungsstellen importiert werden. Öffnen Sie dazu die MMC und öffnen Sie den Ordner *Zertifikate* im Abschnitt *Vertrauenswürdige Stammzertifizierungsstellen*. Auf der rechten Seite des Fensters finden Sie unter *Alle Aufgaben* die Aktion *Importieren* (siehe Abbildung 9.22).

Ein Assistent hilft Ihnen bei diesem Vorgang. Suchen Sie zuerst nach der Datei *TempCA.cer,* die standardmäßig unter *C:\Windows\System32* abgelegt wird (siehe Abbildung 9.23).

Folgen Sie dem Assistenten und geben Sie im nächsten Schritt das Verzeichnis an, unter dem das Zertifikat im Speicher abgelegt werden soll. Nach Beendigung des Assistenten erscheint ein Warnhinweis (siehe Abbildung 9.24), bevor das Zertifikat endgültig im Speicherbereich für *Vertrauenswürdige Stammzertifizierungsstellen* abgelegt wird.

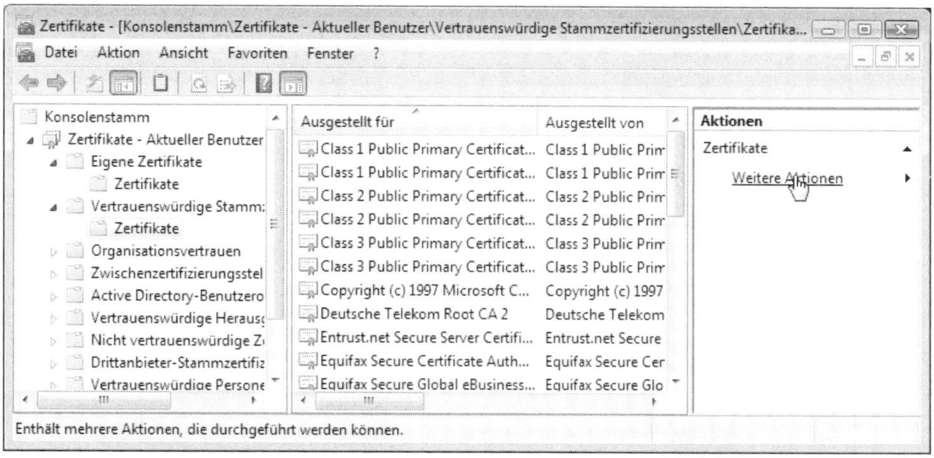

Abbildung 9.22: Wurzelzertifikat importieren

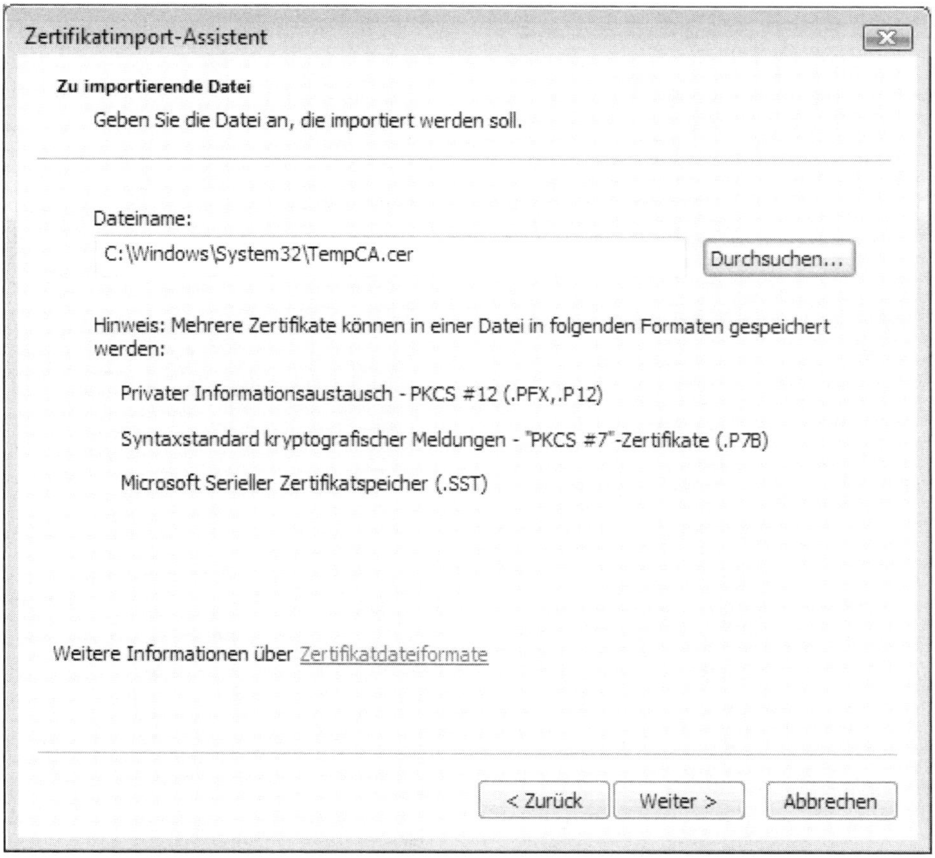

Abbildung 9.23: Angeben der Datei mit dem zu importierenden Zertifikat

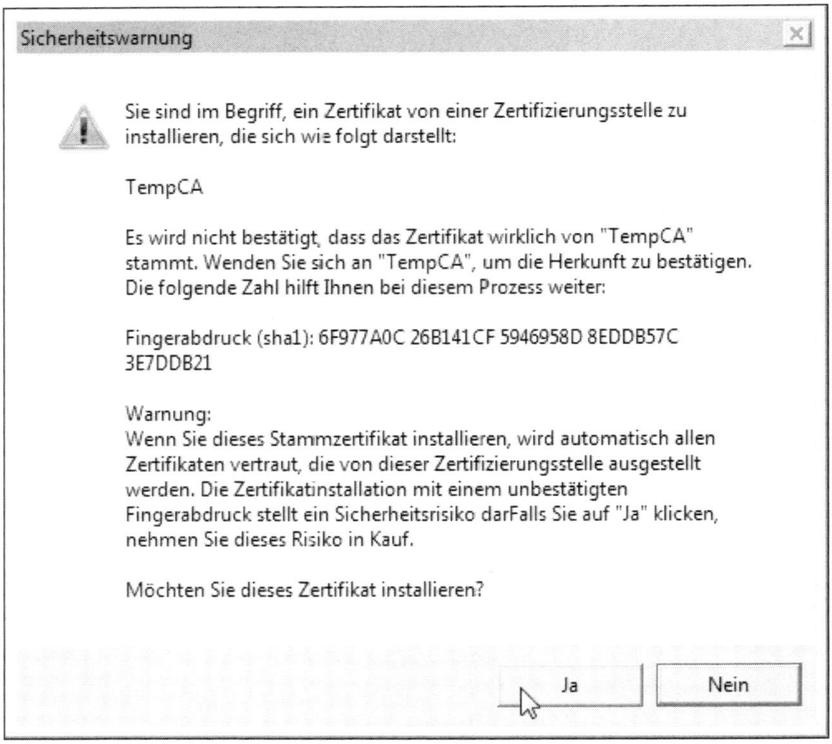

Abbildung 9.24: Bestätigen des Importvorgangs

Die selbst erstellen Zertifikate sollten nur zu Testzwecken verwendet werden. Werden die Zertifikate nicht mehr zum Testen benötigt, sollten sie entfernt werden. In einer realen Umgebung müssen die Zertifikate von einer vertrauenswürdigen Stammzertifizierungsstelle stammen, die nicht selbst definiert worden ist.

9.2.7 SSL einrichten

Das Secure Socket Layer-Protokoll, kurz SSL, und sein Nachfolger, das Transport Layer Security-Protokoll, kurz TLS, sind Verschlüsselungsprotokolle zur sicheren Übertragung von Daten oberhalb der Transportschicht. Somit kann Sicherheit auf Transportebene für Verbindungen zur Verfügung gestellt werden, die keinen eigenen Sicherheitsmechanismus besitzen. SSL und TLS sind unabhängig von den Anwendungen und Systemen und somit vollkommen interoperabel. Die Absicherung ist jedoch nur zwischen zwei Endpunkten möglich (Ende-zu-Ende-Verbindung). SSL wird für die Kommunikation mit dem HTTP-Protokoll genutzt. Man spricht dann auch von HTTP over SSL – oder kurz HTTPS. Um den Transport via TCP zu sichern, wird TLS eingesetzt.

Die Integrität der Daten wird durch das Bilden eines Hash-Wertes gewährleistet. Um die Vertraulichkeit zu gewährleisten, wird ein symmetrischer Schlüssel verwendet. Der Schlüssel wird vor der eigentlichen Übertragung der Daten ausgehandelt und nur für die jeweilige Verbindung einmalig verwendet (Session Key).

Der erste Schritt bei der sicheren Kommunikation mit SSL und TLS ist der sogenannte Handshake. Ziel ist, dass beide Kommunikationspartner am Ende des Handshakes dieselbe Hash-Funktion und denselben symmetrischen Schlüssel verwenden, mit dem die Nachrichten verschlüsselt werden.

Vereinfacht dargestellt passiert Folgendes:

Der Sender nimmt Kontakt mit dem Empfänger auf und teilt diesem mit, dass eine mit SSL oder TLS gesicherte Nachricht übermittelt werden soll.

Der Empfänger liefert eine Antwort. Sender und Empfänger tauschen daraufhin Zufallszahlen aus, die später dazu verwendet werden, einen symmetrischen Schlüssel zu generieren.

Falls die Kommunikation mit einem Zertifikat abgesichert werden soll, sendet der Empfänger sein Zertifikat an den Sender und kann optional ein Zertifikat vom Sender anfordern. Der Sender kann die Authentizität des Empfängers prüfen. Fordert der Empfänger ein Zertifikat vom Sender an, wird dieses verschickt. Die Authentizität des Senders kann nun vom Empfänger geprüft werden.

Jetzt müssen sich beide Kommunikationspartner noch darauf einigen, welcher Algorithmus zum Erzeugen des Hash-Codes verwendet werden soll.

Wird die Kommunikation ohne die Hilfe von Zertifikaten abgesichert, wird aus den Zufallszahlen und weiteren Informationen ein symmetrischer Schlüssel generiert.

Bei der Arbeit mit Zertifikaten kann einer der beiden Kommunikationspartner einen symmetrischen Schlüssel generieren und diesen mit dem öffentlichen Schlüssel des anderen Partners verschlüsseln, sodass am Ende beide über denselben symmetrischen Schlüssel verfügen.

Nachdem sich beide Kommunikationspartner über den Hash-Algorithmus und den symmetrischen Schlüssel geeinigt haben, können von nun ab Nachrichten unter Wahrung von Integrität und Vertraulichkeit ausgetauscht werden.

Die Absicherung ohne die Verwendung von Zertifikaten ist problematisch, da immer Man-In-The-Middle-Angriffe möglich sind. Wenn sich der Angreifer vor der Übergabe der Schlüssel in die Kommunikation einklinkt, dann kann dieser mit beiden Kommunikationspartnern den Schlüssel tauschen und die gesamte Kommunikation abhören.

Zertifikate für SSL

Um SSL mit einem Zertifikat abzusichern, wird ein Zertifikat mit einigen speziellen Anforderungen benötigt. Der Schlüssel des Zertifikats muss exportierbar sein, und der Name des Antragstellers muss mit dem Namen der Domain übereinstimmen. Mit dem folgenden Aufruf von *Makecert.exe* wird ein Zertifikat mit dem Namen `localhost` erstellt, das von der vertrauenswürdigen Stammzertifizierungsstelle `TempCA` ausgestellt wird.

```
makecert -pe -n CN=localhost -ss my -sr currentuser -sky exchange -iv TempCA.pvk
-ic TempCA.cer localhost.cer
```

Nachdem der Befehl erfolgreich ausgeführt worden ist, befindet sich ein neues Zertifikat `localhost` im Speicher für eigene Zertifikate des aktuellen Benutzers. Um dieses Zertifikat mit SSL nutzen zu können, muss jetzt der private Schlüssel exportiert werden. Öffnen Sie dazu den Zertifikatspeicher in der Microsoft Management Console (siehe Zertifikatspeicher) und den Zertifikatordner *Eigene Zertifikate* und markieren Sie das Zertifikat `localhost`. In der rechten Aktionsleiste können Sie dann über *Alle Aufgaben* der Menüpunkt *Exportieren* aufrufen (siehe Abbildung 9.25).

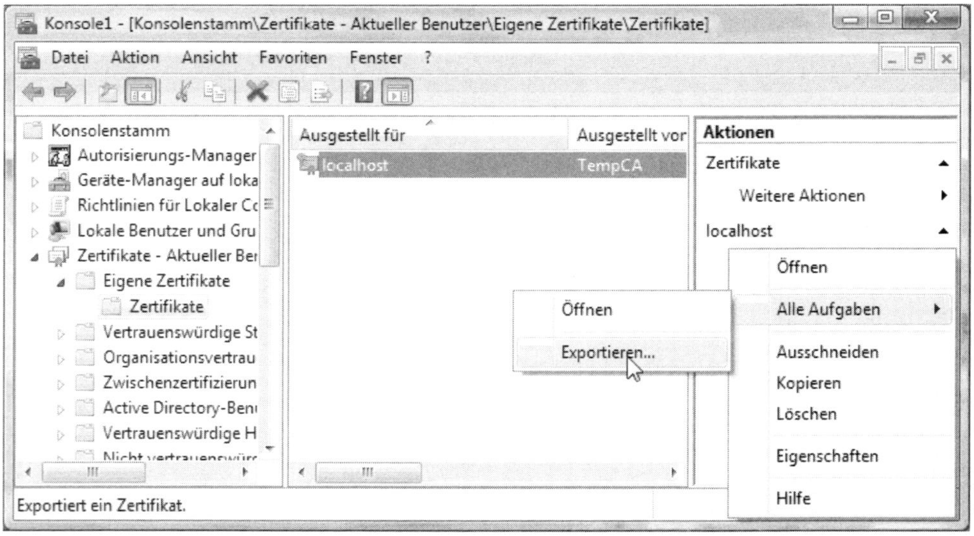

Abbildung 9.25: Starten des Zertifikatexport-Assistenten

Nach dem Start des Zertifikatexport-Assistenten muss zunächst angegeben werden, ob der private Schlüssel exportiert werden soll, sofern das Zertifikat dies genehmigt (siehe Abbildung 9.26).

Ist der private Schlüssel exportierbar, wird das Dateiformat **.pfx* verwendet. In der folgenden Registerkarte können noch weitere Einstellungen getroffen werden. Setzen Sie noch einen Haken beim Eintrag *Privaten Schlüssel nach erfolgreichem Export löschen* (siehe Abbildung 9.27).

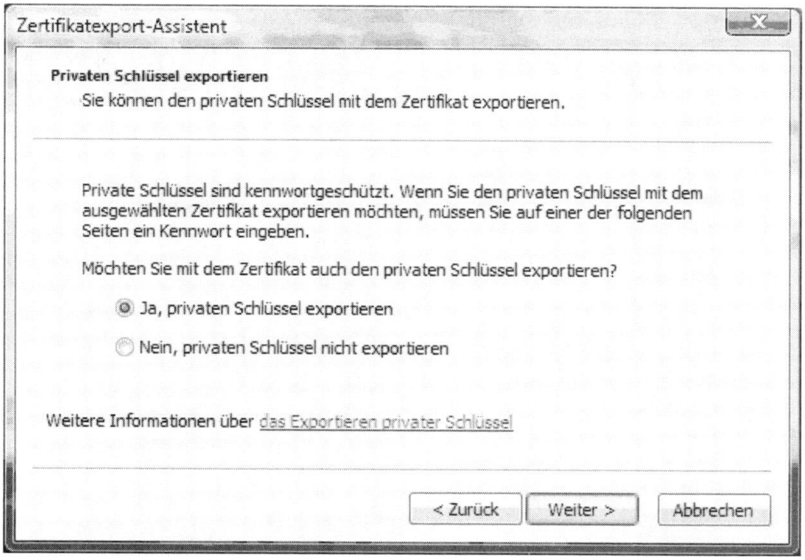

Abbildung 9.26: Den privaten Schlüssel exportieren

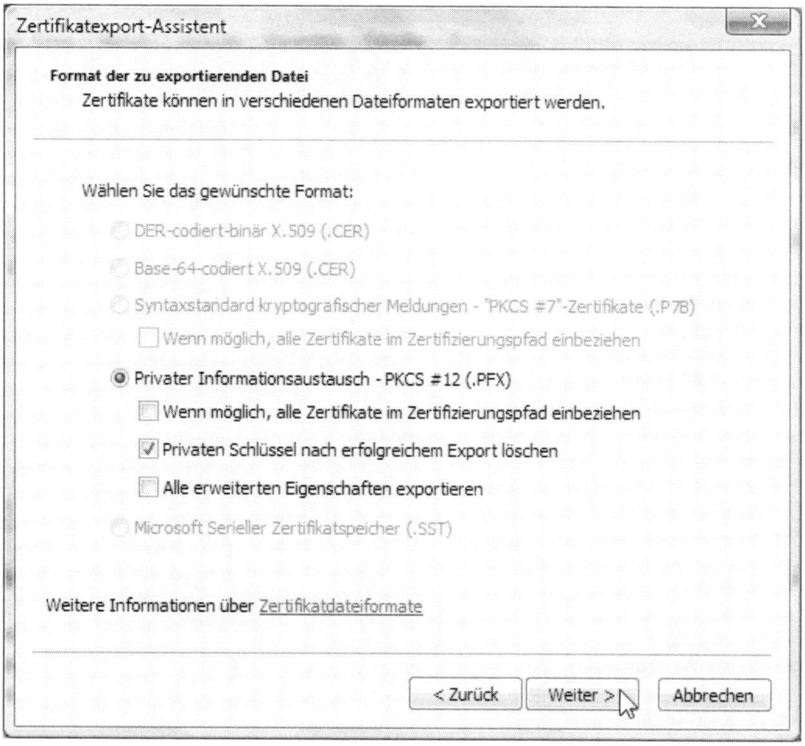

Abbildung 9.27: Auswählen und einstellen des Speicherformats

Im nächsten Schritt des Assistenten werden Sie dazu aufgefordert, ein Kennwort für den privaten Schlüssel anzugeben (siehe Abbildung 9.28). Dieses sollten Sie sich gut merken, da nur mit diesem Kennwort ein Zugriff auf den privaten Schlüssel möglich ist.

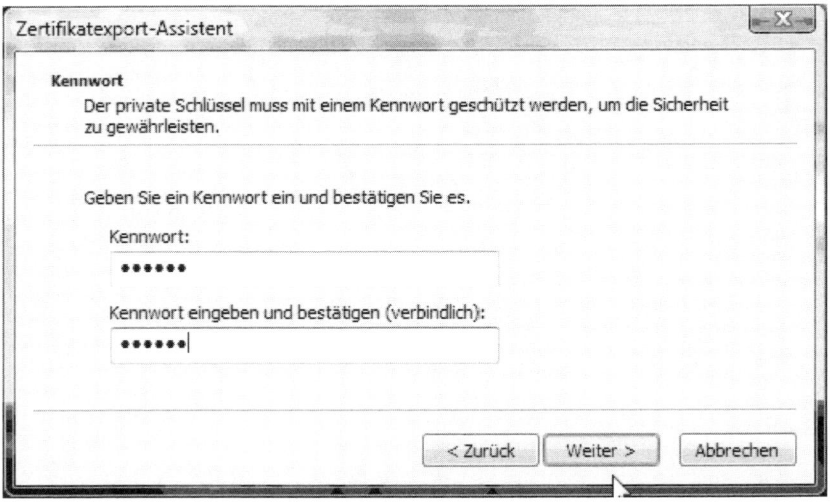

Abbildung 9.28: Kennwort für den privaten Schlüssel festlegen

Im letzten Schritt muss noch der Name der Datei für den exportierten Schlüssel angegeben werden (siehe Abbildung 9.29). Damit ist das Zertifikat für die Verwendung mit SSL fertig.

Abbildung 9.29: Dateiname für den privaten Schlüssel

Einrichten des IIS 7.0

Öffnen Sie zuerst den IIS 7.0 Informationsdienst-Manager. Im linken Fensterbereich ist die Hauptverbindung ausgewählt, und im mittleren Abschnitt wird *Serverzertifikate* geöffnet. Es muss sich ein Eintrag mit dem Zertifikat `localhost` in der Liste befinden (siehe Abbildung 9.30).

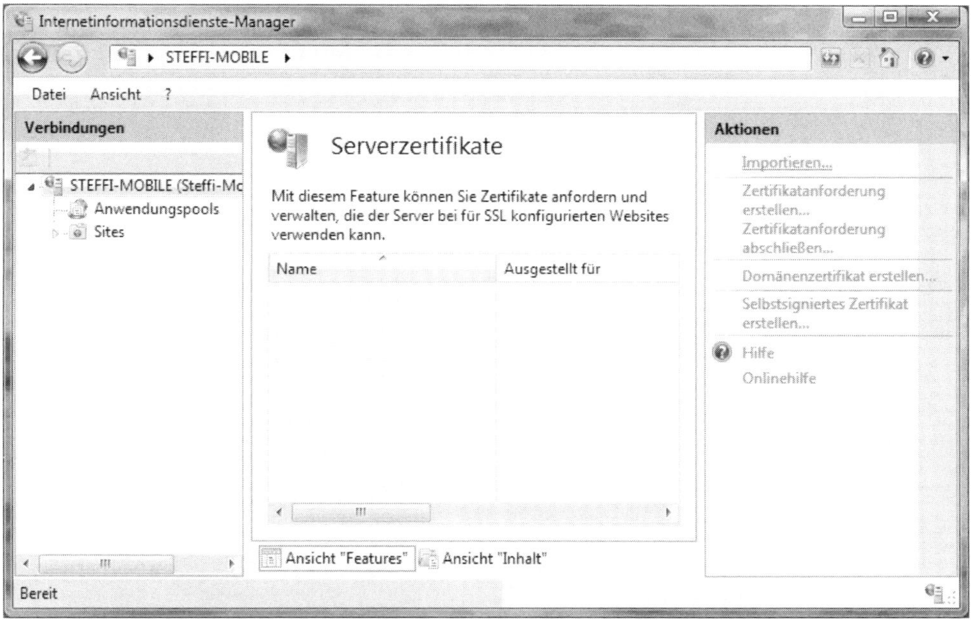

Abbildung 9.30: Die Liste aller Serverzertifikate

Befindet sich das Zertifikat `localhost` noch nicht in der Liste der Serverzertifikate, so muss es importiert werden. Klicken Sie dazu im rechten Abschnitt des Fensters auf *Importieren*. Geben Sie die Datei des exportierten privaten Schlüssels und das zugehörige Kennwort an (siehe Abbildung 9.31).

Als Nächstes muss für die Standard-Website eine Bindung für das HTTPS-Protokoll hinzugefügt werden. Das geht über die Konsole mit der folgenden Anweisung:

```
appcmd.exe set site "Default Web Site"
-+bindings.[protocol='https', bindingInformation='*:443']
```

Alternativ können Sie im Informationsdienst-Manager von IIS 7.0 auf der rechten Seite über den Menüpunkt *Bindungen* ein Dialogfeld zum Bearbeiten von Bindungen aufrufen (siehe Abbildung 9.32).

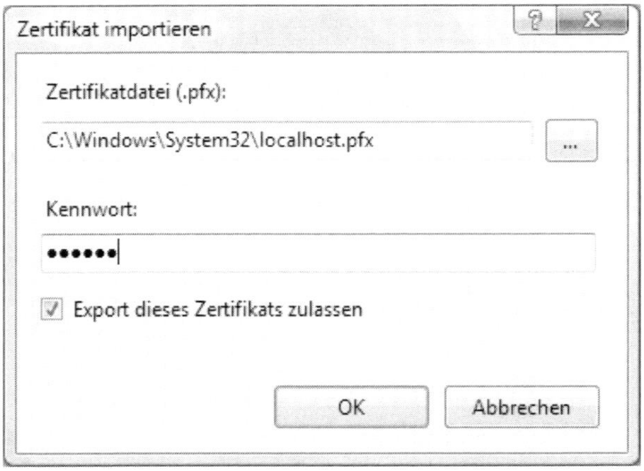

Abbildung 9.31: Das Dialogfeld »Zertifikat« importieren

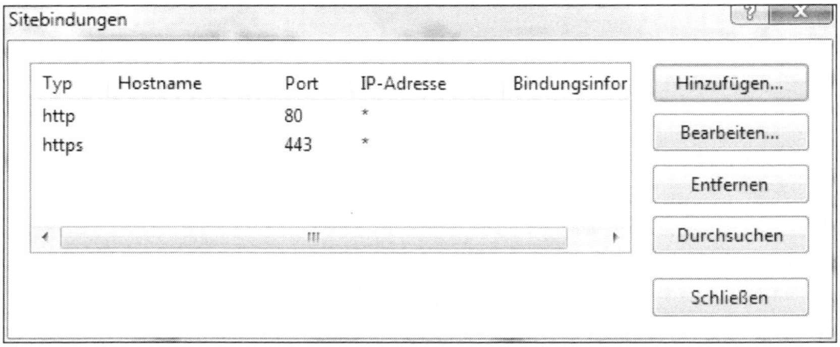

Abbildung 9.32: Dialogfeld zum Bearbeiten von Bindungen

Ist für HTTPS noch keine Bindung definiert, also noch kein Eintrag in der Liste vorhanden, dann klicken Sie auf die Schaltfläche *Hinzufügen*. Es erscheint ein Dialogfeld zum Anlegen neuer Bindungen. Wählen Sie jetzt die Bindung *https* aus und im Drop-Down-Menü *SSL-Zertifikat* den Eintrag `localhost` (siehe Abbildung 9.33).

Jetzt können Sie für jede Website, jeden Ordner und jeden Service getrennt festlegen, ob SSL-Sicherheit erforderlich ist. Wählen Sie dazu einfach im linken Festerbereich den zu sichernden Ordner und die SSL-Einstellungen (siehe Abbildung 9.34).

Falls HTTPS zur Kommunikation zwischen einem Client und einem Dienst verwendet wird und sich der Client bei dem Service authentifizieren soll, muss das Zertifikat Vertrauensketten unterstützen. Es muss dann eine Verkettung zu einer vertrauenswürdigen Stammzertifizierungsstelle auf der Seite des Service herstellen. Andernfalls wird eine WebException ausgelöst.

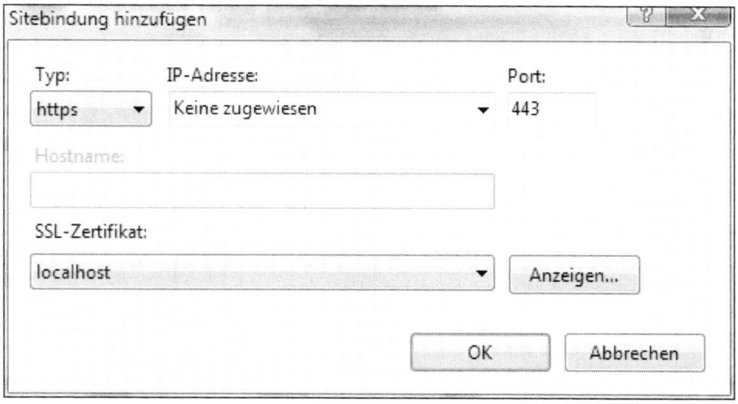

Abbildung 9.33: Dialogfeld zum Anlegen neuer Bindungen

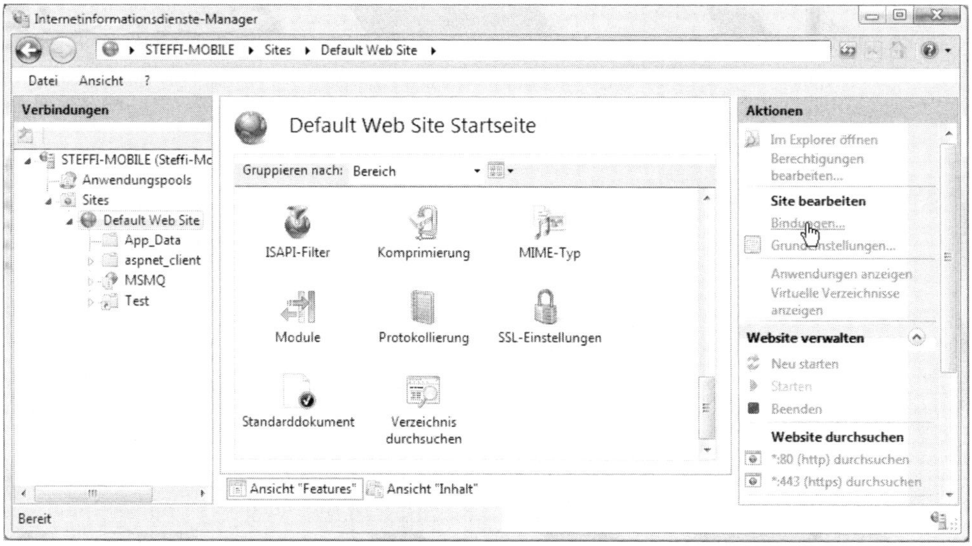

Abbildung 9.34: SSL-Einstellungen für Websites und Services in IIS

Einrichten für Self-Hosting und Dienste

Um Sicherheit mit SSL auch für selbstgehostete Anwendungen und Windows-Dienste bereitzustellen, muss eine Port-Nummer für SSL registriert werden und ein Zertifikat an diesen Port gebunden werden, damit ein Client die Identität des Servers überprüfen kann.

Für Windows Server 2003 und Windows XP gibt es das Befehlszeilentool *HttpCfg.exe* und unter Windows Vista steht das Tool *Netsh.exe* bereit. Während die Tools bei Windows Server 2003 und Vista automatisch mit installiert werden, muss *HttpCfg* für

Windows XP nachträglich installiert werden. *HttpCfg* ist Teil der Windows XP Service Pack 2 Support-Tools, die sich auf der Windows-CD befinden oder von der Microsoft-Website heruntergeladen werden können. Mit beiden Tools ist es möglich, SSL-Zertifikate und die Verknüpfung an eine Port-Nummer abzufragen, hinzuzufügen und auch wieder zu löschen. Um die bereits konfigurierten Port-Nummern abzufragen, wird die folgende Anweisung eingegeben:

```
httpcfg query ssl
```

Für Windows Vista lautet die entsprechende Anweisung:

```
netsh http show ssl
```

Um einen Port für SSL zu registrieren und ein Zertifikat an diesen Port zu binden, wird die folgende Anweisung benötigt:

```
httpcfg add ssl -i 0.0.0.0:1234 -h 49f2677db7e848fa86a49b48c5afa8fa4ccfa8ee
```

Der Schalter `-i` erwartet die IP-Adresse gefolgt von der Port-Nummer. In dem Beispiel werden die spezielle IP-Adresse 0.0.0.0 verwendet, die mit jeder IP-Adresse für den lokalen Computer übereinstimmt, und die Port-Nummer 1234. Der Schalter `-h` gibt den Fingerabdruck für das Zertifikat an. Der Fingerabdruck lässt sich anhand des Dialogfeldes für Zertifikate ermitteln (siehe Abbildung 9.35). Allerdings müssen sämtliche Leerzeichen entfernt werden.

Für Windows Vista lautet die Anweisung:

```
netsh http add sslcert ipport=0.0.0.0:1234
certhash=49f2677db7e848fa86a49b48c5afa8fa4ccfa8ee appid={00112233-4455-6677-
8899-AABBCCDDEEFF}
```

Bei `certhash` wird der Fingerabdruck des Zertifikats angegeben; mit `appid` muss außerdem die GUI der betreffenden Anwendung angegeben werden.

Der Server kann auch ein Zertifikat vom Client anfordern, sodass eine wechselseitige Authentifizierung auf beiden Seiten der Verbindung möglich wird. Dazu wird bei der Verwendung von *HttpCfg* der Schalter `-f` auf den Wert 2 gesetzt, beziehungsweise auf 3, falls ein Client-Zertifikat auch einem Windows-Benutzerkonto zugeordnet werden soll.

```
httpcfg add ssl -i 0.0.0.0:1234
-h 49f2677db7e848fa86a49b48c5afa8fa4ccfa8ee -f 2
```

Unter Windows Vista muss die folgende Anweisung eingegeben werden:

```
netsh http add sslcert ipport=0.0.0.0:1234
certhash=49f2677db7e848fa86a49b48c5afa8fa4ccfa8ee appid={00112233-4455-6677-
8899-AABBCCDDEEFF} clientcertnegotiation=enable
```

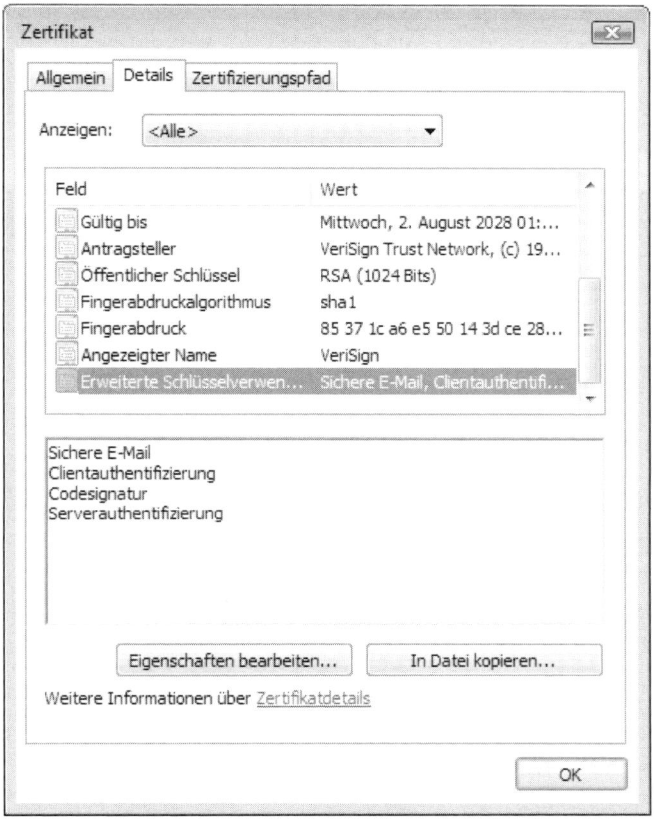

Abbildung 9.35: Fingerabdruck im Dialogfeld für Zertifikate ermitteln

Die Endpunktadresse des Service muss mit `https` beginnen. Die gewählte Port-Nummer für SSL wird ebenfalls für die Adresse des Service-Endpunktes verwendet. Das Zertifikat muss ordnungsgemäß im lokalen persönlichen Speicher abgelegt sein. Der Zertifikatspeicher unterscheidet URLs nicht anhand der Pfade. Somit müssen Services mit der gleichen Kombination von IP-Adresse und Anschlussnummer die gleichen Zertifikate verwenden, auch dann, wenn sich der Pfad in der URL dieser Dienste unterscheidet. Um die Bindung eines Zertifikats an eine Port-Nummer zu entfernen, benötigen Sie wieder die IP-Adresse, die Port-Nummer sowie den Fingerabdruck des Zertifikats:

```
httpcfg delete ssl -i 0.0.0.0:1234 -h 49f2677db7e848fa86a49b48c5afa8fa4ccfa8ee
```

Für Windows Vista lautet die Anweisung:

```
netsh http delete sslcert ipport=0.0.0.0:1234
```

Der Fingerabdruck des Zertifikats muss bei dem Tool `netsh` nicht mit angegeben werden.

9.3 Authentifizierung und Autorisierung

Als Credential wird eine Menge von Informationen bezeichnet, die dazu dient, einen Client bei einem Service oder einen Service bei einem Client zu authentifizieren. Die Credentials, auch als Anmeldeinformationen bezeichnet, werden benötigt, um eine Identität zu bestätigen. Für den Identitätsnachweis müssen die Identitätsinformationen übermittelt und ein Nachweis erbracht werden, dass die Identität rechtmäßig genutzt wird. So gibt bei einem Identitätsnachweis mit Benutzername und Passwort der Benutzername die Identität an, während das Passwort die rechtmäßige Identität bestätigt. Bei einem Zertifikat gibt der angegebene Antragsteller die Identität an. Das Prüfen der Signatur und der Gültigkeit des Zertifikats bestätigt die Identität.

9.3.1 ClientCredentialType

Mithilfe von `ClientCredentialType` wird die Art und Weise festgelegt, mit der sich ein Client gegenüber einem Service identifiziert. Die verschiedenen Möglichkeiten sind von der Windows Communication Foundation vorgegeben und in der folgenden Tabelle zusammengestellt.

ClientCredentialType	Beschreibung
`None`	Der Client muss keine Anmeldeinformationen angeben. Der Zugriff auf den Service erfolgt anonym. Der Service sollte sich jedoch immer beim Client authentifizieren.
`Windows`	Sowohl der Client als auch der Service verwenden einen Windows-Account, um sich zu authentifizieren. Im Hintergrund wird zuerst Kerberos oder NTLM verwendet. Scheitert die Authentifizierung mit Kerberos, so wird ein weiterer Versuch mit NTLM unternommen. Bevorzugt wird Kerberos verwendet, da bei NTLM nur der Service den Client authentifiziert, aber ein Client nicht den Service authentifizieren kann.
`Certificate`	Der Client sendet ein X.509-Zertifikat an den Service, um sich zu authentifizieren.
`UserName` bzw. `Password`	Die Authentifizierung erfolgt über Benutzernamen und Passwort und wird häufig zur Authentifizierung im Internet verwendet. WCF setzt durch, dass die Übermittlung der Anmeldeinformationen geschützt wird. Normalerweise stellt der Service ein Zertifikat zur Verfügung mit dessen öffentlichem Schlüssel die Anmeldeinformationen gesichert werden.

Tabelle 9.7: Übersicht der verfügbaren Client-Anmeldeinformationstypen

ClientCredentialType	Beschreibung
`Basic`	Standardauthentifizierung bei IIS IIS muss mit Windows-Benutzerkonten und entsprechenden Dateisystemberechtigungen konfiguriert sein.
`Digest`	Ähnlich der Standardauthentifizierung. Jedoch werden die Anmeldeinformationen als Hash-Wert gesendet und nicht im Klartext.
`Ntlm`	Wird für die Windows-Authentifizierung mit NT LanMan (NTLM) verwendet, falls Kerberos nicht eingesetzt werden kann.
`IssuedToken`	Benutzerdefinierte Anmeldeinformationen. Auf diese Option wird nicht weiter eingegangen.

Tabelle 9.7: Übersicht der verfügbaren Client-Anmeldeinformationstypen (Fortsetzung)

Services, die im Intranet bereitgestellt werden, verwenden häufig die Windows-Authentifizierung, da diese auf bereits bestehenden Authentifizierungsverfahren aufsetzen kann. Im Internet ist dagegen die Authentifizierung mit Benutzername und Passwort oder auch mit Zertifikaten sinnvoll.

TransportClientCredentialType

Bei der Sicherheit auf Transportebene stehen nicht alle `ClientCredentialType` zur Verfügung. Welche Bindungen welchen `ClientCredentialType` unterstützen, zeigt die folgende Tabelle.

Binding	`None`	`Windows`	`Certificate`	`Basic`	`Digest`	`Ntlm`	`Password`
BasicHttpBinding	**S**	j	j	j	j	j	n
WebHttpBinding	**S**	j	j	j	j	j	n
WSHttpBinding	j	**S**	j	j	j	j	n
NetTcpBinding	j	**S**	j	n	n	n	n
NetNamedPipeBinding	n	**S**	n	n	n	n	n
NetPeerTcpBinding	n	n	j	n	n	n	**S**

Tabelle 9.8: Bindings und Client-Anmeldeinformationstypen für Sicherheit auf Transportebene, j = ja, n = nein, S = Standard

Der `ClientCredentialType` kann über das Attribut `clientCredentialType` im Abschnitt `transport` festgelegt werden, wie das folgende Listing zeigt.

```
<bindings>
    <wsHttpBinding>
        <binding name="WsHttpServiceBinding">
            <security mode="Transport">
                <transport clientCredentialType="Certificate" />
```

```
            </security>
        </binding>
    </wsHttpBinding>
</bindings>
```

Listing 9.11: ClientCredentialType für Sicherheit auf Transportebene

Es ist aber auch möglich, den `ClientCredentialType` per Code anzugeben. WCF stellt dazu mehrere Enumerationen bereit. Für das *NetTcpBinding* wird die `TcpClientCredentialType`-Enumeration verwendet; das *NetPeerTcpBinding* verwendet die `PeerTransportCredentialType`-Enumeration. Alle anderen Bindings, die Sicherheit auf Transportebene gewährleisten, verwenden das HTTP-Protokoll. Der `ClientCredentialType` wird mit der `HttpClientCredentialType`-Enumeration bestimmt.

```
WSHttpBinding binding = new WSHttpBinding();
binding.Security.Mode = SecurityMode.Transport;
binding.Security.Transport.ClientCredentialType =
HttpClientCredentialType.Certificate;
```

Listing 9.12: Festlegen des ClientCredentialType im Code mit C#

```
Dim binding as New WSHttpBinding()
binding.Security.Mode = SecurityMode.Transport
binding.Security.Transport.ClientCredentialType = _
                 HttpClientCredentialType.Certificate
```

Listing 9.13: Festlegen des ClientCredentialType im Code mit Visual Basic

Einen Sonderfall stellt *NetNamedPipeBinding* dar. Da dieses Binding nur die Authentifizierung über Windows kennt, kann dieser Wert nicht geändert werden. Es gibt folglich auch keine Enumeration.

MessageClientCredentialType

Für die Sicherheit auf Transportebene stehen ebenfalls nicht alle ClientCredentialTypes zur Verfügung. Welche Bindungen welchen ClientCredentialType unterstützen, zeigt die folgende Tabelle.

Binding	`None`	`Windows`	`Certificate`	`UserName`	`IssuedToken`
BasicHttpBinding	n	n	j	**S**	n
WSHttpBinding	j	**S**	j	j	j
WSDualHttpBinding	j	**S**	j	j	j
NetTcpBinding	j	**S**	j	j	j
NetMsmqBinding	j	**S**	j	j	j

Tabelle 9.9: Bindings und Client-Anmeldeinformationstypen für Sicherheit auf Nachrichtenebene, j = ja, n = nein, S = Standard

Normalerweise wird die Einstellung mit dem Attribut clientCredentialType im Abschnitt message angegeben.

```
<bindings>
   <wsHttpBinding>
      <binding name="WsHttpServiceBinding">
         <security mode="TransportWithMessageCredential">
            <message clientCredentialType="Certificate" />
         </security>
      </binding>
   </wsHttpBinding>
</bindings>
```

Listing 9.14: ClientCredentialType für Sicherheit auf Nachrichtenebene

Um den ClientCredentialType per Code festzulegen, verwendet das *BasicHttpBinding* die BasicHttpMessageCredentialType-Enumeration. Alle anderen Bindings verwenden die MessageCredentialType-Enumeration.

```
WSHttpBinding binding = new WSHttpBinding();
binding.Security.Mode = SecurityMode.TransportWithMessageCredential;
binding.Security.Message.ClientCredentialType =
MessageCredentialType.Certificate;
```

Listing 9.15: Festlegen des ClientCredentialType im Code mit C#

```
Dim binding As New WSHttpBinding();
binding.Security.Mode = SecurityMode.TransportWithMessageCredential
binding.Security.Message.ClientCredentialType = _
                         MessageCredentialType.Certificate
```

Listing 9.16: Festlegen des ClientCredentialTypes im Code mit Visual Basic

9.3.2 Credentials

Die Authentifizierung eines Service gegenüber Clients wird mit dem Attribut serviceCredentials angegeben. Die Authentifizierung erfolgt entweder über Windows oder mithilfe von Zertifikaten. Die clientseitigen Anmeldeinformationen werden in der Proxy-Klasse mit der Eigenschaft ClientCredentials zur Verfügung gestellt und enthalten in vielen Fällen bereits alle erforderlichen Angaben.

In manchen Fällen ist es notwendig, auf die Proxy-Klasse zuzugreifen, um die Client-Anmeldeinformationen genau festzulegen. Alternativ erfolgt die Angabe in der Konfigurationsdatei durch das Festlegen eines Endpoint Behaviors. Bei der Verwendung einer ChannelFactory für den Zugriff auf einen Service enthält die Eigenschaft Credentials alle erforderlichen clientseitigen Anmeldeinformationen. Je nachdem wie die Eigenschaft ClientCredentialType gesetzt wird, gibt es einen anderen CredentialTpye, der die Anmeldeinformationen enthält, wie die Tabelle 9.10 zeigt.

ClientCredentialType	ClientCredential-Klasse
`Windows`, `Digest` **oder** `Ntlm`	`WindowsClientCredential`
`Certificate`	`X509CertificateInitiatorClientCredential`
`UserName` **oder** `Basic`	`UserNamePasswordClientCredential`
`Digest` (Transportmodus)	`HttpDigestClientCredential`
`IssuedToken`	`IssuedTokenClientCredential`

Tabelle 9.10: ClientCredentialType und zugehörige Credential-Klassen

9.3.3 Anonyme Aufrufe

In den Beispielen der vorigen Kapitel war der Sicherheitsmodus immer auf den Wert `None` gesetzt; die Kommunikation geschah somit ohne jegliche Sicherheitsvorkehrungen. Es ist dabei weder für Vertraulichkeit noch für die Integrität der übermittelten Nachrichten gesorgt. Sämtliche Einstellungen des `CredentialType` werden ignoriert. Solange die Kommunikation in einem sicheren privaten Netzwerk (Intranet) erfolgt und die Daten nicht von besonderer Wichtigkeit sind, stellt dies kein Problem dar. Im Internet sollte eine völlig ungesicherte Kommunikation jedoch nicht stattfinden.

Anders verhält es sich, wenn der `clientCredentialType` für die Sicherheit auf Transportebene oder Nachrichtenebene auf den Wert `None` gesetzt wird. Dann greift zwar der Client anonym auf den Service zu, ohne sich zu authentifizieren, der Service jedoch authentifiziert sich immer beim Client, wodurch Integrität und Vertraulichkeit der Nachrichten gewährleistet werden.

Bei Sicherheit auf Transportebene wird die Integrität und Vertraulichkeit durch das Signieren und Verschlüsseln der Nachrichten mithilfe von SSL bzw. TLS sichergestellt. Der Server muss sich mit einem Zertifikat authentifizieren. Weitere Einstellungen sind nicht notwendig, wie die folgende Konfiguration zeigt. Die Angaben können natürlich auch per Code vorgenommen werden.

```
<bindings>
    <wsHttpBinding>
        <binding name="WsHttpServiceBinding">
            <security mode="Transport">
                <transport clientCredentialType="None" />
            </security>
        </binding>
    </wsHttpBinding>
</bindings>
```

Listing 9.17: Anonymer Client bei Sicherheit auf Transportebene

Bei Sicherheit auf Nachrichtenebene muss sich der Service mit einem Zertifikat authentifizieren. Die Integrität und Vertraulichkeit der Nachrichten werden durch das Signieren und Verschlüsseln gewährleistet. Das Zertifikat für den Service wird mithilfe der `serviceCredentials` eingerichtet.

9.3.4 Authentifizierung mit Zertifikaten

Services sollten sich immer bei einem Client authentifizieren. Wenn die Authentifizierung nicht über Windows erfolgt, dann muss ein Zertifikat für den Service angegeben werden. Auf der Seite des Clients ist die Angabe eines Zertifikats nur dann erforderlich, wenn der `ClientCredentialType` auf `Certificate` gesetzt worden ist. Bei der Sicherheit auf Transportebene ist das Transportprotokoll für die Authentifizierung zuständig, während bei der Sicherheit auf Nachrichtenebene die Authentifizierung mit X.509-Zertifikaten auf dem WS-Security-Standard aufsetzt. In beiden Fällen ist die Authentifizierung interoperabel.

Zertifikat zum Authentifizieren des Service

Zertifikate für einen Service werden häufig von Drittanbietern ausgegeben. Der Wert für beabsichtigte Zwecke sollte die Angabe `Serverauthentifizierung` erhalten. Das Zertifikat wird schon beim ersten Kontakt mit dem Service genutzt, um Anmeldeinformationen des Clients verschlüsselt zu übermitteln, und dient außerdem zur Authentifizierung des Service. Die Angabe des Zertifikats kann sowohl in der Konfiguration im Abschnitt `serviceBehaviors` als auch per Code erfolgen.

```
<serviceBehaviors>
   <behavior name="ServiceBehavior">
      <serviceCredentials>
         <serviceCertificate
            findValue="TempCA"
            storeLocation="CurrentUser"
            storeName="Root"
            x509FindType="FindBySubjectName" />
      </serviceCredentials>
   </behavior>
</serviceBehaviors>
```

Listing 9.18: Zertifikat eines Service in der Konfiguration festlegen

```
using System.Security.Cryptography.X509Certificates;
...
using (ServiceHost sh = new ServiceHost(typeof(GeometryService)))
{
    sh.Credentials.ServiceCertificate.SetCertificate(
        StoreLocation.CurrentUser,
        StoreName.Root,
        X509FindType.FindBySubjectName,
        "TempCa");
    sh.Open();
    ...
}
```

Listing 9.19: Zertifikat eines Service per Code festlegen mit C#

```
Imports System.Security.Cryptography.X509Certificates
...
Using sh As New ServiceHost(GetType(GeometryService))

    sh.Credentials.ServiceCertificate.SetCertificate( _
        StoreLocation.CurrentUser, _
        StoreName.Root, _
        X509FindType.FindBySubjectName, _
        "TempCa")
    sh.Open()
    ...
End Using
```

Listing 9.20: Zertifikat eines Service per Code festlegen mit Visual Basic

SetCertificate-Methode und Certificate-Element

Ob in der Konfiguration mit einem `Certificate`-Element oder per Code mit der `SetCertificate`-Methode gearbeitet wird, stets müssen vier Angaben zum Zertifikat gemacht werden:

1. `StoreLocation` gibt den Zertifikatspeicher des Zertifikats an und kann auf zwei mögliche Werte gesetzt werden, die von der `StoreLocation`-Enumeration definiert werden.

StoreLocation	Beschreibung
CurrentUser	Der Zertifikatspeicher des aktuellen Benutzers
LocalMachine	Der Zertifikatspeicher des lokalen Computers

2. `StoreName` gibt den verwendeten Speicherbereich an. Zur Auswahl stehen die folgenden Optionen, welche die `StoreName`-Enumeration festlegt.

StoreName	Beschreibung
AddressBook	Zertifikatsspeicher für andere Benutzer
AuthRoot	Drittanbieter-Stammzertifizierungsstellen
CertificateAuthority	Zwischenzertifizierungsstellen
Disallowed	nicht vertrauenswürdige Zertifikate
My	eigene Zertifikate
Root	vertrauenswürdige Stammzertifizierungsstellen
TrustedPeople	vertrauenswürdige Personen
TrustedPublisher	vertrauenswürdige Herausgeber

3. Das Zertifikat wird beim Senden von Nachrichten mithilfe der `Find()`-Methode gesucht, die automatisch aufgerufen wird. Der `X509FindType` legt fest, wie die `Find()`-Methode das Zertifikat finden soll; `findValue` legt den Wert fest, nach dem gesucht werden soll. Zur Auswahl stehen die in der `X509FindType`-Enumeration festgelegten Werte.

X509FindType	**Beschreibung**
FindByThumbprint	Eine Zeichenfolge, die den Fingerabdruck des Zertifikats darstellt
FindBySubjectName	Eine Zeichenfolge, die den Namen des Antragstellers des Zertifikats darstellt. Es wird ein Zeichenfolgenvergleich ohne Berücksichtigung der Groß- und Kleinschreibung durchgeführt. Findet sich die Zeichenfolge in dem Namen wieder, gilt das Zertifikat als gefunden.
FindBySubjectDistinguishedName	Eine Zeichenfolge, die den definierten Namen (DN, Distinguished Name) des Antragstellers des Zertifikats darstellt. Die Suche ist spezifischer als die Suche mit Verwendung des FindBySubjectName. Groß- und Kleinschreibung werden zwar auch hier nicht berücksichtigt, jedoch muss der Name exakt mit der Zeichenfolge übereinstimmen.
FindByIssuerName	Eine Zeichenfolge, die den Namen des Ausstellers des Zertifikats darstellt. Groß- und Kleinschreibung werden nicht berücksichtigt und die Zeichenfolge muss lediglich in dem Namen enthalten sein.
FindByIssuerDistinguishedName	Eine Zeichenfolge, die den definierten Namen (DN, Distinguished Name) des Ausstellers des Zertifikats darstellt. Groß- und Kleinschreibung werden nicht berücksichtigt, die Zeichenfolge muss jedoch exakt mit dem Namen übereinstimmen.
FindBySerialNumber	Eine Zeichenfolge, die der Seriennummer des Zertifikats entspricht, das die Anzeige auf der Benutzeroberfläche darstellt. Die Seriennummer muss in umgekehrter Reihenfolge angegeben werden.
FindByTimeValid	Ein DateTime-Wert für die Ortszeit wie zum Beispiel »Now«. Es wird nach Zertifikaten mit einem gültigen Datum zu diesem Zeitpunkt gesucht.
FindByTimeNotYetValid	Ein DateTime-Wert für die Ortszeit wie zum Beispiel »Now«. Es wird nach Zertifikaten gesucht, die zu diesem Zeitpunkt noch nicht gültig sind.
FindByTimeExpired	Ein DateTime-Wert für die Ortszeit wie zum Beispiel »Now«. Es wird nach Zertifikaten gesucht, die zu diesem Zeitpunkt bereits abgelaufen sind.

X509FindType	Beschreibung
FindByTemplateName	Eine Zeichenfolge, die den Vorlagennamen des Zertifikats darstellt und die Zertifikatsverwendungen (z. B. Client-Authentifizierung) angibt.
FindByApplicationPolicy	Eine Zeichenfolge, die entweder den angezeigten Namen der Anwendungsrichtlinie oder den Objektbezeichner (OId) des Zertifikats darstellt.
FindByCertificatePolicy	Eine Zeichenfolge, die den angezeigten Namen oder den Objektbezeichner (OId) der Zertifikatsrichtlinie darstellt
FindByExtension	Eine Zeichenfolge, mit der die gesuchte Erweiterung beschrieben wird
FindByKeyUsage	Eine Zeichenfolge, die die Schlüsselverwendung darstellt, oder eine Ganzzahl, die eine Bitmaske mit allen angeforderten Schlüsselverwendungen enthält
FindBySubjectKeyIdentifier	Eine Zeichenfolge, die den Zeichenfolgenbezeichner des Antragstellers in Hexadezimalschreibweise darstellt

4. `findValue` beziehungsweise `object` gibt den Wert an, nach dem die `Find()`-Methode ein Zertifikat soll suchen.

Negotiation

Als Aushandlung oder Negotiation wird derjenige Prozess bezeichnet, durch den sich Clients und Services gegenseitig durch den Austausch von Anmeldeinformationen authentifizieren. Dabei werden in mehreren Schritten diverse Informationen ausgetauscht, wobei in jedem Schritt nur diejenigen Informationen offengelegt werden, die für den nächsten Schritt des Aushandlungsprozesses erforderlich sind. Am Ende müssen beide Kommunikationspartner denselben symmetrischen Schlüssel besitzen, um die eigentlichen Nachrichten sicher austauschen zu können. Bei der Sicherheit auf Transportebene ist dafür das SSL- oder das TLS-Protokoll zuständig. Bei der Sicherheit auf Nachrichtenebene regelt die Aushandlung das WS-Trust-Protokoll. Der Aushandlungsprozess lässt sich mithilfe der Eigenschaften `NegotiateServiceCredential` für *WSHttpBinding*, *WSDualHttpBinding* und *WSFederationHttpBinding* beeinflussen.

Standardmäßig ist der Wert auf `true` gesetzt. Dann wird automatisch ein symmetrischer Schlüssel ausgehandelt, sodass man sich als Entwickler gar nicht weiter kümmern muss. Es ist nicht notwendig, dass der Client den öffentlichen Schlüssel des Zertifikats kennt. Wird `NegotiateServiceCredential` auf den Wert `false` gesetzt, so gibt es keine automatische Aushandlung. Das Zertifikat des Service muss dem Client vor der Kommunikation mit dem Dienst bekannt sein – und somit der öffentliche Schlüssel des Zertifikats. Dieser wird dann dazu verwendet, Nachrichten sicher mit dem Service auszutauschen.

```
<bindings>
    <wsHttpBinding>
        <binding name="WsHttpServiceBinding">
            <security mode="Message">
                <message negotiateServiceCredential="false" />
            </security>
        </binding>
    </wsHttpBinding>
</bindings>
```

Listing 9.21: Die automatische Aushandlung abschalten in der Konfiguration

```
WSHttpBinding binding = new WSHttpBinding();
binding.Security.Message.NegotiateServiceCredential = false;
```

Listing 9.22: Die automatische Aushandlung abschalten per Code in C#

```
Dim binding As New WSHttpBinding()
binding.Security.Message.NegotiateServiceCredential = False
```

Listing 9.23: Die automatische Aushandlung abschalten per Code in Visual Basic

Das Zertifikat für einen Service wird den Clients am besten via E-Mail oder über den Download von einer Webseite zur Verfügung gestellt. Es kann dann lokal im eigenen Speicher eines Clients abgelegt und in den Endpoint Behaviors der Konfigurationsdatei des Clients referenziert werden.

```
<behaviors>
    <endpointBehaviors>
        <behavior name="NewBehavior">
            <clientCredentials>
                <serviceCertificate>
                    <defaultCertificate
                        findValue="TempCA"
                        storeLocation="CurrentUser"
                        storeName="Root"
                        x509FindType="FindBySubjectName" />
                </serviceCertificate>
            </clientCredentials>
        </behavior>
    </endpointBehaviors>
</behaviors>
```

Listing 9.24: Zertifikat des Service auf der Seite des Clients festlegen

CertificateValidationMode

Mithilfe der `CertificateValidationMode`-Eigenschaft kann die Art der Authentifizierung angepasst werden. Das ist vor allem während der Entwicklungszeit notwendig, da oft nur ein Testzertifikat vorliegt, das nicht von einer vertrauenswürdigen Stammzertifizierungsstelle abgeleitet worden ist.

CertificateValidationMode	Beschreibung
None	Es gibt keine Überprüfung für das Zertifikat.
PeerTrust	Das Zertifikat wird als gültig angesehen, wenn es sich im Speicher für vertrauenswürdige Personen befindet.
ChainTrust (Standard)	Das Zertifikat wird als gültig angesehen, wenn die Kette zu einem Zertifikat im Speicher für vertrauenswürdige Stammzertifizierungsstellen führt.
PeerOrChainTrust	Das Zertifikat wird als gültig angesehen, wenn es sich im Speicher für vertrauenswürdige Personen befindet oder wenn die Kette zu einem Zertifikat im Speicher für vertrauenswürdige Stammzertifizierungsstellen führt.
Custom	Es wird eine benutzerdefinierter X509CertificateValidator eingesetzt, um das Zertifikat zu überprüfen.

Tabelle 9.11: X509CertificateValidationMode-Enumerationen

Der folgende Ausschnitt aus seiner Konfigurationsdatei legt fest, dass für die Authentifizierung von dem Zertifikat des Service der Modus `PeerOrChainTrust` verwendet werden soll.

```
<behaviors>
   <endpointBehaviors>
      <behavior name="NewBehavior">
         <clientCredentials>
            <serviceCertificate>
               <authentication certificateValidationMode="PeerOrChainTrust"
/>
            </serviceCertificate>
         </clientCredentials>
      </behavior>
   </endpointBehaviors>
</behaviors>
```

Listing 9.25: Den CertificateValidationMode setzen

Zertifikat zum Authentifizieren eines Clients

Client-Zertifikate befinden sich auf der Seite des Clients normalerweise im Speicher *Eigene Zertifikate* und werden von einer vertrauenswürdigen Stammzertifizierungsstelle ausgegeben. Der Wert für beabsichtigte Zwecke des Zertifikats sollte die Angabe `Clientauthentifizierung` erhalten. Der Service benötigt die Client-Zertifikate in seinem eigenen Zertifikatspeicher und überprüft, ob das von dem Client gesendete Zertifikat in seinem Speicher vorhanden ist. Falls dies der Fall ist, gilt der Client als authentifiziert und erhält Zugang zu dem Service. Client-Zertifikate werden in der Konfiguration mit dem Abschnitt endpointBehaviors festgelegt.

```
<serviceBehaviors>
   <behavior name="ServiceBehavior">
      <serviceCredentials>
         <clientCertificate>
            <certificate
               findValue="SignedTempCA"
               storeLocation="CurrentUser"
               storeName="My"
               x509FindType="FindBySubjectName" />
         </clientCertificate>
      </serviceCredentials>
   </behavior>
</serviceBehaviors>
```

Listing 9.26: Client-Zertifikat in der Konfiguration angeben

Im Abschnitt serviceCredentials eines ServiceBehavior können noch weitere Einstellungen zur Authentifizierung des Client-Zertifikats gemacht werden. Die Certificate-ValidationMode-Eigenschaft gibt die Art der Authentifizierung an. Die Eigenschaft MapClientCertificateToWindowsAccount ist standardmäßig auf false gesetzt. Wird ihr Wert auf true gesetzt, so wird die Identität eines Clients, der sich mit einem Zertifikat authentifiziert hat, einem Windows-Konto zugeordnet. Mit der Eigenschaft Include-WindowsGroups wird bestimmt, ob ein Benutzerkonto einer Benutzergruppe zugeordnet werden soll.

Die Zuordnung von einem Zertifikat zu einem Windows-Benutzerkonto ist unter anderem mit dem IIS und dem Active Directory möglich. Damit erhalten authentifizierte Clients das Recht, auf geschützte Ressourcen zuzugreifen. Dies ist allerdings nur dann sinnvoll, wenn die Eigenschaft MapClientCertificateToWindowsAccount auf true gesetzt wird. Wird das Client-Zertifikat keinem Benutzerkonto zugeordnet, ist es auch nicht erforderlich, Informationen zu einer Benutzergruppe zu führen. Dann sollte die Eigenschaft IncludeWindowsGroups auf den Wert false gesetzt werden, wodurch die Leistung verbessert werden kann.

```
<serviceBehaviors>
   <behavior name="SecureServiceBehavior">
      <serviceCredentials>
         <clientCertificate>
            <authentication
                certificateValidationMode="PeerOrChainTrust"
                mapClientCertificateToWindowsAccount="true" />
         </clientCertificate>
         <windowsAuthentication includeWindowsGroups="true" />
```

```
        </serviceCredentials>
    </behavior>
</serviceBehaviors>
```

Listing 9.27: Authentifizierungsregeln für das Client-Zertifikat setzen

Client-Zertifikate werden bei der Sicherheit auf Nachrichtenebene unverschlüsselt im SOAP-Header übertragen. Enthält ein Zertifikat sensible Informationen, so sollte als Sicherheitsmodus entweder `Transport` oder `TransportWithMessageCredential` eingestellt sein. Die Übertragung der gesamten Nachricht findet dann auf Transportebene statt, und das Client-Zertifikat wird durch das Transportprotokoll verschlüsselt.

9.3.5 Authentifizierung mit Benutzernamen und Passwort

Die Authentifizierung mit Benutzernamen und Passwort wird oft für Services im Internet angewendet. Während sich die Client-Anwendung mit Benutzernamen und Passwort authentifiziert, muss der Service seine Identität mit einem Zertifikat nachweisen. Auf der Seite des Service muss es einen Speicher mit Benutzernamen und Kennwörtern geben, um die gesendeten Anmeldeinformationen zu überprüfen. Der `ClientCredentialType` muss auf `UserName` gesetzt sein; und die Eigenschaft `negotiateServiceCredentials` sollte auf den Wert `false` gesetzt werden.

```
<bindings>
    <wsHttpBinding>
        <binding name="WsHttpServiceBinding">
            <security mode="Message">
                <message
                    clientCredentialType="UserName"
                    negotiateServiceCredentials="false" />
            </security>
        </binding>
    </wsHttpBinding>
</bindings>
```

Listing 9.28: ClientCredentialType auf UserName setzen

Die Übergabe von Benutzernamen und Passwort kann nicht in der Konfiguration, sondern ausschließlich dynamisch per Code erfolgen. Die Proxy-Klasse stellt dazu die Eigenschaften `UserName` und `Password` zur Verfügung:

```
proxy.clientCredentials.UserName.UserName = "Benutzername";
proxy.clientCredentials.UserName.Password = "Passwort";
```

Normalerweise existiert auf der Seite des Clients ein Anmeldedialog, um den Benutzernamen und das Passwort abzufragen. Die Informationen werden daraufhin an die Proxy-Klasse übergeben.

Membership-Provider

Standardmäßig findet die Benutzerüberprüfung anhand der eingerichteten Windows-Benutzerkonten auf dem Rechner des Service statt. Ist ein Benutzerkonto mit dem angegebenen Benutzernamen und dem mitgelieferten Passwort vorhanden, gilt der Client als authentifiziert. Es ist aber auch möglich, andere Speicher mit Benutzerkonten zur Überprüfung zu verwenden. Das ist zum Beispiel sinnvoll, wenn man nicht für jeden Client eines WCF-Service ein eigenes Windows-Benutzerkonto erstellen will, oder falls keine Berechtigung zum Erstellen neuer Benutzer gegeben ist.

Im Abschnitt `serviceCredentials` der `serviceBehaviors` kann festgelegt werden, auf welche Art und Weise die Authentifizierung mit Benutzername und Passwort ablaufen soll.

```
<serviceBehaviors>
    <behavior name="BasicServiceBehavior">
        <serviceCredentials>
            <userNameAuthentication
                userNamePasswordValidationMode="MembershipProvider" />
        </serviceCredentials>
    </behavior>
</serviceBehaviors>
```

Listing 9.29: Festlegen, wie Benutzername und Kennwort geprüft werden

Für die Eigenschaft `userNamePasswordValidationMode` gibt es die folgenden Einstellungen, welche durch die `UserNamePasswordValidationMode`-Enumeration festgelegt sind.

UserNamePassword ValidationMode	Beschreibung
`Windows`	Mit der Standardeinstellung werden Benutzernamen automatisch einem Windows-Benutzer zugeordnet.
`MembershipProvider`	Die Benutzer- und Kennwortüberprüfung findet über einen konfigurierten Membership-Provider statt. Normalerweise handelt es sich dabei um einen ASP.NET-Membership-Provider. Der Name eines konfigurierten Membership-Providers kann mit der Eigenschaft `roleProviderName` festgelegt werden.
`Custom`	Bei der benutzerdefinierten Authentifizierung muss ein benutzerdefinierter `UsernamePasswordValidator` erstellt werden.

Tabelle 9.12: Die UserNamePasswordValidationMode-Enumeration

Im Internet wird häufig der ASP.NET-Membership-Provider zur Überprüfung von Benutzername und Passwort verwendet, da dessen gesamte Funktionalität bereits von ASP.NET bereitgestellt wird. Die Host-Anwendung muss dabei IIS sein. Der ASP.NET-Membership-Provider kann also nicht für selbstgehostete Services und Windows-Dienste verwendet werden. Der ASP.NET-Membership-Provider basiert auf einer vordefinierten SQL-Datenbank. Diese kann mithilfe des Administrations-Tools *aspnet_regsql.exe* angelegt werden, das über die Kommandozeile der Eingabeaufforderung von Visual Studio gestartet wird (siehe Abbildung 9.36).

Abbildung 9.36: Starten des Assistenten zum Erstellen des ASP.NET-Membership-Providers

Es erscheint ein Assistent zum Erstellen der SQL Server-Datenbank mit den für ASP.NET-Membership-Provider notwendigen Tabellen und gespeicherten Prozeduren. Im Abschnitt *Server und Datenbank auswählen* müssen der Name einer vorhandenen SQL Server-Instanz und die Art der Authentifizierung für diese Instanz angegeben werden. In dem Drop-Down-Feld stehen alle in der Instanz registrierten Datenbanken zur Auswahl sowie der Eintrag `<Standard>`. Bei der Auswahl von `<Standard>` wird eine neue SQL Server-Datenbank mit dem Namen `aspnetdb` angelegt (siehe Abbildung 9.37). Wird dagegen eine bereits bestehende Datenbank angegeben, dann werden die Tabellen und gespeicherten Prozeduren der bestehenden Datenbank hinzugefügt.

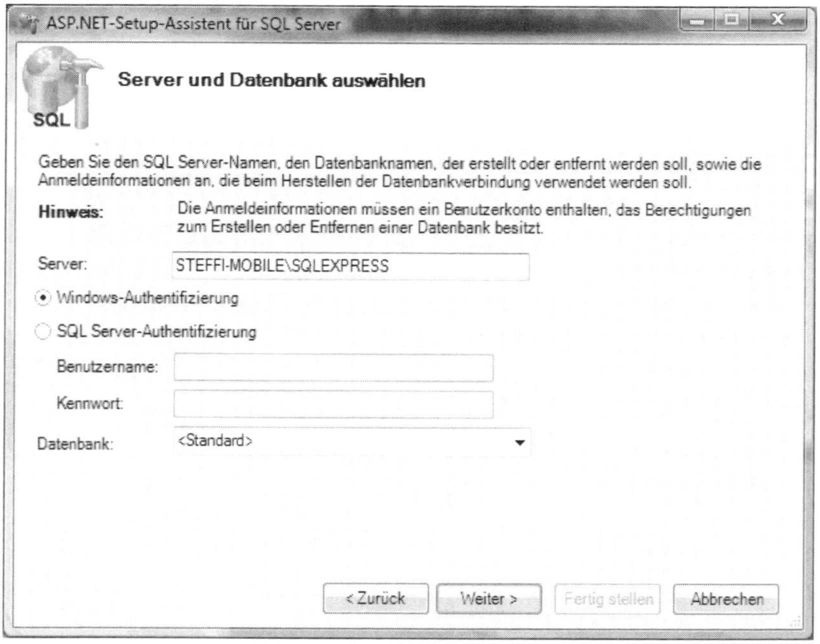

Abbildung 9.37: Datenbank angeben

Hat der Assistent seine Arbeit abgeschlossen, so sind in der Datenbank alle Tabellen enthalten, um Benutzer und Benutzergruppen (Rollen) anzulegen und zu verwalten (siehe Abbildung 9.38).

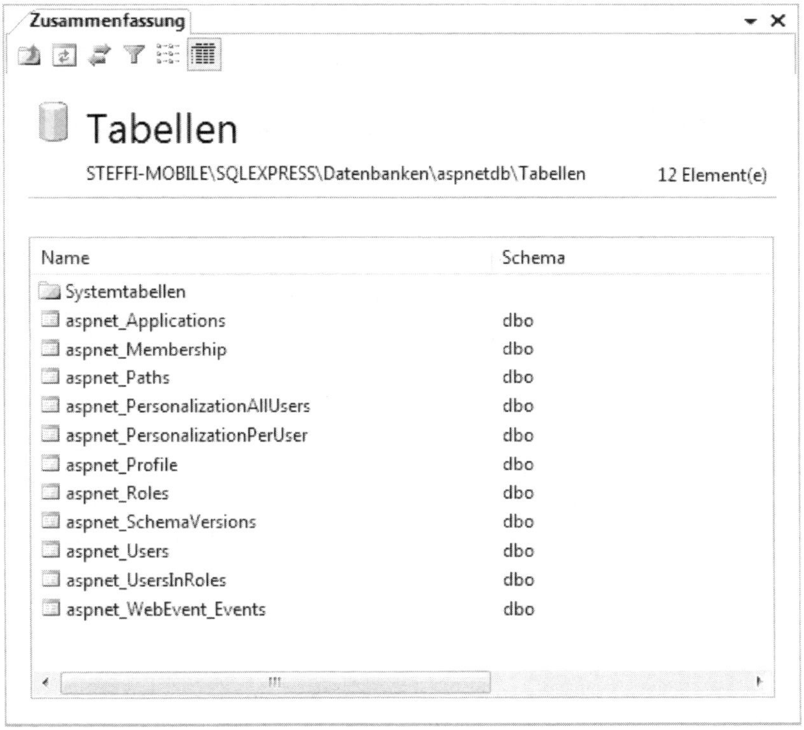

Abbildung 9.38: Tabellen des ASP.NET-Membership-Providers

Die Host-Anwendung muss eine mit IIS gehostete Website sein. Die Datenbank mit den Benutzerinformationen wird normalerweise im Abschnitt *App_Data* eingefügt. In der Konfigurationsdatei *web.config* wird der ConnectionString zu der Datenbank abgelegt.

```
<connectionStrings>
    <add
        name="aspnetdb"
        connectionString=
        "data source=.\SQLEXPRESS;Integrated Security=SSPI;
        AttachDBFilename=|DataDirectory|aspnetdb.mdf;User Instance=true"
        providerName="System.Data.SqlClient"/>
</connectionStrings>
```

Listing 9.30: ConnectionString zu der Membership-Provider-Datenbank

Die Benutzer können direkt mit dem Website-Verwaltungs-Tool bearbeitet werden, das von Visual Studio für Webprojekte zur Verfügung gestellt wird. Öffnen Sie dazu den Menüpunkt *Website • ASP.NET Konfiguration* (siehe Abbildung 9.39).

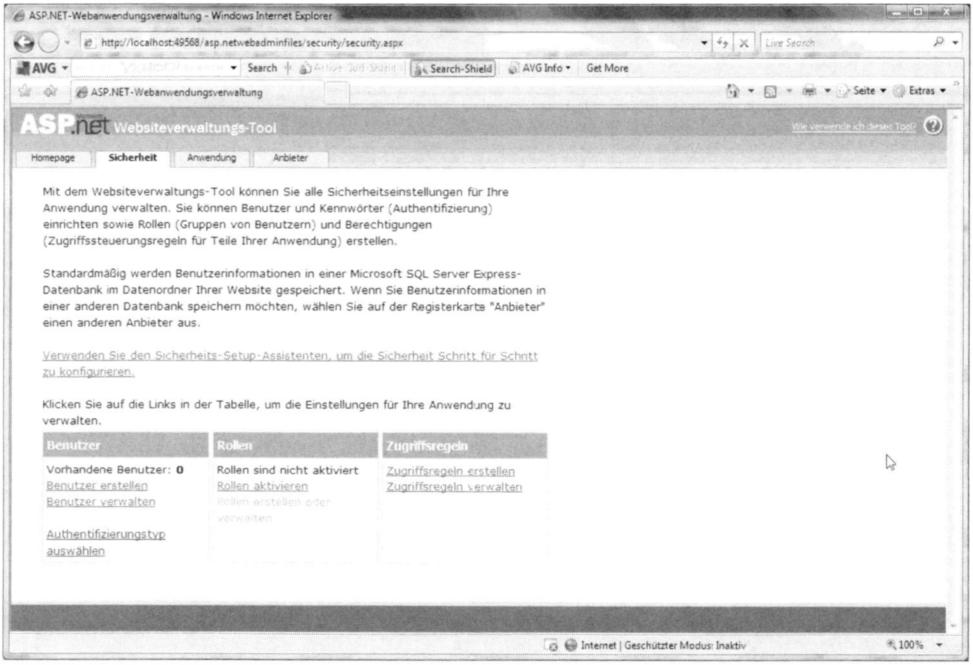

Abbildung 9.39: Mitgliederverwaltung für den Membership-Provider

Um den zu verwendenden Membership-Provider festzulegen, kann dieser in der Konfigurationsdatei explizit angegeben werden. Der folgende Ausschnitt zeigt dies:

```
<system.web>
    <membership defaultProvider="SqlDbMembershipProvider">
        <providers>
            <add
                name="SqlDbMembershipProvider"
                type="System.Web.Security.SqlMembershipProvider"
                connectionStringName="aspnetdb"
                applicationName="MyApplication" />
        </providers>
    </membership>
</system.web>
```

Listing 9.31: Membership-Provider in der Konfiguration festlegen

9.3.6 Identitäten und Principals

Hat sich ein Benutzer authentifiziert, wird für den Benutzer automatisch im Hintergrund ein Identity-Objekt angelegt, das die Identität des Benutzers beinhaltet. Werden Teile eines Service nur für bestimmte Benutzer autorisiert (genehmigt), so wird außerdem ein Principal-Objekt erstellt, das ein Identity-Objekt und zusätzliche Informationen darüber enthält, welcher Benutzergruppe (Rolle) der Benutzer zugeordnet wurde.

Identity-Objekte

Eine Identität kennzeichnet einen Benutzer und wird durch ein Identity-Objekt dargestellt, das von der IIdentity-Schnittstelle abgeleitet wird. Es existieren die folgenden Identity-Objekte:

- Das GenericIdentity-Objekt wird für die meisten Anmeldeszenarien (wie Zertifikate) verwendet.
- Über das spezielle WindowsIdentity-Objekt erhält eine Anwendung Zugriff auf die Windows-Authentifizierungsinformationen.
- Außerdem können eigene Identitätsklassen definiert werden, die die Benutzerinformationen kapseln.

Ein Identity-Objekt enthält eine Reihe von Informationen über den zu prüfenden Benutzer.

Member-Eigenschaft	Beschreibung
Name	Der Name kann ein Benutzername oder der Name eines Windows-Kontos sein.
AuthenticationType	Der Authentifizierungstyp kann entweder ein unterstütztes Anmeldeprotokoll wie Kerberos V5 oder ein benutzerdefinierter Wert sein.
IsAuthenticated	Gibt an, ob die Identität ordnungsgemäß authentifiziert worden ist.

Tabelle 9.13: Eigenschaften der Identity-Schnittstelle

Zusätzlich zu diesen Eigenschaften enthält das WindowsIdentity-Objekt noch weitere nur für Windows relevante Eigenschaften und Methoden:

Member-Eigenschaft	Beschreibung
IsAnomymous	Gibt an, ob die Identität anonym ist.
GetAnonymous()-Methode (statisch)	Gibt ein anonymes WindowsIdentity-Objekt zurück.
GetCurrent()-Methode (statisch)	Gibt das aktuelle WindowsIdentity-Objekt zurück.

Tabelle 9.14: Zusätzliche Member der WindowsIdentity-Klasse

Principal-Objekte

Das `Principal`-Objekt kapselt in .NET Framework ein `Identity`-Objekt und Informationen zu einer Rolle. WCF-Services, die eine rollenbasierte Sicherheit implementieren, können einer Methode Rechte gewähren, die einem `Principal`-Objekt zugeordnet werden. Ähnlich den Identitätsobjekten stellt .NET Framework ein `GenericPrincipal`-Objekt und ein `WindowsPrincipal`-Objekt bereit; alternativ können benutzerdefinierte `Principal`-Klassen definiert werden. Alle `Principal`-Klassen implementieren die `IPrincipal`-Schnittstelle, die eine Eigenschaft für den Zugriff auf ein zugeordnetes `Identity`-Objekt sowie die `IsInRole()`-Methode definiert. Mithilfe der `IsInRole()`-Methode kann überprüft werden, ob ein identifizierter Benutzer zu einer bestimmten Rolle gehört. Die `CurrentPrincipal()`-Methode der `Thread`-Klasse gibt einen Verweis auf das aktuelle `Principal`-Objekt zurück.

9.3.7 Autorisierung

Sind Benutzer erst einmal ordnungsgemäß authentifiziert, dann haben sie normalerweise Zugriff zu allen Funktionen eines Service. Mithilfe der Autorisierung kann dieser Zugriff jedoch eingeschränkt werden. Abhängig von seiner Identität darf ein Client nur bestimmte Teile eines Service nutzen. Nach der Authentifizierung eines Clients wird dieser einer Benutzergruppe – einer sogenannten Rolle – zugeordnet. Für die verschiedenen Operationen eines Service können nun Berechtigungen für bestimmte Rollen festgelegt werden, um den Zugriff auf bestimmte Service-Methoden nur bestimmten Rollen zu erlauben. Jede Operation muss dabei getrennt für bestimmte Rollen mit einem `PrincipalPermission`-Attribut freigeschaltet werden. Im folgenden Beispiel wird die Berechtigung für den Zugriff auf die Methode `CircleArea()` für alle Administratoren und Anwender gesetzt.

```
using System;
using System.Security.Permissions;

namespace FirstService
{
    public class Geometry : IGeometry
    {
        [PrincipalPermission(SecurityAction.Demand, Role = "Administrators")]
        [PrincipalPermission(SecurityAction.Demand, Role = "Users")]
        public double CircleArea(double radius)
        {
            return radius * radius * Math.PI;
        }
    }
}
```

Listing 9.32: Sichern von Methoden mit »PrincipalPermission« in C#

```
Imports System.Security.Permissions

Public Class Geometry
    Implements IGeometry

    <PrincipalPermission(SecurityAction.Demand, Role := "Administrators"), _
     PrincipalPermission(SecurityAction.Demand, Role := "Users")> _
    Public Function CircleArea(radius As Double) As Double _
        Implements IGeometry.CircleArea

        return radius * radius * Math.PI
    End Function
End Class
```

Listing 9.33: Sichern von Methoden mit »PrincipalPermission« in Visual Basic

Um eine Methode bestimmten Benutzergruppen zuzuordnen, wird mindestens ein `PrincipalPermission`-Attribut benötigt. Ein `PrincipalPermission`-Attribut gehört immer zu einer einzelnen Methode und kann Berechtigungen nur für eine einzelne Rolle definieren. Deshalb muss für jede Rolle ein eigenes `PrincipalPermission`-Attribut gesetzt werden. Ist der Benutzer nicht Mitglied mindestens einer Rolle, so wird eine `SecurityException` ausgelöst. Wird eine Berechtigung für Windows-Benutzergruppen festgelegt, muss zusätzlich zum Namen der Rolle noch der Name der Domäne angegeben werden:

```
[PrincipalPermission(SecurityAction.Demand, Role = @"Domain\Gruppe")]
```

Soll also zum Beispiel eine Methode für alle Benutzer des lokalen Systems freigegeben werden, so ist das folgende `PrincipalPermission`-Attribut notwendig:

```
[PrincipalPermission(SecurityAction.Demand, Role = "localhost\Users"
```

Die Angabe der Zugriffberechtigungen kann auch per Code erfolgen. Auf diese Art kann lediglich ein bestimmter Teil einer Methode für die Nutzung durch bestimmte Benutzergruppen festgelegt werden.

```
public void Servicemethode()
{
    //ungesicherter Code

    PrincipalPermission p =
    new PrincipalPermission(null, "Administrators");
    p.Demand();

    //gesicherter Code
}
```

Listing 9.34: Setzen von »PrincipalPermission« zur Laufzeit in C#

```
Public Sub Servicemethode()

    'ungesicherter Code

    Dim p As New PrincipalPermission(Nothing, "Administrators")
    p.Demand()

    'gesicherter Code
End Sub
```

Listing 9.35: Setzen von »PrincipalPermission« zur Laufzeit in Visual Basic

Falls keine `SecurityException` ausgelöst wird, ist die `Demand()`-Methode erfolgreich gewesen und der folgende Code wird abgearbeitet. Schlägt der Aufruf der `Demand()`-Methode dagegen fehl, wird der nachfolgende Code nicht ausgeführt.

Der PrincipalPermissionMode

Standardmäßig wird für die Authentifizierung eines Clients dessen Identität anhand der vorhandenen Windows-Benutzerkonten geprüft. Jedes Benutzerkonto wird dabei einer Benutzergruppe zugeordnet; jede Methode kann dabei für bestimmte Rollen explizit freigeschaltet werden. Mit der Eigenschaft `principalPermissionMode` kann festgelegt werden, mit welchem Rollen-Provider eine authentifizierte Identität einer bestimmten Rolle zugeordnet wird.

```
<serviceBehaviors>
    <behavior name="BasicServiceBehavicr">
        <serviceCredentials>
            <userNameAuthentication
                userNamePasswordValidationMode="MembershipProvider" />
        </serviceCredentials>
        <serviceAuthorization principalPermissionMode="UseAspNetRoles" />
    </behavior>
</serviceBehaviors>
```

Listing 9.36: Den PrincipalPermissionMode in der Konfiguration festlegen

Die `principalPermissionMode`-Enumeration gibt die verschiedenen Möglichkeiten vor, einen Benutzer automatisch einer Rolle zuzuordnen. Dann kann eine Methode mit dem `PrincipalPermission`-Attribut gesichert werden.

`principalPermissionMode`	**Beschreibung**
`None`	Es wird kein Rollen-Provider verwendet, und die Identität wird keiner Rolle zugeordnet.
`UseWindowsGroups`	Mit der Standardeinstellung werden die authentifizierten Benutzer einer Windows-Benutzergruppe (Rolle) zugeordnet.

Tabelle 9.15: Die PrincipalPermissionMode-Enumeration

principalPermissionMode	Beschreibung
UseAspNetRoles	Es wird der ASP.NET-Membership- und RoleProvider verwendet, um Benutzer nach deren Authentifizierung einer ASP.NET-Rolle zuzuordnen.
Custom	Benutzerdefinierter Rollen-Provider

Tabelle 9.15: Die PrincipalPermissionMode-Enumeration (Fortsetzung)

Alternativ kann die Eigenschaft auch per Code gesetzt werden, bevor der Service-Host geöffnet wird:

```
using (ServiceHost sh = new ServiceHost(typeof(GeometryService)))
{
    sh.Authorization.PrincipalPermissionMode =
    System.ServiceModel.Description.PrincipalPermissionMode.UseAspNetRoles;
    sh.Open();
    ...
}
```

Listing 9.37: Den PrincipalPermissionMode per Code festlegen in C#

```
Using sh As New ServiceHost(GetType(GeometryService))

    sh.Authorization.PrincipalPermissionMode = _
    System.ServiceModel.Description.PrincipalPermissionMode.UseAspNetRoles
    sh.Open()
    ...
End Using
```

Listing 9.38: Den PrincipalPermissionMode per Code festlegen in Visual Basic

Wird der ASP.NET-Rollen-Provider verwendet, so muss in der Konfigurationsdatei *Web.config* der RoleManager aktiviert werden.

```
<system.web>
    <roleManager enabled="true" />
</system.web>
```

Listing 9.39: Aktivieren des RoleManagers in der Konfigurationsdatei

Um sicherzugehen, dass der richtige ASP.NET-Rollen-Provider verwendet wird, kann dieser auch explizit in der Konfiguration angegeben werden:

```
<system.web>
    <roleManager enabled="true" defaultProvider="SqlDbRoleProvider" >
        <providers>
            <add
                name="SqlDbRoleProvider"
                type="System.Web.Security.SqlRoleProvider"
                connectionStringName="aspnetdb"
                applicationName="MyApplication" />
```

```
        </providers>
    </roleManager>
</system.web>
```

Listing 9.40: Festlegen des ASP.NET-Rollen-Providers in der Konfiguration

9.3.8 Windows-Authentifizierung

Bei der Authentifizierung mit Windows werden die Windows-Anmeldeinformationen dazu genutzt, Clients und Services zu authentifizieren. Die Anmeldeinformationen werden automatisch aus dem Betriebssystem übernommen. Windows sorgt für die Integrität und die Vertraulichkeit der Nachrichten entweder über Sicherheit auf Transportebene oder aber über Sicherheit auf Nachrichtenebene.

Im einfachsten Fall ist es ausreichend, die Angabe `clientCredentialType` auf `Windows` zu setzen – den Rest erledigt Windows automatisch. Die Anmeldeinformationen werden von dem aktuellen Benutzer der Clients und des Service automatisch übernommen.

```
<bindings>
    <netTcpBinding>
        <binding name="netTcpServiceBinding">
            <security mode="Transport">
                <transport clientCredentialType="Windows" />
            </security>
        </binding>
    </netTcpBinding>
</bindings>
```

Listing 9.41: Anmeldung mit einem Windows-Client

Sollen Benutzernamen und Passwort für den Windows-Account dynamisch vergeben werden, stellt die Proxy-Klasse dazu die Eigenschaften `UserName` und `Password` zur Verfügung.

```
proxy.clientCredentials.Windows.clientCredential.UserName = "Benutzername";
proxy.clientCredentials.Windows.clientCredential.Password = "Passwort";
```

In den meisten Windows-Anmeldeszenarien ist der Benutzer einer bestimmten Domäne zugeordnet. Dann ist die folgende Anweisung notwendig:

```
proxy.clientCredentials.Windows.clientCredential =
new NetworkCredential("Benutzername", "Passwort", "Domainname");
```

In der Regel gibt es auf der Seite des Clients einen Anmeldedialog, um den Benutzernamen und das Passwort abzufragen. Die Informationen werden dann an die Proxy-Klasse übergeben. Der Service wird normalerweise in einer Domäne mit einem Kerberos-Controller bereitgestellt, der die Domäne sichert. Die Client-Anwendungen müssen sich in derselben oder einer vertrauenswürdigen Domäne befinden. Gibt es keine Kerberos-Umgebung, dann versucht Windows, die Clients und den Service mithilfe des NT LAN-Managers (NTLM) zu authentifizieren. Dies ist allerdings nicht empfehlenswert, da bei NTLM keine Authentifizierung des Service, sondern nur eine Authentifizierung der Client-Anwendung stattfindet. Um zu verhindern, dass eine Authentifizierung über NTLM stattfindet, muss bei den `ClientCredentials` über die Proxy-Klasse die Eigenschaft `AllowNtlm` auf `false` gesetzt werden:

```
proxy.ClientCredential.Windows.AllowNtlm = false;
```

Negotiation

Standardmäßig findet vor dem Senden einer Nachricht eine Aushandlung (Negotiation) zwischen der Client-Anwendung und dem Service statt. Die Aushandlung ist allerdings Windows-spezifisch; somit ist diese Art der Authentifizierung nicht interoperabel. Anders verhält es sich, wenn die Aushandlung deaktiviert wird. Dann ist die Authentifizierung der Kommunikationspartner durch Verwendung von WS-Security interoperabel. Dies ist allerdings nur mit Kerberos und nicht mit NTLM möglich.

```
<bindings>
    <wsHttpBinding>
        <binding name="ServiceBinding">
            <security mode="Message">
                <message
                    clientCredentialType="Windows"
                    negotiateServiceCredentials="false" />
            </security>
        </binding>
    </netTcpBinding>
</bindings>
```

Listing 9.42: Interoperable Anmeldung ohne Aushandlung mit Kerberos

WindowsServiceCredential

Im Abschnitt `ServiceCredentials` lassen sich mit dem Element `WindowsServiceCredential` weitere Einstellungen treffen, um die Anmeldung der Client-Anwendungen zu beeinflussen.

```
<behaviors>
    <serviceBehaviors>
        <behavior name="BasicServiceBehavior">
            <serviceCredentials>
                <windowsAuthentication
                    includeWindowsGroups="true"
                    allowAnonymousLogons="false" />
            </serviceCredentials>
        </behavior>
    </serviceBehaviors>
</behaviors>
```

Listing 9.43: Client-Anmeldung beeinflussen in der Konfiguration

```
using (ServiceHost sh = new ServiceHost(typeof(GeometryService)))
{
    sh.Credentials.WindowsAuthentication.IncludeWindowsGroups = true;
    sh.Credentials.WindowsAuthentication.AllowAnonymousLogons = false;
}
```

Listing 9.44: Client-Anmeldung beeinflussen per Code in C#

```
Using sh As New ServiceHost(GetType(GeometryService))

    sh.Credentials.WindowsAuthentication.IncludeWindowsGroups = True
    sh.Credentials.WindowsAuthentication.AllowAnonymousLogons = False
End Using
```

Listing 9.45: Client-Anmeldung beeinflussen per Code in Visual Basic

Standardmäßig ist die Eigenschaft `IncludeWindowsGroups` auf den Wert `true` gesetzt. Ein authentifizierter Benutzer wird dann einer Benutzergruppe zugeordnet. Dadurch ist es möglich, einzelne Funktionen eines Service nur für bestimmten Benutzergruppen freizuschalten (siehe Autorisierung). Soll jedoch der gesamte Service von allen Client-Anwendungen genutzt werden können, so ist das Zuordnen zu Benutzergruppen nicht notwendig. Die Eigenschaft `IncludeWindowsGroups` kann in diesem Fall auf den Wert `false` gesetzt werden, was die Leistung verbessert.

Für die Sicherheit auf Nachrichtenebene legt die Eigenschaft `AllowAnonymousLogons` fest, ob anonyme Zugriffe auf den Service erlaubt sind. Standardmäßig ist die Eigenschaft auf `false` gesetzt. Nur authentifizierte Domänen- oder Arbeitsgruppenbenutzer haben Zugriff. In manchen Fällen soll es jedoch auch möglich sein, dass anonyme Benutzer Zugriff auf einen Service erhalten. In diesem Fall muss `AllowAnonymousLogons` auf den Wert `true` gesetzt werden.

9.3.9 Impersonation – Identitätswechsel

Bei manchen Aktionen eines Service ist es erforderlich, auf Ressourcen wie das Dateisystem oder den SQL Server zuzugreifen, die sich auf dem Rechner des Service befinden. Die Anwendung des Service wird unter dem Benutzerkonto des Service ausgeführt, und der Zugriff auf Ressourcen erfolgt normalerweise mit diesem Benutzerkonto. Soll der Zugriff aber unter dem Benutzerkonto eines Clients ausgeführt werden, ist ein sogenannter Identitätswechsel (Impersonation) notwendig. Der Service nimmt dann die Identität des Clients an, um auf die Ressourcen zuzugreifen. Die Berechtigung zum Zugriff auf diese Ressourcen wird hierbei durch das Konto des Clients gesteuert. Somit ist es möglich, bestimmten Clients Zugriff auf bestimmte Ressourcen zu gestatten, während andere Clients nicht darauf zugreifen dürfen. Ein Identitätswechsel ist immer dann möglich, wenn ein Client mit einem Benutzerkonto bei dem Service authentifiziert wird. Das gilt sowohl für die Windows-Authentifizierung als auch für die Authentifizierung mit Benutzernamen und Passwort, sofern der Service den Benutzer anhand eines Benutzerkontos identifiziert.

Automatischer Identitätswechsel

Mithilfe des `OperationBehavior` Attributs ist es möglich, einen Identitätswechsel für die Ausführung dieser Methode zu erreichen, wie der folgende Codeausschnitt zeigt.

```
[OperationBehavior(Impersonation = ImpersonationOption.Required)]
public class Service : IService
{
    public void Function()
    {
        // Anweisungen mit Zugriff auf Ressourcen, die unter der Identität
        // des Clients ausgeführt werden sollen.
    }
}
```

Listing 9.46: Automatischen Identitätswechsel erzwingen in C#

```
<OperationBehavior(Impersonation := ImpersonationOption.Required)> _
Public Class Service
    Implements IService

    Public Sub Funktion() Implements IService.Funktion

        'Anweisungen mit Zugriff auf Ressourcen, die unter der Identität
        'des Clients ausgeführt werden sollen.
    End Function
End Class
```

Listing 9.47: Automatischen Identitätswechsel erzwingen in Visual Basic

Die `ImpersonationOption`-Enumeration besitzt die folgenden Einstellungen.

ImpersonationOption	Beschreibung
`NotAllowed`	Die Standardeinstellung legt fest, dass für diese Methode kein automatischer Identitätswechsel durchgeführt wird.
`Allowed`	Meldet sich der Client unter einem Windows-Benutzerkonto an, wird automatisch ein Identitätswechsel durchgeführt. Bei anderen Authentifizierungsmechanismen hat diese Einstellung keine Auswirkung.

Tabelle 9.16: Die ImpersonationOption-Enumeration

ImpersonationOption	Beschreibung
`Allowed`	Achtung! Bei dieser Einstellung wird der Identitätswechsel nur ausgeführt, falls ein Client mehr Rechte für den Zugriff hat als der Service. Besitzt der Service dagegen mehr Rechte für den Zugriff, so wird die Identität des Service beibehalten.
`Required`	Ein Identitätswechsel wird erzwungen. Hat sich der Client nicht unter einem Windows-Benutzerkonto angemeldet, wird eine Exception ausgelöst und die Methode nicht ausgeführt.

Tabelle 9.16: Die ImpersonationOption-Enumeration

Manueller Identitätswechsel

In manchen Fällen soll nicht für die gesamte Laufzeit einer Methode ein Identitätswechsel durchgeführt werden, sondern nur für einige einzelne Anweisungen. Dann muss der Identitätswechsel manuell erzeugt und wieder beendet werden, falls der Service seine eigene Identität wieder zurückbekommen soll. Dazu stellt WCF die Methode `Impersonate()` bereit, die immer zusammen mit der `using`-Anweisung verwendet werden sollte.

```
public class Service : IService
{
    public void Function()
    {
        using (ServiceSecurityContext.Current.WindowsIdentity.Impersonate())
        {
            // Anweisungen mit Zugriff auf Ressourcen, die unter der
            // Identität des Clients ausgeführt werden sollen.
        }
    }
}
```

Listing 9.48: Manueller Identitätswechsel in C#

```
Public Class Service
    Implements IService

    Public Sub Funktion() Implements IService.Funktion

        Using ServiceSecurityContext.Current.WindowsIdentity.Impersonate()

            ' Anweisungen mit Zugriff auf Ressourcen, die unter der
            ' Identität des Clients ausgeführt werden sollen.
        End Using
    End Function
End Class
```

Listing 9.49: Manueller Identitätswechsel in Visual Basic

Mit dem Aufruf der Methode Impersonate() findet der Identitätswechsel statt. Nach dem Ende der using-Anweisung nimmt der Service automatisch wieder seine eigene Identität an.

Identitätswechsel für alle Methoden

Sollen alle Methoden eines Service einen Identitätswechsel durchführen, so kann die Eigenschaft ImpersonateCallerForAllOperations entweder in der Konfiguration oder per Code auf den Wert true gesetzt werden:

```
<serviceBehaviors>
   <behavior name="ServiceBehavior">
      <serviceAuthorization impersonateCallerForAllOperations="true" />
   </behavior>
</serviceBehaviors>
```

Listing 9.50: Identitätswechsel für alle Methoden in der Konfiguration

```
using (ServiceHost sh = new ServiceHost(typeof(GeometryService)))
{
    sh.Authorization.ImpersonateCallerForAllOperations = true;
    sh.Open();
    ...
}
```

Listing 9.51: Identitätswechsel für alle Methoden per Code in C#

```
Using sh As New ServiceHost(GetTypeof(GeometryService))

    sh.Authorization.ImpersonateCallerForAllOperations = True
    sh.Open()
    ...
End Using
```

Listing 9.52: Identitätswechsel für alle Methoden per Code in Visual Basic

Dies bedeutet aber nicht, dass der Identitätswechsel automatisch für alle Methoden ausgeführt wird, sondern nur, dass für keine Methode bei OperationBehavior die Angabe ImpersonationOption auf den Wert false gesetzt sein darf. Für jede Methode muss also zusätzlich das OperationBehavior-Attribut auf den Wert Allowed oder Required gesetzt werden.

Identitätswechsel clientseitig kontrollieren

Nicht immer will eine Client-Anwendung einem Service gestatten, uneingeschränkt ihre Identität anzunehmen. Deshalb ist es auf der Seite des Clients möglich festzulegen, ob ein Identitätswechsel erlaubt ist und bis zu welchem Grad der Service die

Identität des Clients nutzen darf. Die Proxy-Klasse stellt dazu die Eigenschaft AllowedImpersonationLevel bereit, mit der die Client-Anwendung dies festlegen kann.

```
proxy.ClientCredentials.Windows.AllowedImpersonationLevel =
TokenImpersonationLevel.Impersonation;
```

Die TokenImpersonationLevel-Enumeration kennt die folgenden Einstellungen.

TokenImpersonationLevel	**Beschreibung**
None und Anonymous	Beide Angaben legen fest, dass der Server keine Anmeldeinformationen vom Client erhält. Weder eine Authentifizierung noch ein Identitätswechsel sind somit möglich. Der Service muss einen anonymen Zugriff gestatten, um die Methoden nutzen zu können.
Identification	Bei der Standardeinstellung kann der Service den Client zwar identifizieren und authentifizieren, aber ein Identitätswechsel ist nicht erlaubt.
Impersonation	Sowohl die Authentifizierung des Clients als auch ein Identitätswechsel sind ausdrücklich erlaubt.
Delegation	Entspricht der Einstellung Impersonation. Zusätzlich ist es jedoch möglich, dass der Service mit der Identität des Clients auf Remote-Computer zugreift und die Identität an andere Services weitergibt. Delegation sollte nur mit großer Sorgfalt verwendet werden, da der Client nicht genau weiß, welche Aktivitäten der Service mit der Identität des Clients ausführt. Es sollte ein besonderes Vertrauensverhältnis zwischen Client und Service bestehen.

Tabelle 9.17: Die TokenImpersonationLevel-Enumeration

Identitätswechsel sind stets mit Vorsicht zu behandeln. Die Verwendung von Identitätswechseln bedeutet immer einen größeren Administrationsaufwand, da auch für alle Ressourcen entsprechende Genehmigungen erteilt werden müssen. In vielen Fällen ist es daher statt eines Identitätswechsels besser, eine rollenbasierte Autorisierung für bestimmte Teile eines Service festzulegen.

9.4 Auditing – Sicherheitsereignisse überwachen

Mithilfe von Auditing können sicherheitsrelevante Ereignisse mit dem Ereignisprotokoll von Windows erfasst werden. Administratoren können gerade laufende oder bereits stattgefundene Angriffe erkennen, und Entwickler können sicherheitsrelevante Probleme erkennen. Auditing ist ein ServiceBehavior und wird in der Klasse ServiceSecurityAuditBehavior definiert. Das Aktivieren von Auditing kann entweder im Code oder in der Konfigurationsdatei erfolgen.

```
ServiceSecurityAuditBehavior newAudit = new ServiceSecurityAuditBehavior();
newAudit.AuditLogLocation = AuditLogLocation.Application;
newAudit.SuppressAuditFailure = false;
newAudit.ServiceAuthorizationAuditLevel = AuditLevel.Failure;
newAudit.MessageAuthenticationAuditLevel = AuditLevel.SuccessOrFailure;
// Entfernen des alten ServiceSecurityAuditBehavior und
// hinzufügen der neuen Definition
serviceHost.Description.Behaviors.Remove<ServiceSecurityAuditBehavior>();
serviceHost.Description.Behaviors.Add(newAudit);
```

Listing 9.53: Aktivieren von Auditing im Code in C#

```
Dim newAudit As New ServiceSecurityAuditBehavior()
newAudit.AuditLogLocation = AuditLogLocation.Application
newAudit.SuppressAuditFailure = False
newAudit.ServiceAuthorizationAuditLevel = AuditLevel.Failure
newAudit.MessageAuthenticationAuditLevel = AuditLevel.SuccessOrFailure
' Entfernen des alten ServiceSecurityAuditBehavior und
' hinzufügen der neuen Definition
serviceHost.Description.Behaviors.Remove(Of ServiceSecurityAuditBehavior)()
serviceHost.Description.Behaviors.Add(newAudit)
```

Listing 9.54: Aktivieren von Auditing im Code in Visual Basic

In Abbildung 9.40 sehen Sie, wie das Auditing-Verhalten mit dem Service Configuration Editor festgelegt werden kann.

Abbildung 9.40: Einstellen von Auditing im Service Configuration Editor

Nachdem Sie Einstellungen mit dem Service Configuration Editor gespeichert haben, wird ein weiterer Abschnitt in der Konfigurationsdatei angelegt.

```
<behaviors>
    <serviceBehaviors>
        <behavior name="BasicServiceBehavior">
            <serviceSecurityAudit
                auditLogLocation="Application"
                suppressAuditFailure="false"
                serviceAuthorizationAuditLevel="Failure"
                messageAuthenticationAuditLevel="SuccessOrFailure" />
        </behavior>
    </serviceBehaviors>
</behaviors>
```

Listing 9.55: Einstellen von Auditing per Konfiguration

Um das ServiceBehavior mit den Auditing-Einstellungen zu aktivieren, muss es noch dem Service zugewiesen werden, der überwacht werden soll.

```
<services>
    <service
        behaviorConfiguration="BasicServiceBehavior"
        name="FirstService.Geometry">
    <endpoint ... />
    </service>
</services>
```

Listing 9.56: Aktivieren des ServiceBehavior für einen Service

9.4.1 Eigenschaften

Mit den Eigenschaften der `ServiceSecurityAuditBehavior`-Klasse wird das Verhalten von Auditing gesteuert. Die folgenden Eigenschaften sind definiert:

- Die `serviceAuthorizationAuditLevel`-Eigenschaft regelt die Überwachung der Autorisierung eines Benutzers auf Dienstebene.
- Die `messageAuthenticationAuditLevel`-Eigenschaft ist für die Überwachung bei der Prüfung der Gültigkeit von Nachrichten und die Authentifizierung der Benutzer auf Nachrichtenebene zuständig.

Für die `serviceAuthorizationAuditLevel`-Eigenschaft und die `messageAuthenticationAuditLevel`-Eigenschaft sind die folgenden Einstellungen sind möglich.

Überwachungsstufe	Beschreibung
None	Standardmäßig findet keine Überwachung statt.
Success	Es findet ein Eintrag in das Ereignisprotokoll bei einem erfolgreichem Vorgang statt.
Failure	Es findet ein Eintrag in das Ereignisprotokoll im Falle eines Fehlers statt.
SucccessOrFailure	Ein Eintrag in das Ereignisprotokoll erfolgt sowohl bei einem erfolgreichem Vorgang als auch bei einem Fehler.

Tabelle 9.18: Überwachungsstufen

Angabe des Überwachungsprotokolls

Die `auditLogLocation`-Eigenschaft legt fest, in welchem Ereignisprotokoll die Einträge erfasst werden.

Protokoll	Beschreibung
Application	Der Eintrag erfolgt in das Anwendungsprotokoll.
Security	Der Eintrag erfolgt in das Sicherheitsprotokoll. Wird von Windows XP nicht unterstützt. Der Serviceprozess muss über die `SeAuditPrivilege`-Berechtigung verfügen.
Default	Das Protokoll, in das die Einträge standardmäßig geschrieben werden, hängt vom Betriebssystem ab. Windows Server und Windows Vista verwenden das Sicherheitsprotokoll. Windows XP schreibt in das Anwendungsprotokoll.

Tabelle 9.19: Auswahl des Überwachungsprotokolls

Fehler bei der Überwachung

Die Eigenschaft `suppressAuditFailure` legt fest, was mit der Client-Anforderung geschieht, falls bei der Überwachung ein Fehler auftritt. Standardmäßig ist die Eigenschaft auf den Wert `true` gesetzt und legt fest, dass Fehler ignoriert werden und die Client-Anforderung normal weiterverarbeitet wird. Dadurch sind zum Beispiel böswillige Benutzer in der Lage, so lange ungültige Nachrichten zu senden, bis das Überwachungsprotokoll gefüllt ist und keine weiteren Einträge mehr protokollieren kann. Dies kann durch das Einstellen von `false` verhindert werden. Tritt dann ein Fehler bei der Überwachung auf, wird eine Ausnahme ausgelöst und die Benutzeranforderung schlägt fehl.

9.5 Beispiele

Nachdem in diesem Kapitel die wichtigsten Einstellungen zum Absichern eines WCF-Service besprochen worden sind, gibt es zum Abschluss für vier häufig verwendete Szenarien je ein Beispiel:

- Transportsicherheit mit Windows-Authentifizierung
- Nachrichtensicherheit mit Zertifikaten
- Transportsicherheit mit SSL und Zertifikaten
- Nachrichtensicherheit mit Benutzernamen und Passwort

Alle Beispiele verwenden die Datei *FirstService.dll* aus Kapitel 1, »Überblick«, und bestehen aus einer Selfhosting-Anwendung sowie einer Client-Anwendung. Die Host-Anwendung besteht immer aus dem Code in Listing 9.57 und Listing 9.58.

```
using System;
using System.ServiceModel;
using FirstService;

class Program
{
    static void Main(string[] args)
    {
        using (ServiceHost selfHost = new ServiceHost(typeof(Geometry)))
        {
            selfHost.Open();
            Console.WriteLine("Service ist bereit.");
            Console.ReadLine();
        }
    }
}
```

Listing 9.57: Die Host-Anwendung für alle vier Beispiele in C#

```
Imports System.ServiceModel
Imports FirstService

Module Module1
    Shared Sub Main(ByVal args() As String)
        Using selfHost As New ServiceHost(GetType(Geometry))
            selfHost.Open()
            Console.WriteLine("Service ist bereit.")
            Console.ReadLine()
        End Using
    End Sub
End Module
```

Listing 9.58: Die Host-Anwendung für alle vier Beispiele in Visual Basic

Um ein Beispiel nachvollziehen zu können, erstellen Sie eine Host-Anwendung, welche die Datei *FirstService.dll* referenziert. Fügen Sie dann eine Anwendungskonfigurationsdatei *app.config* hinzu und geben Sie die für jedes Beispiel individuellen Einstellungen an. Der nächste Schritt besteht darin, die Client-Anwendung zu erstellen. Lassen Sie sich mithilfe von *svcutil* eine Proxy-Klasse erstellen, die für alle vier Beispiele identisch ist. Fügen Sie ebenfalls eine Anwendungskonfigurationsdatei *app.config* hinzu, welche die für dieses Beispiel angegebenen Einstellungen besitzt.

9.5.1 Transportsicherheit mit Windows-Authentifizierung

Innerhalb eines Intranets wird ein Service oft über das TCP-Protokoll ausgeführt, welches ein deutlich bessere Leistung bietet als das HTTP-Protokoll. In diesem Beispiel wird das *NetTcpBinding* eingesetzt und auf der Transportebene abgesichert. Die Authentifizierung des Service und der Clients erfolgt mithilfe von Windows-Accounts. Eine Client-Anwendung erhält Zugriff auf den Service, falls ein passendes Benutzerkonto auf dem Rechner des Service vorhanden ist.

Der Host

Die Host-Anwendung muss lediglich einen Endpunkt mit einem *NetTcpBinding* erhalten. Dieses wird standardmäßig auf der Transportebene mit Windows-Accounts abgesichert.

```
<configuration>
  <system.serviceModel>
    <services>
      <service
        name="FirstService.Geometry"
        behaviorConfiguration="serviceBehavior">
        <endpoint
          binding="netTcpBinding"
          name="GeometryEndpoint"
          contract="FirstService.IGeometry" />
        <endpoint address="/mex"
          binding="mexTcpBinding"
          name="TcpMexEndpoint"
          contract="IMetadataExchange" />
        <host>
          <baseAddresses>
            <add
              baseAddress="net.tcp://localhost:1234/SecurityWindows/" />
          </baseAddresses>
        </host>
      </service>
    </services>
```

```
      <behaviors>
         <serviceBehaviors>
            <behavior name="serviceBehavior">
               <serviceMetadata  />
            </behavior>
         </serviceBehaviors>
      </behaviors>
   </system.serviceModel>
</configuration>
```

Listing 9.59: app.config für Transportsicherheit mit Windows

Die Client-Anwendung

Für die Anwendungskonfigurationsdatei der Client-Anwendung muss lediglich ein Endpunkt mit der passenden Adresse und dem *NetTcpBinding* erstellt werden. Den Rest erledigt die Windows Communication Foundation automatisch.

```
<configuration>
    <system.serviceModel>
        <client>
            <endpoint address="net.tcp://localhost:1234/SecurityWindows/"
                binding="netTcpBinding"
                contract="IGeometry"
                name="GeometryEndpoint">
            </endpoint>
        </client>
    </system.serviceModel>
</configuration>
```

Listing 9.60: app.config für die Client-Anwendung

9.5.2 Nachrichtensicherheit mit Zertifikaten

Sowohl im Internet als auch im Intranet kann ein Service mitilfe von Zertifikaten abgesichert werden. In diesem Beispiel wird das *WsHttpBinding* verwendet; die Absicherung erfolgt auf Nachrichtenebene.

Der Host

Der Service benötigt ein Zertifikat, dessen Name mit dem Namen der Domain übereinstimmt. Da die Beispielanwendung auf dem lokalen Computer läuft, muss der Name folglich `localhost` sein. Erstellen Sie also mit dem *Makecert*-Tool zuerst ein Zertifikat `localhost`, das im Speicher *Lokaler Computer* im Ordner *Eigene Zertifikate* abgelegt wird. Der Schlüssel muss exportierbar sein.

```
makecert -n CN=localhost -ss my -sr localmachine -sky exchange -iv TempCA.pvk -
ic TempCA.cer localhost.cer
```

Jetzt können Sie die passende Anwendungskonfigurationsdatei erstellen.

```
<configuration>
  <system.serviceModel>
    <behaviors>
      <serviceBehaviors>
        <behavior name="serviceCredentialBehavior">
          <serviceMetadata />
          <serviceCredentials>
            <clientCertificate>
              <authentication
                certificateValidationMode="ChainTrust"
                revocationMode="NoCheck"
                includeWindowsGroups="false" />
            </clientCertificate>
            <serviceCertificate
              findValue="localhost"
              storeLocation="LocalMachine"
              storeName="My"
              x509FindType="FindBySubjectName" />
          </serviceCredentials>
        </behavior>
      </serviceBehaviors>
    </behaviors>
    <services>
      <service
        behaviorConfiguration="serviceCredentialBehavior"
        name="FirstService.Geometry">
        <endpoint
          binding="wsHttpBinding"
          bindingConfiguration="CertificateBinding"
          name="GeometryEndpoint"
          contract="FirstService.IGeometry" />
        <endpoint address="/mex"
          binding="mexHttpBinding"
          name="HttpMexEndpoint"
          contract="IMetadataExchange" />
        <host>
          <baseAddresses>
            <add
              baseAddress="http://localhost:1234/SecurityCertificate/" />
          </baseAddresses>
        </host>
      </service>
    </services>
    <bindings>
      <wsHttpBinding>
        <binding name="CertificateBinding">
          <security mode="Message">
```

```
          <message
            clientCredentialType="Certificate"
            negotiateServiceCredential="false"
            establishSecurityContext="false" />
        </security>
      </binding>
    </wsHttpBinding>
  </bindings>
  <client />
 </system.serviceModel>
</configuration>
```

Listing 9.61: app.config für den Host mit Zertifikaten

Die Client-Anwendung

Jede Client-Anwendung benötigt ein Zertifikat, das von einer vertrauenswürdigen Stammzertifizierungsstelle ausgestellt werden muss. In diesem Beispiel wird *TempCA* zum Ausstellen der Client-Zertifikate verwendet.

```
makecert -n CN=TempClientCert -ss my -sr currentuser -sky exchange -iv
TempCA.pvk -ic TempCA.cer TempClientCert.cer
```

Das Zertifikat *TempCA* muss sich im selben Speicher wie das Zertifikat des Service, also im Speicher *Lokaler Computer* und dort im Speicherbereich für *Vertrauenswürdige Stammzertifizierungsstellen* befinden.

```
<configuration>
  <system.serviceModel>
    <behaviors>
      <endpointBehaviors>
        <behavior name="ClientCredentialsBehavior">
          <clientCredentials>
            <clientCertificate
              findValue="TempClientCert"
              storeLocation="CurrentUser"
              storeName="My"
              x509FindType="FindBySubjectName" />
            <serviceCertificate>
              <defaultCertificate
                findValue="localhost"
                storeLocation="LocalMachine"
                storeName="My"
                x509FindType="FindBySubjectName" />
            </serviceCertificate>
          </clientCredentials>
        </behavior>
      </endpointBehaviors>
    </behaviors>
```

```
    <bindings>
      <wsHttpBinding>
        <binding name="GeometryEndpoint" >
          <security mode="Message">
            <message
              clientCredentialType="Certificate"
              negotiateServiceCredential="false"
              establishSecurityContext="false" />
          </security>
        </binding>
      </wsHttpBinding>
    </bindings>
    <client>
      <endpoint
        address="http://localhost:1234/SecurityCertificate/"
        behaviorConfiguration="ClientCredentialsBehavior"
        binding="wsHttpBinding"
        bindingConfiguration="GeometryEndpoint"
        contract="IGeometry"
        name="HttpGeometryEndpoint" />
    </client>
  </system.serviceModel>
</configuration>
```

Listing 9.62: Die app.config der Client-Anwendung

9.5.3 Transportsicherheit mit SSL und Zertifikaten

Sowohl im Internet als auch im Intranet ist die Absicherung eines Service auf Transportebene mithilfe von SSL möglich. Dazu benötigt der Service auf jeden Fall ein spezielles Zertifikat. In diesem Beispiel ist es außerdem erforderlich, dass sich jeder Client beim Service ebenfalls mittels eines Zertifikats authentifiziert.

Der Host

Sie können für die Host-Anwendung dasselbe Zertifikat verwenden, das schon im vorigen Beispiel Anwendung gefunden hat. Auch hier gilt, dass der Name der Domain von der Adresse mit dem Namen des Zertifikats für den Service übereinstimmen muss. Da es sich um eine Selfhosting-Anwendung handelt, muss das Zertifikat für den Port der Adresse und der Anwendung mit dem Tool *netsh* registiert werden. In Vista müssen Sie sowohl den Fingerprint des Zertifikats als auch die ID der Host-Anwendung angeben. Sie müssen also zuerst das Gerüst der Host-Anwendung erstellen und kompilieren, um die ID ermitteln zu können.

```
netsh http add sslcert ipport=0.0.0.0:1234
certhash=df12280182f8f4d6eaacac5696af4c32d2cbb099 appid={53D3D837-6218-4EC9-
8BE6-7612071729D4} clientcertnegotiation=enable
```

Jetzt muss nur noch die Anwendungskonfigurationsdatei der Hosting-Anwendung mit den folgenden Angaben erstellt werden.

```
<configuration>
  <system.serviceModel>
  <bindings>
    <basicHttpBinding>
      <binding name="CertificateWithTransport">
        <security mode="Transport">
          <transport clientCredentialType="Certificate"/>
        </security>
      </binding>
    </basicHttpBinding>
  </bindings>
    <services>
      <service
        name="FirstService.Geometry"
        behaviorConfiguration="serviceCredentialBehavior">
        <endpoint
          binding="basicHttpBinding"
          bindingConfiguration="CertificateWithTransport"
          name="GeometryEndpoint"
          contract="FirstService.IGeometry" />
        <endpoint
          address="/mex"
          binding="mexHttpsBinding"
          name="HttpsMexEndpoint"
          contract="IMetadataExchange" />
        <host>
          <baseAddresses>
            <add
              baseAddress="https://localhost:1234/SecuritySslCertificate/" />
          </baseAddresses>
        </host>
      </service>
    </services>
  <behaviors>
    <serviceBehaviors>
      <behavior name="serviceCredentialBehavior">
        <serviceMetadata />
        <serviceCredentials>
          <clientCertificate>
            <authentication
              revocationMode="NoCheck"
              trustedStoreLocation="LocalMachine" />
          </clientCertificate>
        </serviceCredentials>
      </behavior>
```

```
    </serviceBehaviors>
  </behaviors>
  </system.serviceModel>
</configuration>
```

Listing 9.63: app.config der Hosting-Anwendung für SSL

Die Client-Anwendung

Jeder Client muss über ein Zertifikat verfügen, das von einer vertrauenswürdigen Stammzertifizierungsstelle ausgestellt wird. Die Regeln sind identisch mit einem Zertifikat für die Nachrichtensicherheit mit Zertifikaten.

```
<configuration>
  <system.serviceModel>
    <behaviors>
      <endpointBehaviors>
        <behavior name="serviceCredentialBehavior">
          <clientCredentials>
            <clientCertificate
              findValue="TempClientCert"
              storeLocation="CurrentUser"
              storeName="My"
              x509FindType="FindBySubjectName" />
          </clientCredentials>
        </behavior>
      </endpointBehaviors>
    </behaviors>
    <bindings>
      <basicHttpBinding>
        <binding name="CertificateWithTransport">
          <security mode="Transport">
            <transport clientCredentialType="Certificate" />
          </security>
        </binding>
      </basicHttpBinding>
    </bindings>
    <client>
      <endpoint
        address="https://localhost:1234/SecuritySslCertificate/"
        behaviorConfiguration="serviceCredentialBehavior"
        binding="basicHttpBinding"
        bindingConfiguration="CertificateWithTransport"
        contract="IGeometry"
        name="GeometryEndpoint" />
    </client>
  </system.serviceModel>
</configuration>
```

Listing 9.64: Anwendungskonfigurationsdatei der Client-Anwendung

9.5.4 Nachrichtensicherheit mit Benutzername und Passwort

In diesem letzten Beispiel kann sich ein Client bei einem Service mithilfe von Benutzername und Passwort authentifizieren. Dieses Szenario wird gerne im Internet verwendet. Die Clients authentifizieren sich bei dem Service mit einer Kombination von Benutzername und Passwort, die im Code übergeben werden muss. Standardmäßig wird dann auf dem Rechner des Service nach einem Windows-Account mit diesen Angaben gesucht. Statt der Windows-Accounts kann aber auch ein anderer Membership-Provider verwendet werden.

Der Host

Die Host-Anwendung authentifiziert sich bei den Clients mithlfe eines Zertifikats.

```
<configuration>
  <system.serviceModel>
    <behaviors>
      <serviceBehaviors>
        <behavior name="ServiceCredentialsBehavior">
          <serviceMetadata  />
          <serviceCredentials>
            <serviceCertificate
              findValue="localhost"
              storeLocation="LocalMachine"
              storeName="My"
              x509FindType="FindBySubjectName" />
          </serviceCredentials>
        </behavior>
      </serviceBehaviors>
    </behaviors>
    <services>
      <service
        behaviorConfiguration="ServiceCredentialsBehavior"
        name="FirstService.Geometry">
        <endpoint
          binding="wsHttpBinding"
          bindingConfiguration="MessageAndUserName"
          name="GeometryEndpoint"
          contract="FirstService.IGeometry" />
        <endpoint address="/mex"
          binding="mexHttpBinding"
          name="HttpMexEndpoint"
          contract="IMetadataExchange" />
        <host>
          <baseAddresses>
            <add
              baseAddress="http://localhost:1234/SecurityUsername/" />
          </baseAddresses>
```

```
      </host>
    </service>
  </services>
  <bindings>
    <wsHttpBinding>
      <binding name="MessageAndUserName">
        <security mode="Message">
          <message
            clientCredentialType="UserName"
            negotiateServiceCredential="false"
            establishSecurityContext="true" />
        </security>
      </binding>
    </wsHttpBinding>
  </bindings>
  <client />
 </system.serviceModel>
</configuration>
```

Listing 9.65: app.config für Nachrichtensicherheit mit Benutzername

Die Client-Anwendung

Für die Client-Anwendung müssen Sie die folgende Anwendungskonfigurationsdatei erstellen und zu dem Client-Projekt hinzufügen.

```
<configuration>
    <system.serviceModel>
        <bindings>
            <wsHttpBinding>
                <binding name="GeometryEndpoint">
                    <security mode="Message">
                        <message
                          clientCredentialType="UserName"
                          negotiateServiceCredential="false"
                          algorithmSuite="Default"
                          establishSecurityContext="true" />
                    </security>
                </binding>
            </wsHttpBinding>
        </bindings>
        <client>
            <endpoint
              address="http://localhost:1234/SecurityUsername/"
              binding="wsHttpBinding"
              bindingConfiguration="GeometryEndpoint"
              contract="IGeometry"
              behaviorConfiguration="ClientCredentialsBehavior"
              name="GeometryEndpoint" />
```

```
        </client>
      <behaviors>
        <endpointBehaviors>
          <behavior name="ClientCredentialsBehavior">
            <clientCredentials>
              <serviceCertificate>
                <defaultCertificate
                  findValue="localhost"
                  storeLocation="LocalMachine"
                  storeName="My"
                  x509FindType="FindBySubjectName" />
              </serviceCertificate>
            </clientCredentials>
          </behavior>
        </endpointBehaviors>
      </behaviors>
    </system.serviceModel>
</configuration>
```

Listing 9.66: app.config für Nachrichtensicherheit mit Benutzername

Benutzername und Passwort können nicht in der Anwendungskonfigurationsdatei angegeben werden. Die Client-Anwendung öffnet normalerweise beim Start ein Fenster, in dem Benutzername und Passwort abgefragt werden. Die Angaben müssen dann im Code vorgenommen werden.

```
GeometryClient client = new GeometryClient();

client.ClientCredentials.UserName.UserName = "Benutzername";
client.ClientCredentials.UserName.Password = "Passwort";

txtArea.Text =
Convert.ToString(client.CircleArea(Convert.ToDouble(txtRadius.Text)));
```

Listing 9.67: Benutzername und Passwort übergeben in C#

```
Dim client As New GeometryClient()

client.ClientCredentials.UserName.UserName = "Benutzername"
client.ClientCredentials.UserName.Password = "Passwort"

txtArea.Text = _
Convert.ToString(client.CircleArea(Convert.ToDouble(txtRadius.Text)))
```

Listing 9.68: Benutzername und Passwort übergeben in Visual Basic

10 Behaviors

Mithilfe von Behaviors können viele Verhaltensweisen zur Laufzeit eines Services festgelegt werden. Behaviors sind spezielle Objekte, die eine Laufzeiteigenschaft festlegen oder durch die ein Anpassungstyp in das Laufzeitmodul eingefügt wird. Es ist auch möglich, benutzerdefinierte Verhaltensweisen hinzuzufügen, die die Konfiguration des Service prüfen und das Laufzeitverhalten von Services oder von Client-Anwendungen verändern können.

Behaviors werden zu den Service-Objekten und Endpunkt-Beschreibungen hinzugefügt, bevor WCF diese Objekte verwendet, um die Laufzeitumgebung zu erstellen, die einen Service oder eine Client-Anwendung ausführt. Die Behaviors werden während der Erstellung der Laufzeitumgebung aufgerufen und können dann auf Laufzeiteigenschaften und Laufzeitmethoden zugreifen und somit die von einem Contract, von den Bindungen und Adressen erstellte Laufzeitumgebung verändern.

Es gibt vier Arten von Behaviors, die jeweils eine vordefinierte Schnittstelle implementieren:

- *ServiceBehaviors* ermöglichen die Anpassung der ganzen Laufzeitumgebung eines Service und wirken sich immer auf den gesamten Service aus. Alle Service-Behaviors implementieren die Schnittstelle `IServiceBehavior`.
- *OperationBehaviors* beeinflussen das Verhalten einer einzelnen Methode und implementieren `IOperationBehavior`.

- *EndpointBehaviors* passen Endpunkte an und legen Verhaltensweisen für einen Endpunkt fest. Oft wird auch die Client-Funktionalität beeinflusst. Die Endpoint-Behaviors implementieren *IEndpointBehavior.*
- *ContractBehaviors* legen Verhaltensweisen für einen Vertrag des Service zur Laufzeit fest und implementieren `IContractBehavior`.

Einige Behaviors werden in der Konfigurationsdatei angegeben, andere Behaviors werden mithilfe von Attributen festgelegt. Alle Verhaltensweisen können aber auch per Code gesteuert werden.

10.1 ServiceBehaviors

ServiceBehaviors geben das interne Ausführungsverhalten einer Dienstvertragsimplementierung an und implementieren `IServiceBehavior`. Es ist möglich, Aspekte der Ausführung eines Service zu ändern, zu überprüfen oder zu erweitern.

Service Behaviors beeinflussen immer die gesamte Laufzeit eines Service und werden zu der Verhaltenssammlung der `ServiceDescription` hinzugefügt. Service Behaviors können festgelegt werden durch

- ein `ServiceBehavior`-Attribut in der Klasse des Service,
- einen Eintrag in der Konfigurationsdatei,
- die Angabe von Code.

10.1.1 Das ServiceBehavior-Attribut

Mithilfe des `ServiceBehavior`-Attributs kann das interne Ausführungsverhalten einer Dienstvertragsimplementierung angegeben werden. Es wirkt sich auf den gesamten Service aus. Das `ServiceBehavior`-Attribut wird daher vor der Klassendefinition der Implementierung eines Service angegeben. Die folgende Tabelle listet alle Eigenschaften auf, die mit dem `ServiceBehavior`-Attribut festgelegt werden können.

<table>
<tr><th>Eigenschaft</th><th>Beschreibung</th></tr>
<tr><td>AddressFilterMode</td><td>Gibt den Filtertyp an, der vom Verteilersystem zum Suchen des Endpunktes der Anforderungen verarbeitet, verwendet wird.

Die AddressFilterMode-Enumeration legt drei mögliche Einstellungen fest.

▶ Exact ist der Standardwert und gibt an, dass die Adresse des Endpunktes genau mit der Adresse einer eingehenden Nachricht übereinstimmen muss.

▶ Prefix legt fest, dass ein Filter die längsten Präfixübereinstimmungen mit der Adresse einer eingehenden Nachricht aufweisen muss.

▶ Any gibt an, dass die Adresse des Endpunktes mit jeder Adresse einer eingehenden Nachricht übereinstimmen kann.</td></tr>
<tr><td>AutomaticSessionShutdown</td><td>Standardmäßig wird eine Sitzung vom Server automatisch geschlossen, wenn der Kanal geschlossen wird und der Service die Verarbeitung aller übrigen Nachrichten abgeschlossen hat.

Wird AutomaticSessionShutdown auf false gesetzt, wird die Sitzung nicht mehr automatisch vom Server geschlossen; die Sitzungslebensdauer kann vom Benutzer gesteuert werden.</td></tr>
<tr><td>ConcurrencyMode</td><td>Steuert das interne Threading-Modell und legt fest, ob ein Service einen Thread, mehrere Threads oder wiedereintrittsfähige Aufrufe unterstützt.

Die ConcurrencyMode-Enumeration gibt drei mögliche Einstellungen vor.

▶ Single ist der Standardwert und weist das System an, Instanzen des Service auf jeweils einen ausgeführten Thread zu begrenzen, sodass Sie keine Threading-Probleme behandeln müssen. Kommen weitere Nachrichten an, während die Instanz einen Aufruf bedient, müssen diese Nachrichten warten, bis der Service wieder verfügbar ist oder bis eine Zeitüberschreitung bei den Nachrichten eintritt.

▶ Multiple legt fest, dass ein Service von mehreren Threads gleichzeitig ausgeführt werden kann. In diesem Fall muss dann allerdings die Thread-Sicherheit sichergestellt werden.

▶ Reentrant gibt an, dass die Instanz des Service eine Singlethread-Instanz ist und wiedereintrittsfähige Aufrufe annimmt.

Mehr dazu in Kapitel 6, » Sessions«.</td></tr>
<tr><td>ConfigurationName</td><td>Legt den Namen fest, nach dem das Element in der Konfigurationsdatei gesucht wird. Die Angabe entspricht der Festlegung des name-Attributs in dem Element service der Konfigurationsdatei. Der Standardwert ist der vollqualifizierte Name ohne Assembly-Informationen. Mehr dazu in Kapitel 2, »Contracts«.</td></tr>
</table>

Tabelle 10.1: Eigenschaften des ServiceBehavior-Attributs

Eigenschaft	Beschreibung
IgnoreExtensionDataObject	Standardmäßig werden immer alle Daten serialisiert. Wird die IgnoreExtensionDataObject-Eigenschaft auf den Wert true gesetzt, so werden unbekannte Serialisierungsdaten, die zum Verarbeiten der Nachricht nicht erforderlich sind, ignoriert. Mehr dazu in Kapitel 3, »Datenserialisierung«. Mehr dazu in Kapitel 3, »Datenserialisierung«.
IncludeExceptionDetailInFaults	Legt fest, ob nicht behandelte Ausnahmen in einem Dienst als SOAP-Fehler zurückgegeben werden. Die Standardeinstellung ist false. Nicht behandelte Ausnahmen werden nicht zurückgegeben. Wird IncludeExceptionDetailInFaults auf den Wert true gesetzt, wird eine allgemeine nicht behandelte Ausnahme in eine FaultException vom Typ ExceptionDetail konvertiert und als Fehlermeldung gesendet. Dabei ist eine Bindung erforderlich, die entweder Anforderungs-/Antwort- oder Duplexnachrichten unterstützt. Die Einstellung true dient ausschließlich dem Debugging eines Service.
InstanceContextMode	Gibt die Anzahl von Instanzen eines Service an, die verfügbar sind, um die in eingehenden Nachrichten enthaltenen Aufrufe zu behandeln. Die InstanceContextMode-Enumeration gibt drei Einstellungen vor. - PerSession ist der Standardwert und legt fest, dass zu jeder Sitzung ein neues InstanceContext-Objekt erstellt wird. - PerCall gibt an, dass vor jedem Aufruf ein neues InstanceContext-Objekt erstellt wird und im Anschluss wiederverwendet werden soll. - Single legt fest, dass nur ein InstanceContext-Objekt für alle eingehenden Aufrufe verwendet und bei den nachfolgenden Aufrufen nicht wiederverwendet werden kann. Mehr dazu in Kapitel 6, » Sessions«.
MaxItemsInObjectGraph	Die Eigenschaft MaxItemsInObjectGraph legt die maximale Anzahl von Elementen fest, die in einem Objekt serialisiert werden können. Der Standardwert ist 65536.
Name **und** Namespace	Die Eigenschaften Name und Namespace legen den Namen und den Ziel-Namespace für den WSDL-Ausdruck eines Service-Elements fest.
ReleaseServiceInstanceOnTransactionComplete	Der Standardwert true legt fest, dass Objekte eines Service freigegeben werden, wenn die aktuelle Transaktion abgeschlossen ist. Wird die Eigenschaft ReleaseServiceInstanceOnTransactionComplete auf den Wert false gesetzt, wird das verhindert. Mehr dazu in Kapitel 7, »Transaktionen«.

Tabelle 10.1: Eigenschaften des ServiceBehavior-Attributs (Fortsetzung)

Eigenschaft	Beschreibung
TransactionAutoComplete OnSessionClose	Der Standardwert false gibt an, dass eine aktuelle Sitzung nicht automatisch geschlossen werden soll. Wird TransactionAutoCompleteOnSessionClose auf den Wert true gesetzt, so werden anstehende Transaktionen automatisch abgeschlossen, wenn die aktuelle Sitzung ohne Fehler geschlossen wird. Mehr dazu in Kapitel 7, »Transaktionen«.
TransactionIsolationLevel	Legt die Isolierungsebene der Transaktion fest, die vom Vertrag unterstützt wird, und bestimmt, wie Daten behandelt werden, falls Änderungen an anderen Transaktionen vorgenommen werden beziehungsweise wie lange Ihre Transaktion Sperren zum Schutz vor diesen Änderungen aufrecht erhalten muss. Die möglichen Einstellungen werden von der IsolationLevel-Enumeration vorgegeben. - Serializable legt fest, dass Daten zwar gelesen, aber nicht geändert werden können, und dass während der Transaktion keine neuen Daten hinzugefügt werden können. - RepeatableRead gibt an, dass Daten während der Transaktion gelesen, jedoch nicht geändert werden können. Neue Daten können jedoch während der Transaktion hinzugefügt werden. - ReadCommitted legt fest, dass Daten während der Transaktion nicht gelesen werden, jedoch geändert werden können. - ReadUncommitted legt fest, dass Daten während der Transaktion gelesen und geändert werden können. - Snapshot gibt an, dass Daten gelesen werden können. Werden in einer Transaktion Daten geändert, so wird überprüft, ob die Daten nach dem ersten Lesen von einer anderen Transaktion geändert wurden. Werden die Daten aktualisiert, wird ein Fehler ausgelöst, und eine Transaktion kann den zuvor übernommenen Wert der Daten abrufen. - Chaos legt fest, dass die ausstehenden Änderungen von höher isolierten Transaktionen nicht überschrieben werden können. - Der Standardwert Unspecified legt fest, dass Aktualisierungs- oder Einfügevorgänge erst möglich sind, wenn die Transaktion abgeschlossen ist. Mehr dazu in Kapitel 7, »Transaktionen«.
TransactionTimeout	Legt einen Zeitraum fest, in dem eine Transaktion abgeschlossen werden muss, bevor sie automatisch abgebrochen wird. Mehr dazu in Kapitel 7, »Transaktionen«.

Tabelle 10.1: Eigenschaften des ServiceBehavior-Attributs (Fortsetzung)

Eigenschaft	Beschreibung
UseSynchronizationContext	Die Standardeinstellung true legt fest, dass eingehende Methodenaufrufe automatisch mit dem Benutzeroberflächen-Thread synchronisiert werden sollen. Um das zu verhindern, wird UseSynchronizationContext auf den Wert false gesetzt.
ValidateMustUnderstand	Der Standardwert true legt fest, dass das System überprüfen muss, ob als MustUnderstand markierte SOAP-Header verstanden wurden.

Tabelle 10.1: Eigenschaften des ServiceBehavior-Attributs (Fortsetzung)

In dem folgenden Beispiel verwendet die Geometry-Klasse das ServiceBehavior-Attribut um anzugeben, dass das Service-Objekt wiederverwendet werden soll, wenn die Transaktion abgeschlossen ist, und dass es für jede Sitzung ein eigenes Service-Objekt gibt. Außerdem wird der Service als Single-Thread ausgeführt und unterstützt keine wiedereintrittsfähigen Aufrufe.

```
namespace FirstService
{
    [ServiceBehavior(
    ConcurrencyMode=ConcurrencyMode.Single,
    InstanceContextMode=InstanceContextMode.PerSession,
    ReleaseServiceInstanceOnTransactionComplete=true
    )]
    public class Geometry : IGeometry
    {
        public double CircleArea(double radius)
        {
            return radius * radius * Math.PI;
        }
    }
}
```

Listing 10.1: Festlegen des ServiceBehavior-Attributs in C#

```
<ServiceBehavior( _
 ConcurrencyMode:=ConcurrencyMode.Single, _
 InstanceContextMode:=InstanceContextMode.PerSession, _
 ReleaseServiceInstanceOnTransactionComplete:=true)> _
Public Class Geometry
  Implements IGeometry

  Public Function CircleArea(radius As Double) As Double _
    Implements IGeometry.CircleArea

    return radius * radius * Math.PI
  End Function
End Class
```

Listing 10.2: Festlegen des ServiceBehavior-Attributs in Visual Basic

Die IncludeExceptionDetailInFaults-Eigenschaft kann außerdem als einzige auch in einer Konfigurationsdatei festgelegt werden.

```
<behaviors>
    <serviceBehaviors>
        <behavior>
            <serviceDebug includeExceptionDetailInFaults="true" />
        </behavior>
    </serviceBehaviors>
</behaviors>
```

Listing 10.3: IncludeExceptionDetailInFaults per Konfiguration

10.1.2 Das AspNetCompatibilityRequirements-Attribut

Mithilfe des AspNetCompatibilityRequirements-Attributs wird festgelegt, ob ein Service im ASP.NET-Kompatibilitätsmodus ausgeführt werden soll.

Mehr dazu in Kapitel 5, »Hosting«.

10.1.3 ServiceMetadata

Neben dem ServiceBehavior-Attribut gibt es weitere Klassen, welche die IServiceBehavior-Schnittstelle implementieren, und die entweder in der Konfigurationsdatei oder per Code festgelegt werden. Mithilfe der Klasse ServiceMetadata kann gesteuert werden, wie ein Service für die Client-Anwendung notwendige Metadaten veröffentlicht.

Eigenschaft	Beschreibung
HttpGetEnabled	Im einfachsten Fall ist es ausreichend, die Eigenschaft auf den Wert true zu setzen. Dann werden Metadaten in Form eines WSDL-Dokuments bei einer HTTP/GET-Anforderung veröffentlicht, wenn für die Host-Anwendung eine Basisadresse definiert worden ist.
HttpGetUrl	Ist keine Basisadresse für den Host definiert worden, dann muss die Eigenschaft HttpGetUrl auf eine Adresse gesetzt werden, unter welcher die Metadaten veröffentlicht werden.
HttpsGetEnabled	Wird die Eigenschaft auf den Wert true gesetzt, so werden Metadaten bei einer HTTPS/GET-Anforderung veröffentlicht.
HttpsGetUrl	Ist keine Basisadresse für den Host definiert, dann muss die Eigenschaft HttpsGetUrl auf eine Adresse gesetzt werden, unter welcher die Metadaten für HTTPS/GET-Anforderungen veröffentlicht werden.

Tabelle 10.2: Eigenschaften der ServiceMetadata-Klasse

Eigenschaft	Beschreibung
`ExternalMetadataLocation`	Die Metadaten werden normalerweise mit jedem Aufruf neu generiert. Mit der Eigenschaft `ExternalMetadataLocation` kann alternativ eine Adresse angegeben werden, unter der sich ein statisches WSDL-Dokument mit Metadaten befindet.
`MetadataExporter`	Mithilfe eines selbstdefinierten `MetadataExporter`-Objekts kann genau festgelegt werden, wie und nach welchen Regeln ein Service Metadaten exportiert.

Tabelle 10.2: Eigenschaften der ServiceMetadata-Klasse (Fortsetzung)

Das Festlegen des Metadatenverhaltens kann in der Konfigurationsdatei oder per Code erfolgen.

```
<behaviors>
    <serviceBehaviors>
        <behavior name="metadataAndDebugEnabled">
            <serviceMetadata httpGetEnabled="true" />
        </behavior>
    </serviceBehaviors>
</behaviors>
```

Listing 10.4: ServiceBehavior in der Konfiguration festlegen

```
using (ServiceHost sh = new ServiceHost(typeof(GeometryService)))
{
    // Überprüfung, ob der Host bereits ein ServiceMetadataBehavior enthält
    ServiceMetadataBehavior smb =
    sh.Description.Behaviors.Find<ServiceMetadataBehavior>();
    // Ist das nicht der Fall, wird ein ServiceMetadataBehavior hinzugefügt
    if (smb == null)
        smb = new ServiceMetadataBehavior();
    //Setzen von Einstellungen für das ServiceMetadataBehavior

smb.HttpGetEnabled = true;


    //Hinzufügen des ServiceMetadataBehaviors
    sh.Description.Behaviors.Add(smb);

    sh.Open();
    ...
}
```

Listing 10.5: Hinzufügen eines ServiceBehaviors per Code in C#

```
Using sh As New ServiceHost(GetType(GeometryService))
{
    'Überprüfung, ob der Host bereits ein ServiceMetadataBehavior enthält
    Dim smb =  sh.Description.Behaviors.Find(Of ServiceMetadataBehavior)()
    ' Ist das nicht der Fall, wird ein ServiceMetadataBehavior hinzugefügt
    If smb Is Nothing Then
        smb = new ServiceMetadataBehavior()
    End If
    ' Setzen von Einstellungen für das ServiceMetadataBehavior

    smb.HttpGetEnabled = true


    ' Hinzufügen des ServiceMetadataBehaviors
    sh.Description.Behaviors.Add(smb)

    sh.Open()
    ...
End Using
```

Listing 10.6: Hinzufügen eines ServiceBehavios per Code in Visual Basic

Mehr dazu in in den ersten beiden Kapiteln.

10.1.4 ServiceAuthorization

Mithilfe der Klasse `ServiceAuthorization` kann gesteuert werden, wie der Service Client-Anwendungen autorisiert. Die folgende Tabelle listet alle verfügbaren Einstellungen auf:

Eigenschaft	Beschreibung
`ExternalAuthorizationPolicies`	Liste externer Autorisierungsrichtlinien für benutzerdefinierte Autorisierungsvorgänge.
`ImpersonateCallerForAllOperations`	Legt fest, ob ein Service einen Identitätswechsel für alle Vorgänge unterstützen soll. Die Standardeinstellung ist `false`; es wird kein Identitätswechsel ausgeführt. Wird die Eigenschaft auf `true` gesetzt, dann darf ein Identitätswechsel für alle Methoden ausgeführt werden. Mehr dazu in Kapitel 9, »Security«.

Tabelle 10.3: Eigenschaften der ServiceAuthorization-Klasse

Eigenschaft	Beschreibung
PrincipalPermissionMode	Gibt an, mit welchem Rollenprovider eine authentifizierte Identität einer bestimmten Rolle zugeordnet wird. Die principalPermissionMode-Enumeration gibt die verschiedenen Möglichkeiten vor, einen Benutzer automatisch einer Rolle zuzuordnen. Mehr dazu in Kapitel 9, »Security«.
RoleProvider	Legt einen benutzerdefinierten Rollenprovider fest.
ServiceAuthorizationManager	Legt einen benutzerdefinierten Serviceautorisierungs-Manager fest.

Tabelle 10.3: Eigenschaften der ServiceAuthorization-Klasse

10.1.5 ServiceCredentials

Die Klasse ServiceCredentials konfiguriert die Anmeldeinformationen eines Service, das X.509-Zertifikat und legt das Authentifizierungsmodell für Client-Anmeldeinformationen fest.

ServiceCertificate

Legt das Zertifikat fest, mit dem sich ein Service bei den Client-Anwendungen authentifiziert.

```
<serviceBehaviors>
   <behavior name="ServiceBehavior">
      <serviceCredentials>
         <serviceCertificate
            findValue="TempCA"
            storeLocation="CurrentUser"
            storeName="Root"
            x509FindType="FindBySubjectName" />
      </serviceCredentials>
   </behavior>
</serviceBehaviors>
```

Listing 10.7: Zertifikat für einen Service festlegen

ClientCertificate

Mit der Eigenschaft ClientCertificate kann festgelegt werden, auf welche Weise der Service die Client-Zertifikate authentifiziert und autorisiert. Die Authentication-Eigenschaft enthält eine Instanz der X509ClientCertificateAuthentication-Klasse und gibt Authentifizierungseigenschaften zum Überprüfen des Client-Zertifikats an.

Die folgende Tabelle listet alle verfügbaren Eigenschaften auf:

Eigenschaft	Beschreibung
CertificateValidationMode	Legt fest, ob sich das Client-Zertifikat im Speicher für vertrauenswürdige Personen befindet, oder dass die Zertifizierungskette zu einer Zertifizierungsstelle im vertrauenswürdigen Stammspeicher führt. Mehr dazu in Kapitel 9, »Security«.
CustomCertificateValidator	Legt eine benutzerdefinierte Client-Zertifikatüberprüfung fest.
IncludeWindowsGroups	Die Standardeinstellung true legt fest, dass ein Client nach erfolgreicher Authentifizierung einer Windows-Benutzergruppe zugeordnet werden soll. Es ist möglich, einzelne Funktionen eines Service nur für bestimmte Benutzergruppen zu autorisieren. Mehr dazu in Kapitel 9, »Security«. Ist die Zuordnung zu einer Windows-Benutzergruppe nicht erforderlich und wird IncludeWindowsGroups auf false gesetzt, kann dies zu einer Leistungssteigerung führen.
MapClientCertificate To WindowsAccount	Standardmäßig ist der Wert false eingestellt, und Client-Zertifikate werden keinem Windows-Konto zugeordnet. Bei true wird versucht, ein Client-Zertifikat einem Windows-Konto zuzuordnen. Mehr dazu in Kapitel 9, »Security«.
RevocationMode	Legt fest, ob und wie eine Sperrüberprüfung der Client-Zertifikate stattfindet. Die X509RevocationMode-Enumeration gibt drei mögliche Einstellungen vor. ▶ Mit NoCheck wird keine Sperrüberprüfung für das Zertifikat ausgeführt. ▶ Online ist der Standard und legt fest, dass eine Sperrüberprüfung mithilfe einer Online-Zertifikatssperrliste ausgeführt wird. ▶ Mit Offline wird eine Sperrüberprüfung mithilfe einer zwischengespeicherten Zertifikatssperrliste ausgeführt.
TrustedStoreLocation	Legt den Speicherort des vertrauenswürdigen Speichers fest, von dem die Client-Zertifikatskette überprüft wird.

Tabelle 10.4: Eigenschaften von »ServiceCredentials.Authentication«

Die Eigenschaft `Certificate` enthält eine Instanz der `X509Certificate2`-Klasse und dient dazu, ein Zertifikat festzulegen, das für die Verschlüsselung von Nachrichten im `MutualCertificateDuplex`-Authentifizierungsmodus für Nachrichtensicherheit verwendet wird.

WindowsAuthentication

Die Eigenschaft `WindowsAuthentication` enthält eine Instanz der `WindowsServiceCredential`-Klasse und legt Einstellungen zur Authentifizierung mit Windows-Konten fest. Die Eigenschaft `AllowAnonymousLogons` legt fest, ob ein anonymer Benutzerzugriff auf Nachrichtenebene möglich ist; `IncludeWindowsGroups` legt fest, ob ein authentifizierter Benutzer einer Windows-Benutzergruppe zugeordnet werden soll.

UserNameAuthentication

Die Eigenschaft `UserNameAuthentication` enthält eine Instanz der `UserNamePasswordServiceCredential`-Klasse und gibt an, wie ein Service eine Client-Anwendung authentifiziert und autorisiert, wenn sich der Client mit Benutzername und Kennwort anmeldet, und wie die Anmeldeinformationen zwischengespeichert werden.

Die folgende Tabelle listet alle verfügbaren Eigenschaften auf:

Eigenschaft	Beschreibung
`CacheLogonTokens`	Standardmäßig ist `CacheLogonTokens` auf `false` gesetzt; Anmeldeinformationen werden nicht zwischengespeichert. Wird der Wert auf `true` gesetzt, dann wird ein sogenanntes Anmelde-Token zwischengespeichert und später für das gleiche Benutzername/Kennwort-Paar wiederverwendet.
`CachedLogonTokenLifetime`	Legt mit einem Timespan den maximalen Zeitraum fest, in dem Anmeldeinformationen zwischengespeichert werden. Der Standardwert beträgt 15 Minuten.
`MaxCachedLogonTokens`	Legt die maximale Anzahl von zwischengespeicherten Anmeldeinformationen fest. Der Standardwert beträgt 128.
`IncludeWindowsGroups`	Die Standardeinstellung `true` legt fest, dass ein Client nach erfolgreicher Authentifizierung einer Windows-Benutzergruppe zugeordnet werden soll. Es ist möglich, einzelne Funktionen eines Service nur für bestimmte Benutzergruppen zu autorisieren. Ist die Zuordnung zu einer Windows-Benutzergruppe nicht erforderlich und wird `IncludeWindowsGroups` auf `false` gesetzt, kann dies zu einer Leistungssteigerung führen. Mehr dazu in Kapitel 9, »Security«.

Tabelle 10.5: Eigenschaften von »UserNamePasswordServiceCredential«

Eigenschaft	Beschreibung
UserNamePasswordValidationMode	Legt fest, mit welcher Methode Benutzername und Kennwort überprüft werden. Die UserNamePasswordValidationMode-Enumeration gibt drei Möglichkeiten vor: ▶ Mit der Standardeinstellung Windows werden Benutzername und Passwort von Windows überprüft und anschließend einem Windows-Benutzer zugeordnet. ▶ Mit der Einstellung MembershipProvider findet die Überprüfung von Benutzername und Passwort mit einem MembershipProvider statt, der mit der Eigenschaft MembershipProvider festgelegt wird. ▶ Mit Custom wird eine benutzerdefinierte Authentifizierung auf Grundlage eines konfigurierten benutzerdefinierten CustomUserNamePasswordValidator -Objekts festgelegt. Mehr dazu in Kapitel 9, »Security«.
MembershipProvider	Legt den Mitgliedschaftsanbieter (MembershipProvider) zum Überprüfen von Benutzername und Kennwort fest. Standardmäßig wird der im .NET Framework integrierte Mitgliedschaftsanbieter SqlMembershipProvider verwendet. Es ist auch möglich, einen benutzerdefinierten Mitgliedschaftsanbieter anzugeben, der von der abstrakte MembershipProvider-Klasse erbt. Das ist dann sinnvoll, wenn die Mitgliedschaftsinformationen nicht in einer Datenquelle gespeichert sind, die von den in .NET Framework enthaltenen Mitgliedschaftsanbietern unterstützt wird, oder wenn eine bereits bestehende Datenbank mit Mitgliedschaftsinformationen verwendet werden soll, die ein anderes Datenbankschema verwendet. Mehr dazu in Kapitel 9, »Security«.
CustomUserNamePasswordValidator	Legt eine benutzerdefinierte Überprüfung von Benutzername und Kennwort fest.

Tabelle 10.5: Eigenschaften von »UserNamePasswordServiceCredential« (Fortsetzung)

IssuedTokenAuthentication

Die Eigenschaft IssuedTokenAuthentication enthält eine Instanz der IssuedTokenServiceCredential-Klasse und wird verwendet, um benutzerdefinierte Anmeldeinformationen zu authentifizieren.

Mehr zu den ServiceCredentials erfahren Sie in Kapitel 9, »Security«.

10.1.6 ServiceDebug

Mit der Klasse `ServiceDebug` kann der Debugging-Modus aktiviert werden. Es wird gesteuert, wie aufgetretene Ausnahmen veröffentlicht werden. Außerdem können HTML-Informationsdateien für Benutzer veröffentlicht werden, die den Service in einem Webbrowser durchsuchen.

Eigenschaft	Beschreibung
`HttpHelpPageEnabled` `HttpsHelpPageEnabled`	Mit der Standardeinstellung `true` wird eine HTML-Hilfeseite über HTTP oder HTTPS veröffentlicht. Um die Veröffentlichung einer in HTML-Browsern anzeigbaren HTML-Hilfeseite zu deaktivieren, wird die Eigenschaft `HttpHelpPageEnabled` bzw. `HttpsHelpPageEnabled` auf `false` gesetzt.
`HttpHelpPageUrl` `HttpsHelpPageUrl`	Ist die Eigenschaft `HttpHelpPageEnabled` bzw. `HttpsHelpPageEnabled` auf `true` gesetzt, so steuern `HttpHelpPageUrl` bzw. `HttpsHelpPageUrl` die Position der angezeigten HTML-Hilfeseite. Die Einstellung ist nicht notwendig, wenn eine Basisadresse für die Host-Anwendung definiert wurde.
`IncludeExceptionDetailInFaults`	Die Standardeinstellung ist `false`; es werden keine Informationen über Ausnahmen an eine Client-Anwendung weitergeleitet. Zu Testzwecken kann die Eigenschaft auf `true` gesetzt werden, um Informationen über Ausnahmen in Details der SOAP-Fehler an einen Test-Client zu übermitteln.

Tabelle 10.6: Eigenschaften der ServiceDebug-Klasse

Das Übermitteln von Informationen über Ausnahmen stellt immer ein Sicherheitsrisiko dar, da Informationen zur internen Implementierung des Service verfügbar gemacht werden, die auch von nicht autorisierten Clients verwendet werden können. Deswegen sollte die `IncludeExceptionDetailInFaults`-Eigenschaft ausschließlich für Debug-Szenarien auf `true` festgelegt werden.

10.1.7 ServiceSecurityAudit

Mit der Klasse `ServiceSecurityAudit` wird das Überwachungsverhalten für Sicherheitsereignisse festgelegt. Zu den Sicherheitsereignissen zählen unter anderem Authentifizierungs- und Autorisierungsereignisse.

Eigenschaft	Beschreibung
AuditLogLocation	Legt den Speicherort des Ereignisprotokolls fest, in den die Überwachung von WCF schreiben soll. Die möglichen Einstellungen werden von der AuditLogLocation-Enumeration festgelgt. ▶ Die Standardeinstellung Default verwendet den vom Betriebssystem bestimmten Standardspeicherort. ▶ Die Einstellung Application verwendet das Anwendungsprotokoll. ▶ Mit Security wird in das Sicherheitsprotokoll geschrieben.
MessageAuthenticationAuditLevel ServiceAuthorizationAuditLevel	Mit der Eigenschaft MessageAuthenticationAuditLevel wird festgelegt, welche Authentifizierungsereignisse im Protokoll erfasst werden sollen. ServiceAuthorizationAuditLevel legt fest, welche Autorisierungsereignisse erfasst werden. Die AuditLevel-Enumeration gibt vier mögliche Einstellungen an. ▶ Mit der Standardeinstellung None werden keine Ereignisse aufgezeichnet. ▶ Mit Success werden nur erfolgreiche Sicherheitsereignisse aufgezeichnet. ▶ Bei Failure werden ausschließlich fehlgeschlagene Sicherheitsereignisse aufgezeichnet. ▶ Durch die Einstellung SuccessOrFailure werden sowohl fehlgeschlagene als auch erfolgreiche Sicherheitsereignisse aufgezeichnet.
SuppressAuditFailure	Bei dem Standardwert true wird der Service nicht weiter von einem Authentifizierungs- oder einem Autorisierungsereignis beeinträchtigt. Es wird lediglich ein Eintrag im Protokoll vorgenommen. Wird SuppressAuditFailure auf den Wert false gesetzt, dann wird durch einen Überwachungsfehler eine Ausnahme ausgelöst. Die Anforderungen von Client-Anwendungen schlagen fehl.

Tabelle 10.7: Eigenschaften der ServiceSecurityAudit-Klasse

Mehr zu diesem Thema finden Sie in Kapitel 9, »Security«.

10.1.8 ServiceThrottling

Die Klasse ServiceThrottling konfiguriert die Laufzeit-Durchsatzeinstellungen eines Service, um dessen Leistung zu optimieren und um zu verhindern, dass dem Service nicht genügend Speicherplatz zur Verfügung steht.

Eigenschaft	Beschreibung
MaxConcurrentCalls	Legt die maximale Anzahl von Nachrichten fest, die von einem ServiceHost gleichzeitig aktiv verarbeitet werden können. Der Standardwert ist 64.
MaxConcurrentInstances	Legt die maximale Anzahl von InstanceContext-Objekten fest, die gleichzeitig auf einem ServiceHost ausgeführt werden können. Die Anzahl der InstanceContext-Objekte wird maßgeblich von der InstanceContextMode-Eigenschaft des ServiceBehavior-Attributs beeinflusst. Ist der Wert PerSession eingestellt, dann ist der resultierende Wert die Gesamtzahl der Sitzungen. Ist PerCall eingestellt, dann ist der resultierende Wert die Anzahl gleichzeitiger Aufrufe. Trifft eine neue Nachricht ein, und ist die Anzahl der zulässigen InstanceContext-Objekte bereits vorhanden, so wird die Nachricht zurückgehalten, bis ein anderes InstanceContext-Objekt geschlossen wird. Der Standardwert ist Int32.MaxValue, also 2.147.483.647.
MaxConcurrentSessions	Legt die maximale Anzahl Sitzungen fest, die von einem ServiceHost gleichzeitig akzeptiert werden. Liegt die Anzahl der Client-Threads unterhalb des Wertes von MaxConcurrentSessions, so werden die Anforderungen mehrerer Clients möglicherweise in derselben Socket-Verbindung in eine Warteschlange gestellt. Anforderungen von Clients, die keine Sitzung mit dem Service erstellt haben, werden so lange blockiert, bis der Service eine andere Sitzung geschlossen hat. Die Client-Threads sollten immer über verschiedene Anwendungsdomänen ausgeführt werden, sodass die Anforderungsnachrichten zu verschiedenen Socket-Verbindungen geleitet werden. Der Standardwert ist 10.

Tabelle 10.8: Eigenschaften der ServiceThrottling-Klasse

10.1.9 ServiceTimeouts

In der Konfiguration kann mithilfe des ServiceTimeouts-Elements und der Eigenschaft TransactionTimeout festgelegt werden, nach welchem Zeitraum eine Transaktion abgeschlossen werden muss. Wird der Zeitraum für eine Transaktion überschritten, dann wird die Transaktion automatisch abgebrochen. TransactionTimeout kann mithilfe des

ServiceTimeouts-Elements nur in der Konfiguration, aber nicht per Code festgelegt werden. Es stehen aber andere Möglichkeiten wie das ServiceBehavior-Attribut zur Verfügung, um den Wert festzulegen. Der Standardwert 00:00:00 legt den Zeitraum auf unendlich fest.

Mehr dazu in Kapitel 7, »Transaktionen«.

10.1.10 Workflow Runtime

Über dieses ServiceBehavior kann das Verhalten für eine WorkflowRuntime definiert werden, die einem WorkflowServiceHost zugeordnet ist. Eine Eigenschaft der WorkflowRuntimeBehavior-Klasse ist CachedInstanceExpiration, über die eingestellt wird, wie lange ein Workflow im Leerlauf stehen darf, bis er aus dem Speicher entfernt wird. Mittels der zweiten Eigenschaft WorkflowRuntime kann die entsprechende Runtime innerhalb des ServiceHost zugeordnet werden. Dieses Behavior ist nur bei der Verwendung der Windows Workflow Foundation im Zusammenhang mit dem Service sinnvoll.

10.2 Operation Behavior

Die OperationBehaviors beeinflussen das lokale Laufzeitverhalten einer Methode von einer Service- oder Client-Anwendung und werden der Verhaltenssammlung von OperationDescription hinzugefügt. Alle OperationBehaviors implementieren die IOperationBehavior-Schnittstelle und werden durch Attribute angegeben oder mithilfe von Code.

10.2.1 Das OperationBehavior-Attribut

Mit dem Attribut OperationBehavior wird festgelegt, welches operationsspezifische Verhalten wann ausgeführt werden soll. Die folgenden Einstellungen sind verfügbar:

Eigenschaft	Beschreibung
AutoDisposeParameters	Standardmäßig ist AutoDisposeParameters auf true gesetzt; es werden automatisch alle Eingabe-, Ausgabe- oder Referenzparameter verworfen, die beim Verarbeiten einer Nachricht erstellt wurden, nachdem der Vorgang abgeschlossen ist. Wird die Eigenschaft explizit auf den Wert false gesetzt, dann wird verhindert, dass das System Ressourcen verwirft. Die Werte werden zwischengespeichert.

Tabelle 10.9: Eigenschaften des OperationBehavior-Attributs

Eigenschaft	Beschreibung
Impersonation	Die Anwendung des Service wird unter dem Benutzerkonto des Service ausgeführt, und der Zugriff auf Ressourcen wie das Dateisystem oder den SQL-Server erfolgt normalerweise mit diesem Benutzerkonto. Soll der Zugriff aber unter dem Benutzerkonto eines Clients ausgeführt werden, so ist ein sogenannter Identitätswechsel (Impersonation) notwendig. Der Service nimmt dann die Identität des Clients an, und die Berechtigung zum Zugriff auf Ressourcen wird durch das Konto des Clients gesteuert. Mit der Eigenschaft `Impersonation` kann festgelegt werden, ob die Methode eines Service einen Identitätswechsel unterstützt. Die `ImpersonationOption`-Enumeration gibt drei mögliche Einstellungen vor, um den Identitätswechsel zu steuern. ▶ Der Standardwert ist `NotAllowed`; und es darf kein Identitätswechsel für die Methode ausgeführt werden. ▶ Mit `Allowed` wird ein Identitätswechsel ausgeführt, wenn Anmeldeinformationen verfügbar sind und die Eigenschaft `ImpersonateCallerForAllOperations` des `ServiceBehavior`-Attributs auf `true` gesetzt ist. ▶ `Required` legt fest, dass für das Ausführen dieser Methode ein Identitätswechsel erforderlich ist. Mehr dazu in Kapitel 9, »Security«.
ReleaseInstanceMode	Hierüber wird gesteuert, wann ein Objekt bei einem wiederkehrenden Aufruf wiederverwendet wird. Die folgenden Einstellungswerte sind möglich: ▶ Der Standardwert `None` verwendet das Objekt entsprechend der Einstellung des `InstanceContextMode`. ▶ `BeforeCall` verwendet das Objekt vor dem Aufruf. ▶ `AfterCall` verwendet das Objekt nach dem Aufruf. ▶ `BeforeAndAfterCall` verwendet das Objekt vor und nach dem Aufruf.
TransactionAutoComplete	Beendet eine Transaktion automatisch bei erfolgreicher Ausführung des Vorgangs. Mehr dazu in Kapitel 7, »Transaktionen«.
TransactionScopeRequired	Boolescher Wert, der angibt, ob ein Request innerhalb einer Transaktion ausgeführt werden muss. Mehr dazu in Kapitel 7, »Transaktionen«.

Tabelle 10.9: Eigenschaften des OperationBehavior-Attributs (Fortsetzung)

Mithilfe des `OperationBehavior` Attributs ist es zum Beispiel möglich, einen Identitätswechsel für die Ausführung einer einzelnen Methode zu erreichen.

```
namespace FirstService
{
    public class Geometry : IGeometry
    {
        [OperationBehavior(Impersonation = ImpersonationOption.Required)]
        public double CircleArea(double radius)
        {
            return radius * radius * Math.PI;
        }
    }
}
```

Listing 10.8: Anwenden des OperationBehavior-Attributs in C#

```
Public class Geometry
  Implements IGeometry

  <OperationBehavior(Impersonation := ImpersonationOption.Required)> _
  Public Function CircleArea(radius As Double) As Double _
    Implements IGeometry.CircleArea

    return radius * radius * Math.PI
  End Function
End Class
```

Listing 10.9: Anwenden des OperationBehavior-Attributs in Visual Basic

10.2.2 Das TransactionFlow-Attribut

Mit diesem Attribut kann festgelegt werden, ob der Dienst eine Transaktion vom Client übernimmt. Die möglichen Werte können über die `TransactionFlowOption`-Enumeration dem Konstruktor der Attributklasse übergeben werden. Die möglichen Werte der Enumeration sind in Tabelle 10.10 aufgelistet.

Enumerationswert	Beschreibung
`NotAllowed`	Der Standardwert zeigt an, dass eine Transaktion nicht übergeben werden darf.
`Allowed`	Über diesen Wert kann eingestellt werden, dass eine Transaktion übergeben werden darf.
`Mandatory`	Über diesen Wert kann eingestellt werden, dass eine Transaktion übergeben werden muss.

Tabelle 10.10: Die Werte der Enumeration »TransactionFlowOption«

Mehr dazu in Kapitel 7, »Transaktionen«.

10.2.3 Das DurableOperation-Attribut

Über dieses Attribut kann das lokale Verhalten einer Dienstmethode gesteuert werden. Tabelle 10.11 zeigt die beiden Eigenschaften dieser Attributklasse.

Eigenschaft	Beschreibung
`CanCreateInstance`	Boolesche Variable, die angibt, ob bei Aktivierung eine neue Dienstinstanz erstellt werden kann.
`CompletesInstance`	Boolesche Variable, die angibt, ob die Instanz nach der Ausführung aus dem Speicher entfernt werden soll.

Tabelle 10.11: Die Eigenschaften des DeliveryRequirements-Attributs

10.2.4 Das DataContractSerializerOperation-Behavior

Über dieses Behavior können bestimmte Eigenschaften zur Datenserialisierung mit dem `DataContractSerializer` gesetzt werden. Tabelle 10.12 zeigt die setzbaren Eigenschaften.

Eigenschaft	Beschreibung
`DataContractFormatAttribute`	Gibt das Format, also beispielsweise den Style, an, das bei der Serialisierung verwendet wird.
`DataContractSurrogate`	Gibt das Ersatzzeichen an, das bei der Serialisierung verwendet werden soll.
`IgnoreExtensionDataObject`	Standardmäßig werden immer alle Daten serialisiert. Wird die `IgnoreExtensionDataObject`-Eigenschaft auf den Wert `true` gesetzt, dann werden unbekannte Serialisierungsdaten, die zum Verarbeiten der Nachricht nicht erforderlich sind, ignoriert. Mehr dazu in Kapitel 3, »Datenserialisierung«.
`MaxItemsInObjectGraph`	Die Eigenschaft `MaxItemsInObjectGraph` legt die maximale Anzahl von Elementen fest, die in einem Objekt serialisiert werden können. Der Standardwert ist 65.536.

Tabelle 10.12: Die Eigenschaften des »DataContractSerializerOperation-Behavior«

10.2.5 Das XmlSerializerOperationBehavior

Das `XmlSerializerOperationBehavior` ist dem `DataContractSerializerOperationBehavior` sehr ähnlich und nur für den `XmlSerializer` gedacht. Das OperationBehavior besitzt jedoch nur eine einzige Eigenschaft `XmlSerializerFormatAttribute`, mit der das Format der Serialisierung definiert werden kann.

10.3 Endpoint Behavior

Mit Hilfe von EndpointBehaviors wird das Laufzeitverhalten eines bestimmten Endpunktes in einer Service- oder Client-Anwendung geändert. Die Änderung des Verhaltens wirkt sich immer auf die gesamte Service- oder Client-Laufzeit für einen bestimmten Endpunkt aus.

Alle Endpunktverhalten implementieren die Schnittstelle `IEndpointBehavior` und werden entweder in der Konfigurationsdatei angegeben oder per Code.

10.3.1 Das CallbackBehavior-Attribut

Konfiguriert das Verhalten eines Clients bei Rückrufen über den `CallbackContract`.

Die folgenden Eigenschaften des `CallbackBehavior`-Attributs finden sich auch als gleichbedeutende Eigenschaften des `ServiceBehavior`-Attributs.

- AutomaticSessionShutdown
- ConcurrencyMode
- IgnoreExtensionDataObject
- IncludeExceptionDetailInFaults
- MaxItemsInObjectGraph
- TransactionIsolationLevel
- TransactionTimeout
- SynchronizationContext
- ValidateMustUnderstand

10.3.2 CallbackDebug

Die Klasse `CallbackDebug` besitzt genau eine Eigenschaft `IncludeExceptionDetail-InFaults`, die ein Debugging für ein WCF-Rückrufobjekt aktiviert. Die Standardeinstellung ist `false`, das heißt, es werden keine Informationen über Ausnahmen an die Server-Anwendung weitergeleitet.

Zu Testzwecken kann die Eigenschaft auf `true` gesetzt werden, um Informationen über Client-Rückrufausnahmen in den SOAP-Fehlern an einen Test-Client zu übermitteln.

Mehr zu Rückrufen in Kapitel 6, »Sessions«.

10.3.3 CallbackTimeouts

Über diese Klasse sind die Timeouts bei Rückrufen an einen Client einstellbar.

10.3.4 TransactedBatching

Über diese Klasse kann gesteuert werden, wie mehrere Transaktionen innerhalb eines Batches ablaufen. Über die Eigenschaft `MaxBatchSize` kann festgelegt werden, wie viele Vorgänge maximal zu einem Batch zusammengefasst werden können.

Mehr dazu in Kapitel 7, »Transaktionen«.

10.3.5 ClientCredentials

Die Klasse `ClientCredentials` wird dazu verwendet, Anmeldeinformationen einer Client-Anwendung festzulegen und Authentifizierungseinstellungen für die Anmeldeinformationen des Service festzulegen.

ClientCertificate

Legt das Zertifikat fest, mit dem sich eine Client-Anwendungen bei einem Service authentifiziert. Diese Einstellung wird normalerweise in der Konfigurationsdatei angegeben.

```
<endpointBehaviors>
   <behavior name="EndpointBehavior">
      <clientCredentials>
         <clientCertificate
            findValue="SignedByTempCA"
            storeLocation="CurrentUser"
            storeName="Root"
            x509FindType="FindBySubjectName" />
      </clientCredentials>
   </behavior>
</endpointBehaviors>
```

Listing 10.10: Zertifikat für eine Client-Anwendung festlegen

UserName

Fordert der Service für die Anmeldung einer Client-Anwendung Benutzername und Passwort, dann ist eine Instanz der `UserNamePasswordClientCredential`-Klasse erforderlich. Diese ermöglicht es Benutzern, den Benutzernamen und das Kennwort für Anmeldeinformationen zu konfigurieren. Benutzername und Passwort werden normalerweise dynamisch vergeben. Die Client-Anwendung hat ein Dialogfeld zur Eingabe von Benutzernamen und Passwort und übergibt diese an die Eigenschaften `UserName` und `Password`.

```
proxy.clientCredentials.UserName.UserName = "Benutzername";
proxy.clientCredentials.UserName.Password = "Passwort";
```

Listing 10.11: Benutzernamen und Kennwort dynamisch festlegen

Windows

Die Eigenschaft `Windows` enthält eine Instanz der `WindowsClientCredential`-Klasse, welche Windows-Anmeldeinformationen enthält, um sich dem Service gegenüber zu authentifizieren, und weitere Informationen, um den Anmeldevorgang zu steuern.

Die Eigenschaft `ClientCredential` enthält eine Instanz der `NetworkCredential`-Klasse. Die Eigenschaften `UserName` und `Password` legen den Benutzernamen und ein Kennwort für die Authentifizierung fest. Mithilfe der Eigenschaft `Domain` kann der Benutzer außerdem einer bestimmten Windows-Domain zugeordnet werden.

Die Eigenschaften werden zur Laufzeit entweder von dem aktuellen Benutzerkonto übernommen oder von der Client-Anwendung dynamisch mithilfe eines Dialogfeldes abgefragt.

```
proxy.clientCredentials.Windows.clientCredential.UserName = "Benutzername";
proxy.clientCredentials.Windows.clientCredential.Password = "Passwort";
proxy.clientCredentials.Windows.clientCredential.Domain = "Domainname";
```

Die Eigenschaft `AllowedImpersonationLevel` legt fest, ob ein Identitätswechsel erlaubt ist, und bis zu welchem Grad der Service die Identität des Clients nutzen darf. Die `TokenImpersonationLevel`-Enumeration kennt die Einstellungen aus Tabelle 10.13.

`TokenImpersonationLevel`	**Beschreibung**
`None` **und** `Anonymous`	Beide Angaben legen fest, dass der Server keine Anmeldeinformationen von dem Client erhält. Weder Authentifizierung noch ein Identitätswechsel sind somit möglich. Der Service muss einen anonymen Zugriff gestatten, um die Methoden nutzen zu können.
`Identification`	Bei der Standardeinstellung kann der Service den Client zwar identifizieren und authentifizieren, aber ein Identitätswechsel ist nicht erlaubt.
`Impersonation`	Sowohl die Authentifizierung des Clients als auch ein Identitätswechsel sind ausdrücklich erlaubt.
`Delegation`	Entspricht der Einstellung `Impersonation`. Zusätzlich ist es jedoch möglich, dass der Service mit der Identität des Clients auf Remote-Computer zugreift und die Identität an andere Services weitergibt. `Delegation` sollte nur mit großer Sorgfalt verwendet werden, da der Client nicht genau weiß, welche Aktivitäten der Service mit der Identität des Clients ausführt. Es sollte ein besonderes Vertrauensverhältnis zwischen Client und Service bestehen.

Tabelle 10.13: Die TokenImpersonationLevel-Enumeration

Die Eigenschaft `AllowNtlm` legt fest, ob NTLM zum Authentifizieren des Service verwendet werden kann, falls keine Kerberos-Umgebung vorhanden ist.

HttpDigest

Die Eigenschaft `HttpDigest` enthält eine Instanz der `HttpDigestClientCredential`-Klasse, welche Anmeldeinformationen zur Authentifizierung eines Clients bei einem Service enthält, wenn der Service eine HTTP-Digest-Authentifizierung erwartet. Die Eigenschaften `ClientCredential` und `AllowedImpersonationLevel` entsprechen der `WindowsClientCredential`-Klasse.

IssuedToken

Die Eigenschaft `IssuedToken` enthält eine Instanz der `IssuedTokenClientCredential`-Klasse und legt die Endpunktadresse und die Bindung fest, die beim Kontaktieren des lokalen Sicherheits-Token-Diensts verwendet werden sollen.

Die folgenden Eigenschaften stehen zur Verfügung:

Eigenschaft	**Beschreibung**
`cacheIssuedTokens`	Boolesches Attribut, das angibt, ob das Token zwischengespeichert wird. Standardmäßig ist der Wert `true`.
`defaultKeyEntropyMode`	Attribut, das angibt, welche Entropien für Handshake-Vorgänge verwendet werden. Mögliche Werte sind: ▶ `ClientEntropy` ▶ `ServerEntropy` ▶ `CombinedEntropy` (Standard)
`issuedTokenRenewalTresholdPercentage`	Gibt einen Prozentwert einer Zeitdauer an, bevor das Token erneuert wird. Der Standardwert ist 60.
`IssuerChannelBehavior`	Gibt das zu verwendende Kanalverhalten des Ausstellers an.
`localIssuerChannelBehaviors`	Gibt das zu verwendende Kanalverhalten des lokalen Ausstellers an.
`maxIssuedTokenCachingTime`	`TimeSpan`, die angibt, wie lange ein Token zwischengespeichert wird, falls keine anderen Informationen vorliegen.

Tabelle 10.14: Die Eigenschaften der IssuedTokenClientCredential-Klasse

ServiceCertificate

Gibt das Objekt an, mit dem das X.509-Zertifikat des Dienstes bestimmt wird.

Mehr dazu in Kapitel 9, »Security«.

10.3.6 ClientVia

Dieses Behavior kann verwendet werden, um die URI des erstellten Transportkanals anzugeben.

10.3.7 WebScriptEnabling

Stellt Unterstützung für ASP.NET Ajax zur Verfügung.

10.4 ContractBehavior

`ContractBehaviors` können nur deklarativ oder programmgesteuert gesetzt werden. Sie sind nicht über eine Konfiguration definierbar. Mittels `ContractBehaviors` kann das Laufzeitverhalten eines Vertrags erweitert werden.

Sämtliche `ContractBehaviors` implementieren das Interface `IContractBehavior` mit folgenden Methoden:

- AddBindingParameters()
- ApplyClientBehavior()
- ApplyDispatchBehavior()
- Validate()

Index

!

@ServiceHost 224

A >>>

ACID 255
AddBindingParameters 393
AddressFilterMode 279, 371
Algorithmus-Suite 299
AllowAnonymousLogons 380
AllowedImpersonationLevel 354, 391
AllowNtlm 392
ApplyClientBehavior 393
ApplyDispatchBehavior 393
ASP.NET-Kompatibilitätsmodus 231
ASP.NET-Membership-Provider 339
AspNetCompatibilityRequirements 375
Asymmetrische Schlüssel 297
Auditing 354
AuditLevel 383
AuditLogLocation 383
Ausnahme 195
Ausnahmebehandlung 193
Authentifizierung 283, 326
AutoDisposeParameters 385
AutomaticSessionShutdown 371
Autorisierung 283, 326, 344

B >>>

Basisadresse 225
Benutzername 338
BodyWriter 175

C >>>

CachedInstanceExpiration 385
CachedLogonTokenLifetime 380
CacheLogonTokens 380
Callback-Attribut 148
CallbackBehavior 389
CallbackContract 144, 243
CallbackDebug 389
CanCreateInstance 388
Certificate 332
CertificateValidationMode 335, 379
ClientCertificate 378
ClientCredentialType 326
CommunicationException 128
CompletesInstance 388
ConcurrencyMode 239, 371
ConfigurationName 371
Contract 89
ContractBehaviors 370
CreateBinaryReader 191
CreateMessage 174
CreateMtomReader 191
CreateTextReader 191
Credentials 329
CustomCertificateValidator 379
CustomUserNamePasswordValidator 381

D >>>

DataContract 108
DataContractFormat 152
DataContractFormatAttribute 388
DataContractSerializer 108, 146
DataContractSerializerOperation 388
DataContractSurrogate 388
DataMember 109
Dead-Letter Queue 262
Delegation 391
Denial of Service 156, 190
Dictionary Collections 181
Dienststeuerungs-Manager 203
Digitale Signaturen 295
Digitale Zertifikate 304, 318, 324, 331, 336, 379
Duplexkommunikation 242
DurableOperation 388

E >>>

EndpointBehaviors 25, 370, 389
EnterpriseServices 260
ExactlyOnce 264
Exceptionobjekt 194
ExtensionDataObject 115
ExternalAuthorizationPolicies 377
ExternalMetadataLocation 376

F >>>

FaultContract 144, 195
FaultException 194, 197
findValue 334
FullTrust-Modus 179

H >>>

Hash-Funktion 295
Hash-Wert 295
HttpCfg 323
HttpDigest 392
HttpDigestClientCredential 392
HttpGetEnabled 375
HttpGetUrl 375
HttpsGetEnabled 375
HttpsGetUrl 375

I >>>

IContractBehavior 393
Identität 343
Identitätswechsel 350
Identity 343
IEndpointBehavior 389
IExtensibleDataObject 115
IgnoreExtensionDataObject 126, 372, 388
Impersonate 352
ImpersonateCallerForAllOperations 353, 377
Impersonation 350, 386
IncludeExceptionDetailInFaults 372
IncludeWindowsGroups 379, 380
Information Disclosure 190
InstanceContext 244
InstanceContextMode 372
InstancingContextMode 237
Instanzierungsverhalten 237
Integrität 282, 295
Internet Information Services 219
  Registrierung 219
IOperationBehavior 385
IsEmpty 176
IServiceBehavior 370
IsFault 176
IsInitiating 236
IsolationLevel 257
IssuedToken 392
IssuedTokenAuthentication 381
IssuedTokenClientCredential 392
IssuedTokenServiceCredential 381
IsTerminating 236

K >>>

Kanalobjekt 235
Kerberos 301
KnownTypes 127

L >>>

List Collections 181

M >>>

MakeCert 312
Malicious Code Execution 190
MapClientCertificateToWindowsAccount 379
MaxBatchSize 390
MaxCachedLogonTokens 380
MaxConcurrentCalls 384
MaxConcurrentInstances 384
MaxConcurrentSessions 384
MaxItemsInObjectGraph 372, 388
MaxRetryCycles 265
MembershipProvider 339, 381
Message Queues 171
MessageAuthenticationAuditLevel 383
MessageBodyMember 158

MessageClientCredentialType 328
MessageContract 144, 156
MessageEncoding 172
MessageHeader 158
MessageHeaderArray 160
Messagetypen 144, 156
MetadataExporter 376
Microsoft Management Console 310
Microsoft Message Queuing 261
MMC 310
MSMQ 261
MsmqAuthenticationMode 266
MsmqIntegrationBinding 261
MsmqMessageProperty 278
MsmqProtectionLevel 266
MTOM 172

N >>>

Nachrichtenbasierte Aktivierung 225
Nachrichtenebene 285
Negotiation 334, 349
NetDataContractSerializer 155
NetMsmqBinding 261
Netsh 323
NonSerialized 146

O >>>

OLE Transactions 255
OleTransaction-Protokoll 259
OnDeserialized 148
OnDeserializing 148
OneWay 95, 242
OnSerialized 148
OnSerializing 148
OperationBehavior 95, 369, 385
OperationContract 92
OperationDescription 385
OutOfMemoryException 191

P >>>

PartialTrust-Modus 179
Passwort 338
Poison Message Queue 263
Principal 343, 344
PrincipalPermission 344
PrincipalPermissionMode 346, 378
private key 297
ProtectionLevel 291
public key 297
Public Key Infrastructure 303

Q >>>

Queue Manager 262
Queues 261
QueueTransferProtocol 266
QuotaExceededException 191
Quotas 191

R >>>

ReceiveErrorHandling 266
ReceiveRetryCount 265
ReferencedCollectionTypes 181, 190
ReleaseInstanceMode 386
ReleaseServiceInstanceOnTransaction-Complete 256, 372
Reliable Session 252
Reliable Sessions 171
RetryCycleDelay 266
RevocationMode 379
RoleProvider 378
Roundtripping 120

S >>>

Schemavalidierung 126
Schutzebenen 291
Secure Socket Layer-Protokoll 316
Selfhosting 202
Serialisierungscallbacks 148
Serializable 146
ServiceAuthorization 377
ServiceAuthorizationAuditLevel 383
ServiceAuthorizationManager 378
ServiceBase 204
ServiceBehavior 92, 126, 256, 370
ServiceCertificate 378
ServiceContract 89

ServiceCredentials 378
ServiceDebug 382
ServiceHost 200
ServiceMetadata 375
ServiceModel 90
ServiceModel Metadata Utility Tool 67, 80, 102
ServiceSecurityAudit 382
ServiceThrottling 384
Service-Typen 89
Session 235
Sessionbasierter Kanal 235
SessionMode 236
SetCertificate 332
Sicherheitsmodus 287
Signaturen 295
Singleton 239
SOAP Reliable Message Protocol 264
SRMP 264
SSL 316
StoreLocation 332
StoreName 332
Strikte Schemavalidierung 126
SuppressAuditFailure 383
Svc-Datei 224
svcutil 102
Symmetrische Schlüssel 296

T >>>

Target Queue 262
TLS 284, 316
TransactionAutoComplete 258, 386
TransactionAutoCompleteOnSession-Close 256, 373
TransactionFlow 258, 387
TransactionFlowOption 258, 387
TransactionIsolationLevel 256, 373
TransactionScopeRequired 258, 386
TransactionTimeout 256, 373, 384
Transaktion 255
TransferMode 173
Transmission Queue 262
Transport Layer Security-Protokoll 316
TransportClientCredentialType 327
Transportebene 283
TrustedStoreLocation 379

U >>>

Übertragungssicherheit 282
UserNameAuthentication 380
UserNamePasswordClientCredential 390
UserNamePasswordServiceCredential 380
UserNamePasswordValidationMode 381
UseSynchronizationContext 374

V >>>

Validate 393
ValidateMustUnderstand 374
Verschlüsselung 296
Vertraulichkeit 282

W >>>

WAS 226
WCF-Service Website
  Registrierung 220
WebScriptEnabling 393
Website 220
Windows Process Activation Service 226
WindowsAuthentication 380
Windows-Authentifizierung 348
Windows-Dienst 203
  installieren 210
  Verwalten 218
WindowsServiceCredential 349, 380
WorkflowRuntime 385
WS-AT 255
WS-AtomicTransaction-Protokoll 259
WSDL 18, 60, 67, 89, 147
WS-ReliableMessaging 252

X >>>

X.509 304, 312, 331
X509FindType 333
XML-Infoset 146
XmlSchema 182
XMLSerializer 151
XmlSerializerOperationBehavior 388
XsdDataContractExporter 182

Z >>>

Zertifikate 331
Zertifikatketten 308
Zertifikatspeicher 310
Zertifikatsperrliste 307
Zertifizierungsstelle 305

informit.de
HOME DEUTSCHE BÜCHER ENGLISCHE BÜCHER EBOOKS VIDEOTRAINING SERVICE NEWSLETTER KONTAKT
MEIN KONTO MY INFORMIT
Suche:
Alle Produkte
GO
Home
Computer
Zertifizierungen
Studium & Wirtschaft
Sachbuch
Ratgeber
Video-Training & Software
Weitere Themen
Industrie+Behöden
Partnerprogramm
Seite empfehlen
Hallo und Herzlich Willkommen bei informit.de
Aktuelles Fachwissen rund um die Uhr - zum Probelesen, zum Downloaden oder auch auf Papier.
Stöbern Sie z.B. unter eBooks, Büchern, Video-Trainings oder lassen Sie sich bei MyInformIT punktgenau über das informieren, das Sie wirklich wissen wollen.
Für Anregungen, Wünsche und Kritik dankt Norbert Mondel, Ihr InformIT-Manager.
Aus unserem Computerlexikon
WLAN
Drahtloses lokales Netzwerk, das zur Übertragung Funktechnologie verwendet. Mehrere Standards ermöglichen... mehr
Hier geht's zum Lexikon
Download des Tages
Pünktlich ab 0:00 Uhr:
Dreamweaver CS3
Nur € 2.99!
Unsere aktuellen Empfehlungen für Sie
Codin' For The Web
TYPO3
Linux